French Four Years

ADVANCED FRENCH
WITH AP COMPONENT

Second Edition

FRANÇOISE SHEIN

Foreign Language Department
Ethical Culture Fieldston School
Riverdale, New York

W9-AHT-372

AMSCO PUBLICATIONS, INC.
A division of Perfection Learning®

Cover Photograph: Thinkstock
Part Opener Photograph: *Aerial of Burgundy*, Corbis
Photograph of *Eiffel Tower* by Peter Adams / Getty Images, page 322
Maps by Susan Detrich / Hadel Studio
Electronic Composition by Lapiz

Copyright © 2016 by Perfection Learning®

Please visit our Web sites at:

www.amscopub.com and *www.perfectionlearning.com*

When ordering this book, please specify:
Softcover: ISBN 978-1-63419-902-5 or **1523101**
eBook: ISBN 978-1-68240-785-1 or **15231D**

2   3   4   5   6   7   8   9   10   PP   22   21   20   19   18   17

Printed in the United States of America

Préface

There are many review textbooks for Advanced students of French. Some for grammar review, some to improve reading performance, others to encourage conversation and oral fluency. We have used a number of them, enjoyed them but often felt that if it ever were put together in one book, it would be of help, especially at a time when many students choose to study for the Advanced Placement French Language Examination which has such a varied curriculum.

So, after teaching for decades, we agreed to try the impossible: come up with a single textbook for students in their last two years of high school (whether they plan to take the Advanced Placement Examination or not). This was our mission.

We knew a grammar section was mandatory. French grammar is not simple; the more examples you study, the better you understand the rules. The more exercises you work on, the simpler they become. The grammar itself is written in English but all the exercises require that answers be given in French. If added clarity is needed, the teacher should ask the student to provide his/her own examples. They can reflect the given examples at first, but should become original quickly. For those students who are not "fluent" with the grammatical approach, we have provided many exercises where he/she will find other avenues to learn and improve.

We want this book to trigger excitement and enjoyment for the students as they go through its pages both in class and at home. Among the literary examples, they will recognize the names of the classics. Students are expected to read the short biographical notes given at the end of each chapter. They should be encouraged to find out more about these authors, maybe take turns and make short presentations about a given work. They will be less familiar with the contemporary writers from France and other francophone countries. There again, let them find out more about their lives, their culture, their role in society.

The topics of the Readings are varied so that students will, along the way, find some – hopefully many – which are meaningful. We have tried to engage them in discussions relevant to their age and their time. They will read about sports, about the arts (cinema, architecture, painting), about politics, about French men and women who have left their mark in the world, about food, computers, and the French equivalent of garage sales! It is all there to be read, studied, researched and enjoyed!

The section which contains the Advanced Placement Examination preparation is meant for the benefit of all. The selections and the exercises reflect the same desire to encourage students to further their study, their knowledge and appreciation of a language, its culture and its impact on the world around them.

We have worked joyfully and diligently on this endeavor. We hope that our mission is fulfilled.

FRANÇOISE SHEIN

> The texts of the audio selections used in the the Advanced Placement Examination Preparation can be found in the Teacher Manual and in the Audio Program.

Table des matières

Troisième partie
articles, noms, adjectifs, pronoms, adverbes, conjonctions, prépositions, constructions interrogatives et négatives

2. LES CONSTRUCTIONS NÉGATIVES
   I.   Notes on negative constructions
   II. Exemples littéraires
   III. Exercices

Quatrième partie
Lectures et Questions

Cinquième partie
Advanced Placement Preparation

Première partie

LA LANGUE FRANÇAISE
DANS LE MONDE

Chapitre 1

AVANT DE COMMENCER

An attentive and complete reading of this chapter is mandatory before using this book in the most rewarding way.

Why learn a language? You may never have asked yourself the question. You are doing it because it is a requirement, because it is a part of your curriculum, and maybe also because you are somewhat curious. Although you may have been told that the English language—whether it is your native language or your second language—will serve you well in any situation, you may feel the attraction of expressing yourself in another tongue and of understanding well those who speak a language—French in our case—which is different from your own. So, why not learn to speak in French, to read in French, to think in French, to sing and cook in French?

A good command of a language other than one's own is an extraordinary tool which you are in the process of acquiring.

When and how will it happen?

The process is different for each one of you. This book is meant to facilitate this pursuit for all students. You have reached a certain level of proficiency by now, and you know which approach is more conducive to your progress. You have developed your own techniques and strategies from the many available to you; you have found the right combination and experienced the joy of learning. This book is meant to prolong and reinforce this achievement. To this end, the book has been divided into five parts.

PART ONE contains a review of strategies for learning a foreign language and describes the composition of this book.

PARTS TWO and *THREE* offer a grammatical review which contains 20 chapters divided into two parts: *PART TWO* is devoted to verbs, *PART THREE* to articles, adjectives, adverbs, conjunctions, prepositions, interrogative and negative constructions. Each chapter contains multiple examples of the topic at hand—some taken from everyday language, others from well-known literary works—and several types of exercises. Some require the writing of short essays, others oral discussions to take place in groups. At the end of Parts Two and Three, you will find review exercises of the type used on the Advanced Placement French language examination.

PART FOUR contains 29 readings. Most are on a contemporary topic; each one is followed by multiple-choice questions on its content; all questions will test your knowledge of grammar, structure, and vocabulary. These texts were chosen to trigger special interests and, thus, encourage students to do some thinking and research and become better informed on the selected topic.

PART FIVE presents assessments in the Interpersonal, Interpretive, and Presentational modes of communication, which are modeled after the corresponding sections of the Advanced Placement French Language and Culture Examination. Strategies for taking each of these sections of the examination are also provided.

This is an outline of the book you will be using. We will explain how to use this book for best results and later in this chapter we will have suggestions to help you acquire confidence and proficiency as the French language becomes less and less foreign to you. Your teacher will guide you through this textbook, but you may also use it and enjoy it on your own. You do not have to complete one section to go on to another. You can listen to a story on tape, answer some questions, then read a passage, look at an essay question and draft an answer. You should use it every day, even if it is for a short period of time. As time goes, you will feel more and more comfortable with this text and you will be prepared for the examination you have chosen to take: the Advanced Placement Examination in French Language.

PARTS TWO AND THREE

This is a review of French grammar. It is divided into two parts: the first part covers verbs, the second the other aspects of French syntax. Each chapter has a theme stressed in the exercises and the readings.

PART TWO : VERBS

We have maintained the same format throughout the chapters. At the very beginning, you are given a list of sentences which are introduced by the title: STUDY THESE EXAMPLES; in each one the verb is used in the form reflected in the chapter heading. For example, in chapter 4, *LE FUTUR*, you will find ten verbs used in the future tense. Read these sentences several times and you will soon notice what all the verbs have in common. You will notice the endings and the relationship between the future and the infinitive unless the verb is irregular. Underline the irregular verbs, remember their infinitives; notice the different constructions (the future is used in French after *quand*). Read them out loud if possible; take the time to look up words which you do not know. When you come to section I, you will be prepared.

Section I: *the rules of usage*. Read the rules carefully; examples accompany each set of rules and refer to the examples given at the beginning of the chapter. Read the examples carefully and think of some examples of your own which would illustrate the rule, OR take the same examples and change the subjects, OR use synonyms. Go through this process with every rule. The more examples you study and create, the clearer the rules become.

Section II: *the rules of conjugation*. This is the practical section: how to form a given tense. You have no choice but to memorize the rules along with examples AND the exceptions. Go over the list given to you in these pages and consult the one given at the end of your book. Make your own charts, if they help, underline endings, note and study the exceptions, create more examples.

There may also be comments on a tense related to the one you are studying. In the case of the future, you are expected to know the future perfect; you will learn (or review) the pluperfect with the imperfect.

In Section III (or IV in some chapters), you will find a list of *literary examples*. This is not a literature textbook, yet we have tried, in this section, to give you very short passages where well-known authors use the tense or the construction you are studying in this particular chapter. Do not be intimidated by the few poetry texts and take the time to read the chosen lines. First, look for the words which reflect the topic of the chapter and underline them. Then, find the many words you already know. Read out loud. You will then have an idea of the theme of the passage. Finally, look up the words which are new to you. See how and why the author used the construction discussed in this very chapter. Reread the whole passage, and enjoy it. This approach is just as valuable for the texts in prose as it is for the poems. We have added a short note about the author at the end of the chapter. Do read it. If you are curious and interested, use it to find out more about this French writer.

The following part of the chapter (section IV or V) is composed of different types of *exercises*. We have made them as varied as possible. When you have completed them, you should have a good command of the topic and be ready to move to the next chapter.

They may include fill-ins in unconnected simple sentences where you have to insert the right form of the verb in the tense studied. It gives you the chance to check endings and irregular verbs. Another exercise may be a short passage or a dialogue where only the infinitive form of the verb is given. You will have to select the right tense from the tenses you already know. Read the sentence to the end; look for information related to time (past, present, future). Check the pronouns; make sure you know which is the subject (*Tu nous as écrit; nous* is the closest pronoun to the verb, but it is the indirect object). Questions may follow the passage. The answers will reflect your comprehension of the passage. Next, there may be a translation with emphasis on verb forms.

Some exercises are oral (TRAVAIL DE GROUPE) to be completed with your classmates under the supervision of your teacher. Your teacher may divide you into groups, then ask questions requiring lists or short answers to encourage everyone to participate. Listen to your classmates, you do not want to give the same answer as the person who just spoke.

Some exercises (À VOUS DE RÉFLÉCHIR) require you to be creative, conduct your own research for an oral presentation or write a short essay for an alternative assessment.

At the end of the chapter, another text has been chosen with a topic of interest to you, intimately related to the chapter. Questions follow where you are expected to use the new material correctly. This LECTURE is the mastery assessment of the whole chapter.

Each review chapter aims at giving you as many examples as possible of the subject at hand so that you can move on, sure of yourself and ready to tackle the next topic. You know, of course, that these chapters are intertwined; they form an ensemble meant to bring you closer to a clear understanding of the French language and of those who have always spoken it. You also know that you can always go back and check on something you may have forgotten. Grammar is like a puzzle; all the pieces fit together to make a whole, and you may wish to reexamine some of the pieces separately as you progress with your study.

At the end of the first part, in Chapter 11, you have another series of exercises: conjugation exercises for each studied tense, and passages where you are given the infinitive form of the verbs and have to select the right mood, tense and form for the given sentence.

PART THREE

Each chapter in Part Three covers a non-verb topic: articles, adjectives, pronouns, adverbs, conjunctions, prepositions, interrogative and negative constructions.

First, we give you a list of the words which constitute the topic at hand and discuss the elements in question in a general manner. Then, as we did for the verbs, we give you several unconnected examples which illustrate the topic (STUDY THESE EXAMPLES). For example, in Chapter 13 *Les adjectifs qualificatifs*, we present ten sentences with a variety of adjectives used in different forms (masculine, feminine, singular, plural), including irregular adjectives. Read the sentences out loud, as we suggested earlier for verb-related examples; note the number, the gender, the position of the adjective in relationship to the noun which it modifies, in other words analyze the adjective.

Here too, you are expected to look up the words you do not know or which you might have forgotten. The sentences are short.

Because of the varied nature of the topics, we do not always provide you with the same divisions in each chapter. Nonetheless, you will always find the following sections. *The rules of usage*: these are the rules that govern the use of the adjectives, the pronouns, the adverbs, etc., each one with several examples. Study them, analyze them, try to remember some of them, AND make up your own. You should not feel limited by the list given to you.

Depending upon the topic, you will be given precise explanations about finer points, be it the position of a given word in a sentence, the construction which it triggers and under what circumstances. Here again, the examples are your key. Make sure you understand how they illustrate the point being made. Do not hesitate to ask for help if you need it.

Just as we did in PART TWO devoted to verbs, we have selected *literary examples* from the works of well-known authors to illustrate the topic discussed in a given chapter. Follow the suggestions we gave you for PART ONE. Use your dictionary, read out loud whenever possible. If it appears too difficult and no one is there to help you, skip those few lines and move on. Later, make a point of going back over these sentences. Do not neglect to read the notes about the authors at the end of the chapter.

Occasionally, you will find here a list of common French proverbs. Often, there is an equivalent in English. Try to discover it.

The following section of the chapter is composed of *exercises*. We have made them as varied as possible. As you move from one to the next, you will notice an increase in the degree of difficulty. Do not rush; go back to the beginning of the chapter and check the rules and the examples. If there is a group exercise, follow the directions carefully, listen to your classmates, ask questions. Do not be intimidated; in one respect or another, your French is as good as theirs, if not better. You must join in the discussion, this is a modern language class, and that is part of the pleasure and excitement of learning a new language well. When doing the creative exercises, answer to the point; write short sentences and make use of what you have just learned.

At the end of the grammar section, in addition to the verb review exercises in chapter 11, you will find fill-in exercises for function words in chapter 21. They will help you review. Those exercises are of the type used in the Advanced Placement French language examination.

PART FOUR: Texts with multiple-choice questions similar to AP readings.

There are 29 texts; some are literary texts such as a *Fable* by La Fontaine and an extract from Albert Camus; others are articles or original texts on contemporary topics such as *la pollution, Cannes, le viaduc de Millau;* others treat subjects such as Lascaux, Montréal, etc.

Some are purely descriptive, others report an incident; there are a few dialogues. Whatever the format, read the text carefully once. During the second reading, underline the words which seem the most important. Then, look at the multiple-choice exercise. Usually, questions follow the text, that is, the first question will find its answer in the first paragraph or the first few sentences. You will answer questions about the meaning of the story, the meaning of words, and some grammatical points.

Do not use a dictionary (unless authorized by your teacher). No dictionary is allowed during the Advanced Placement Examination.

After you have answered all the questions, you may wish to make a list of the words you did not remember or did not know, then look them up.

PART FIVE: Advanced Placement Preparation

The AP Spanish Language and Culture Exam is a three hour assessment of students' proficiency. The exam includes both a multiple choice and free response section, each section is 50% of the total score.

SECTION I

Multiple Choice (Students are given approximately 95 minutes to complete this entire section.)

1. Interpretive Communication: Print Texts

Students have approximately 40 minutes to read several authentic print materials in Spanish and answer 30 multiple choice questions. They may be asked to identify the audience, main points, purpose, important supporting details, and also to make inferences and predictions. They are expected to show cultural comprehension.

2. Interpretive Communication: Print and Audio Texts (combined) / Audio Texts

Students have approximately 55 minutes to read texts and listen to audio in Spanish and answer 35 multiple choice questions. This section is divided into two subsections. The first subsection pairs audio texts and print materials that are related. The second subsection consists of audio texts only.

SECTION II

Free-Response (Students are given approximately 85 minutes to complete this entire section.)

1. Interpersonal Writing: Email reply
Students have 15 minutes to read and reply to an e-mail message.

2. Presentational Writing: Persuasive Essay

Students are provided with three sources- an article, table or graphic and an audio- that present different viewpoints. They are given 40 minutes to write a persuasive essay presenting and defending their own viewpoint using information from these sources.

3. Interpersonal Speaking: Conversation

Students respond to 5 prompts as part of a simulated conversation. They have 20 seconds for each response.

4. Presentational Speaking: Cultural Comparison

Students make a 2 minute presentation on a cultural topic in response to a prompt.

ADVICE TO STUDENTS

The question often arises from students, parents, school administrators and language experts as to how "we" can help develop and improve the mastering of a foreign language. If there were a simple answer, we would all be polyglot (multilingual).

We have heard it all : early start, language immersion, no textbook, exclusive use of the "target" language in the classroom, fun and games with the language, allowing students to select the language they wish to learn, using flash cards, memorizing lists of vocabulary and verb conjugations, etc.

I will say that each suggestion is valid and will be of help at some point during the student's French career.

What we wish to stress above all is that the learning process is different for everyone of us and that it will take some time to understand what is best for you. This is why there are so many different approaches to learning a modern language. The perfect one does not exist and it never will, because so many different functions are involved in learning how to listen to, how to speak, how to read and how to write a foreign language.

We will try to give you some advice as to how you can better learn and enjoy learning a language which will bring you multifacetted rewards.

A. LISTENING:

You will learn how to listen better to your teacher of course, to your classmates and to yourself, and then to tapes, television programs, and films.

If attentive, you will know the topic being discussed in class by and with your teacher. The questions asked will help with a better understanding of the details. If you missed a few words, do not stop listening, ask a question or ask that the sentence be repeated or that the tape be played again. If you are part of a group, ask that the question be repeated.

If you can, write a few words down.

If the topic is unknown to you, you have to figure it out: who speaks, to whom, from where, and about what? If you have the chance, listen a second time, a third time. The intonations of the speakers will become familiar, you will hear the words, the sentences, the moods more and more clearly. Make sure you have plenty of time for this exercise. Do not shortchange yourself by listening to only parts of it.

Watching a video or a film may be less demanding. The image is in front of you and it helps! However, the exchanges between characters are often short, quick and hard to follow at first. Replay the conversation, watch the facial expressions of the actors. Are they angry? Are they discussing a vacation, a family problem, or the latest weather report? Soon, you will know.

Depending upon where you live, you may be able to watch French news programs. *Antenne 2* has an arrangement with some of your Public Broadcasting Stations. You may be able to get programs from Canada or from Louisiana. This information is available from your newspapers or from appropriate websites. When I was last in Paris, I was unexpectedly able to watch the news channel which I watched when I taught in Beijing. So, you never know, keep trying, it is well worth your effort.

B. READING:

Reading "fluently" is also part of your French language experience. When you use your textbook, read carefully : the grammatical examples are the easiest. The literary quotations are short and accessible. They have been selected for several reasons: to reinforce the grammar topic in a given chapter and then to show you different styles of writing. Take your time going over these two different parts of each chapter.

You have within your reach several sources of reading materials: go to the school library or to your local library. Look for magazines—old or new—written in French; whether they originate in Canada, Belgium, Senegal, or France is irrelevant. Thumb through, and look for articles which appeal to you. Find the environment which suits you best, with or without music, and read. Make a list of the words you do not know or do not remember. You may want to look them up now or do so later. In any event, have a dictionary within reach. Do not be lazy, if you are stuck, use it.

If your assignment is to answer multiple choice questions listed after a given passage, read the whole passage first, as if you had to give it a title. Then, go back for more specific information. If you are allowed to do so—especially at the beginning of the school year—use a dictionary. The more exercises of this type you do, the easier it becomes.

When you read a short story, a novel or a play with your class, it is essential that you keep up with your assignments. You may wish to go back to Chapter I or Act I before moving on; that is fine. Write a few words about the plot or the characters and try to imagine what is going to happen next. Imagine the setting, do your best to plunge yourself into the story. You will be prepared for class discussions.

As the days go by, make an effort to keep informed. Glance through the daily paper, see what there might be about a subway strike in Lyon, a visiting dignitary, a special holiday, the new Spring collections, the performance of a group from Mali, or the latest soccer controversy, whatever might be of interest to you. You will thus gather information which will help you understand and appreciate the country and the people whose language you are learning, and it will make it easier for you to speak.

C. WRITING:

You have been writing in French for several years; first, answering short questions, writing short paragraphs, short and then longer essays, all along gathering and learning vocabulary and acquiring a sense of style. You are now expected to write longer essays, you may want or have to write a letter or a report on a number of contemporary topics.

Approach a French essay as you do an English essay, but NEVER write it in English first. Think in French. Spend time beforehand thinking about the topic, do some research, if necessary.

Write a complete draft, review and correct it carefully. Use your grammar book and a dictionary if your teacher approves.

The topic will make it easy for you to phrase your thesis and present clearly the steps you will be following in the discussion. Then, open and follow your arguments. Write short sentences. Use relevant examples. If your reader is bored, he/she will not be inclined to be indulgent and every mistake will count. Make sure you prove your point and do not go off on a tangent. The conclusion is important; these are the last sentences your reader will read: make it concise and leave room for reflection.

This approach has to be modified if you work under a time limit. If you take the Advanced Placement Examination, you will have 40 minutes to write "a well-organized and balanced composition."You will not be able to write a complete draft. Try to write a draft of the introduction, the outline, and the conclusion. Save time for checking and correcting (agreements, verb endings especially), and do not forget to introduce examples to illustrate your discussion.

All along, make sure you are familiar with the conjunctions which facilitate transitions and conclusions. I will just list a few: *Tout d'abord, cependant, ensuite, donc, d'un autre côté, par exemple, surtout, malgré tout, enfin.*

The more essays you write during the year, the better prepared you will be for your examination and the more progress you will notice in your handling of the written language. Before writing a paper, review the previous ones and the corrections.

D. SPEAKING:

This is indeed what your goal is: to speak French, speak it well, and enjoy speaking it. At this stage, whether you admit it or not, you are capable of dealing with every day situations: you will not get lost, you will not starve, you will ask for what you need, you will be understood and you will understand basic information and more! You can "rehearse" by yourself : ask questions, give answers, record them. If it is at all possible, have a more advanced speaker correct you. Listen to songs in French, get the lyrics and sing.

You will make presentations in class. You will be successful if you are prepared. Do not imagine that you will stand there and improvise because you are convinced that the topic is so familiar to you. No, you will have to research and practice. Do not read the whole talk, look at your audience. Bring photographs, make charts, keep your notes within reach, write dates, statistics and numbers clearly on the board. Prepare some questions, and be prepared to answer others. You will then have accomplished something important and you will look forward to your next presentation.

Deuxième partie

les verbes

Chapitre 2

QUI SUIS-JE? QUE SAIS-JE?

LE PRÉSENT DE L'INDICATIF

INTRODUCTION

In French, verbs are grouped according to moods: indicative, imperative, conditional, and subjunctive. Within these moods, they are divided into tenses.

The indicative mood which includes the most common tenses—*présent, passé composé, imparfait, plus-que-parfait, futur, futur antérieur, passé simple, passé antérieur*—presents an action, a fact, a reality.

> La terre TOURNE.
> Jean N'EST PAS VENU aujourd'hui.
> VIENDRA-t-il demain?

It differs from the subjunctive which expresses a wish, a will, an emotion, a possibility, from the conditional which expresses an eventuality, a condition and from the imperative which expresses a command.

The present tense is used to express three different English constructions:

Je chante.   *I sing, I am singing, I do sing.*

STUDY THESE EXAMPLES:

    a. Il est midi, je déjeune.
            Que fais-tu? Je prépare le thé.

    b. L'été, il fait chaud.

    c. Il s'appelle Jacques, il dessine bien, il est architecte.
            Elle chante bien ? —Ah oui! Elle chante vraiment bien.

    d. C'est promis, n'est-ce-pas, dès que vous arrivez, vous nous téléphonez.

    e. Je regrette, il n'est pas là, mais il sort d'ici.

    f. C'est en 1429 que Jeanne d'Arc bat les Anglais à Orléans.

    g. On a souvent besoin d'un plus petit que soi.

I. WHEN TO USE THE PRESENT TENSE

a. When you wish to express an action which takes place as you speak:

Il pleut à torrents, je ne peux pas sortir
On sonne, c'est peut-être le facteur.

b. When you wish to describe a fact which is habitual or permanent:

Le soleil brille en été.
Les magasins ferment à 18 heures 30.

c. When you wish to describe physical or mental dispositions, habits, attitudes, feelings:

Ils adorent le ski, ils en font trois fois par an.
Elle veut toujours faire plaisir! Elle a le coeur sur la main.
Vous voulez faire un tour?—Non, je n'en ai pas envie, j'ai mal à la tête.

d. When you wish to express a future fact related to a present fact:

Dès que vous avez les résultats, vous nous prévenez.
Quand vous sortez de la maison, il faut tourner à gauche.

e. When you wish to express a recent fact, or an action begun in the past and continuing in the present:

Vous ne me dérangez pas du tout, je viens d'arriver.
Depuis quelques jours, je vais beaucoup au cinéma.
Il y a trois jours que j'ai envie de sortir.

f. When you wish to describe a series of facts or present a narrative. With the present tense, the facts become very "present" to the reader or the listener's mind. Historical facts are often narrated in the present tense.

C'est le 6 Juin 1944 que les Américains débarquent en Normandie.
Le 20 mai 1981, dans un discours mémorable, le Président de la République annonce l'abolition de la peine de mort.

g. General advice, proverbs are usually expressed in the present.

On ne parle pas la bouche pleine.
L'appétit vient en mangeant.
Ça ne se fait pas.

NOTE

There are several expressions used to convey nuances within the present: the "*passé récent*", the "*futur proche*", and the idiom "*être en train de*".

The "*passé récent*" is a simple construction which includes the present tense of the verb *venir*, the preposition *de* and the infinitive of the given verb:

Madame Deneuve n'est pas là, elle vient de sortir.
Avez-vous faim? Non, je viens de déjeuner.

The "*futur proche*" is expressed with the present tense of the verb *aller* followed by the infinitive of the verb:

Il fait beau cet après-midi; nous allons sortir avec les enfants.
J'ai une faim de loup, je vais manger tout de suite.
C'est un vrai drame. Que vais-je faire?

L'expression "*être en train de*" is the equivalent of the progressive form. It is used when you describe an action which is in the process of happening:

Ne me dérange pas, je suis en train de faire un soufflé au fromage.
Rappelez plus tard, nous sommes en train de dîner.

II. HOW TO FORM AND CONJUGATE THE PRESENT TENSE

a. For regular verbs of the first conjugation with an infinitive ending in *er*, remove the ending from the infinitive and add the following endings: *e, es, e, ons, ez, ent*.

PARLER	je parl*e*	nous parl*ons*
	tu parl*es*	vous parl*ez*
	il/elle/on parl*e*	ils/elles parl*ent*

b. For regular verbs of the second conjugation with an infinitive ending in *ir*, remove the ending from the infinitive and add the following endings: *is, is, it, issons, issez, issent*.

FINIR	je fin*is*	nous fin*issons*
	tu fin*is*	vous fin*issez*
	il/elle/on fin*it*	ils/elles fin*issent*

c. For regular verbs of the third conjugation with an infinitive ending in *re*, remove the infinitive ending and add: *s, s, -, ons, ez, ent*.

VENDRE	je vend*s*	nous vend*ons*
	tu vend*s*	vous vend*ez*
	il/elle/on vend	ils/elles vend*ent*

d.   Spelling changes occur in some verbs ending in *-er*. Most of the time they occur for phonetic reasons.

-Verbs ending in *-cer* change the *c* to a *ç* before *o* to keep the *c* soft.

annoncer	nous annon*ç*ons
avancer	nous avan*ç*ons
commencer	nous commen*ç*ons...

-Verbs ending in *-ger* add a mute *e* between the *g* and the *o* to keep the *g* soft.

arranger	nous arran*ge*ons
changer	nous chan*ge*ons
manger	nous man*ge*ons
nager	nous na*ge*ons...

-Verbs ending in *-yer* change *y* to *i* before a mute *e*.

employer	j'empl*oie*, tu empl*oies*, il/elle empl*oie*, ils/elles empl*oient*
envoyer	j'env*oie*, tu env*oies*, il/elle env*oie*, ils/elles env*oient*
nettoyer	je nett*oie*, tu nett*oies*, il/elle nett*oie*, ils/elles nett*oient*...

However, verbs in *-ayer* may or may not change the *y to i* :

payer	je pa*ye* or je pa*ie*, ils pa*yent* or ils pa*ient*

-Verbs with a mute *e* in the syllable before the infinitive ending change the mute *e* to *è* when the following syllable contains a mute *e*.

acheter, élever	j'ach*è*te, tu él*è*ves, elle él*è*ve,
geler, lever, mener	il g*è*le, ils l*è*vent, elles m*è*nent
se promener	je me prom*è*ne, elles se prom*è*nent...

-*Appeler* and *jeter* do not follow this rule, they double the consonant instead of adding an accent grave on the *e*.

j'appelle, tu appelles, il/elle/on appelle, ils/elles appellent...
je jette, tu jettes, il/elle/on jette, ils/elles jettent...

-Verbs with *é* in the syllable before the infinitive change *é* to *è* only before the mute endings: *-e, -es, -ent*.

espérer, préférer	j'esp*è*re, tu préf*è*res,
répéter	il/elle rép*è*te, ils/elles rép*è*tent...

e.   For irregular verbs, it is best to review the following examples and look at the list in the Appendix, or consult a dictionary:

Être	*to be*	je suis, tu es, il/elle/on est,
		nous sommes, vous êtes, ils/elles sont

Avoir	*to have*	j'ai, tu as, il/elle/on a,
		nous avons, vous avez, ils/elles ont
Aller	*to go*	je vais, tu vas, il/elle/on va,
		nous allons, vous allez, ils/elles vont
Devoir	*to owe*	je dois, tu dois, il/elle/on doit,
	to have to	nous devons, vous devez, ils/elles doivent
Faire	*to do*	je fais, tu fais, il/elle/on fait,
		nous faisons, vous faites, ils/elles font
Partir	*to leave*	je pars, tu pars, il/elle/on part,
		nous partons, vous partez, ils/elles partent
Prendre	*to take*	je prends, tu prends, il/elle/on prend,
		nous prenons, vous prenez, ils/elles prennent
Venir	*to come*	je viens, tu viens, il/elle/on vient,
		nous venons, vous venez, ils/elles viennent
Voir	*to see*	je vois, tu vois, il/elle/on voit,
		nous voyons, vous voyez, ils/elles voient
Vouloir	*to want*	je veux, tu veux, il/elle/on veut,
		nous voulons, vous voulez, ils/elles veulent

Note that the second person singular always ends with an *s* (except for verbs like *vouloir: tu veux*) just as the third person singular ends with an *s* in English.

III. EXEMPLES LITTÉRAIRES

René Descartes (1596–1650)

Je pense, donc je suis.
 (*Discours de la méthode*)

Jean de La Fontaine (1621–1695)

…"Hé ! Bonjour, Monsieur du Corbeau,
Que vous êtes joli, que vous me semblez beau!
Sans mentir, si votre ramage
Se rapporte à votre plumage,
Vous êtes le phénix des hôtes de ces bois…"
 (*Le corbeau et le renard. Fables,* livre premier, fables III, vers 5 à 9)

Pierre Corneille (1606–1684)

…"Cette obscure clarté qui tombe des étoiles
Enfin avec le flux nous fait voir trente voiles.
L'onde s'enfle dessous, et d'un commun effort
Les Mores et la mer montent jusques au port.
On les laisse passer, tout leur paraît tranquille…"
 (*Le Cid,* Acte IV, scène III, vers 1273 à 1277)

Jean-Jacques Rousseau (1712–1778)

...“Vous voulez apprendre la géographie à cet enfant, et vous lui allez chercher des globes, des sphères, des cartes; que de machines ! Pourquoi toutes ces représentations ? Pourquoi ne commencez-vous pas par lui montrer l’objet même, afin qu’il sache au moins de quoi vous lui parlez !...”
(*Émile ou de l’Éducation*, livre III, *Première leçon d’astronomie*)

Charles Baudelaire (1821–1867)

“Mon enfant, ma sœur,
Songe à la douceur
D’aller là-bas vivre ensemble!
Aimer à loisir,
Aimer à mourir
Au pays qui te ressemble!...

... Là, tout n’est qu’ordre et beauté,
Luxe, calme et volupté... ”
(*L’invitation au voyage, Les Fleurs du Mal*, vers 1 à 6, 13 et 14, 27, 28, 41, 42).

Henri Lopès (1937–   )

“Carmen, j’en ai assez. À chaque fois que j’ai besoin de vous, vous n’êtes pas là. On dirait que vous le faites exprès. Vous choisissez pour vous absenter les jours où j’ai pris des engagements. Ma chère, je vous préviens. Si vous êtes encore absente une fois dans le mois, vous irez chercher du travail ailleurs...”
(*L’avance, Tribaliques.* Page 132, *Anthologie africaine*, Jacques Chevrier, © Hatier International, 2002, © Hatier 1981)

Françoise Sagan (1935–2004)

...“Seulement quand je suis dans mon lit, à l’aube, avec le seul bruit des voitures dans Paris, ma mémoire parfois me trahit: l’été revient et tous ses souvenirs. Anne, Anne! Je répète ce nom très bas et très longtemps dans le noir. Quelque chose monte alors en moi que j’accueille par son nom, les yeux fermés: Bonjour Tristesse...”
(*Bonjour tristesse*, ch. XII et dernier, Julliard)

Questions

1. Quand il décrit sa rencontre (passée) avec l’ennemi (les Mores), le héros du Cid s’exprime au présent. Justifiez ce choix.

2. Selon Jean-Jacques Rousseau, comment doit-on apprendre la géographie aux enfants ? Qu’est-ce-qu’il ne faut pas faire ?

3. Dans le court passage tiré de “*L’invitation au voyage*”, Baudelaire imagine un paysage. Décrivez, en employant le présent, un paysage qui vous est familier.

4. Dans le passage d'Henri Lopès imaginez qui parle à qui.

5. Relisez les quelques lignes de Françoise Sagan qui revit un moment tragique. Décrivez un moment où vous vous êtes senti(e) particulièrement triste.

IV. EXERCICES

A. *Mettez les verbes entre parenthèses au présent.*

Aujourd'hui, nous _____ le 15 Septembre. Il _____ un temps
         1. (être)   2. (faire)

radieux. Il _____. Nous _____ profiter du soleil. Nous
         3. (ne pas pleuvoir)   4. (ne pas pouvoir)

_____ rester assis en classe et écouter ce que _____ nos professeurs.
         5. (devoir)   6. (dire)

Quelquefois, je _____ par la fenêtre parce que je _____ un peu.
                 7. (regarder)   8. (s'ennuyer)

Je _____ voir les grands arbres qui _____ notre lycée et
         9. (pouvoir)   10. (entourer)

j' _____ les oiseaux qui _____. Je _____ que
         11. (entendre)   12. (chanter)   13. (savoir)

j' _____ beaucoup de chance, je _____ au lycée et j' _____ à
         14. (avoir)   15. (aller)   16. (apprendre)

aimer la nature.

Questions

1. De quelle période de l'année s'agit-il ?
2. Qu'est-ce-que le narrateur regrette un peu ?
3. Où est situé votre lycée ?
4. Êtes-vous toujours attentif/attentive? Pourquoi?

B. *Oui ou non? Répondez aux questions suivantes en employant des phrases complètes commençant avec Oui, je… ou Non, je ne…*

1. Est-ce que tu crois aux histoires de sorcières ?

    _____

2. Mettez-vous du sucre dans votre café ?

    _____

3. Est-ce que vous connaissez Pékin ?

_____

4. Écrivez-vous souvent à vos parents quand vous êtes en vacances ?

_____

5. Apprenez-vous le français ou l'espagnol ?

_____

6. Faites-vous souvent les courses ?

_____

7. Est-ce que vous prenez des cours de yoga ?

_____

8. Est-ce que je bois trop de coca-cola ?

_____

C. *Traitez les questions suivantes, employez le présent.*

1. Décrivez un(e) ami(e).
2. Quel est votre paysage favori? Décrivez-le.
3. Votre petit cousin a besoin de voir un médecin. C'est vous qui devez l'y mener. Imaginez la visite.

TRAVAIL DE GROUPE

Qui suis-je ? Que sais-je ?

Vous vous diviserez en groupes de quatre ou cinq. Dans chaque groupe vous choisirez un rapporteur (celui ou celle chargé(e) de prendre des notes et de les présenter aux autres groupes), un autre mènera la discussion, un troisième fera une présentation à la classe entière; tous vous poserez vos propres questions basées sur vos expériences personnelles.

1. Vous cherchez du travail. On vous a convoqué(e) pour une entrevue. Chaque élève posera au/à la candidat(e) des questions qui permettront de bien savoir qui il/elle est. Quel travail va-t-on lui proposer ? Quel salaire lui offre-t-on ?...

2. On vous sait excellent(e) cuisinier/ère et on vous demande de communiquer au public une ou deux de vos recettes préférées.
   Vous le faites volontiers. Vous fournissez en premier lieu la liste des ingrédients nécessaires. (Vous allez au marché où vous achetez....Vous choisissez une grande casserole...Vous allumez le four si besoin est...

LECTURE

Un poème de **Jacques Prévert** (1900–1977)

Je suis comme je suis
Je suis faite comme ça
Quand j'ai envie de rire
Oui je ris aux éclats
J'aime celui qui m'aime
Est-ce ma faute à moi
Si ce n'est pas le même
Que j'aime chaque fois
Je suis comme je suis
Je suis faite comme ça
Que voulez-vous de plus
Que voulez-vous de moi

Je suis faite pour plaire
Et n'y puis rien changer
Mes talons sont trop hauts
Ma taille trop cambrée
Mes seins beaucoup trop durs
Et mes yeux trop cernés
Et puis après
Qu'est-ce que ça peut vous faire
Je suis comme je suis
Je plais à qui je plais
Qu'est-ce que ça peut vous faire
Ce qui m'est arrivé
Oui j'ai aimé quelqu'un
Oui quelqu'un m'a aimée
Comme les enfants qui s'aiment
Simplement savent aimer
Aimer aimer...
Pourquoi me questionner
Je suis là pour vous plaire
Et n'y puis rien changer.

Jacques Prévert . *Paroles* © Éditions GALLIMARD

Questions

1. De quoi s'agit-il dans ce poème ?
2. Qui parle ?
3. Dans ce poème, Prévert emploie des phrases courtes, simples. Dans quel but ?
4. Comment la jeune femme répond-elle à la question:"Qui suis-je ?" Fait-elle d'elle-même un portrait flatteur ?

5. Comment traite-t-on le lecteur ?
6. Est-ce que la narratrice exprime des regrets ?
7. Ce poème vous plait-il ? Pourquoi ? Pourquoi pas ?
8. Est-ce que l'absence de ponctuation vous dérange ?

À VOUS DE RÉFLÉCHIR

1. Le poème de Prévert que vous venez de lire a été mis en musique et interprété par plusieurs chanteuses françaises. Les Français considèrent la chanson comme un art qui remonte au temps des troubadours. Elle joue un rôle social et culturel.

   Parmi les grands chanteurs tels que Maurice Chevalier, Josephine Baker, Charles Trenet, Edith Piaf, Yves Montand, Georges Brassens, Jacques Brel, Georges Moustaki, Serge Reggiani, Johnny Halliday, Patricia Kaas, Serge Gainsbourg, Aïcha Khaleb, Renaud, choisissezen un ou une que vous présenterez à vos camarades.

2. Si vous le préférez, vous pouvez écrire une chanson, la mettre en musique et la chanter devant vos camarades, ou écrire un poème vous décrivant... en français bien sûr.

NOTES BIOGRAPHIQUES

Baudelaire, Charles (1821–1867)

Poète, critique littéraire, traducteur et essayiste. Jeunesse dissipée. On le force à voyager. Séjour aux îles Maurice et de la Réunion en 1841. En 1844, il a déjà écrit la presque totalité des poèmes des *Fleurs du mal*. Il participe à la révolution de 1848. Après son échec, il abandonne la politique pour se consacrer à la traduction des œuvres d'Edgar Allan Poe et de De Quincey. Il écrit sur la peinture moderne, *Le Peintre de la vie moderne*, 1863, et une série d'articles sur les poètes contemporains qui paraîtront après sa mort dans *L'Art romantique* de même que *Les Petits poèmes en prose*. *Les Fleurs du mal*, œuvre publiée en 1859 et 1861, eut une grande influence sur les poètes français Verlaine, Rimbaud, Mallarmé, Paul Valéry et bien d'autres.

Corneille, Pierre (1606–1684)

Un des grands dramatuges du XVIIème siècle et de tous les temps. *Le Cid* (1636), *Horace* (1640), *Cinna* (1641), *Polyeucte* (1642) sont quatre des 32 pièces écrites par Corneille qui sont aujourd'hui au répertoire de la Comédie Française. Dans ces tragédies pleine de force, de guerre, d'amour, de passions et de dilemmes évoquant des temps lointains, on retrouve des personnages exceptionnels qui éblouissent leur audience par leur courage, leur sagesse, leur énergie et leur éloquence. Voici donc le "héros cornélien": glorieux, généreux, fidèle à son Roi, à son Dieu et aux siens.

L'éloquence de Corneille est infinie; les grands acteurs brillent en déclamant ses vers.

Descartes, René (1596–1650)

Un des créateurs de la philosophie et de la science modernes. Son ouvrage le plus connu *Le Discours de la méthode*, qui contient la phrase celèbre *"Je pense, donc je suis"*, fut publié en 1637 avec une série d'essais sur l'optique, la météorologie et la géométrie.

La Fontaine, Jean de (1621–1695)

Il est un des grands poètes français. Il vécut à la cour de Louis XIV et fut élu à l'Académie française en 1683. Il reste connu aujourd'hui surtout pour ses fables. Il y peint un tableau de la société française de son époque et de la vie humaine à l'aide de personnages de toutes conditions, qu'ils soient hommes ou animaux. La nature y joue aussi un grand rôle. On lit et on apprend par coeur les fables de La Fontaine depuis trois siècles, et on s'en souvient !

Lopès, Henri (1937–   )

Né en 1937 au Congo-Kinshasa, il a occupé d'importantes fonctions politiques dans son pays. Il fut Premier Ministre de 1973 à 1975, représentant à l'UNESCO, et ambassadeur de son pays en France. Il est aussi écrivain : recueil de nouvelles *Tribaliques*. On lui décerne le Grand prix littéraire de l'Afrique Noire. Il a écrit sept romans dont le dernier *Dossier classé* a été publié récemment.

On peut dire d'Henri Lopès qu'il est attaché à l'Afrique et ouvert au monde.

Prévert, Jacques (1900–1977)

Les poèmes de Prévert enchantent tout le monde: on les apprend par coeur à l'école, plus tard on les chante et ils nous réjouissent car ils sont pleins d'astuce (*wit*) et de charme. Ils ont leur place à eux dans la culture française du XXème siècle. Ils sont rassemblés dans *Paroles* publié en 1946. Prévert a aussi écrit des scénarios de films considérés aujourd'hui comme de grands classiques: *Drôle de drame* (1937), *Quai des brumes* (1938), *Les enfants du Paradis* (1945), tous dirigés par Marcel Carné.

Rousseau, Jean-Jacques (1712–1778)

Né à Genève, son père est horloger, sa mère meurt alors qu'il est encore très jeune. Il ne fait pas d'études, mais se consacre à la lecture. Il s'installe à Paris à l'âge de 30 ans. Il rencontre Diderot et écrit plusieurs articles sur la musique et l'économie politique pour la fameuse *Encyclopédie*. Il commence vraiment à écrire en 1749. Dans *Discours sur les sciences et les arts*, Rousseau affirme que l'homme est naturellement bon et qu'il est corrompu par la société, que les progrès techniques et intellectuels sont la cause de la décadence de la société moderne. En 1761, il publie *Julie ou la Nouvelle Héloïse*, un roman par lettres. En 1762 *Du Contrat social* cherche à établir les principes d'un monde social idéal. Dans l'*Émile* publié la même année, Rousseau propose une méthode d'éducation naturelle. *Les Confessions* (1765–1770) est un ouvrage qui inaugure l'autobiographie en tant que genre littéraire : "qu'ils écoutent mes confessions, qu'ils rougissent de mes indignités, qu'ils gémissent de mes misères… "; tel est le but de leur auteur. À la fin de sa vie, Rousseau se consacre aux *Rêveries du Promeneur solitaire* : dix promenades autour de Paris encouragent une série de méditations et de réflexions sur des questions philosophiques, religieuses, psychologiques auxquelles ses souvenirs sont étroitement mêlés. Rousseau recherche en fait un monde autre que celui dans lequel il vit. Les cendres de Rousseau reposent au Panthéon.

Sagan, Françoise (1935–2004)

Née à Paris. Elle écrit son premier roman *Bonjour tristesse* alors qu'elle est encore lycéenne. Le succès est immédiat. Elle continue à écrire : *Un certain sourire* en 1957, *Aimez-vous Brahms?* en 1959, *La Chamade* en 1965 sont des romans, *Un château en Suède* une pièce de théâtre. Elle décrit les angoisses et les drames vécus par les membres de la haute bourgeoisie parisienne, se penchant surtout sur ceux des femmes. Elle publie en 1984 *Avec mon meilleur souvenir* où elle s'explique sur son rôle d'écrivain : elle se venge de la société et de ses insupportables contraintes. C'est aussi une militante qui se bat avec passion pour certaines causes : contre la guerre, contre les armes nucléaires, pour l'avortement, pour la liberté.

Chapitre 3

RÉSOLUTIONS

L'IMPÉRATIF

Study These Examples:

a. Entrez, asseyez-vous, attendez quelques instants.
Sois sage !
Ne mets pas les coudes sur la table !
Éteignez la lumière !
Allo, ne quittez pas, il arrive tout de suite.

b. Prenez la première rue à gauche; au feu rouge tournez à droite.
Allez tout droit.

c. Donnez huit cartes à chaque joueur.
Jetez les dés.
Faites vos jeux ! Rien ne va plus !

d. Soyons amis !
Chantons ensemble !
Retrouvons-nous à la gare dix minutes avant le départ du train.

e. Sachez que le musée ferme à 15 heures le mardi.
N'allez pas trop vite, les accidents sont vite arrivés.
Veillez à ce qu'il prenne ses médicaments avant chaque repas.

I. WHEN TO USE THE IMPERATIVE

a. When you wish to express basic commands:

Fais attention !
Taisez-vous !
Allez-vous en !

b. When you wish to give directions:

Allez jusqu'au bout du couloir, descendez l'escalier, ouvrez la porte jaune.

c. When you wish to give instructions:

Pour ouvrir cette bouteille, servez-vous d'un tire-bouchon.
Cassez les oeufs, ajoutez-les à la farine et mélangez !

d. When you wish to give suggestions:

Je vous en prie, laissez-les tranquilles !
Partons dès qu'ils arriveront!

e. When you wish to give a warning:

Je vous préviens, ne prenez pas l'autoroute ce soir, il y a des embouteillages terribles.
Ne mettez pas trop de moutarde dans l'assaisonnement, je n'aime pas ça !

II.   HOW TO FORM AND CONJUGATE THE IMPERATIVE

There are three forms: second person singular, first person plural, second person plural (or formal). They are generally the forms of the present tense:

PARLER	parle	parlons	parlez
FINIR	finis	finissons	finissez
VENDRE	vends	vendons	vendez

NOTES

1. a. First conjugation verbs (*-er* verbs) and verbs conjugated like *-er* verbs drop the final *s* in the second person singular, unless the verb is followed by *en* or *y*. The liaison is mandatory.

Achète*s-en*. Mange*s-en*.
Offre des chocolats. Offre*s-en* !

b. The verb *aller* will also drop the second person singular *s,* unless *va* is followed by *y*. The liaison is mandatory.

Va acheter une baguette. Va fermer la porte; *vas-y*.

c. A few verbs have irregular imperatives: *être, avoir* borrow their imperative forms from the subjunctive.

AVOIR	aie	ayons	ayez
ÊTRE	sois	soyons	soyez
SAVOIR	sache	sachons	sachez

d. Note the irregular form of *vouloir*: *veuillez*

Veuillez-vous asseoir (more polite than *asseyez-vous*).

2. It should be noted that a command can also be expressed by:

a. an infinitive:

Ouvrir le paquet; *mettre* le contenu dans le four micro-ondes...

b. the subjunctive (see chapter 8, I–10)

Qu'il sorte immédiatement ou je le mettrai dehors moi-même.

3. The position of the object pronoun changes whether the imperative form is affirmative or negative. In the affirmative the object pronouns follow the verb whether the verb is reflexive or not.

Fais-*le*; écris-*lui*; réponds-*y*; laisse-*moi* tranquille
Dis-le-*moi*; apporte-les-*nous*; donne-*m'en*
Réveille-*toi*; dépêchons-*nous*; souvenez-*vous*

In the negative form of the imperative, the pronouns precede the verb, reflexive or not.

Ne *le* fais pas; ne *le lui* écris pas; ne *me le* dites pas; ne *m'en* donne pas
Ne *vous* dépêchez pas; ne *nous* affolons pas

III. EXEMPLES LITTÉRAIRES

Pierre de Ronsard (1524–1585)

«Vivez, si m'en croyez, n'attendez à demain:
Cueillez dès aujourd'hui les roses de la vie. »
    (*Sonnets pour Hélène*, II, XLIII, vers 13 et 14)

Pierre Corneille (1606–1684)

« ... va, cours, vole, et nous venge... »
    (*Le Cid*, Acte Premier, Scène V, vers 290)

Jean de La Fontaine (1621–1695)

«Va-t'en, chétif insecte, excrément de la terre! »
C'est en ces mots que le Lion
Parlait un jour au Moucheron...
    (*Le Lion et le Moucheron, Fables*, Livre II, IX, vers 1,2,3)

Molière (1622–1673)

Cléonte: Sachons donc le sujet d'un si bel accueil.
Lucile: Il ne me plaît plus de le dire.
Covielle: Apprends-nous un peu cette histoire.
Nicole: Je ne veux plus, moi, te l'apprendre.
Cléonte: Dites-moi...
Lucile: Laissez-moi...
Nicole: Ôte-toi de là.
    (*Le bourgeois gentilhomme*, Acte III, Scène 10, lignes 72–92)

Rouget de Lisle (1760–1836)

    Allons, enfants de la patrie, le jour de gloire est arrivé... "
        (*La Marseillaise*, hymne national, début)

Jean Cocteau (1889–1963)

    «Va où je vais, Le Magnifique... va ! ... va !.. va ! ... »
        (*La Belle et la Bête*)

PROVERBES, EXPRESSIONS

Faites vos jeux ! Rien ne va plus !
À vos marques, prêts, partez !
Rendez-vous à...
R.S.V.P.

Questions

1. Que veut dire le poète quand il dit: «Cueillez dès aujourd'hui les roses de la vie ?»

2. *Va-t'en* est la deuxième personne du singulier, donnez les autres formes de l'impératif.

IV. EXERCISES

A. *Mettez les verbes entre parenthèses à l'impératif.*

Vos parents vous font confiance et vous laissent la garde de votre petit frère et de la maison pendant le weekend. Voici leurs recommandations : Après notre départ,

_____ ton frère, _____- lui de faire sa toilette. _____ son
    1. (réveiller)   2. (dire)   3. (mettre)

uniforme au pied de son lit, _____ un bon petit déjeuner, et _____ -le ensem-
                                    4. (préparer)   5. (prendre)

ble. _____ -lui des questions sur le match qu'il va jouer. _____ -lui que
    6. (poser)   7. (répéter)

l'important c'est de bien jouer même si on ne gagne pas. _____ la voiture pour le

8. (prendre)

conduire au terrain de jeux, mais _____ très attention, ne _____ pas

9. (faire)   10. (aller)

trop vite! L'après-midi, _____-le au cinéma avec deux de ses amis, je lui ai promis.

11. (emmener)

Quand vous rentrerez à la maison, _____ réchauffer ce que je vous ai preparé et

12. (faire)

_____ tranquillement tous les deux. Si vous regardez la télévision, _____ -la

13. (diner)   14. (éteindre)

au bout d'une heure. Il ne faut pas que vous vous couchiez trop tard. Dimanche,

_____ catégorique. Pas de sortie! Il aura des devoirs à faire, ne le _____ pas,

15. (être)   16. (plaindre)

mais _____ de l'aider un peu. _____ en sorte que tout se passe bien.

17. (essayer)   18. (faire)

La semaine prochaine, _____- moi que tu inviteras tes amis. C'est moi qui ferai le

19. (promettre)

diner pour tout le monde. _____ au dessert que tu voudras.

20. (Réfléchir)

B.   *Mettez les verbes entre parenthèses aux temps qui conviennent.*

_____ les bienvenus! Nous vous _____ depuis ce matin. Vous

1. (être)   2. (attendre)

_____ l'air fatigué. _____. D'où _____ vous? Depuis combien

3. (avoir)   4. (S'asseoir)   5. (venir)

de temps _____-vous? _____-vous manger quelque chose?

6. (voyager)   7. (Vouloir)

_____ une tasse de thé, cela vous réchauffera. Il _____ très froid aujour-

8. (boire)   9. (faire)

d'hui. Je _____ qu'il _____ aller dormir maintenant. _____.

10. (croire)   11. (falloir)   12. (Se reposer)

Demain, vous nous raconterez vos aventures.

C. *Imaginez les aventures des jeunes amis avant leur arrivée.*

D. *Une de vos amies françaises vous téléphone pour vous demander la recette du gâteau au chocolat qu'elle a mangé chez vous cet été. Cette recette, vous la connaissez bien en anglais. Il faut la traduire.*

Break 160 grams of dark chocolate into small pieces in a saucepan; add 150 grams of butter; let it melt on a low flame. Pour the mixture into a large bowl, add 4 egg yolks one at a time, 100 grams of flour, 150 grams of sugar; mix with a wooden spoon. When the mixture is smooth, add and then the egg whites after having beaten them firmly; mix ingredients thoroughly with a wooden spoon. Pour the mixture into a well-buttered mold, and let it cook in a moderately hot oven for about 20–25 minutes.

Bonne chance!

E. **RÉDACTION :** *Employez l'impératif le plus souvent possible.*

C'est la fin de l'année scolaire. Vous allez partir faire vos études universitaires dans quelques semaines. Quels conseils vous donne-t-on pour rendre votre nouvelle vie plus facile ?

EXEMPLE : **Ne te couche pas** après minuit...

TRAVAIL DE GROUPE

Formez des groupes de quatre ou cinq, répondez aux questions que vous poserez sur les sujets suivants.

1. Un nouvel élève veut savoir comment on va :
   a) du bureau du directeur au terrain de sports;
   b) de l'entrée principale à l'infirmerie;
   c) de l'auditorium à la bibliothèque.

2. Vous expliquez à un ami ce qu'il doit faire pour venir de l'aéroport à votre domicile.

3. C'est le 31 décembre. Vous êtes entre amis et vous décidez de formuler des résolutions les uns pour les autres. Imaginez la scène et prenez dix résolutions, deux pour chacun des membres du groupe. Employez l'impératif le plus souvent possible.

EXEMPLE : Toi, Mireille, **n'arrive plus en retard** le lundi matin...

LECTURE

Sois sage, ô ma Douleur, et tiens-toi plus tranquille.
Tu réclamais le Soir ; il descend ; le voici :
Une atmosphère obscure enveloppe la ville,
Aux uns portant la paix, aux autres le souci.
. . . .

Ma Douleur, donne-moi la main ; viens par ici
. . . .
Entends, ma chère, entends la douce nuit qui marche.

Extrait du sonnet «*Recueillement*» (1861), **Charles Baudelaire**

Questions

1. À qui s'adresse le poète ?
2. Qu'est-ce qu'il lui demande ? Pourquoi ?
3. Expliquez les vers 3 et 4.
4. Quel est le rapport entre le deuxième vers et le dernier ?
5. Quelles impressions vous laissent ces quelques vers ?

À VOUS DE RÉFLÉCHIR

N'employez que l'impératif et le présent.

1. Expliquez à un(e) ami(e) comment on joue au monopoly (aux charades, au Mikado)
2. Vous confiez votre petit frère, petite soeur, (cousin, cousine) à une personne qui ne le/la connaît pas bien. Quelles recommandations faites-vous ?

NOTES BIOGRAPHIQUES

Baudelaire, Charles   see Chapter 1

Cocteau, Jean (1889–1963)

Membre de l'avant-garde et du tout-Paris dans les années 20 et 30. Voulait être poète, fut aussi romancier : *Le Grand Écart* ; *Les enfants terribles* (1929) histoire d'une jeunesse rebelle nous fascine toujours. Cocteau se passionne aussi pour le ballet, l'opéra, le théâtre. Mais, c'est le cinéma qui lui convient le mieux : *Le sang d'un poète* (1930), *L'Éternel Retour* (1943), *La Belle et la Bête* (1945)—ancêtre du dessin animé de Walt Disney—et *Orphée* sont toujours appréciés des cinéphiles.

Corneille, Pierre   see Chapter 1

La Fontaine, Jean de   see Chapter 1

Molière (1622–1673)

Né à Paris. Études chez les Jésuites, abandonne le droit pour devenir dramaturge et comédien. Fonde *L'Illustre théâtre* qui ne dure qu'un an. Il part ensuite "en tournée" en province où pendant 13 ans, il jouera ses comédies, entre autres *L'Étourdi* (1655), *Le Dépit amoureux* (1656). Il remonte à Paris, prêt à affronter les Parisiens et la cour de Louis XIV. Le succès, le triomphe même est immédiat. Il ne sera pas permanent, car Molière devra faire face à de nombreuses controverses. Ses comédies demeurent aujourd'hui des classiques du théâtre car leur auteur a su mettre en scène des personnages qui ne vieillissent pas. Citons-en quelques unes : *L'École des femmes* (1662), Molière s'y montre féministe, *Le Tartuffe* (1664) attaque l'hypocrisie et la bigoterie, *Le Misanthrope* (1666) explore la conduite inacceptable de certains aristocrates, leur vanité et leur sottise, *L'Avare* (1668) montre les conséquences dramatiques sur son entourage de la conduite de celui qui ne pense qu'à l'argent, *Le Bourgeois Gentilhomme* (1671) s'en prend aux nouveaux riches, à leurs prétentions et à leur étroitesse d'esprit, *Les fourberies de Scapin* (1671), *Les femmes savantes* (1672) et *Le Malade Imaginaire* (1672) où Argan, le héros, permet à Molière d'exprimer son manque de confiance pour le corps médical. C'est au cours d'une représentation de cette pièce que Molière devait s'effondrer avant de mourir quelques heures plus tard. Chez Molière, il y a tout : le charme, le rire, la farce, le sourire, l'émotion, la grâce, le courage, l'audace, le drame, la technique, le savoir-faire et le don de plaire à tous naturellement.

Ronsard, Pierre de (1524–1585)

Un des poètes de la Renaissance, membre du groupe "La Pléiade". En 1552, publie les *Odes* et *Les Amours* qui consistent en 183 sonnets. En 1556, il publie "Nouvelle continuation des amours" qui comprend *Les Amours de Marie* (Marie n'est toujours pas identifiée); en 1558 : *Sonnets pour Hélène* qui était une des dames d'honneur de Catherine de Médicis. Les sujets sont variés comme le sont les images. Le charme et la sensibilité déployés par Ronsard, dont certains poèmes ont été mis en musique, justifient bien qu'on l'ait nommé "le Prince des Poètes".

Rouget de Lisle, Claude-Joseph (1760–1836)

Officier de l'armée française, il écrit les paroles et la musique du Chant de guerre pour l'armée du Rhin qui devait devenir *La Marseillaise*, l'hymne national de la France.

Chapitre 4

DE QUOI L'AVENIR SERA-T-IL FAIT ?

LE FUTUR

STUDY THESE EXAMPLES

   a. Demain, je serai là à 15 heures.
      Après le dîner, nous jouerons aux cartes.
      Je sais qu'il ne viendra pas.

   b. Lorsque nous irons à Tours, nous visiterons les châteaux de la Loire.
      Prévenez-moi quand vous serez prêt(e)à partir.

   c. Savez-vous quel temps il fera demain ? S'il pleut, je resterai chez moi.

   d. Tu prendras le métro, non pas l'autobus, et tu descendras à la dernière station.

I.   WHEN TO USE THE FUTURE TENSE

   a. **When you wish to describe an action or event which will take place in the future:**

      J'aurai 16 ans le 28 mai.
      Ils se marieront dans six mois.
      Nous espérons que votre équipe gagnera le match.

   b. **After expressions of time when the action is to happen in the future:**

      Quand j'aurai 18 ans, je voterai.
      Lorsque je la verrai, je serai si content(e) que je lui sauterai au cou.
      Je me lèverai dès que le réveil sonnera.
      Aussitôt que nous recevrons votre lettre, nous vous le dirons.

      (Note that in English, the present would be used in the subordinate clause: *When I am 18, I shall vote*).

   c. **In a main clause with a *si* clause expressing a condition in the present tense:**

      Si j'ai le temps, je passerai vous voir.
      Nous boirons le champagne si les nouvelles sont bonnes.

(Note that if *si* means *whether*, the verb in the *si* clause is in the future.

Nous ne savons pas encore s'il viendra.
Je me demande si elle acceptera de déjeuner avec nous).

d. Often the future is used instead of the imperative:

Tu mangeras ce qu'il y a dans ton assiette, ou tu n'auras pas de dessert.
Le spectacle commence à 20 heures; vous prendrez le train de 19 heures 10, et vous arriverez juste à l'heure.

II. HOW TO FORM AND CONJUGATE THE FUTURE

1. For regular verbs of the first (*-er*) and the second (*-ir*) conjugations, the future tense is formed by adding the following endings to the infinitive: *ai, as, a, ons, ez, ont.*

PARLER:	je parler*ai*	tu parler*as*	il/elle/on parler*a*
	nous parler*ons*	vous parler*ez*	ils/elles parler*ont*
CHOISIR:	je choisir*ai*	tu choisir*as*	il/elle/on choisir*a*
	nous choisir*ons*	vous choisir*ez*	ils/elles choisir*ont*

2. The same rule applies to verbs of the third conjugation ending in *-ir*:

PARTIR: je partir*ai*   tu partir*as*   il/elle/on partir*a*

For verbs ending in *-re*, the *e* is dropped before the future endings are added:

VENDRE: je vendr*ai*   tu vendr*as*   il/elle/on vendr*a*

For verbs ending in *-oir* the pattern is:

RECEVOIR: je recevr*ai*   tu recevr*as*   il/elle/on recevr*a*
APERCEVOIR: j'apercevr*ai*   tu apercevr*as*   il/elle/on apercevr*a*

3. There are some irregular verbs. However, the "irregularity" is constant, the stem remains the same throughout the conjugation.

AVOIR: j'aurai, tu auras, il/elle/on aura, nous aurons, vous aurez, ils/elles auront
ÊTRE: je serai, tu seras, il/elle/on sera, nous serons, vous serez, ils/elles seront
ALLER: j'irai, tu iras...
COURIR: je courrai, tu courras...
CUEILLIR: je cueillerai, tu cueilleras...
DEVOIR: je devrai, tu devras,...
ENVOYER: j'enverrai, tu enverras...
FAIRE: je ferai, tu feras...
FALLOIR: il faudra (this is an impersonal verb)

MOURIR: je mourrai, tu mourras...
PLEUVOIR: il pleuvra (this is an impersonal verb)
POUVOIR: je pourrai, tu pourras...
SAVOIR: je saurai, tu sauras...
TENIR: je tiendrai, tu tiendras...
VALOIR: je vaudrai, tu vaudras...
VENIR: je viendrai, tu viendras...
VOIR: je verrai, tu verras...
VOULOIR: je voudrai, tu voudras...

4. The spelling changes noted for the present tense (Chapter 2, **II, d**) occur for the same phonetic reasons in the conjugation of the future tense.

SE LEVER: je me *lève*, je me *lèverai*,
APPELER: j'app*elle*, j'app*ellerai*.

But note:

ESPÉRER: j'esp*è*re, j'esp*é*rerai;
MENER: je m*è*ne, je m*è*nerai;
ESSAYER: j'ess*ai*e, j'ess*ai*erai (j'ess*ay*erai);

5. The future perfect (*le future antérieur*)

The future perfect is made up of two parts (as it is in English): the auxiliary verb, *être* or *avoir*, in the future, followed by the past participle of the conjugated verb.

J'aurai parlé; elle sera partie...
Je comprendrai mieux quand tu me l'auras expliqué.
Nous aurons diné quand vous arriverez.

The two actions take place in the future, but not at the same time. The first to take place (you will have explained, we will have had dinner) is in the future perfect, the second one to take place is in the future (I will understand, when you come).

III. EXEMPLES LITTÉRAIRES

Pierre de Ronsard (1524–1585)

Quand vous serez bien vieille, au soir, à la chandelle,
Assise auprès du feu, dévidant et filant.
Direz, chantant mes vers, en vous émerveillant:
"Ronsard me célébrait du temps que j'étais belle!"

Lors, vous n'aurez servante oyant telle nouvelle,
Déjà sous le labeur à demi sommeillant,
Qui au bruit de Ronsard ne s'aille réveillant,
Bénissant votre nom de louange immortelle.

Je serai sous la terre, et fantôme sans os,
Par les ombres myrteux, je prendrai mon repos;
Vous serez au foyer une vieille accroupie,

Regrettant mon amour et votre fier dédain.
Vivez, si m'en croyez, n'attendez à demain:
Cueillez dès aujourd'hui les roses de la vie.
   (*Sonnets pour Hélène*, II, XLIII)

Jean Racine   (1639–1699)

(Bérénice renoncera-t-elle à Titus ?)
...Dans un mois, dans un an, comment souffrirons-nous...
...Ces jours si longs pour moi lui sembleront trop courts...
   (*Bérénice*, Acte IV, Scène 5 vers 11 et 19)

Fernando d'Almeida   (1955–   )

"...Tu marcheras le coeur au poing
tu mâcheras un soir l'amer cola du veuvage

. . . .

tu seras ici au carrefour des vents dénudés

. . . .

tu viendras au bout du petit matin
écouter le chant du griot★

. . . .

ton royaume sera de nostalgie..."
   (*Au seuil de l'exil, L'exil du dehors*, vers 3,4,8,11,12 et 14)

Quoted in *Anthologie africaine/poésie*; Jacques Chevrier © Hatier, 1988 © Editions Hatier International, 2002

(★un griot: en Afrique, un homme qui est à la fois poète, musicien et sorcier.)

PROVERBES:

Rira bien qui rira le dernier.
Qui vivra verra.
Un tiens vaut mieux que deux tu l'auras.

Question

Donnez l'infinitif de tous les verbes employés dans les trois proverbes.

IV. EXERCICES

A. *Mettez les verbes entre parenthèses au futur.*

1. Vous (*mettre*) _mettrez_____ les verbes au futur.
2. Nous (*envoyer*) _enverrons_____ une lettre au sénateur.

3. Elle (*devoir*) <u>devra</u> se faire arracher une dent.
4. Quand (*venir*) <u>viendront</u> -ils? Demain ou après-demain?
5. Quand nous (*être*) <u>serons</u> en vacances, nous (*se lever*) <u>nous lèverons</u> à midi.
6. Je vous (*appeler*) <u>appelerai</u> dans l'après-midi.
7. (*savoir*) <u>Saurez</u> -vous retrouver votre chemin?

B. *Voici une conversation entre amis ; ils parlent de leurs projets de vacances. Ils viennent de subir les épreuves du baccalauréat. Mettez les verbes entre parenthèses aux temps qui conviennent (présent, impératif, futur, futur proche).*

PHILIPPE Et vous, qu'est-ce que vous <u>compterez</u> faire cet été ?
1. (compter)

MAX Oh! Pour moi, ce <u>sera</u> très simple, je <u>travaillerai</u> chez mon
2. (être)   3. (travailler)

oncle à partir de lundi prochain. Je <u>ferai</u> ce que les autres ne
4. (faire)

<u>voudront</u> pas faire. Le matin, je <u>arriverai</u> le premier au bureau, je
5. (vouloir)   6. (arriver)

<u>mettrai</u> en marche les ordinateurs et les photocopieuses. Je
7. (mettre)

<u>m'assurerai</u> que la machine à café est branchée. Ensuite, je <u>répondrai</u>
8. (s'assurer)   9. (répondre)

au téléphone et je <u>prendrai</u> des messages. À l'heure du déjeuner, je
10. (prendre)

<u>irai</u> au petit café qui <u>se trouvera</u> au coin de la rue et j'
11. (aller)   12. (se trouver)

<u>acheterai</u> des sandwichs pour tout le monde. Après...
13. (acheter)

DANIELLE <u>Arrêteras</u> ! Est-ce que tu ne <u>iras</u> pas t'ennuyer? Tu
14. (Arrêter)   15. (aller)

<u>feras</u> tous les jours la même chose à la même heure. Moi, si
16. (faire)

j' <u>aurai</u> un travail comme ça, je <u>deviendrai</u> folle. Et toi, Pierre,
17. (avoir)   18. (devenir)

qu'est-ce que tu <u>auras</u> l'intention de faire ?
19. (avoir)

PIERRE Moi, je ne _auvrai_ aucun projet. Je _attendrai_ les résultats du bac. Je
        20. (avoir)   21. (attendre)

ne _serai_ sûr de rien! Si je _reussirai_ je _partirai_ tout de
   22. (être)   23. (réussir)   24. (partir)

suite faire de l'alpinisme avec mes cousins.

PHILIPPE Ne _T'inquieteras_ pas comme ça! Tu _seras_ un des meilleurs élèves
          25. (s'inquiéter)   26. (être)

de la classe. Si tu ne _reussiras_ pas, personne ne _reussira_.
                       27. (réussir)   28. (réussir)

DANIELLE Quelle heure _sera_ -il? Avec tous nos bavardages, nous _manquerons_
                       29. (être)   30. (manquer)

notre séance de cinéma. _Te depecheras_
                        31. (se dépêcher)

Questions

1. Comment Max va-t-il passer ses vacances ?
2. Que savez-vous de Pierre ?
3. À votre avis, comment Danielle passera-t-elle ses vacances ?
4. Pourquoi Philippe dit-il à Pierre de ne pas s'inquiéter ?

C. TRADUCTION

I know where I am today but I do not know where I shall be ten or fifteen years from now.
I do not know what the world will be like. Where will I live? What will be fashionable? What
kind of music will I listen to? Will the cars be the same? Will everyone be healthy? Who will
lead our country?

Questions

1. Comment seront habillés les jeunes lycéens dans 15 ans ?
2. Imaginez une grande découverte dans le monde des sciences.

TRAVAIL DE GROUPE

Vous vous diviserez en groupes de quatre ou cinq. Dans chaque groupe vous choisirez un rapporteur qui prendra des notes et les présentera aux autres groupes, un autre mènera la discussion, un troisième fera une présentation à la classe entière; tous vous répondrez aux questions

posées et poserez vos propres questions basées sur vos expériences personnelles. Faites une liste de vos réponses.

1. Quelle profession exercerez-vous quand vous aurez terminé vos études ?
2. Où habiterez-vous ? Vous décrirez votre logement.

LECTURE

DE QUOI DEMAIN SERA-T-IL FAIT ?

Nul ne sait de quoi l'avenir sera fait. Il est donc permis à chacun de rêver et d'imaginer un monde parfait ! À quoi ressemblera ce monde "idéal" ?

Pour les petits, est-ce que ce sera un monde de dessins animés, de "playstations"★ et d'aventures extra-terrestres, de bonbons distribués sans restriction, de planches à roulettes et à voiles, de vacances toujours plus longues et de journées sans corvée ?

Pour les plus grands, y aura-t-il seulement les "fastfoods," les CD et les DVD, les portables et les tablettes, les engins rapides et les films d'horreur ? Auront-ils un monde sans stylos, sans livres et sans ce fameux sac à dos devenu si lourd actuellement ? La musique sera-t-elle devenue encore plus bruyante ?

Et les adultes ? Peut-être vivront-ils dans un monde calme et paisible où détente ne sera pas un vain mot. On ne fera plus de cuisine, on prendra des petites pilules parfumées au poulet rôti, à la vinaigrette, à la mousse au chocolat, au champagne et au vin de Bourgogne. Plus de lessive non plus puisqu'on se vêtira de matières jetables. Et les voyages ? Les moyens de transports du XXIème siècle feront rêver Jules Verne !

★ *Playstation*: très peu de Français emploient l'expression "console de jeux."

Questions

1. Que pensez-vous de cette analyse ?
2. Les enfants seront-ils heureux de vivre confinés devant leurs écrans ?
3. Imaginez le monde dans lequel vous vivrez dans 20 ans.

À VOUS DE RÉFLÉCHIR

1. Vous travaillez dans une agence de tourisme. Après leur avoir remis leurs documents, vous donnez à vos clients la liste des consignes de sécurité en vigueur.
   Complétez la liste avec les recommandations qui s'imposent. Employez le futur.

   EXEMPLE: Vous arriverez à l'aéroport deux heures au moins avant le départ de votre avion...

2. Que savez-vous de Jules Verne ?

NOTES BIOGRAPHIQUES

Almeida, Fernando d' (1955–   ).

Mère camerounaise, père béninois. Il vit au Cameroun. Il fait des études de journalisme, mais se consacre à la poésie. *Au seuil de l'exil* et *En attendant le verdict* sont deux de ses recueils. Il parle, dans ces extraits de ceux que l'exode force à quitter leur pays natal. Il ne leur reste alors que souvenirs, solitude, amertume et nostalgie.

Racine, Jean (1639–1699)

Il vécut au temps de Louis XIV et eut comme amis La Fontaine, Boileau, Molière. Il reçut une très bonne éducation et connaissait très bien la langue grecque et sa littérature dramatique. Il écrit pour le théâtre et rencontre un succès éclatant avec *Andromaque* en 1667. Il écrit une comédie *Les Plaideurs* satirisant les hommes de loi de l'époque en 1668. Après, c'est une série de chefs-d'oeuvre: *Britannicus, Bérénice, Bajazet, Iphigénie* et sa dernière grande pièce *Phèdre* en 1677. Pour faire plaisir à l'amie du roi, Madame de Maintenon, il écrit deux pièces bibliques pour les demoiselles de l'école de Saint-Cyr : *Esther* en 1689 et *Athalie* en 1691. Dans toutes ses tragédies, Racine suit les trois règles de la tragédie classique : unité de temps (tout doit se résoudre en 24 heures), unité de lieu (on ne change pas de décor, tout doit se passer au même endroit), unité d'action (une intrigue principale).

Ronsard, Pierre de   see Chapter 1

Chapitre 5

COMMENT EN SOMMES-NOUS ARRIVÉS LÀ ? QUE S'EST-IL PASSÉ ?

LE PASSÉ COMPOSÉ LE PASSÉ SIMPLE

1. LE PASSÉ COMPOSÉ

You already know how to express the recent past, *le passé récent* (Chapter 2, note at the end of Section I): It expresses an action completed immediately before the present.

Je viens d'étudier le présent; *nous venons de finir* le chapitre. *I have just studied the present; we have just finished the chapter.*

The *passé composé* is the tense used to describe an action, a fact completed in the past.

STUDY THESE EXAMPLES

Ce matin, j'ai pris le train de 8 heures 46.
Je suis arrivé(e) au bureau à 9 heures et quart.
La semaine dernière, il a plu tous les jours.
Jeanne d'Arc est morte en 1431.
Molière a écrit au XVIIème siècle des comédies que nous lisons toujours avec plaisir.
As-tu lu *Vingt mille lieues sous les mers* ?
Il y a deux jours que je n'ai pas mangé.
J'ai perdu mes clefs depuis trois jours, les as-tu vues?

I. WHEN TO USE THE *PASSÉ COMPOSÉ*

What do these examples have in common? They all express a fact which happened in the past, ended at a specific moment, and occurred within a limited period of time.

II.   HOW TO FORM AND CONJUGATE THE *PASSÉ COMPOSÉ*

1.   The *passé composé* is composed of two parts: an auxiliary verb, *être* or *avoir*, in the present tense followed by the past participle of the conjugated verb.

   The form of the past participle varies with the type of verb.

   Verbs of the first conjugation (*-er* verbs) form their past participle by dropping the infinitive ending (*er*) and replacing it with *é*: PARLER   *parlé*.

   Verbs of the second conjugation (*-ir* verbs) drop the infinitive ending (*ir*) and replace it with *i*: FINIR   *fini*.

   Verbs of the third conjugation (*-re, -oir, -ir* endings) are often irregular:

   METTRE: *mis*; RECEVOIR: *reçu*; OUVRIR: *ouvert* (check charts at the end of your book).

2.   Most verbs are conjugated with *avoir*. Some intransitive and all reflexive verbs are conjugated with *être*.

   J'ai récité, tu as fini, il/elle/on a couru, nous avons appris, vous avez dit, ils/elles ont vu.

   Je suis arrivé(e), tu es né(e), il/elle/on est descendu(e), nous sommes parti(e)s, vous vous êtes blessé(e)(s), ils/elles se sont aperçu(e)s.

   As you have noticed from the examples of verbs conjugated with *être*, the past participle used with *être* agrees in gender and number with the subject of the verb, just as an adjective would.

   Marie et Pierre sont nés le même jour.
   François et Xavier sont devenus amis.
   Quand est-elle partie ?

   This is a list of the most common verbs conjugated with *être*: *arriver/partir; entrer/ sortir; aller/venir; monter/descendre; naître/mourir; passer; tomber; rester; devenir, revenir, retourner, rentrer*

3.   If you look at the last example on page 40, you will notice the spelling of *vues*. Why is the past participle feminine and plural? It does not agree with the subject. Therefore, we can conclude that it agrees with the direct object which precedes *vues*; it agrees with *les* which replaces *clefs*, feminine, plural.

   RULE: the past participle of a verb conjugated with *avoir* agrees in number and gender with the *preceding* direct object.

   J'ai cherché *les clefs*, mais je ne *les* ai pas trouvées.

   HOWEVER, the past participle of a verb conjugated with *avoir* remains unchanged before an infinitive with its own direct object.

On jouait une pièce en plein air; *je l'ai regardé jouer* (*l'* is the object of *jouer*)

With verbs of perception, if the object of the main verb is also the subject of the infinitive, the past participle agrees with the object.

Hier, je suis allée au jardin avec les enfants. *Je les ai regardés* jouer. (*les* is the object of *regarder*, les enfants jouaient, j'ai *regardé les enfants jouer*)

NOTE

A few verbs have a dual construction in their compound tenses: they can be conjugated with *avoir* or *être*. Such are *descendre, monter, passer, rentrer, retourner, sortir.*

a. With *avoir* when the conjugated verb is transitive.

J'ai monté votre valise au deuxième étage.
Nous avons passé d'excellentes vacances.
Il va geler cette nuit, as-tu rentré les plantes ?
J'ai sorti les verres du placard; tu peux mettre le couvert.
Cette veste est réversible. Hier, je l'ai mise du côté rouge ; aujourd'hui, je l'ai retournée et elle est bleue.

b. With *être* when the conjugated verb is intransitive.

En août dernier, je suis monté(e) au troisième étage de la Tour Eiffel.
Nous sommes passés devant chez vous à 15 heures.
Pourquoi es-tu rentré(e) si tard? — Je suis sorti(e) du lycée après le match de basket.
Ce film m'a tellement plu que je suis retourné(e) le voir trois fois.

III. EXEMPLES LITTÉRAIRES

Jules César   (100 B.C.–44 B.C.)

"Je suis venu, j'ai vu, j'ai vaincu." (Veni, vidi, vici)
  (discours de Jules César après sa victoire sur Pharnace en 47 avant Jésus Christ)

Charles d'Orléans   (1394–1465)

Le temps a laissé son manteau
De vent, de froidure et de pluie,
Et s'est vêtu de broderie,
De soleil luisant, clair et beau.
  (*Le printemps*, rondeau, vers 1–4)

Honoré de Balzac   (1799–1850)

..."Avoir soif toujours, et ne jamais boire, voilà comment j'ai vécu depuis dix ans... Mes deux gendres ont tué mes filles. Oui, je n'ai plus eu de filles après qu'elles ont été mariées..."
  (*Le Père Goriot*, 1834–1835, l'agonie du Père Goriot)

Charles Ngandé   (1934-   )

...Nous avons pleuré toute la nuit
L'étape a été longue
Et la perdrix a chanté timidement
Dans un matin de brouillard...
...Et la perdrix s'est tue
Car son chant s'est éteint dans la gorge
D'un Python.

(*Indépendance*, quoted in *Anthologie africaine: poésie*, Jacques Chevrier, page 95) – *Neuf poètes camerounais*, L. Kesteloot, Clé © Éditions Hatier International, 2002

Raymond Queneau   (1903–1976)

Je suis monté dans l'autobus de la Porte Champerret. Il y avait beaucoup de monde, des jeunes, des vieux, des femmes, des militaires. J'ai payé ma place et puis j'ai regardé autour de moi. Ce n'était pas très intéressant. J'ai quand même fini par remarquer un jeune homme dont j'ai trouvé le cou trop long. J'ai examiné son chapeau et je me suis aperçu qu'au lieu d'un ruban il y avait un galon tressé…

(*Passé indéfini, Exercices de style*, page 46, Collection folio, © Éditions GALLIMARD)

Questions

1. Qu'est-ce que Charles d'Orléans décrit dans ces quelques vers ? Répondez par une ou deux phrases courtes au passé composé.
2. D'où vient le désespoir du Père Goriot ?
3. À votre avis, que représentent la perdrix et le python dans le poème de Charles Ngandé ?
4. Que faites-vous quand vous prenez les moyens de transport en commun ? Regardez-vous autour de vous comme le fait l'auteur ? Lisez-vous sans vous occuper de ceux qui vous entourent ?

IV. EXERCICES

A. *Dans le passage suivant, mettez les verbes entre parenthèses au passé composé.*

Ce matin, j'ai __*entendu*__ mon réveil à six heures et demie. J'ai __*ouvert*__ les
              1. (entendre)   2. (ouvrir)

yeux et j'ai __*eu*__ du mal à me lever. J'ai __*allumé*__ la radio. Tout d'un coup,
              3. (avoir)   4. (allumer)

maman __*est entrée*__ et m'__*a dit*__ : "Dépêche-toi, tu vas être en retard". J'
        5. (entrer)   6. (dire)

__*ai sauté*__ du lit et je __*me suis dépêché(e)*__. Je __*ne suis pas arrivé(e)*__ en retard au
  7. (sauter)   8. (se dépêcher)   9. (ne pas arriver)

lycée. Merci, maman!

Questions

1. À quelle heure vous êtes-vous couché(e) hier soir ?

   Je me suis couchée à 10 heure hier soir.

2. Qui vous réveille le matin ?

   Mon alarm m'est réveillé ce matin.

3. Êtes-vous déjà arrivé(e) en retard à un rendez-vous ? Dans quelles circonstances ?

   Je n'ai ne suis pas arrivée en retard à un rendez-vous déja.

B. *Mettez les verbes aux temps qui conviennent (présent, impératif, futur, passé composé, infinitif)*

Chère amie,

C'est avant-hier que nous **avons reçu** votre lettre. Vous **etiez** vraiment
   1. (recevoir)   2. (être)

gentille de nous **avons invité** à **passerons** quelques jours chez vous à la campagne.
   3. (inviter)   4. (passer)

Il y a longtemps que nous **n'avons pas quitté** Paris; nous **avons en** tellement de
   5. (ne pas quitter)   6. (avoir)

travail. Nous **étions** ravis de **vous retrouver** loin du monde et du bruit. Que
   7. (être)   8. (se retrouver)

faisons -nous pendant que vous **vous occupons** de votre jardin et de votre
   9. (faire)   10. (s'occuper)

bassecour ?

J' **espère** que vous nous **ditons** franchement en quoi nous **avons peu**
   11. (espérer)   12. (dire)   13. (pouvoir)

vous **etaiez** utiles. C' **était** une grande joie pour nous de voir la Nor-
   14. (être)   15. (être)

mandie en automne. Nous **sommes** **avoir** **arrivé** samedi en fin de matinée. Nous **se sommes réjoué**
                           16. (arriver)   17. (se réjouir)

de ces vacances inattendues. À très bientôt,

Edith

Questions

1. De quoi s'agit-il dans cette lettre ?

   Rencontre avec de bons amis.

2. Pourquoi Edith est-elle contente ?

   Parce que, elle pense de reconnecter avec des amis.

3. Où habite l'amie d'Edith? Comment imaginez-vous sa maison ?

   une grande ville, du bruit

4. Avez-vous déjà reçu une invitation qui vous a fait vraiment plaisir ?

   Oui, j'ai reçu déjà une invitation que m'a plu.

C. TRADUCTION

I am sorry. I could not come yesterday. I had car problems on the highway. I left home early; I did not want to be late for our meeting. However, after a few minutes, I heard a strange noise. "What is happening?" I asked myself. I could not call you because I lent my cellular phone to my sister the day before yesterday.

Je suis desolé. Je n'ai pas peu venir. J'avais des problemes de voiture. Je suis parti chez moi vite; je ne voulais pas être en retard pour notre rendez-vous.

LECTURE

Qu'est-ce qui est arrivé à l'art d'écrire et de parler ?

Nous possédons tous, ou presque tous, un "portable", c'est-à-dire un téléphone portable. Le portable est un appareil à utiliser, dit-on, en cas d'urgence. Chacun a son portable, ce n'est plus un luxe, c'est une nécessité. Chez les adolescents européens, le portable est aussi une petite boîte qui envoie et reçoit les mini-messages qu'on appelle SMS (*short message service*). Et voilà le passe-temps favori des jeunes de 15 à 25 ans. Selon France Télécom, on échange dix milliards de messages par mois en Europe. Comment est-ce que cela marche ? À chacune des touches du téléphone correspondent trois lettres: 2—a,b,c; 8—t,u,v. C'est donc très simple.

Qu'est-ce qu'on s'écrit ? Voici quelques exemples:
– A12C4 = à un de ces quatre, qui est l'abréviation de: *à un de ces quatre matins* et l'équivalent de "*see you soon*" ou "*see you*" (CU!)
– IAKELK1 = *y a quelqu'un* – A2M1 = *à demain*
– KIC = *qui c'est*   – RI129 = *rien de neuf*
– CMOA = *c'est moi*

Que pense-t-on de tout cela ?

Les parents s'inquiètent un peu mais se laissent aussi gagner par cette nouvelle manie de leurs enfants. On dit qu'il y a même une certaine compétition. Les professeurs se posent des questions. Les portables sont interdits en classe. Mais comme ces messages sont envoyés et reçus sans bruit, il est pratiquement impossible de découvrir les coupables. On se demande aussi ce que vont devenir l'écriture et l'orthographe. Certains se réjouissent de «cette sorte de retour à la correspondance» puisque cette passion a au moins la vertu de «les faire écrire».

Autrefois les criminels, pour ne pas se faire comprendre, communiquaient grâce à l'argot. Aujourd'hui l'argot est entré dans le langage de tous les jours. On peut donc présumer que l'usage des mini-messages n'est pas sur le point de disparaître.

Questions

1. Déchiffrez ces messages:
   KicéKféça ?
   PaCeMat1 !
   OuSqueT

2. Formez un petit groupe, envoyez-vous des messages et répondez-y.

3. Que dirait Madame de Sévigné si elle revenait parmi nous? (Voir Note biographique)

2. LE PASSÉ SIMPLE

The *passé simple* has the same temporal value as the *passé composé* in spoken French. It expresses a completed action which happened at a specific moment in the past. The *passé simple* has almost totally disappeared from spoken language; it is a literary tense which is still used in written French, including in newspapers, especially in the third person. Unlike the imperfect which is particularly suited to a description, the *passé simple* suits a narration very well.

STUDY THESE EXAMPLES:

Jeanne d'Arc naquit à Domrémy en 1412.
La pluie commença à tomber vers 15heures.
On l'accueillit triomphalement.
Son discours ne plut pas à tout le monde.

I. HOW TO FORM THE *PASSÉ SIMPLE*

1. Verbs ending in *-er*:

PARLER:	je parl*ai*	tu parl*as*	il/elle/on parl*a*
	nous parl*âmes*	vous parl*âtes*	ils/elles parl*èrent*

2. Verbs ending in *-ir*, most verbs in *-re, voir* and *asseoir* :

FINIR:	je fin*is*	tu fin*is*	il/elle/on fin*it*
	nous fin*îmes*	vous fin*îtes*	ils/elles fin*irent*
DESCENDRE:	je descend*is*	tu descend*is*	il/elle/on descend*it*
	nous descend*îmes*	vous descend*îtes*	ils/elles descend*irent*

VOIR: je vis, tu vis, il/elle/on vit, nous vîmes, vîtes, virent

3. Some verbs ending in *-re, -oir, mourir, courir* :

LIRE: je *lus*, tu *lus*, il/elle/on *lut*, nous *lûmes*, vous *lûtes*, ils/elles *lurent*

CONNAÎTRE   je conn*us*, tu conn*us*, il/elle/on conn*ut*

nous conn*ûmes*, vous conn*ûtes*, ils/elles conn*urent*

VOULOIR: voul*us*, voul*us*, voul*ut*, voul*ûmes*, voul*ûtes*, voul*urent*

4. Many verbs are irregular in the *passé simple*. Forms should be checked carefully.

ÊTRE: je fus, tu fus, il/elle/on fut, nous fûmes, vous fûtes, ils/elles furent.

AVOIR: j'eus, tu eus, il/elle/on eut, nous eûmes, vous eûtes, ils/elles eurent

TENIR: je tins,   MOURIR: je mourus,   CROIRE: je crus

II.   EXEMPLES LITTÉRAIRES

Pierre Corneille   (1606–1684)

Nous partîmes cinq cents; mais par un prompt renfort
Nous nous vîmes trois mille en arrivant au port...
(*Le Cid*, Acte IV, Scène III, vers 1259, 1260)

Guy de Maupassant   (1850–1893)

Le lendemain, elle se rendit chez son amie et lui conta sa détresse. Madame Forestier alla vers son armoire à glace, prit un large coffret, l'apporta, l'ouvrit, et dit à Madame Loisel: "Choisis, ma chère."
(*La parure*)

Albert Camus   (1913–1960)

Je retrouvai exactement ce que j'étais venu chercher...
(*L'été, Retour à Tipasa* © Éditions GALLIMARD)

Mariama Bâ   (1929–1981)

Daouda reposa ma lettre. Calmement, il bourra une enveloppe de liasses de bleus. Il griffonna sur un billet la terrible formule qui nous sépara jadis et qu'il avait acquise au cours de ses études de médecine : " Tout ou rien. Adieu." Aïssatou, Daouda Dieng ne revint plus jamais.
(*Une si longue lettre*. Les Nouvelles Éditions Africaines)

III. EXERCICES

A. *Mettez les verbes entre parenthèses au passé simple.*

1. Le règne de Louis XIV (*durer*) ~~edutre~~ dura de 1661 à 1715.
2. Qand le proviseur (*entrer*) ~~esertre~~ entra, les élèves (*se lever*) ~~se sont leves~~ se leverent
3. C'est à ce moment-là que la lune (*disparaître*) ~~disparaissait~~ disparut derrière les nuages.
4. Après avoir lu la lettre, elle (*se mettre*) ~~s'est mise~~ se met à pleurer.
5. Dès qu'elle nous (*apercevoir*) aperceviumes elle (*courir*) courut vers nous.

B. *Mettez les verbes au passé composé.*

1. Le conférencier partit avant qu'on puisse lui poser des questions.

   Il est parti ... on a puissé

2. Victor Hugo naquit en 1802.

   Il est né en 1802.

3. Les élections eurent lieu au printemps dernier.

   Ils se sont passés au printemps dernier.

4. Nous fûmes ravis de vous rencontrer.

   ~~Nous avons puissé~~ Nous sommes rait...

5. Ils vinrent sans prévenir.

   Ils sont venus sans prévenir.

LECTURE

Que s'est-il passé en 1789 ?

Les États-Unis ont un Président élu par ses concitoyens. Quand on parle de lui, on dit le Président des États-Unis. Les Français ont eux aussi un Président. Il est élu au suffrage universel, il est le Président de la République française. Quelle est l'orgine de cette république ? De quand date-t-elle ?

La révolution éclata en 1789. Elle est causée en grande partie par la crise financière et la misère du peuple. Les idées et les critiques de plus en plus violentes des philosophes se répandent. Le Roi, Louis XVI, n'a pas su exercer son métier. Les nobles sont convaincus du bien-fondé de leurs privilèges mais ils ont aussi commencé à lire les écrivains du siècle des lumières comme Voltaire, Diderot, Rousseau qui encouragent le triomphe des «lumières»: l'esprit scientifique, la raison, la liberté, la tolérance et la justice sociale. Ils ont appris à désobéir. Ils sont devenus incapables de maintenir la discipline parmi leurs troupes. La bourgeoisie a fourni à la monarchie beaucoup de ses grands commis; elle ne s'opposera pas à la révolte. Les paysans n'ayant rien à perdre ont adhéré avec enthousiasme au mouvement des mécontents. L'année 1789 a eu donc une importance considérable dans l'histoire de France.

La prise de la Bastille le 14 Juillet symbolisa le renversement de la monarchie absolue. C'est le côté politique de la révolution qui est suivi quelques semaines plus tard par une révolution sociale: dans la nuit du 4 août, on a assité à l'abolition des privilèges de la noblesse. La bourgeoisie succède à la vieille France aristocratique. Le 26 août, la Déclaration des Droits de l'Homme et du Citoyen promulgue les grands principes de la démocratie:

Article premier. Le but de la société est le bonheur commun. Le gouvernement est institué pour garantir à l'homme la jouissance de ses droits naturels et imprescriptibles.

Article II: Ces droits sont l'égalité, la liberté, la sûreté, la propriété.

Article III: Tous les hommes sont égaux par la nature et devant la loi.

Cette déclaration constitue la révolution juridique.

Voici ce qui est arrivé en 1789. La royauté est abolie en 1792. 1792 est donc l'an 1 de la République.

Questions

Faites des recherches sur la révolution française et répondez aux questions suivantes:

1. Quel a été le rôle de la bourgeoisie avant la révolution ?
2. Qu'est-ce que les philosophes recommandaient ?
3. Pourquoi les paysans ont-ils été si malheureux ?
4. Quel a été le sort du roi Louis XVI ?

À VOUS DE RÉFLÉCHIR

1. Dites pourquoi la révolution de 1789 a eu une si grande importance.
2. Pensez à d'autres révolutions qui ont, elles aussi, eu beaucoup d'importance. (ne parlez pas de la révolution américaine).
3. Lorsqu'il fut élu président de la République en mai 1981, la première mesure que prit François Mitterrand fut l'abolition de la peine de mort. Jusqu'à cette date, quand la peine de mort était prononcée, le condamné était envoyé à la guillotine. C'est le docteur Joseph Ignace Guillotin (1738–1814) qui préconisa en 1789 l'emploi de cette horrible machine pour l'exécution de certains criminels.

Êtes-vous pour ou contre la peine de mort ?

Bâ, Mariama (1929–1981)

Romancière sénégalaise. Dans deux de ses romans *Une si longue lettre* et *Un chant écarlate*, elle se penche sur la condition féminine et les difficultés rencontrées par les Sénégalaises qui doivent faire face aux exigences souvent déraisonnables de la famille, de la culture et des traditions en leur chemin vers l'indépendance. Ses héroïnes sont fières et fortes, mais rarement optimistes. Dans *Un chant écarlate* l'héroïne est une jeune Française mariée avec un Sénégalais.

Balzac, Honoré de (1799–1850)

Romancier, un des piliers de la littérature française, auteur de *La Comédie humaine.* Vie difficile et désordonnée. Balzac fut longtemps criblé de dettes. Il est fasciné par les rapports entre ce qui se voit et ce qui ne se voit pas, c'est-à-dire l'aspect physique de ses personnages et leur caractère. Le monde qu'il crée ressemble étrangement à son propre monde. Ses personnages sont proverbiaux : Grandet, l'avare, Rastignac, l'arriviste, Gaudissart, le voyageur de commerce, Valérie Marneffe, la femme fatale... Citons parmi ses oeuvres : *Le Père Goriot, Eugénie Grandet, La Cousine Bette, La femme de trente ans, Les contes drôlatiques.*

Camus, Albert (1913–1960)

Romancier, dramaturge, essayiste. Né en Algérie où il grandit dans un milieu très modeste. Ce pays d'un été invincible restera très présent dans l'oeuvre de Camus. Il étudie la philosophie et devient journaliste à Alger d'abord, puis à Paris où il se trouve bloqué dans la France occupée où il était venu se faire soigner. Camus souffrait de tuberculose depuis son adolescence. Il est éditeur en chef du journal *Combat*. Il écrit le *Mythe de Sisyphe, L'Étranger* qui font de lui un représentant de la philosophie de l'absurde. Dans *La Peste* (1947), c'est la vie sous l'oppression que dépeint Camus. *La chute* (1956) et les nouvelles contenues dans *L'Exil et le royaume* (1957) contribueront à lui faire décerner le prix Nobel de Littérature. En 1994, sera publié *Le Premier Homme* dont le manuscrit fut retrouvé dans la sacoche de l'auteur après l'accident de voiture qui devait causer sa mort le 4 Janvier 1960. Notons aussi les pièces de théâtre écrites par Camus: *Le Malentendu, Caligula, L'État de siège, Les Justes.*

César, Jules (100 B.C.–44 B.C.)

Son vrai nom est Gaius Julius Caesar. Homme d'état, général, historien, écrivain, il naquit en 100 av.J.C., eut le droit de prendre le titre d'*Imperator* en 45. Il fut assassiné le 15 mars 44. Parmi ses attaquants figurait son protégé Brutus. Mots historiques prononcés par César : *Alea jacta est.* (Les jeux sont faits – *the chips are down*) lors du passage du Rubicon ; *Veni, vidi, vici.* (Je suis venu, j'ai vu, j'ai vaincu) au retour d'une guerre-éclair contre Pharnace, fils de Mithridate. *Tu quoque fili* (Toi aussi, mon fils) lorsque César aperçut Brutus parmi ses assassins.

Corneille, Pierre   See chapter 2

Maupassant, Guy de (1850–1893)

Nouvelliste, romancier et journaliste né en Normandie. Flaubert fut en quelque sorte son mentor et inculqua à Maupassant sa passion pour le détail. Maupassant commença des études de droit interrompues par la guerre franco-prussienne. Il sera fonctionnaire jusqu'à ce qu'il puisse vivre de sa plume. Ses nouvelles apporteront à Maupassant un énorme succès : *Boule de suif* (1880), *Contes de la bécasse* (1883), *Contes normands et parisiens* (1884), *Contes du jour et de la nuit* (1886), *Le Horla* (1887). Il y examine la petitesse, la médiocrité et l'hypocrisie de la bourgeoisie, ou la mesquinerie des paysans. Les thèmes varient ; on passe du tragique au comique au fantastique. Le but est de révéler le côté sordide et mesquin de l'humanité. Maupassant écrit aussi des romans: *Une vie* (1883), *Bel ami* (1885), *Pierre et Jean* (1888), considéré comme le meilleur, *Fort comme la mort* (1889). Maupassant est le maître incontesté de la nouvelle; il se distingue par son sens de la mesure et la clarté de son style.

Ngandé Charles (1934-   )

Né à Douala, Cameroun. Prêtre et poète. Chante l'indépendance de son pays dans une poésie claire et pleine d'émotion.

Charles d'Orléans (1394–1465)

Neveu du roi Charles VI. Fait prisonnier par les Anglais à Azincourt en 1415, il passe 25 ans en prison en Angleterre. C'est là qu'il commence à écrire ses balades et ses rondeaux qu'il continuera à composer après son retour au château de Blois où il côtoie poètes et artistes.

Queneau, Raymond (1903–1976)

Linguiste et styliste. Il s'est consacré à l'étude de sa langue, à expérimenter, à manipuler, à transformer les mots. Il veut rester à la portée de tous, amuser, distraire. Dans *Exercices de style* il raconte la même histoire de 99 façons différentes (Présent, Imparfait, Télégramme, Javanais...) Parmi ses ouvrages, citons *Pierrot, mon ami* (1942), *Zazie dans le métro* (1959) porté à l'écran, *Les Fleurs bleues* (1965).

Sévigné (marquise de), 1626–1696

Veuve à 25 ans avec deux enfants. Elle fréquente à Paris les salons du temps. Elle y rencontre les hommes et femmes de lettres avec lesquels elle allait correspondre. C'est par ses lettres que Madame de Sévigné a trouvé sa place dans l'histoire de la littérature française. Elle y parle des grands événements de son temps, controversés ou non, dans un style qui sait être austère ou plein d'esprit. Le ton change dans ses lettres à la Comtesse de Grignan, sa fille, dont elle se trouva longtemps séparée. Elle y parle de tout ce qui se passe à la cour de Louis XIV : les nouvelles coiffures, les mariages et les enterrements, les accidents de la circulation, le suicide de Vatel, le cuisinier du Roi, les révoltes et les cabales de la Cour, les nouveaux spectacles, les bonnes manières, la religion. Elle est historienne, journaliste, mère tendre et dévouée dans cette correspondance essentielle à notre connaissance de son époque.

Chapitre 6

LA VIE D'AUTREFOIS

L'IMPARFAIT

You have studied the *passé composé*, a tense used to express an action, an event completed at a specific time in the past.

STUDY THESE EXAMPLES

Je l'ai rencontré l'été dernier à Carcassonne.
Le Président a commencé à parler à 18 heures, il a terminé à 18 heures 50.
Nous sommes sortis en fin d'après-midi et nous avons dîné chez nos amis.
Pour mes sept ans, on m'a offert une bicyclette.
Je faisais du latin depuis deux ans quand j'ai décidé d'apprendre le français.
Il y avait trois ans que j'avais mon permis de conduire quand j'ai acheté une voiture.

I. WHEN TO USE THE *IMPARFAIT*

You will use the *imparfait* which is a past progressive tense when you wish to describe:

a. Actions or events which continued over an indefinite period of time in the past, and which can be interrupted:

Je l'ai rencontré pendant que je *visitais* Carcassonne.

b. Habitual actions which were repeated in the past:

Quand *j'étais* petite, je n'*aimais* pas aller dormir parce que *j'avais* peur du noir.

c. A scene, a landscape:

Hier, nous *étions* à la campagne. Il *faisait* très beau. Le soir, nous avons admiré la lune qui *brillait* dans un ciel sans nuages.

d. A person, his/her appearance and/or state of mind:

À cette époque-là, elle *avait* une vingtaine d'années, elle *portait* souvent une robe rouge qui lui *allait* très bien. Elle *était* toujours gaie, pleine de vie et d'entrain.

e. An action which goes on for a definite period of time in the past before it is interrupted:

Nous *habitions* à la campagne depuis plus de dix ans quand nous avons décidé d'aller vivre en ville.

II. HOW TO FORM THE *IMPARFAIT*

Take the first person plural of the present, remove *-ons*, and add these endings:
-ais, -ais, -ait, -ions, -iez, -aient.

REGARDER	FINIR	PRENDRE
(nous regard*ons*)	(nous finiss*ons*)	(nous pren*ons*)
je regard*ais*	je finiss*ais*	je pren*ais*
tu regard*ais*	tu finiss*ais*	tu pren*ais*
il/elle/on regard*ait*	il/elle/on finiss*ait*	il/elle/on pren*ait*
nous regard*ions*	nous finiss*ions*	nous pren*ions*
vous regard*iez*	vous finiss*iez*	vous pren*iez*
ils/elles regard*aient*	ils/elles finiss*aient*	ils/elles pren*aient*

NOTES

1. For verbs with infinitive ending in *-ier*, and the verb *rire*, note the first and second persons plural:

Nous étud*iions*, vous *riiez*

For verbs with infinitive ending in *-ger*, an *e* precedes *ais, ait, aient*:

Je mang*eais*, elle nag*eait*, ils chang*eaient*

For verbs with infinitive ending-*cer*, a *ç* precedes *ais, ait, aient*:

Tu commen*çais*, elles se balan*çaient*

être is irregular:

J'étais, tu étais, il/elle/on était, nous étions vous étiez, ils/elles étaient

2. The pluperfect (*le plus-que-parfait*) is, so to speak, the past imperfect. It is formed by using the imperfect of the auxiliary verb with the past participle of the conjugated verb.

J'avais regardé, elle avait dormi, nous étions sortis, elles étaient revenues.

It is used to describe an action that had been completed in the past before another past action took place.

J'avais fermé la porte quand j'ai entendu le téléphone sonner.
Pierre et Jean étaient déjà partis quand nous sommes arrivés.

III. EXEMPLES LITTÉRAIRES

La Fontaine (1621–1695)

Un jour, sur ses longs pieds, allait, je ne sais où,
Un héron au long bec emmanché d'un long cou.
L'onde était transparente ainsi qu'aux plus beaux jours,
Ma commère la carpe y faisait mille tours...
(*Le héron*, La Fontaine, *Fables*)

Victor Hugo (1802–1885)

Elle avait pris ce pli, dans son âge enfantin,
De venir dans ma chambre un peu chaque matin.
Je l'attendais comme un rayon qu'on espère.
Elle entrait, s'asseyait sur mon lit et disait: « bonjour, mon petit père »
(*L'Art d'être grand-père*)

Chateaubriand (1768–1848)

...À huit heures, la cloche annonçait le souper. Après le souper, dans les beaux jours, on s'asseyait sur le perron. Mon père, armé de son fusil, tirait les chouettes qui sortaient des créneaux à l'entrée de la nuit. Ma mère, Lucile et moi, nous regardions le ciel, les bois, les derniers rayons du soleil. A dix heures, l'on rentrait et l'on se couchait. Les soirées d'automne et d'hiver étaient d'une autre nature...
(*Mémoires d'outre-tombe*, 1ère partie, livre III, chapitre 3)

Guy de Maupassant (1850–1893)

...C'était une de ces jolies et charmantes filles, nées, comme par une erreur du destin, dans une famille d'employés. Elle n'avait pas de dot... Elle souffrait sans cesse... Elle souffrait de la pauvreté de son logement... Elle songeait aux grands salons vêtus de soie ancienne...
(*Contes normands et parisiens*, La parure, page 157, Classiques Hachette)

Keïta Fodéba (1921–1969)

...Le petit hameau... s'éveillait peu à peu. Au son des flûtes de roseau, les bergers conduisaient les troupeaux dans la vallée, tandis que les jeunes filles encore somnolentes se suivaient sur le sentier tortueux de la fontaine. Dans la cour du marabout, un groupe d'enfants, autour du feu de bois, chantonnait des versets du Coran...
(*Aube Africaine*, Seghers, 1965)

Antoine de Saint-Exupéry (1900–1944)

...La cinquième planète était très curieuse. C'était la plus petite de toutes. Il y avait juste assez de place pour loger un réverbère et un allumeur de réverbères. Le petit prince ne parvenait pas à s'expliquer à quoi pouvait servir, quelque part dans le ciel sur une planète sans maison, ni population, un réverbère et un allumeur de réverbères.

(*Le petit prince,* Éditions GALLIMARD)

Albert Camus   (1913–1960)

...Devant la mer noyée, je marchais, j'attendais dans cette Alger de décembre qui restait pour moi la ville des étés. J'avais fui la nuit d'Europe, l'hiver des visages... Le soir, dans les cafés violemment éclairés où je me réfugiais, je lisais mon âge sur des visages que je reconnaissais sans pouvoir les nommer. Je savais seulement que ceux-là avaient été jeunes avec moi et qu'ils ne l'étaient plus.

(*Noces,* Éditions GALLIMARD)

Mariama Bâ   (1929–1981)

...Tandis que la mère de Mawdo pensait à sa vengeance, nous, nous vivions... Nous retrouvions les battements de cœur anciens qui fortifiaient nos sentiments...

(*Une si longue lettre,* 1980, Les nouvelles Éditions Africaines, page 35)

Questions

1. Dans les textes ci-dessus, trouvez des exemples de l'imparfait employé pour exprimer une action habituelle et de l'imparfait employé pour faire une description.
2. Selon vous, Victor Hugo se réjouissait-il de voir sa fille chaque matin ? Expliquez votre réponse.
3. Dans le texte de Maupassant, il fait le portrait d'une jeune fille. À votre tour, faites en quelques phrases et en employant l'imparfait le portrait d'une personne que vous avez bien connue.
4. Justifiez l'emploi de l'imparfait dans le texte de Camus.

IV.   EXERCICES

A.   *Mettez les verbes entre parenthèses au passé composé ou à l'imparfait.*

Hier, il ~~faisait~~ faisait très beau, quand tout à coup vers 17 heures, le vent
1. (faire)

a commencé à souffler, le ciel s'est couvert nous avons entendu
2. (commencer)   3. (se couvrir)   4. (entendre)

le tonnerre. Il y avait aussi des éclairs. Nous nous sommes demandé ce
5. (avoir)   6. (se demander)

qui ~~allait~~ allait se passer quand une pluie diluvienne s'a mis à
7. (aller)   8. (se mettre)

tomber. Qu'est-ce-que nous _sommes allés_ faire? Nous _avons dû_ ,
                                    9. (aller)   10. (devoir)

comme chaque semaine, faire une promenade au bord de la Loire avec de vieux amis

d'enfance. Nous _avions_ l'intention de dîner à la terrasse d'un petit restaurant.
                       11. (avoir)

Nous _nous lamentions_ sur une soirée perdue quand comme par miracle, la pluie
       12. (se lamenter)

s'est arrêté de tomber. Le ciel _s'est éclairci_ et nous
   13. (s'arrêter)   14. (s'éclaircir)

avons pu admirer le plus beau des arcs-en-ciel. Nous _sommes étés_ ravis,
   15. (pouvoir)   16. (être)

notre soirée _a commencé_ sous un ciel de rêve. Comme nous _avons eu_
              17. (commencer)   18. (avoir)

de la chance! Tout est bien qui finit bien.

Questions:

1. Ces amis se connaissent-ils depuis longtemps ?

   _____

2. Qu'est-ce-qui pouvait empêcher les amis de passer une soirée ensemble ?

   _____

3. Comment s'est terminée la soirée ?

   _____

4. Avez-vous déjà eu une expérience comparable ?

   _____

B. *Mettez les verbes entre parenthèses aux temps qui conviennent (présent, imparfait, passé composé)*

En France, les trains _____ toujours à l'heure. En octobre 1981,
                        1. (siffler)

les huit voitures orange, climatisées et silencieuses du train à grande vitesse (T.G.V.)

_____ leurs 375 passagers de Paris à Lyon en 2 heures 40.
  2. (conduire)

Ce _____ la première étape d'une révolution dans lestransports par rail
    3. (être)

du Sud-Est de la France. L'aventure _____ en 1974 : la ligne Paris-
                              4. (commencer)

Lyon _____ saturée. Le gouvernement _____ deconstruire
      5. (être)   6. (décider)

une autoroute ferroviaire de 415 kms. On _____ alors que les trains
                                      7. (espérer)

_____ remplacer les voitures. Les accidents de la route _____ si
   8. (aller)   9. (être)

nombreux qu'il _____ convaincre les conducteurs de prendre le train. Depuis
               10. (falloir)

cette date, la SNCF _____ ses efforts, et les T.G.V. _____
                    11. (continuer)   12. (rouler)

nuit et jour à travers plusieurs pays européens

Questions

1. Aux États-Unis, quel est le moyen de transport le plus commun ? Justifiez votre réponse.

   _____

2. En Europe et au Japon, les trains ultra rapides permettent aux habitants de se déplacer rapidement, confortablement et économiquement. À votre avis, pourquoi les États-Unis n'adoptent-ils pas une politique semblable ?

   _____

   _____

3. La construction de ces voies ferrées n'est pas sans créer d'énormes problèmes. Selon vous, quels sont-ils ? Comment sont-ils résolus ?

   _____

   _____

C. *Mettez les infinitifs à l'imparfait.*

Dans le passage qui suit, tiré de «*Les petits bonheurs*» de Bernard Clavel, l'auteur évoque les joies pures et simples de son enfance. Il est né en 1923 dans le Jura. Il quitte l'école à 14 ans pour devenir apprenti chez un pâtissier. Il écrira éventuellement de nombreux ouvrages. Il tire son inspiration de la terre de son enfance.

Nous _____ la ville. Une toute petite maison au fond d'un vaste jardin qui
1. (habiter)

nous _____ d'une rue où _____ encore plus d'attelages que de voitures
2. (séparer)   3. (passer)

à moteur. À la belle saison, nous _____ sans lumière. On _____ dehors,
4. (vivre)   5. (veiller)

sur des bancs où des voisins _____ parfois bavarder jusqu'au moment où mon père
6. (venir)

se _____ en annonçant:—Bon! Moi, je vais monter.
7. (lever)

C' _____ une manière polie de signifier aux bavards que l'heure était venue de rendre
8. (être)

le jardin au silence de la nuit. Et ces gens, qui _____ que mon père serait debout
9. (savoir)

bien avant eux, le _____ de bonne grâce.
10. (faire)

Nous _____ nous coucher à tâtons. Mon père _____ le dernier pour
11. (aller)   12. (rester)

fermer la porte, ma mère _____ la première et je _____ à ses jupes
13. (monter)   14. (s'accrocher)

dans l'escalier obscur. Les marches _____ . Derrière moi, la main de mon père
15. (craquer)

_____ lentement sur la rampe de bois... Les volets de la chambre
16. (avancer)

_____ grands ouverts, et, même par les nuits les plus noires, on y
17. (demeurer)

_____ assez pour se dévêtir et se couler entre les draps. Notre œil _____
18. (voir)   19. (être)

familier de la nuit...

Questions

1.   Comment se passaient les soirées du jeune garçon ?
2.   Cet enfant est-il heureux ? Justifiez votre réponse.
3.   Quels grands changements se sont déroulés depuis l'enfance de l'auteur ?
4.   Ce passage est écrit à l'imparfait; pour quelles raisons ?

D.   *Traduisez le passage suivant.*

Where were you when the match between France and Sénégal took place? I was watching the two teams in the stadium, and I was hoping that my team would be *(serait)* the winner. Unfortunately, it did not happen, and the losers (my team) went home ashamed and they were asking themselves many questions. "Whose fault was it?" "Why didn't we win?" It is simple: "The best team wins."

Questions

1.   Avez-vous regardé les matchs de la Coupe Mondiale de football ?
2.   Votre équipe a-t-elle gagné ?
3.   Quand vous étiez plus jeune, y avait-il un sport qui vous passionnait ?

TRAVAIL DE GROUPE

Autrefois et aujourd'hui. Lisez ensemble le passage suivant et répondez aux questions sous forme de discussion. Vous vous diviserez en groupes de quatre ou cinq. Dans chaque groupe vous choisirez un rapporteur qui organisera le travail, prendra des notes et les présentera aux autres groupes, un autre mènera la discussion, un troisième fera une présentation à la classe entière.

Comme autrefois, le baccalauréat est aujourd'hui l'examen national qui permet aux jeunes lycéens et lycéennes d'entreprendre des études supérieures. Voilà les sujets de français sur lesquels les jeunes Français/es ont dû travailler pendant trois heures au cours d'une session récente du baccalauréat.

1.   « Connaissons-nous mieux le présent que le passé ?»
2.   « Sans l'art, parlerait-on de beauté ? »
3.   « La diversité des langues est-elle un obstacle à l'entente des peuples ? »
4.   « La politique est-elle une science ou un art ? »
5.   « Ne désirons-nous que les choses que nous estimons bonnes ? »

Questions

a.   En quoi consiste le baccalauréat ?

b. Vous choisirez un des sujets ci-dessus, et le traiterez « à la française ». Vous donnerez d'abord les arguments « en faveur » de la question, puis les arguments « contre », dans une troisième partie, vous ferez une synthèse de votre discussion. Bonne chance !

c. À votre avis, les examens que vous subissez dans votre pays sont-ils plus ou moins difficiles que ceux des jeunes Français ?

LECTURE

Lisez le passage suivant et répondez aux questions.

Je me souviens encore du jour où on m'a offert ma première machine à écrire. C'était une machine italienne, elle était rouge vif, elle avait un nom : Valentine. Que pouvait-on souhaiter de plus à 16 ans ? Je l'ai toujours, et je la regarde souvent avec nostalgie. Je me demande quelle serait la réaction d'une adolescente d'aujourd'hui si on lui faisait un tel cadeau. Un objet qui m'a aussi comblé de joie dans ma jeunesse, c'est un phonographe qu'il fallait remonter avec une manivelle. Comme il était beau ! une grande boîte noire et brillante dont seuls les grands avaient le droit de se servir.

Questions

a. Pourquoi à votre avis, l'auteur regarde-t-il cette machine à écrire avec nostalgie ?

b. Qu'est-ce qui a remplacé ces deux objets si chers à l'auteur ?

c. Décrivez un objet « d'autrefois » qui vous intéresse et vous fascine.

À VOUS DE RÉFLÉCHIR

1. « Il était une fois . . . » C'est ainsi que commencent les contes de fées comme *Blanche-Neige, Cendrillon, la Belle au bois dormant, la Belle et la Bête, le petit Chaperon rouge,* etc.

Résumez un des ces contes de fées ou imaginez votre propre conte.

2. Quand vous étiez petit(e), comment célébrait-on votre anniversaire ?

Et aujourd'hui, comment le fêtez-vous?

NOTES BIOGRAPHIQUES

Bâ, Mariama See Chapter 5

Camus, Albert See Chapter 5

Chateaubriand, François-René, vicomte de (1768–1848)
Né à saint-Malo dans une vieille famille noble bretonne. Il a grandi dans un château médiéval à Combourg. Intrigué par les débuts de la Révolution, il part pour l'Amérique en 1791. Ce voyage lui

permet d'écrire *Les Natchez*, une veritable épopée. De retour en France et après un bref séjour dans l'armée, il publie *Le Génie du Christianisme* (1802) où il déclare que le christianisme ne peut être que vrai. Bref séjour à Rome, puis voyage au Moyen-Orient d'où il rapporte *Itinéraire de Paris à Jérusalem* (1811). Il est élu à l'Académie Française, continue à faire de la politique, soutient Louis XVIII et fréquente les salons du temps, tout particulièrement celui de Madame Récamier. Un an avant sa mort, il publie *Les Mémoires d'outre-tombe,* résultat de longues années de travail et de méditation.

Romantiques, mélancoliques, exotiques, passionnés, imaginatifs, précis et sensibles, les écrits de Chateaubriand restent aujourd'hui appréciés de beaucoup.

Fodéba, Keïta (1921–1969)

Ce guinéen est un poète-conteur. C'est lui le créateur des ballets africains avec lesquels il a fait de nombreuses tournées. Par ses légendes racontées, dansées ou chantées, il essaie de faire revivre la mémoire de son peuple.

La Fontaine, Jean de   See Chapter 2

Hugo, Victor (1802–1885)

Poète, dont la France a fêté en grande pompe le bicentenaire en 2002, domine la littérature française du XIXème siècle par son génie et la diversité de son œuvre qui comprend poésie (*Les feuilles d'automne, Les chants du crépuscule, Les châtiments, Les contemplations, La légende des siècles, L'Art d'être grandpère*), drames (*Hernani, Ruy Blas*), romans (*Notre-Dame de Paris, Les Misérables, Les Travailleurs de la mer, L'Homme qui rit, Quatre-vingt treize*) et de nombreux essais et pamphlets politiques et autres. L'œuvre de Victor Hugo est gigantesque, son influence le fut et l'est encore. Il sut mener de front une vie d'écrivain, d'homme politique et de père de famille. La mort de sa fille aînée, Léopoldine, en 1847 lui inspira des vers mémorables. La carrière politique de Victor Hugo n'est pas toujours calme. Son opposition au gouvernement de Napoléon III le force à s'exiler en Belgique puis à Jersey et à Guernesey où il restera jusqu'à l'abdication de l'empereur en 1870. Dans l'ensemble de cette œuvre incomparable, il convient de remarquer la place prise par l'imagination qui permet à l'écrivain de voir ce qu'il imagine avec autant de force et de précision que la propre réalité. « *Savoir, penser, rêver. Tout est là.* » Lorsque Victor Hugo meurt le 22 mai 1885, on lui fait des funérailles nationales, il est enterré au Panthéon. C'est une véritable apothéose.

Saint-Exupéry, Antoine de (1900–1944)

Pilote, ingénieur, philosophe, journaliste, artiste. Héros de l'Aéropostale qui, avec son collègue et ami Jean Mermoz, établit le lien aérien entre l'Europe et l'Amérique du Sud qu'il raconte dans *Courrier Sud* (1928) et *Vol de nuit* (1931). Dans *Terre des hommes* (1939) et *Pilote de guerre* (1942), Saint-Exupéry traite le pilote comme un être à part, responsable à l'égard de l'humanité entière. Le but que ces hommes veulent atteindre vaut plus que la vie. *Citadelle* est un ouvrage philosophique. Il est publié en 1948 après la mort de l'auteur dont l'avion disparait en Méditerranée en Juin 1944 au cours d'une mission de reconnaissance. *Le Petit Prince* (1943), illustré par l'auteur, est incontestablement le plus connu de ses écrits. Il a été traduit en de multiples langues.

Chapitre 7

CHANGER LA VIE

LE CONDITIONNEL

The conditional is one of the four moods mentioned in Chapter 2 at the beginning of this study. The conditional expresses an eventuality, a possibility in the future or the consequences of a condition, unreal circumstances in the present or the past. It is also used to present an idea as a simple wish or a somewhat weakened fact.

There are few if any differences between the uses of the conditional in French and that of the conditional in English. It will help you to reflect upon your own language to master the French constructions. We will study two tenses in the conditional mood: the present conditional and the past conditional.

Please note that the *si* clause is rarely used in the conditional.

STUDY THESE EXAMPLES

    a. Si vous avez le temps, venez cet après-midi.

    b. Si j'ai de l'argent, je le dépense.

    c. Nous vous téléphonerons si nous manquons le train.

    d. Si j'avais de l'argent, je le *dépenserais*.

    e. Nous vous *téléphonerions* si nous manquions le train.

    f. S'il neigeait, je *resterais* chez moi.

    g. Si j'avais eu de l'argent, je *l'aurais dépensé*.

    h. Nous vous *aurions téléphoné* si nous avions manqué le train.

    i. S'il avait neigé, je *serais resté/e* chez moi.

    j. Si j'avais su qu'il était malade, je ne *l'aurais* pas *dérangé*.

    k. Téléphonez-leur pour savoir s'ils resteront dîner.

    l. Je me demande s'ils *accepteraient* de nous accompagner.

   m. *Pourriez-vous* me donner son numéro de téléphone?

    n. *J'aimerais* lui faire un cadeau. Qu'est-ce qui lui *ferait* plaisir ?

    o. Au cas où je ne *serais* pas là, laissez un message sur le répondeur.

    p. Je savais qu'elles *viendraient*.

    q. Selon la météo, il *devrait* neiger cette nuit.

I. WHEN TO USE THE CONDITIONAL

In examples (a,b) and (c), the *si* clause is in the present, the result clause is in the imperative (a), in the present (b), in the future (c). The event is likely to happen: I may indeed have time, I may have money and we may well miss the train. The situation is clear cut, we know what will happen if and when it occurs.

In the next three examples (d, e, f.), the *imparfait* is used in the *si* clause, the present conditional in the result clause to describe a situation for which we are prepared if it were to happen.

In (g, h, i, j) the pluperfect is used in the *si* clause, the past conditional in the result clause. The situation describes what would have taken place, had something else happened. It may also express a regret, something wished for and not fulfilled.

The use of tenses is similar in English: If I have money, I spend it. If I had money, I would spend it. If I had had money, I would have spent it.

In (k) and (l), we have a *si* clause which does not follow the usual pattern. It happens when *si* is the equivalent of "whether or not". Then *si* may be followed by any tense:

Je ne sais pas si le spectacle a commencé.
Savez-vous si vous auriez fait la même chose à sa place ?

The conditional has a different role in examples (m) and (n). It is used to bring about a more polite, gentle way of expression (just as in : " would you give me her telephone number" instead of : " give me her telephone number").

In example (o), you are reminded that the conditional will follow *au cas où* when it expresses a possibility.

In example (p), the conditional is used to express the future in the past, that is, an action or an event that would happen after the action of the main verb already in the past:

Elle m'a promis qu'elle nous écrirait dès son arrivée.
Je lui ai dit que nous serions ravis de les voir.

Example (q) describes an event which may happen, or could/should have happened:

D'après ses parents, il aurait dû finir ses études avant de voyager.

NOTE

If you wish to express a "double" condition (if I were younger and had the time . . .), you may do so by using *si* and the appropriate tense:

Si j'étais plus jeune et *si j'avais* le temps..,

or introduce the second clause with *que* and put the verb in the subjunctive:

Si j'avais quelques jours de vacances et *qu'il fasse* beau, je partirais en Normandie.

SI CLAUSE	RESULT CLAUSE
present tense (event likely to happen, real condition)	imperative, present, future
imperfect (contrary to fact condition in the present)	present conditional
pluperfect (contrary to fact condition in the past)	past conditional

II. HOW TO CONJUGATE THE CONDITIONAL

It is easier to conjugate *the conditional present* than it is to conjugate most tenses. It is formed by using the stem of the future and adding the endings of the imperfect: *ais, ais, ait, ions, iez, aient.*

There are no irregularities within the conjugation. Verbs with spelling changes and verbs which are irregular in the future use the future stem also and the regular endings.

PARLER   Je parlerais, tu parlerais, il/elle/on parlerait
nous parlerions, vous parleriez, ils/elles parleraient
CHOISIR   Je choisirais, nous choisirions
ÊTRE   Je serais, tu serais, il/elle/on serait, nous serions, vous seriez, ils/elles seraient.
AVOIR   J'aurais, tu aurais, il/elle/on aurait, nous aurions, vous auriez, ils/elles auraient.
METTRE   Je mettrais, nous mettrions

The past conditional follows the pattern of other compound tenses, and is formed by using the auxiliary verb in the present conditional with the past participle of the conjugated verb:

J'aurais pensé, tu aurais fini, elle serait venue...

III. EXEMPLES LITTÉRAIRES

Montesquieu (1689–1755)

...Les habitants de Paris sont d'une curiosité qui va jusqu'à l'extravagance. Lorsque j'arrivai, je fus regardé comme si j'arrivais du ciel : vieillards, hommes, femmes, enfants, tous voulaient me voir. Si je sortais, tout le monde se mettait aux fenêtres; si j'étais aux Tuileries, je voyais aussitôt un cercle se former autour de moi... Si j'étais aux spectacles, je trouvais d'abord cent lorgnettes dressées contre ma figure: enfin jamais homme n'a été tant vu que moi..."
(*Les lettres persanes, la badauderie des Parisiens* XXX)

Jean Renoir (1894–1979)

"Moi, si j'avais de l'argent, je ne ferais pas ce métier..."
"Si mes calculs sont exacts, dans quatre jours on aura dépassé le mur du jardin..."
"Si on tombe sur une patrouille, qu'est-ce qu'on fait ?..."
(*La grande illusion,* Seuil/Avant-Scène pages 31, 59, 136)

Eugène Ionesco (1912–1994)

...“Écoutez-moi, Mademoiselle, si vous n'arrivez pas à comprendre profondément ces principes, ces archétypes arithmétiques, vous n'arriverez jamais à faire un travail de poly-technicien...”

(*La leçon*, Éditions Gallimard)

Jean-Paul Sartre (1905–1980)

...“Eh bien, si vous n'avez plus besoin de moi, je vais vous laisser...”
...“Si je peux me permettre un conseil, il faudra conserver entre nous une extrême politesse...”

(*Huis-Clos*, Prentice-Hall, page 9 lignes 5 et 6, page 15 lignes 32 et 33, © Gallimard)

Jean Anouilh (1910–1987)

...“Si mon frère vivant était rentré harassé d'une longue chasse, je lui aurais enlevé ses chaussures, je lui aurais fait à manger, je lui aurais préparé son lit...”
...“Si j'avais été une servante en train de faire sa vaisselle, j'aurais essuyé l'eau grasse de mes bras et je serais sortie avec mon tablier pour aller enterrer mon frère...”

(*Antigone*, LES EDITIONS DE LA TABLE RONDE, Paris Didier, page 55, lines 895–897, 915–18)

Questions

1. Dans la troisième phrase de la lettre de Montesquieu, on trouve plusieurs *si* suivis de l'imparfait, pourquoi le verbe qui les suit est-il aussi à l'imparfait ? Aurait-il pu employer le présent au lieu de l'imparfait ?

2. *La Grande Illusion* est un film sur la guerre. Comment pouvez-vous le deviner dans ces quelques lignes ?

3. Ionesco est un des créateurs du théâtre de l'absurde; qu'est-ce qui vous le montre ici ?

4. Dans sa pièce *Antigone*, Anouilh met en scène une jeune fille, Antigone, qui, malgré l'interdit du roi, son oncle, prendra des risques qui lui coûteront la vie pour enterrer son frère. Qu'est-ce qui nous montre l'attachement d'Antigone à son frère ?

IV. EXERCICES

A. *Complétez les phrases avec la forme du verbe qui convient.*

1. Si vous (*parler*) _parvuriez_ plusieurs langues, vous pourrez faire le tour du monde sans aucune difficulté.

2. Si vous (*faire*) _feriez_ le tour du monde, vous (*améliorer*) _amélioreriez_ votre connaissance des peuples et de leurs langues.

3. Je vous (*faire*) _ferais_ signe si j'avais besoin de quelque chose.

4. Si le candidat (*obtenir*) _obtenirait_ la majorité absolue, il sera déclaré vainqueur au premier tour.

5. Le candidat aurait été déclaré vainqueur, s'il (*obtenir*) _obtenirait_ la majorité absolue au premier tour.

6. Les routes (*être*) _seraient_ meilleures si on augmentait les impôts locaux.

7. Si tu cours le 100 mètres en moins de 10 secondes, tu (*pouvoir*) <u>pouvoirais</u> participer à la course la semaine prochaine.

8. Si vous (*étudier*) <u>étudilriez</u> les animaux, vous comprendriez mieux leurs habitudes.

9. Nous (*aller*) <u>irions</u> au musée toutes les semaines si notre emploi du temps nous le permettait.

10. Si elle avait été reçue au bac, elle (*partir*) <u>partirait</u> en vacances au mois de Juin.

B. *Complétez les phrases suivantes.*

1. Si j'avais mal à la tête <u>j'obtenirais du medicamen.</u>
2. Il aurait fini son travail à l'heure <u>il le perait.</u>
3. Nous partirions en voiture si <u>les avions fermeraient.</u>
4. Si vous vous asseyiez <u>tu serais fatigué.</u>
5. Si j'avais su <u>je ne devrai pas apprendre. derenirais</u>

C. *Rédaction*

Si vous aviez le choix, pendant quelle période de l'histoire aimeriez-vous vivre ? Dites pourquoi en employant le conditionnel.

TRAVAIL DE GROUPE

Vous vous diviserez en groupes de quatre ou cinq. Dans chaque groupe vous choisirez un rapporteur qui prendra des notes et les présentera aux autres groupes, un(e) autre mènera la discussion, un(e) troisième fera une présentation à la classe entière; tous vous répondrez aux questions posées et poserez vos propres questions basées sur vos expériences personnelles.

1. Si vous étiez acteur/actrice, quel rôle aimeriez-vous jouer ? Justifiez votre choix.
2. Si on vous laissait choisir l'endroit où habiter, où iriez-vous ?
3. Si vous étiez végétarien/végétarienne, que mangeriez-vous ? que ne mangeriez-vous pas ?

LECTURE

Lisez le texte suivant. Remplacez les verbes entre parenthèses par la forme qui convient. Répondez ensuite aux questions posées.

Changer la vie

Voici une expression que nous entendons souvent. C'est le thème favori de nos dirigeants, elle fut aussi la devise d'un parti politique français. Et nous, nous y faisons constamment allusion :

« S'il avait suivi vos conseils, tout _seraient_ différent. Comme sa vie
1. (être)

changerait ! » « Si nous les avions écoutés, nous _n'aurons pas_ toutes
2. (changer)   3. (ne pas avoir)

ces difficultés ! » Qui n'a pas entendu quelqu'un dire « cette machine à laver m'a changé la

vie. » « Je fais des kilomètres avec ma nouvelle voiture sans être fatigué(e), comme ma vie

a changé ! » « Ce médicament lui fait du bien, il se porte beaucoup mieux, comme sa vie

a changé ! »

« Changer la vie » est donc une expression courante. Essayons de voir ce qui a causé les

changements dans notre vie de citoyen du monde moderne. Tout de suite nous pensons à

Louis Pasteur, à Alexander Fleming, à Jonas Salk. S'ils n'avaient pas mené à bien leurs expéri-

ences, nous _ne triompherions pas_ de la rage ni des infections multiples qui se traitent
4. (ne pas triompher)

grâce à la pénicilline. La poliomyélite _ferait_ encore plus de victimes.
5. (faire)

Et si Molière n'avait pas écrit _Le Malade Imaginaire_, nous _n'aurons pas_ la chance
6. (ne pas avoir)

d'entendre Argan se plaindre de tout et de rien.

Si Denis Papin n'avait pas persévéré dans son travail, il _ne serait pas_ l'inventeur
7. (ne pas être)

de la machine à vapeur.

Si les frères Montgolfier n'avaient pas été aussi hardis, on _ne pourrait jamais_
8. (ne jamais pouvoir)

« monter en ballon ».

Si en 1777, Lavoisier n'avait pas découvert l'oxygène, aurait-il été guillotiné en 1794 ?

Si Napoléon n'avait pas été empereur des Français, que serait-il arrivé ?

Si Bizet n'avait pas écrit *Carmen*, est-ce que vous seriez allé(e) à l'Opéra la semaine derrnière ?

Si Victor Hugo ne nous avait pas donné *Les Misérables*, si Claude Debussy n'avait pas composé *Clair de lune*, si Claude Monet n'avait pas peint son jardin à Giverny, tous ces chefs-d'oeuvre ne feraient pas partie du patrimoine culturel de la France. Tous, ils ont changé notre vie et celle des générations à venir.

Questions

1. Citez des hommes et des femmes célèbres et dites brièvement en quoi ils ont changé notre vie. (5 ou 6 exemples)

2. Si vous aviez pu changer une chose dans votre lycée pour « changer la vie » de tous, qu'est-ce que vous auriez choisi de faire ?

À VOUS DE RÉFLÉCHIR

1. Si aujourd'hui, on vous donnait « carte blanche » pour effectuer un grand changement, qu'est-ce que vous feriez ?

2. On dit souvent « Si j'avais su…! » Imaginez une situation dans laquelle vous diriez « Si j'avais su… » et finissez en employant plusieurs verbes au passé du conditionnel.

NOTES BIOGRAPHIQUES

Anouilh, Jean (1910–1987)

Auteur dramatique dont le succès a été constant. Parmi ses pièces divisées en catégories: pièces noires, roses, brillantes, baroques, secrètes, il convient de citer : *Le voyageur sans bagage* (1937), *Antigone* (1944), *L'invitation au château* (1947), *L'Alouette* (1953), *Pauvre Bitos* (1956), *Becket* (1959) qui figurent en permanence sur les scènes parisiennes et dans les théâtres du monde entier. Notons aussi qu'Anouilh fut influencé, entre autres, par Molière, Pirandello et Bernard Shaw.

Ionesco, Eugène (1912–1994)

Né en Roumanie d'une mère française et d'un père roumain. Dramaturge et chef de file du mouvement qui crée le Théâtre de l'Absurde. Les nouvelles techniques dramatiques qu'il propose et qu'il met en pratique dans les années 50 donnent un autre sens au drame. Elles devaient avoir une influence profonde et universelle sur le théâtre. Ses pièces figurent depuis 1966 au répertoire de la Comédie Française. Ionesco est entré à l'Académie Française en 1970.

Parmi les pièces que Ionesco nomme anti-pièce, ou pseudo-drame, farce tragique, il faut citer *La Cantatrice chauve* (1950), *La leçon* (1951), *Les Chaises* (1952), *Amédée, ou comment s'en débarrasser* (1954), *Rhinocéros* (1960) où on voit l'horreur de l'auteur pour un conformisme idéologique qui devient contagieux comme le fut le fascisme.

Montesquieu, baron de (1689–1755)

Né près de Bordeaux d'une famille noble et aisée. Études de droit à Bordeaux et à Paris. Il occupe ensuite et jusqu'en 1725 un haut poste dans la magistrature bordelaise. Il écrit *Les lettres persanes* (1721), publiées anonymement, dans lesquelles Montesquieu analyse et satirise la société française de son époque par l'intermédiaire de deux Persans séjournant à Paris. Grand succès. Montesquieu fréquente les salons, écrit des essais sur les lois et la morale. Il voyage à travers l'Europe, passe deux ans en Angleterre et prépare son travail magistral *De l'Esprit des lois* publié en 1748. Cet ouvrage provoque des controverses. Montesquieu y répond en 1750 par *Défense de l'Esprit des lois*. On a appelé Montesquieu le père du libéralisme, le père des constitutions et le créateur des sciences sociales. Il appartient vraiment au siècle des lumières.

Renoir, Jean (1894–1979)

Fils du peintre impressionniste Auguste Renoir. Auteur de plusieurs scénarios de films qui sont aujourd'hui des classiques du cinéma, entre autres : *La Chienne* (1931), *La Grande Illusion* (1937), *La Bête humaine* (1938), *La Règle du jeu* (1939)

Sartre, Jean-Paul (1905–1980)

Né à Paris et y vécut. Philosophe existentialiste, moraliste, romancier, dramaturge, essayiste, critique et biographe. Il s'intéressait aussi à la politique et à la psychanalyse. Il fait de brillantes études de philosophie et enseigne pendant quelques années avant de se consacrer aux travaux littéraires. Il rencontre Simone de Beauvoir qui vivra à ses côtés. Sartre est un écrivain militant, un engagé. Il publie de multiples ouvrages dont nous ne citerons que quelques uns : *L'Être et le néant* est l'ouvrage philosophique le plus connu. *L'Existentialisme est un humanisme* (1946), essai d'abord présenté sous forme de conférence; *La nausée* (1939), roman existentialiste; *Huis-Clos*, pièce de théâtre où trois personnages sont condamnés à vivre ensemble après leur mort; la liberté n'existe donc plus. La pièce remporta vite un grand succès et on la joue toujours aujourd'hui. *Qu'est-ce que la littérature ?* (1947). Dans *L'idiot de la famille* (1972), une biographie de Flaubert, Sartre entreprend, dans un ouvrage de 3000 pages, de rendre compte d'un être dans sa totalité. Avec *Les mots* (1963), Sartre nous raconte la naissance de sa vocation d'écrivain. Sartre a été un des pivots de la vie intellectuelle de son temps et retient une influence considérable dans le monde des lettres.

Chapitre 8

QUE FAUT-IL QU'ON FASSE ?

LE SUBJONCTIF

Qu'est-ce que le subjonctif ?

It is the fourth of the four moods we mentioned in Chapter 2. While the indicative mood is used to express facts, past, present or future, the subjunctive mood is used to express desires, emotions, uncertainty, often subordinated to a personal point of view.

When hearing the word "subjunctive", many non-French speakers feel that they are about to face a major obstacle because they have seldom, if at all, heard the word used to describe a verbal form in their own language. English speakers should be reminded that the subjunctive is used currently in a few constructions such as: "*Long* live *the republic!*", "*So* be *it*", "*The doctor requires that he* stay *home for a week*", "*I wish I* were *skiing in Chamonix*", "*Our teacher demands that our homework* be written *in ink*", "*He speaks French as if he* were *born in France*", etc.

The use of the subjunctive is much more limited in English than it is in French, in Spanish, in Italian and, of course, in Latin. The word "subjunctive" comes from the Latin word "*subiungere*" which means to subjoin, to subordinate. It is, therefore, used mainly in subordinate clauses, but it is triggered by the meaning of the main clause or by a conjunction requiring a subjunctive construction.

There are four tenses within the subjunctive mood: present, past, imperfect, and pluperfect. The present and the past are the two tenses commonly used.

Study These Examples

1. **a.** Je suis ravi(e) qu'il *vienne* ce soir.
    b. Nous regrettons qu'elle *soit* absente.
    c. Mes parents sont surpris que nous n'*apprenions* pas la géographie.

2. **d.** J'ordonne que vous vous *taisiez*.
    e. Elle voudrait que nous *voyagions* ensemble.
    f. La municipalité empêche qu'on *fume* dans les restaurants.

3. **g.** Il faut que vous *disiez* la vérité.
    h. Il est impossible qu'il ne le *sache* pas.
    i. Il est impératif que ce travail *soit* fini à 17 heures.

4. **j.** Êtes-vous certain qu'elle en *ait* envie ?
    k. Pensez-vous que nous *ayons* tort ? moi, je pense que vous avez raison.
    l. Je ne crois pas qu'il *fasse* beau demain.

5.   m.   Il semble qu'elle *aille* mieux, mais il me semble que vous n'allez pas bien.

     n.   Il est urgent que vous *voyiez* le médecin.

     o.   Il est dommage que notre équipe *n'ait pas gagné* le match.

6.   p.   Sortez avant qu'il ne *pleuve*.

     q.   J'attendrai jusqu'à ce que le train *parte*.

     r.   Ils ont quitté la maison sans que je les *entende*.

7.   s.   Connaissez-vous quelqu'un qui *puisse* me donner du travail ?

     t.   Je suis à la recherche d'un médecin qui *guérisse* la migraine.

     u.   Elle voudrait louer un appartement qui ne *soit* pas loin du métro.

8.   v.   C'est le meilleur dessert que tu *aies préparé* cette semaine.

     w.   Qu'il *pleuve* avant que toute la récolte ne *périsse*, c'est la seule chose qu'on *puisse* espérer.

9.   x.   Qui que vous *soyez*, vous devez obéir à la loi.

     y.   Où que le Président *aille*, on le reconnaît.

10. z.   *Vive* la République !

          Ainsi *soit*-il !

11.   Si tu sortais moins et que tu *travailles* plus sérieusement, tes résultats seraient meilleurs.

I.   WHEN TO USE THE SUBJUNCTIVE MOOD

The multiple examples listed above show that the subjunctive mood is used very often and in many different circumstances. We will examine each category. The subjunctive mood is used:

1.   In a subordinate clause following a main clause expressing *an emotion* (joy, sadness, fear, regret, anger, surprise etc.) (a, b, c)

Il est désolé que *tu ne puisses pas* nous accompagner.
Je m'étonne *qu'elle ne comprenne pas* l'italien.

Other verbs or expressions in this category include:

être content, heureux, enchanté, ravi; se réjouir; être désolé, malheureux, mécontent, triste; avoir peur, craindre; regretter; être agacé, énervé, ennuyé, fâché, irrité; être étonné, surpris; s'étonner

2.   In a subordinate clause after a main clause expressing *a will, a command, a desire;* (d, e, c)

Nous voulons *que tu sois* là avant 23 heures.
J'aimerais bien *que tu viennes* à mon mariage.

Other verbs or expressions in this category include:

commander, consentir à ce que, défendre, demander, désirer, empêcher, exiger, insister, interdire, ordonner, permettre, préférer, souhaiter

However, note that *espérer, se demander* require the use of the indicative (or conditional) in the affirmative:

J'espère que vous viendrez à mon mariage.
Elle se demande ce que nous pourrions leur offrir.

3. in a subordinate clause following a main clause expressing *necessity, possibility* (g, h, i);

     Il faut qu'une porte *soit* ouverte ou fermée.
     Il est possible (il se peut) que le temps *se rafraîchisse* dans les jours qui viennent.
     Il est peu probable que je *sois* de retour avant 18 heures.

     Other verbs or expressions in this category include:

     il est essentiel, nécessaire, indispensable, utile, préférable; il se peut; il vaut mieux

     Note that the subjunctive is not used after *il est probable:*

     Il est probable que je serai là avant vous.

4. in a subordinate clause following a main clause expressing *doubt, uncertainty* (j, k, l):

     Pensez-vous qu'elle *soit* élue au premier tour ?
     Je ne crois pas que cela en *vaille* la peine.
     Croyez-vous qu'il *pleuve* demain ?

     Other verbs or expressions in this category include:

     il est douteux, il se peut, douter

     Note that, as they do not express a doubt, *penser, croire, savoir, être sûr* and expressions of certainty, used in the affirmative, are followed by a subordinate verb in the indicative:

     Je pense que l'argent ne fait pas le bonheur.
     Les jeunes enfants sont convaincus que leurs parents sont parfaits.

5. In a subordinate clause following *impersonal expressions* (m, n, o) such as:

     Il est urgent que vous *passiez* votre permis de conduire.
     Il est rare que les grands parents ne *soient* pas fiers de leurs petits enfants.

     Verbs or expressions in this category include:

     il vaut mieux, il est rare, il est naturel, il est important, il est bon,
     il est dommage, il est regrettable, il semble, il est temps, il est urgent,
     il est juste, il est normal, il est surprenant, il convient, il suffit.

6. In a subordinate clause introduced by the following conjunctions (p, q, r):

afin que, à moins que, autant que, avant que, bien que, pour que, sans que,
de peur que, de crainte que, de sorte que, de façon que, jusqu'à ce que, pourvu que,
quoique, à condition que, en attendant que

Pars maintenant afin que tes amis ne s'*impatientent* pas.
Autant que je *sache*, il est arrivé hier soir.
Nous irons au musée à moins que cela ne vous *ennuie*.

NOTES

a. after *avant que, à moins que, de peur que, de crainte que* it is recommended to use *ne*, often referred to as "explétif" *ne*. This construction reflects the negative idea in the subordinate clause. In the spoken language, the *ne* is often omitted.

Je lui ai écrit de peur que son répondeur *ne soit* en panne.
Je crains qu'il *ne puisse* trouver la bonne solution.

b. after *parce que, après que, dès que, aussitôt que, puisque, tandis que, pendant que, étant donné que,* the indicative must be used:

Après que tu *auras fini* tes devoirs, tu pourras regarder la télévision.
Dès qu'il *arrivera*, je vous préviendrai.
Tandis qu'elle *lit* le journal, il fait la vaisselle.

7. In a subordinate clause usually introduced by a relative pronoun and when the main clause refers to a person, an object or an idea whose existence is uncertain (t, u):

Depuis plusieurs jours, je cherche à acheter un manteau qui *soit* léger et qui me *tienne* chaud. Il semble que cela *soit* impossible à trouver.

Mon rêve, c'est d'inventer une voiture qui se *conduise* toute seule.

8. In a subordinate clause introduced by a *relative pronoun* modified by a *superlative* or an equivalent (*le meilleur, le premier, le dernier, le seul...*) expressing a personal opinion (v, w)

À mon avis, c'est le meilleur roman qui *ait été écrit* sur la Révolution française.
Longer les quais de la Seine, c'est la plus belle promenade qu'on *puisse* faire à Paris.

But note that the following two examples express a fact, not a personal opinion.

Les critiques sont unanimes : c'est le meilleur roman qui *a été écrit* sur la Révolution.
C'est un fait : Versailles est le plus grand des châteaux que Mansart *a construits*.

9. After indefinite expressions such as: *quelque ...que, qui...que, où....que* (x, y):

Quoi qu'elle *choisisse* sur le menu, elle n'est jamais satisfaite.
Quelque courageux que vous *soyez*, faites attention !

10. The subjunctive is used in independent clauses to express a command or a strong wish or in a few idiomatic expressions (z) such as:

Qu'ils *m'écrivent !* (the main clause is understood : je veux, je voudrais...)
Qu'elle *guérisse !* (Je veux...)
Qu'il en *soit* ainsi ! (Je souhaite, je désire...)
Vive la fin de l'année scolaire !
Vive le printemps !
Honni *soit* qui mal y pense.

11. When expressing a "double" condition, the second clause is introduced by *que* followed by the subjunctive (cf. chapter 7, I, note):

Si vous avez le temps et *que cela vous fasse* plaisir, nous irons au cinéma.

II. WHEN NOT TO USE THE SUBJUNCTIVE

1. You may have noticed that in all the examples which have two clauses (main clause and subordinate clause), with the exception of those in #9, the subject of the main clause and that of the subordinate clause are not the same. In simpler terms: two verbs, two subjects. If the two verbs have the same subject, the second verb is an infinitive, not a subjunctive:

Je veux que tu *manges* (In French, *I want you to eat* becomes: I want that you eat: there are two verbs, two sujects.)

Je veux manger (*I want to eat*: two verbs, one subject).

J'aimerais que vous *fassiez* sa connaissance (*I would like you to meet him/her*, I would like that you meet him/her)

J'aimerais *faire* sa connaissance (*I would like to meet him/her*).

2. When the two clauses have the same subject and the subordinate clause would be introduced by a conjunction which requires the subjunctive (*pour que, avant que...*), the corresponding preposition (*pour, avant de*) replaces the conjunction and is then followed by the infinitive.

Nous irons en France *pour apprendre* le français (it would be wrong to say: Nous irons en France pour que nous apprenions le français).

Finis tes devoirs *avant de partir* (it would be wrong to say: Finis tes devoirs avant que tu ne partes).

3. The conjunction introducing the subjunctive can also be replaced by a preposition followed by a noun:

Jusqu'à votre arrivée, tout le monde se couchait de bonne heure. (This construction is more idiomatic than: jusqu'à ce que vous arriviez...)

4. Some of the verbs which are used to express a command or a request seldom introduce a subordinate clause with the subjunctive. Instead, they trigger the following construction:

à + indirect object + *de* + infinitive:

Il est interdit aux employés de fumer dans leurs bureaux.
Je vous demande de marcher sur la pointe des pieds.
On ne permet pas aux élèves de venir en voiture au lycée.

III. HOW TO FORM THE SUBJUNCTIVE

FOR THE PRESENT:

1. For the first person singular, second person singular, and third persons singular and plural, use the third person plural of the present indicative, drop the *-ent* ending and add the following endings: *e, es, e, ent.*

For the first and second persons plural, the forms are the same as the forms of the imperfect with the endings: *ions, iez.*

PARLER	FINIR	VENDRE
je parl*e*	je finiss*e*	je vend*e*
tu parl*es*	tu finiss*es*	tu vend*es*
il/elle/on parl*e*	il/elle/on finiss*e*	il/elle/on vend*e*
ils/ elles parl*ent*	ils/elles finiss*ent*	ils/elles vend*ent*
nous parl*ions*	nous finiss*ions*	nous vend*ions*
vous parl*iez*	vous finiss*iez*	vous vend*iez*

Note that verbs with the infinitive ending in *-ier* have two *i* at the first and second persons plural:

nous étud*iions*, nous sk*iions*, vous vous mar*iiez*

2. Two-stem verbs (ending in *-re, -ir, -oir, -oire*) follow the same conjugation:

PRENDRE	VENIR	BOIRE
je prenn*e*	je vienn*e*	je boiv*e*
tu prenn*es*	tu vienn*es*	tu boiv*es*
il/elle/on prenn*e*	il/elle/on vienn*e*	il/elle/on boiv*e*
ils/elles prenn*ent*	ils/elles vienn*ent*	ils/elles boiv*ent*
nous pren*ions*	nous ven*ions*	nous buv*ions*
vous pren*iez*	vous ven*iez*	vous buv*iez*

3. Some verbs are irregular throughout their conjugation; they include *avoir, être, faire, falloir, pouvoir, savoir.*

AVOIR   j'aie, tu aies, il/elle/on ait, nous ayons, vous ayez, ils/elles aient
ÊTRE   je sois, tu sois, il/elle/on soit, nous soyons, vous soyez, ils/elles soient
FAIRE   je fasse, tu fasses, il/elle/on fasse, nous fassions, vous fassiez, ils/elles fassent.
FALLOIR   il faille
POUVOIR   je puisse, tu puisses, il/elle/on puisse, nous puissions, vous puissiez,
                ils/elles puissent
SAVOIR   je sache, tu saches, il/elle/on sache, nous sachions, vous sachiez
                ils/elles sachent

4. Some verbs are irregular in the first and second persons singular, and third persons singular and plural, among them *aller, valoir* and *vouloir*:

ALLER   j'aille, tu ailles, il/elle/on aille, nous allions, vous alliez, ils/elles aillent
VALOIR   je vaille, tu vailles, il/elle/on vaille, nous valions, vous valiez, ils/elles vaillent
VOULOIR   je veuille, tu veuilles, il/elle/on veuille, nous voulions, vous vouliez,
                ils/elles veuillent

FOR THE PAST:

Follow the same formula as you did for other past tenses. Use the present subjunctive of the auxiliary verb and add the past participle of the conjugated verb:

j'aie pris, tu aies écrit, il ait fait, nous ayons vu, vous ayez reçu, ils aient attendu.
je sois entré(e), tu sois sorti(e), il soit descendu, nous soyons parti(e)s,
vous soyez venu(e)s, ils soient restés, elles soient allées.

SEQUENCE OF TENSES:

Whether to use the present or past subjunctive depends upon the timing of the actions.

a. If the action in the subordinate clause takes place at the same time or after that of the main clause, use the present subjunctive.

Je suis désolé(e) que *tu ne puisses pas* partir en vacances. (I am sorry – right now – that you are not able to go on vacation -in the future-)
Nous avons peur qu'elle ne se *perde*.

b. If the action in the subordinate clause takes place before that of the main clause, use the past subjunctive.

Je regrette que *vous ne m'ayez pas donné* votre adresse avant de partir.
Croyez-vous qu'il *ait manqué* le train ?
Bien que je lui *aie préparé* son dessert préféré, il ne veut pas manger.

IV. EXEMPLES LITTÉRAIRES

Madame de Sévigné (1626–1696)

Le maréchal, après avoir lu, dit au roi: « Sire, Votre Majesté juge divinement bien de toutes choses; il est vrai que voilà le plus sot et le plus ridicule madrigal que j'aie jamais lu. — Oh bien! dit le roi, je suis ravi que vous m'en ayez parlé si bonnement; c'est moi qui l'ai fait. — Ah! Sire, quelle trahison! que Votre Majesté me le rende; je l'ai lu brusquement. »

Le roi a fort ri de cette folie, et tout le monde trouve que voilà la plus cruelle petite chose que l'on puisse faire à un vieux courtisan.

(*Lettres de Madame de Sévigné, lettre à Monsieur de Pomponne,* 1er décembre 1664)

(*Lettres choisies,* Madame de Sévigné, Classiques illustrés Hachette, page 32)

Beaumarchais (1732–1799)

LE COMTE   Pourquoi faut-il toujours qu'il y ait du louche en ce que tu fais ?

FIGARO   C'est qu'on en voit partout quand on cherche des torts.

LE COMTE   Une réputation détestable !

FIGARO   Et si je vaux mieux qu'elle ! Y a-t-il beaucoup de seigneurs qui puissent en dire autant ?...

(*Le Mariage de Figaro,* 1778, acte III, scène V)

Paul Verlaine (1844–1896)

O triste, triste était mon âme
A cause, à cause d'une femme,
Je ne me suis pas consolé
Bien que mon coeur s'en soit allé
Bien que mon coeur, bien que mon âme
Eussent fui★ loin de cette femme...

(*Romances sans paroles, Ariettes oubliées,* VIIème, vers 1 à 6)

(★ *eussent fui* est le plus-que-parfait du subjonctif; forme poétique qui a le sens de *aient fui.*)

Ferdinand Oyono (1929–)

...Mon Dieu, que votre volonté soit faite...
— Seulement si tu voles, je n'attendrai pas que tu ailles en enfer...
Si tu me volais, je t'écorcherais la peau...

(*Une vie de boy,* Julliard, Paris, 1956)

Simone de Beauvoir (1908–1986)

« Est-ce que vous me détestez, Madame ? » demanda Zaza. L'autre protesta. « Alors, pourquoi ne voulez-vous pas que nous nous mariions? » ...

(*Mémoires d'une jeune fille rangée,* IV—Librairie Gallimard, éditeur)

Questions

1. Qui sont les personnages mis en scène par Madame de Sévigné ?

2. Expliquez la réplique: "je l'ai lu brusquement.."

3. Vous êtes-vous jamais trouvé(e) dans une situation comparable à celle décrite par Madame de Sévigné ?

4. Beaumarchais emploie deux fois le subjonctif. Expliquez pourquoi.

5. Pourquoi Verlaine est-il obligé d'employer le subjonctif dans ces vers ?

6. À votre avis, qui parle à qui dans la citation d'Oyono ?

7. Imaginez la réponse à la question posée par Zaza.

V. EXERCISES

A. *Remplacez les verbes entre parenthèses par la forme qui convient.*

1. Répondez à la question dès que vous (comprendre) _____ ce dont il s'agit.

2. Il est possible que cela vous (prendre) _____ un certain temps.

3. J'espère que vous (répondre) _____ correctement.

4. Il faut que vous (finir) _____ avant 15 heures.

5. Si vous aimez les macarons, les meilleurs qu'on (pouvoir) _____ acheter à Paris sont en vente dans une pâtisserie de la rue de Seine. Il faut absolument que vous y (aller) _____.

6. Quand vous allez au théâtre, on exige que vous (éteindre) _____ vos téléphones portables.

7. Je resterai ici jusqu'à ce que tu (finir) _____ ta soupe.

8. Je voudrais que vous (se souvenir) _____ une fois pour toutes des règles qui gouvernent l'emploi du subjonctif. Elles (être) _____ claires et logiques.

B. *Finissez les phrases suivantes.*

1. Ils sont partis sans que _____.

2. Je ne vous ai pas téléphoné parce que _____.

3. Il est possible que _____.

4. Il me semble que _____.

5. Pensez-vous que les Français _____ ?

6. J'ai pris mon billet hier de peur que _____.

7. Téléphonez-moi dès que _____.

8. Elle n'est pas encore rentrée bien que _____.

C. *Traduisez.*

1. I think that he will return.

   _____

2. He does not believe that I will return.

   _____

3. Do you want me to return?

_____

4. I do not want to return.

_____

5. It is clear that they will never return.

_____

6. I am delighted that you have returned.

_____

7. We will wait until you return.

_____

8. She left because he returned.

_____

9. They left after she returned.

_____

10. I hope that we will all meet again.

_____

D. *Mettez les infinitifs à la forme qui convient.*

Il faut que je me repose, mais quand?

Que vous _____ du théâtre, de la peinture, du sport, de la musique, peu
                    1. (faire)

_____ ! Il est impossible que vous y _____ si vous
      2. (importer)   3. (exceller)

_____ des heures et des heures à _____ votre rôle jusqu'à ce
   4. (ne pas passer)   5. (apprendre)

que vous _____ parfaitement votre personnage, ou à _____ les
               6. (connaître)   7. (étudier)

règles de la perspective pour que vous _____ à _____ un tableau
                                          8. (réussir)   9. (faire)

qui vous _____. Si vous êtes membre d'une équipe, c'est la même chose.
10. (satisfaire)

Il est indispensable que vous _____ régulièrement afin de
11. (s'entraîner)

_____ ce que vos co-équipiers _____ de vous. Imaginez
12. (comprendre)   13. (attendre)

maintenant que vous _____ musicien/ne. Croyez-vous que vous
14. (être)

_____ _____ à un résultat satisfaisant si vous
15. (pouvoir)   16. (arriver)

_____ plusieurs heures par jour à la musique ? Vous me _____
17. (ne pas consacrer)   18. (dire)

toujours : "On _____ sans rien", et vous _____ bien raison.
19. (ne rien avoir)   20. (avoir)

_____-je ajouter que la situation est exactement la même quand on
21. (pouvoir)

_____ à bien _____ une langue vivante. À vous de
22. (tenir)   23. (connaître)

_____ ou de vous _____ !
24. (jouer)   25. (reposer)

E. *Rédaction*

Vous partez en vacances à l'étranger et c'est la première fois que vous voyagez seul(e). Imaginez les conseils qu'on vous donne. (Vous emploierez le subjonctif le plus souvent possible).

LECTURE ET TRAVAIL DE GROUPE

Tous, vous lirez le texte suivant. Ensuite, vous vous diviserez en groupes de quatre ou cinq. Dans chaque groupe vous choisirez un rapporteur (celui ou celle chargé/e de prendre des notes et de les présenter aux autres groupes); un autre mènera la discussion ; un troisième fera une présentation. Tous vous répondrez aux questions posées et poserez vos propres questions basées sur vos expériences personnelles. Dans toutes vos discussions, vous vous efforcerez d'employer le subjonctif à l'aide de constructions telles que: *il faudrait que, il est indispensable que, on souhaite que, il est regrettable que,* etc.

Que faut-il qu'on fasse ? Que faudrait-il que nous fassions ? Qu'est-ce qu'il aurait fallu faire ?

On pose fréquemment ces questions, et on les pose sur des sujets variés, mais elles tournent souvent autour d'un problème qui nous concerne tous, grands et petits, Américains, Australiens,

Chinois, Portugais, Norvégiens, Mexicains, Ukrainiens, Français, le monde entier, c'est celui de notre environnement, de celui de nos voisins, de celui des autres. On nous présente des rapports alarmants sur les changements de climat, le trou dans la couche d'ozone, la surpopulation, la disparition d'espèces animales et végétales, la disposition des déchets[1], les transports routiers et le manque de contrôle imposé sur les pétroliers.

Les chefs de gouvernement se réunissent régulièrement; on se souvient des conférences tenues dans plusieurs capitales étrangères. On rédige des accords, on les signe, on fait des recommandations sans toutefois garantir leur financement: comment les appliquera-t-on ? On prépare une « convention sur les déserts » à la demande des pays africains, on ne peut pas proposer de « convention sur la forêt » car les pays du Sud tropical s'y opposent, on parle d'une « convention sur l'eau », mais rien n'est écrit. On s'engage plus ou moins: « L'écologie n'est pas un luxe des nantis [2], mais elle n'existe pas sans l'aide des nantis. »

Malgré toutes ces belles paroles et ces engagements mitigés, la situation n'en reste pas moins critique. On continue à abattre des forêts entières et, de ce fait, à déplacer des populations entières, des animaux, et à provoquer la disparition d'espèces végétales. Les marées noires sont une menace permanente. Comment oublier l'*Exxon Valdez* échoué en Alaska et le *Prestige* plus récemment au large du Portugal ? Ces pétroliers ont déversé des tonnes et des tonnes de pétrole brut sur les littoraux[3]. On se souvient des désastres sans précédent provoqués par l'explosion d'un réacteur nucléaire à Tchernobyl en Ukraine, d'une grande usine de produits chimiques à Bhopal en Inde et d'une à Toulouse en France.

À chaque drame, on se pose les mêmes questions: « Que faudrait-il faire ? Qu'est-ce qu'il aurait fallu faire ? » Il n'y a pas de réponse à ces questions. Celles qu'il faut poser maintenant sont: « Qu'est-ce qu'il faut faire ? Qu'est-ce qu'on doit faire ? Qu'est ce que je peux faire pour protéger cette terre, atout[4] si fragile dont nous sommes tous solidaires ? »

C'est donc notre responsabilité à tous, quelle que soit notre nationalité, quel que soit notre âge, quel que soit notre métier. Il faut écouter ceux qui consacrent leur vie à nous donner l'exemple : les chercheurs du CNRS[5], les dirigeants d'associations caritatives[6] dont le but est de conserver ce que nous avons, les organisations internationales comme l'ONU[7], le FEM[8] et beaucoup d'autres moins connues qui s'acharnent dans leur travail quotidien à trouver et à exercer des moyens pour préserver notre équilibre si précaire. Il faut non seulement les écouter, il faut les encourager, suivre leurs conseils, leurs suggestions, il faut en parler, les propager, et faire en sorte que ceux qui nous entourent fassent de même. La situation est critique, elle n'est pas désespérée ; c'est à nous de la rectifier.[9]

---

[1] déchet (*m*) : résidu, débris, ce qui reste et n'est pas utilisable.

[2] nanti(e) : celui ou celle qui est bien pourvu(e) (contraire de pauvre).

[3] littoral (*m*) : la zone qui est au bord de la mer.

[4] atout (*m*) : avantage.

[5] CNRS : Centre national de la recherche scientifique

[6] Association caritative : association à but non lucratif (organisation charitable)

[7] ONU : Organisation des Nations unies

[8] FEM : Fonds d'Environnement mondial

[9] Voir dans les lectures d'autres articles sur la pollution et l'environnement.

Questions

1. Renseignez vous sur les mesures qui ont été prises pour éviter les accidents de pétroliers, expliquez-les brièvement.
2. Quelles ont été les conséquences de l'explosion de Tchernobyl en dehors des pertes de vies humaines ?
3. Pourquoi les pays tropicaux ne veulent-ils pas de "convention sur la forêt" ? Que pensez-vous de leur opposition ? Comment y rémédier ?
4. Pourquoi faudrait-il une "convention sur l'eau" ?
5. Expliquez la citation qui se trouve à la fin du troisième paragraphe : "L'écologie…"

À VOUS DE RÉFLÉCHIR

Traitez les sujets suivants en employant autant de subjonctifs que possible.

1. "Greenpeace" est une organisation internationale. Qu'en savez-vous ?
2. Faites une liste des mesures que vous pourriez prendre pour contribuer à préserver notre environnement.

NOTES BIOGRAPHIQUES

Beaumarchais, Pierre-Augustin Caron de (1732–1799)

D'abord horloger comme son père, puis entrepreneur, et enfin dramaturge qui nous a laissé *Le Barbier de Séville* (1775) et *Le mariage de Figaro* (1784) où la satire, l'éloquence, l'humour et la polémique sont servis par un style brillant qui ont fait comparer leur auteur à Molière. Voltaire disait de Beaumarchais : "Il n'y a point de comédie plus plaisante, point de tragédie plus attendrissante ." C'est en 1786 qu'eut lieu la première de l'opéra de Mozart *Les Noces de Figaro*. Notons ici que Beaumarchais fut un de ceux qui encouragèrent le gouvernement de Louis XV à participer à la Guerre d'Indépendance, équipant sa propre flotte pour venir au secours des insurgés américains. C'est lui aussi qui fonda en 1777 La Société des Auteurs Dramatiques qui devait veiller à assurer une rémunération équitable pour toute poursuite intellectuelle. Au cours d'années parfois turbulentes, Beaumarchais connut la prison et l'exil. Au moment de sa mort, à la fin du siècle, il avait retrouvé Paris et sa fortune.

Beauvoir, Simone de (1908–1986)

Écrivain, romancière, autobiographe, philosophe, féministe, activiste, elle est aujourd'hui au rang des grands intellectuels du XXème siècle. Née à Paris dans un milieu bourgeois, Simone de Beauvoir fait des études de philosophie à la Sorbonne où elle rencontre Jean-Paul Sartre. Elle enseigne avant de se consacrer à la littérature. Elle publie plusieurs romans avant de publier celui qui allait lui valoir le Prix Goncourt en 1954 *Les Mandarins*. Une série d'essais sur l'oppression de la femme *Le deuxième sexe*, publié en 1949 lui vaut un succès de scandale avant de faire de son auteur l'héroïne féministe par excellence. Elle voyage aussi : les États-Unis en 1947 (*L'Amérique au jour le jour*), la Chine avec Sartre dans les années 50 (*La Longue Marche*, 1957). Elle fait campagne contre la guerre du Vietnam et contre la guerre d'Algérie.

Le premier volume de son autobiographie *Mémoires d'une jeune fille rangée* paraît en 1958, suivi en 1960 par *La Force de l'âge*, puis par *La Force des choses* en 1963, et *Tout compte fait* en 1972. Après la «Révolution de 1968», Simone de Beauvoir deviendra un des porte-paroles du MLF (Mouvement de la Libération de la Femme). Elle milite pour le libre accès de la femme à l'avortement. Elle est radicalement opposée à toute structure familiale qu'elle considère comme la base de l'oppression des femmes. Après la mort de Jean-Paul Sartre, elle publie *La Cérémonie des Adieux* suivi d'*Entretiens* avec Jean-Paul Sartre. Elle est enterrée avec Sartre au cimetière Montparnasse.

Oyono, Ferdinand (1929–2010)

Né au Cameroun, il fait de brillantes études à Paris. Il écrit et publie alors trois romans dans lesquels il critique la société coloniale et les injustices dévastatrices qu'elle a engendrées. *Une vie de boy* (1956), *Le Vieux nègre et la Médaille* (1956), *Chemin d'Europe* (1960). Il rentre dans son pays en 1960 après la déclaration d'indépendance. Il se consacre à la politique et à la diplomatie.

Madame de Sévigné   See Chapter 4

Verlaine, Paul (1844–1896)

Né à Metz, vécut à Paris. Vie difficile et pleine de drames.

Poète inégalé qui demeure avec Baudelaire, Rimbaud et Mallarmé, un des grands poètes de cette fin de siècle. *Poèmes Saturniens* (1866), *Fêtes galantes* (1869), *La bonne chanson* (1870), *Les Romances sans paroles* (1874), *Sagesse* (1881), *Jadis et naguère* (1885) sont les grands recueils de la poésie de Verlaine, poésie mélancolique, musicale, fluide, discrète ou passionnée, pleine d'ombres ou de lumière, de mysticisme et d'espoir.

Chapitre 9

NOTRE EMPLOI DU TEMPS QUOTIDIEN

LES VERBES RÉFLÉCHIS

Reflexive verbs are accompanied with the personal pronoun *se* in their infinitive form, with *me, te, se, nous* and *vous* in their conjugated forms. These pronouns represent the same person or the same thing as the subject.

Je me cache, elle s'évanouit, nous nous taisons.

STUDY THESE EXAMPLES

a. Tu te lèves tous les jours à 6 heures.
   Tu te peignes, tu t'habilles.
   Ils sont amis depuis toujours, ils s'entendent très bien.
   Aux dernières élections, beaucoup d'électeurs se sont abstenus.
   Je me coupe souvent en épluchant les légumes.
   Après nos disputes, nous nous pardonnons tout.

b. Je me suis aperçu(e) que les petits gâteaux avaient disparu.
   Il se moque sans arrêt de sa petite sœur.
   Vous souvenez-vous du film de François Truffaut *Les 400 coups* ?
   Taisez-vous !

c. Autrefois, on se battait en duel. Aujourd'hui, c'est interdit.
   Elles se téléphonent dix fois par jour.
   Pourquoi ne s'écrivent-elles pas ?

d. Elle se fatigue rapidement.
   Ça ne s'écrit pas comme ça.
   C'est fragile, ça se casse facilement.
   Attention! ça ne se dit pas !

I. WHEN TO USE A REFLEXIVE VERB

We must note that this construction is much more common in French than it is in English. We can divide reflexive verbs into four groups:

a.   *The reflexive verbs:* the action which the verb expresses goes back upon the subject. The pronouns *me, te, se, nous, vous* represent, as direct or indirect objects, the subject of the action itself.

    Il *se* regarde souvent dans la glace.
    Je *me* réjouis ; cet après-midi nous allons *nous* promener sur les Champs-Élysées.
    Tu *t'*es coupé un gros morceau de tarte aux fraises.

b.   *The non-reflexive verbs:* the pronouns *me, te, se, nous, vous* are part of the verb; they do not play the role of a direct or indirect object.

    Je *me* doutais bien qu'il ne viendrait pas.
    Tout *s'*est passé sans qu'elle *s'*en aperçoive.

c.   *The reciprocal verbs:* the verb expresses an action which two or more play upon each other.

    Ils *se* sont disputés pour une bêtise. Quel dommage !
    Nous ne *nous* sommes pas adressé la parole depuis trois ans.
    Il faut *s'*aider les uns les autres.

Note that these verbs are only used in their plural or impersonal form.

d.   The reflexive construction is often used *in lieu of a passive form.*

    Ça ne se dit pas   (Ça n'est pas dit.)
    On s'étonne de sa décision.   (Nous sommes étonnés par sa décision.)
    La soupe se fait dans une marmite.   (La soupe est faite dans une marmite.)

e.   Note the difference between English and French in the reflexive construction when the direct object refers to a part of the body. In French, the reflexive pronoun is used and the possessive adjective is replaced by the definite article.

    I brush my *teeth*/my *hair.*   Je *me* lave *les* dents / je *me* brosse *les* cheveux.
    He broke his *leg.*   Il *s'*est cassé *la* jambe.

II.   HOW TO CONJUGATE REFLEXIVE VERBS

The conjugation follows the pattern of the group to which the verbs belong (*-er, -ir,* and *-re*).

Je me réveille, tu te lèves, il se rase, elle se peigne,
nous nous disons bonjour, vous vous dirigez vers le métro,
ils se téléphonent, elles se mettent d'accord.

The reflexive pronoun follows the subject pronoun and precedes the verb. However, in the affirmative imperative, the reflexive pronoun follows the verb.

Réveille-*toi*, cachons-*nous*, souvenez-*vous*.

In the negative imperative, the pronoun precedes the verb:

Ne *te* trompe pas, ne *nous* perdons pas, ne *vous* faites pas d'illusions !

In the compound tenses, reflexive verbs are conjugated with the verb *être*.

Elle s'est promen*ée*, nous nous sommes renseign*és*, ils se sont téléphon*é*.

Agreement of the Past Participle of a Reflexive Verb

It agrees in number and gender with the preceding direct object. The rule is the same as that of the verbs conjugated with *avoir*. When the reflexive pronoun represents a direct object, the participle agrees with the pronoun.

Elle s'est brûl*ée* (*s'* is the direct object, it stands for *elle*, feminine, singular)

Elle s'est brûl*é* la main (*la main* is the direct object, it follows the verb, so there is no agreement. *s'* is the indirect object. In other words: she burnt what? the hand, whose? hers).

Nous nous sommes parl*é*. (no agreement, the second *nous* is the indirect object)

Ils se sont amus*és*. (*se* is the direct object, it stands for *ils*, masculine, plural).

J'ai relu *les lettres que* nous *nous* sommes écrit*es*. (agrees with preceding object, *les lettres que; nous* is indirect object)

When the reflexive pronoun represents neither a direct nor an indirect object, the past participle generally agrees with the subject.

Nous nous sommes aperç*us* qu'il était tard.
Elle s'est moqu*ée* de lui.

NOTE

a.   Some verbs can only be used in the reflexive form:

*s'abstenir s'écrier s'écrouler s'efforcer de s'empresser (de) s'en aller s'enfuir
s'évanouir se fier à se méfier de se moquer de se soucier de se souvenir (de)*

b.   Others have both a reflexive and a non-reflexive form, each with its own meaning:

agir (to act) / *il s'agit de* (it is about)   *occuper* (to occupy) / *s'occuper de* (to take care of)
apercevoir (to notice) / *s'apercevoir* (to realize)   *passer* (to pass, spend time) / *se passer* (to happen),
attendre (to wait for) / *s'attendre à* (to expect)   *se passer de* (to do without)
battre (to beat) / *se battre* (to fight)   *plaindre* (to pity) / *se plaindre* (to complain)
changer (to change) / *se changer* (change   *rappeler* (to call again) / *se rappeler* (to remember)
(clothes)   *servir* (to serve) / *se servir de* (to use)
demander (to ask) / *se demander* (to wonder)   *tromper* (to deceive) / *se tromper* (to be mistaken)
douter de (to doubt) / *se douter de* (to suspect)

Elle a une bonne voiture et elle *conduit* bien.
Leurs enfants sont bien élevés, ils *se conduisent* toujours bien.

Je ne lui ferai plus confiance, *il m'a trompé.*
Excusez-moi, *je me suis trompé,* j'ai fait une erreur dans nos comptes.

Elle *m'a rendu* l'argent qu' elle m'avait emprunté.
Vous avez raison; *je me rends* à l'évidence.

C'est lui qui *dirige* l'orchestre du conservatoire.
Je me dirigeais vers la mairie quand j'ai entendu la voiture des pompiers.

Elle s'appelle Catherine, mais *on l'appelle* Cathy.

Quand *tu couperas* le poulet, fais attention à *ne pas te couper.*

III. EXEMPLES LITTÉRAIRES

Alphonse de Lamartine (1790–1869)

... Regarde, je viens seul m'asseoir sur cette pierre
Où tu la vis s'asseoir..
   (*Le lac*, vers 7 et 8, 1820)

Victor Hugo (1802–1885)

... Gavroche avait l'air de s'amuser beaucoup. On le visait sans cesse, on le manquait toujours. Il se couchait, puis se redressait, s'effaçait dans un coin de porte, puis bondissait, disparaissait, reparaissait, se sauvait, revenait...La barricade tremblait; lui, il chantait. Ce n'était pas un enfant, ce n'était pas un homme...
   ... une balle pourtant, mieux ajustée ou plus traître que les autres, finit par atteindre l'enfant feu follet. On vit Gavroche chanceler, puis il s'affaissa. Gavroche n'était tombé que pour se redresser...Il se mit à chanter, mais il n'acheva point. Une seconde balle du même tireur l'arrêta court. Cette fois il s'abattit la face contre le pavé, et ne remua plus. Cette petite grande âme venait de s'envoler...
   (*La mort de Gavroche, les Misérables*, Livre V, I, 15)

Charles Péguy (1873–1914)

...Adieu, Meuse endormeuse et douce à mon enfance,
...Qand reviendrai-je ici filer encore la laine ?
   Quand reverrai-je tes flots qui passent par chez nous ?
   Quand nous reverrons-nous ? et nous reverrons-nous ?...
      (*Jeanne d'Arc*, drame en trois pièces, 1896–1897, 1ère pièce en 3 parties:
      À Domrémy, 2ème partie, acte III)

Paul Eluard (1895–1952)

...Sur la lampe qui s'allume
Sur la lampe qui s'éteint
Sur mes maisons réunies
J'écris ton nom...
Liberté.
   (*Liberté, Poésie et vérité*, 1942 Éditions GALLIMARD).

Jacques Prévert (1900–1977)

> Rappelle-toi, Barbara
> Il pleuvait sans cesse sur Brest
> Rappelle-toi ce jour-là
> Et tu ne me connaissais pas...
>   (*Barbara, Paroles,* 1946-© Éditions GALLIMARD)

Hervé Bazin

> Lève-toi et marche !
>   (titre d'un des romans d'Hervé Bazin)

DEVISE DE LA PROVINCE DU QUÉBEC

« Je me souviens »

CHANSON ENFANTINE

> Promenons-nous dans les bois
> Pendant que le loup y est pas,
> Si le loup y était,
> Il nous mangerait... "

Questions

1. A qui s'adresse Lamartine dans ce vers ?
2. Relevez les verbes réfléchis employés dans le passage de Victor Hugo. Si le verbe est conjugué, donnez-en le temps et l'infinitif.
3. Quel est l'état d'esprit de Jeanne d'Arc dans ces quelques vers ?
4. Quelle est l'origine de la devise du Québec ?

IV. EXERCICES

A. *Répondez aux questions posées en employant des phrases complètes et originales.*

1. À quelle heure vous êtes-vous couché(e) hier soir ?

   _____

2. Est-ce qu'elles s'écrivent souvent ?

   _____

3. Où t'es-tu brûlé la main ?

   _____

4. Quand vous êtes-vous rencontrés ?

   _____

5. Pourquoi t'es-tu débarassé(e) de ta petite voiture rouge ?

_____

6. T'es-tu bien amusé(e) après le match ?

_____

7. A votre avis, quand va-t-elle me téléphoner ?

_____

8. Vous souvenez-vous de la recette de la tarte Tatin ?

_____

B. *Mettez les infinitifs aux temps indiqués.*

1. (*passé composé*). Pouvez-vous m'expliquer ce qui (*se passer*) _____

2. (*futur*). Elle est tellement bavarde ! Quand elle commence à parler, on ne sait jamais quand elle (*s'arrêter*) _____.

3. (*imparfait*). Il y a quelques années, pour aller travailler, il (*se servir*) _____ de sa voiture.

4. (*conditionnel présent*). Si j'étais à votre place, je (*s'acheter*) _____ une trottinette.

5. (*subjonctif présent*). Je suis contente qu'ils (*se réunir*) _____ pour son anniversaire.

6. (*passé composé*). Dès que le proviseur est entré, les élèves (*se taire*) _____.

_____

C. *Mettez les verbes entre parenthèses aux temps qui conviennent.*

— Excusez-moi, monsieur, est-ce que je _____ ? N'êtes-vous pas le frère de
1. (se tromper)

Martine ?

— En effet, madame, ma sœur _____ Martine.
2. (s'appeler)

— Et vous, vous _____ bien Daniel ?
3. (s'appeler)

— Oui, madame, et vous comment _____ ? Nous _____ ?
4. (s'appeler)   5. (se connaître)

— Vous _____ de moi. Il faut donc que je _____ : Annette
6. (ne pas se souvenir)   7. (se présenter)

Dumesnil, ancienne élève du lycée Charles Péguy où je _____ dans la classe
8. (être)

de votre sœur. Nous _____ à merveille. On _____ bien, mais
 9. (s'entendre)   10. (travailler)

on _____ aussi beaucoup. Il y a longtemps que nous _____.
 11. (s'amuser)   12. (ne pas s'écrire)

Je sais que Martine est médecin. Où _____ -elle _____ ? Vous
 13. (s'installer)

_____ souvent ?
 14. (se voir)

— Oui, nous habitons le même immeuble dans le XVème arrondissement.

— Quand vous la _____, dites-lui que je pense souvent à elle et que je
 15. (voir)

_____ avec émotion nos discussions passionnées. Et, pourquoi pas,
 16. (se rappeler)

donnez-lui mon adresse électronique. Il faut que nous _____.
 17. (se retrouver)

_____ la main avant de _____.
 18. (Se serrer)   19. (se quitter)

— Comme le hasard fait bien les choses, à bientôt, j'en suis sûr.

D. *Traduction*

This morning, I did not remember that I did not have to get up early. I woke up on time but I did not hurry. I got dressed, I helped myself to a cup of tea, and I went for a walk with my dog. The street was deserted. "What happened?" I asked myself. It was very simple, it was Sunday. Why didn't I remember?

E. *Rédaction*

Rappelez-vous ce que vous avez fait hier. A l'aide de verbes pronominaux, recréez votre emploi du temps.

TRAVAIL DE GROUPE

Vous êtes chargé(e) de la garde d'un enfant. Vous devez vous assurer qu'il mange bien, qu'il fait ses devoirs, qu'il ne s'ennuie pas et qu'il se couche à l'heure.

Vous vous diviserez en groupes de quatre ou cinq. Dans chaque groupe vous choisirez un rapporteur qui prendra des notes et les présentera aux autres groupes. Donnez tous à l'enfant des conseils et des ordres en employant des verbes pronominaux (à la forme affirmative et à la forme négative). Un autre étudiant imaginera les réponses que l'enfant fera à certaines de vos suggestions. Puis vous préparerez une présentation pour la classe entière.

LECTURE

L'emploi du temps idéal

Est-ce celui du boulanger dont nous ne pouvons pas nous passer, lui qui se lève à trois heures du matin pour que notre pain et nos croissants soient chauds sur le comptoir quand nous nous réveillerons ?

Est-ce celui du journaliste qui fait le seul métier qui nous permette de nous orienter dans le monde d'aujourd'hui, lui qui s'astreint chaque jour à respecter l'heure limite de la sortie de son journal, notre journal.

Est-ce celui du chercheur qui s'isole dans son laboratoire pour trouver le remède qui allégera nos maux ? Il sait qu'il doit se pencher sans relâche sur les résultats de ses travaux.

Est-ce celui de l'avocat qui s'efforce de défendre ceux qui ont bafoué la société ou que la société a bafoués ?

Est-ce celui du jardinier qui se bat jour après jour avec les éléments: trop de pluie, pas assez, trop de soleil, pas assez, et qui se sent responsable de notre bien-être quotidien. Il faut que les fraises mûrissent, il faut que les petits pois soient cueillis avant l'orage.

Est-ce celui du pilote qui se charge de nous transporter d'un bout à l'autre du globe ? Il s'endort aujourd'hui à Hong Kong, et demain ?

Est-ce celui du médecin qui lutte pour que ses malades se retrouvent en bonne santé, pour que le nouveau-né s'éveille et que sa mère ne s'inquiète plus.

Est-ce celui de l'homme politique qui se débat sans répit pour ceux qui l'ont choisi et qui se voit attaqué de tous côtés ?

Est-ce celui du dilettante, de l'oisif ?

Mais non! eux n'ont pas d'emploi du temps et c'est ce qui leur manque.

Questions

1. Pour vous, quel est aujourd'hui l'emploi du temps idéal ?
2. À votre avis, sera-t-il le même dans dix ans ?

À VOUS DE RÉFLÉCHIR

1. Vous pensez déjà à la profession que vous exercerez plus tard. Justifiez votre choix.
2. Si vous n'avez pas encore choisi, dites ce qui vous fait hésiter entre plusieurs possibilités.

NOTES BIOGRAPHIQUES

Bazin, Hervé (1911–1996),

Romancier et poète. Membre de l'Académie Goncourt . Les thèmes de ses romans sont ceux de la famille bourgeoise bien-pensante, des responsabilités des parents vis-à-vis de leurs enfants, des mariages qui se terminent mal et des valeurs instables de notre société. Sa prose est virulente, satirique et pleine de verve. Il écrit souvent en employant la première personne. Romans: *Vipère au poing*,1948, *La mort du petit cheval*,1950, *Lève-toi et marche*, 1952, *L'Église verte*, 1981.

Éluard, Paul   (1895–1952)

Poète surréaliste dont la poésie révèle une liberté totale avec la langue: virtuosité dans le maniement des répétitions, les juxtapositions, la forme même du poème et son rythme fluide. Il a été membre du parti communiste de 1927 à1933. Sous l'occupation allemande, il fut l'organisateur du Comité National des Écrivains qui publia une anthologie de la poésie clandestine. Il soutenait la mission des résistants. Son poème *Liberté* est un des plus célèbres de cette période. Parmi ses amis surréalistes, il convient de citer Breton, René Char, Aragon. Éluard s'associa aussi avec les peintres Picasso, Man Ray et Max Ernst.

Lamartine, Alphonse de   (1790–1869)

Écrivain, poète, homme politique et historien. C'est le succès du plus célèbre de ses poèmes *Le Lac*, inspiré par Julie Charles malade et dont il était éperdument (*madly*) amoureux, qui permit à Lamartine d'entrer dans le monde de la diplomatie et de la politique. Il joua un rôle dans la Révolution de 1848. On dit que *Méditations poétiques* (1820), qui comprend *Le Lac* est le premier texte de la Révolution romantique en France. L'amour, le bonheur, la mort, la fuite du temps, le départ, l'espoir, le désespoir, la foi, le doute, la nature sont les grands thèmes du romantisme, tous présents dans ce poème. *Le Lac* est devenu le poème de l'angoisse des êtres humains devant un destin inéluctable et le bonheur envolé.

Hugo, Victor   see chapter 6

Péguy, Charles   (1873–1914)

Né à Orléans dans une famille modeste. Il fut élevé par sa mère qui était rempailleuse de chaises (*chair caner*) et sa grand-mère. Il est catholique pratiquant jusqu'à son entrée à l'École Normale Supérieure où il est attiré par le socialisme. Il contribue à plusieurs revues socialistes. Péguy est un lutteur, c'est un homme qui s'engage. Il ne fera aucun compromis. Seules comptent la justice et la vérité. Il défend Dreyfus aux côtés de Jaurès et de Zola. Il découvre petit à petit sa vocation de poète. Il retouve sa foi d'autrefois et se passionne pour Jeanne d'Arc, libératrice d'Orléans et de la France. Il lui consacre plusieurs ouvrages : *Jeanne d'Arc* (1887), *Mystère de la charité de Jeanne d'Arc* (1911), *Présentation de la Beauce à Notre-Dame de Chartres* (1913). Dans tous ses écrits, Péguy se défend contre le conformisme, le matérialisme, la tyrannie du parti intellectuel dans une langue claire, ardente et brillante. Péguy meurt, frappé d'une balle au front, le 5 septembre 1914 à la bataille de la Marne.

Prévert, Jacques   see chapter 2

Chapitre 10

PARIS INSOLITE

CONSTRUCTIONS IMPERSONNELLES

In the preceding chapters, you have reviewed verbs in their conjugated forms. In this chapter, you will review their non-conjugated forms.

1. L'infinitif
2. Le participe présent
3. Le gérondif

1. L'INFINITIF

STUDY THESE EXAMPLES

a. Aujourd'hui, téléphoner est devenue une manie.
   J'aime chanter.
   Tu veux déjeuner avec nous ?
   Je voudrais faire des courses.
   Elisabeth a peur de rester seule le soir.
   Il est parti sans nous dire au revoir.
   Où vont-ils se marier ?

b. Je vous demande de ne pas mettre les coudes sur la table.
   Si on ne se sent pas bien, il vaut mieux ne rien manger.
   As-tu décidé de ne plus le voir ?

c. Mettre dans un four chaud.
   Frapper avant d'entrer.
   Ouvrir avec précaution.

d. Que dire ?
   Où aller ?
   Pourquoi s'inquiéter ?

e. Après avoir écrit au directeur, j'ai téléphoné pour demander un rendez-vous.
   Après nous être perdus plusieurs fois, nous avons acheté le plan de la ville.
   Nous avons fait 5 kilomètres à pied après être tombés en panne d'essence avant d'arriver au nouveau pont.

I.   WHEN TO USE THE INFINITIVE

a.   An infinitive can be used as the subject of a verb, as a direct object, or as an indirect object. When two verbs follow each other, the second one is in the infinitive mode. Often, the infinitive follows a preposition (*afin de, avant de, au lieu de, pour, sans*); *par* and an infinitive may follow *commencer* or *finir*. Note that the infinitive never follows the preposition *en*. See chapter 19 for a more complete study of prepositions and infinitives.

Unless the infinitive is the subject of the verb, the infinitive will always have the same subject as the main verb, except when the main verb is the causative *faire, laisser,* or verbs of perception, such as *voir, regarder, entendre, écouter*. In addition, some verbs have a direct or indirect object which is the subject of the following infinitive.

Danser la passionne.
Elle adore danser.
Elle est toujours prête à danser.
Elle a chanté avant de danser.
Elle a fait danser les enfants.
Nous les avons regardés danser.
Le professeur empêche Jacques de sortir.
Le professeur dit à Pierre de sortir.

As you know, when there are two different subjects, a subordinate clause with the subjunctive often follows.

Je voudrais manger. Je voudrais que tu manges.

b.   The negative infinitive is formed by putting both elements of the negation before the infinitive.

On vous demande *de ne pas parler* pendant le film.
Je voudrais bien *ne jamais faire* d'erreur, mais ce n'est pas facile.
Pour *ne plus faire* de fautes d'orthographe, servez-vous d'un dictionnaire.

c.   The infinitive can replace the imperative if the command is impersonal and general (see Chapter 3, note 2. a).

Ne pas fumer, s'il vous plaît.
Battre les oeufs en neige.
Écrire lisiblement.

d.   The infinitive can be used in a short elliptical question or exclamation which denotes doubt or indignation.

Quel chemin prendre ?
Que lui répondre ?
Pour qui voter ?
Voter pour cet homme, impossible !

e. The past infinitive formed with the infinitive of the auxiliary verb and the past participle is often used after the following prepositions: *après, avant de, pour, sans.*

Je me souviens *l'avoir rencontré* l'autre jour dans l'autobus.
Après *avoir passé* avec succès les épreuves du baccalauréat, elle s'est remise à faire de la course à pied.
Après *avoir lu* ce rapport, vous me direz ce que vous en pensez.
Après nous *être mis* d'accord, nous avons pris le train de nuit.
Il a quitté la table sans *avoir bu* son café.
Il a été récompensé pour *avoir fini* le premier.
Nous ne voulons pas sortir *avant d'avoir reçu* son coup de téléphone.

II. WHAT PRECEDES THE INFINITIVE?

In English, the answer is simple: *to* precedes and is even part of the infinitive. In French, when the infinitive is the complement of another verb it can be introduced by a preposition or follow the main verb directly.

1. The infinitive may simply follow a conjugated verb without the use of a preposition.

J'aime dessiner, tu vas dormir, elle doit partir.
Nous espérons vous revoir.
Nous voulons partir.
C'est lui qui ira faire la queue. Il a tout son temps, il faut le laisser faire.
Elle a fait danser les enfants.

Some of the verbs that are followed directly by an infinitive are verbs of opinion, possibility, perception, and movement, for instance:

adorer	*aimer*	*aller*	*compter*	*croire*	*courir*
descendre	*désirer*	*détester*	*devoir*	*écouter*	*entendre*
envoyer	*espérer*	*faire*	*faillir*	*falloir*	*laisser*
monter	*oser*	*penser*	*pouvoir*	*préférer*	*prétendre*
savoir	*sembler*	*sortir*	*souhaiter*		
valoir mieux	*venir*	*voir*	*vouloir*		

2. The infinitive follows the preposition *à* which is required by the conjugated verb.

J'aide son frère à faire ses devoirs.
Tu apprends à conduire.
Il commence à neiger.

See chapter 19, section V,4, a., c., f. for a list of verbs requiring *à* before an infinitive.

3. The infinitive follows the preposition *de* which is required by the conjugated verb.

Je te conseille de ne pas rentrer tard.
Essaie de te coucher tôt.
Elle regrette de vous avoir manqués.

See chapter 19, section V,4, b., d., e. for a list of verbs requiring *de* before an infinitive.

4.   When "to" means "in order to", the infinitive follows the preposition *pour*:

Il faut travailler pour réussir

5.   The infinitive follows a form of *faire* in the causative construction which expresses the idea of having someone do something or of having something done (that is to say causing someone to do something or causing something to be done). *Faire* + infinitive forms a verbal locution, a unit that usually cannot be broken. Nouns follow the infinitive and direct and indirect object pronouns generally precede *faire*.

Elle fait lire ses enfants tous les soirs. Elle les fait lire.

Note that in compound tenses, the past participle of *faire* followed by an infinitive does not agree with the preceding direct object. It is invariable.

J'ai fait repeindre ma chambre. Je *l'ai fait* repeindre.
Elle *s'est fait* couper les cheveux. Elle *se les est fait* couper très courts.

6.   A direct or indirect object pronoun, or reflexive pronoun used with an infinitive construction precedes the verb of which it is the object, normally the infinitive.

Elle lui a dit *de le lire.* Elle lui a dit *de ne pas le lire.*

BUT an object pronoun precedes a verb of perception (like *écouter, entendre, regarder, sentir, voir*) and the verbs *faire* and *laisser,* when followed by an infinitive. In an affirmative command, the pronoun follows the verb and precedes the infinitive.

La mère *les* regarde jouer. Regarde-*les* jouer.

7.   Adjectives and nouns can be followed by a preposition and a verb in the infinitive. The preposition *à* may describe the purpose of a noun or the passive meaning of a verb.

une machine à coudre, à laver, à écrire...
Cette maison sera facile à vendre.

The preposition *de* may qualify a noun or adjective.

Il est content de venir.
C'est facile de dire non.
C'est une bonne idée de faire les courses tôt.

III.   PROVERBES ET EXPRESSIONS

Il faut manger pour vivre et non pas vivre pour manger.
Il ne faut pas chercher midi à quatorze heures.

Il ne faut jurer de rien.
Il faut tourner sept fois sa langue dans sa bouche avant de parler.
Il ne faut pas parler pour ne rien dire.
Il faut semer pour récolter.
Tout vient à point pour qui sait attendre.
On ne peut contenter tout le monde et son père.
Rien ne sert de courir, il faut partir à point.
C'est la goutte qui fait déborder le vase.
Il ne faut pas vendre la peau de l'ours avant de l'avoir tué.

IV. EXERCICES

A. *Remplacez les mots en italique par l'infinitif correspondant.*

1. *Le Rêve* _____ est indispensable à tous.
2. Il faut *que vous mangiez* _____ davantage !
3. Je pense *que je retournerai* _____ en Chine.
4. Elle s'est souvenue *qu'elle avait acheté* _____ des gants dans ce magasin.
5. Je les ai entendus *qui rentraient* _____.
6. Je suis certaine *que j'ai déjà vu* _____ ce film.
7. Croyez-vous *que vous puissiez* _____ finir avant midi ?
8. J'espère *que je vous reverrai* _____ bientôt.

B. *Complétez les phrases suivantes avec une préposition si besoin est.*

1. Tous les enfants rêvent _____ avoir une baguette magique.
2. Malheureusement, ils doivent _____ comprendre que les fées n'existent pas.
3. On nous a invités _____ assister à la conférence sur le cubisme.
4. Nous y irons _____ entendre les remarques du peintre que nous connaissons bien.
5. Son devoir était très médiocre. On lui a fait _____ refaire
6. Elle a beaucoup de travail; elle a choisi _____ ne pas partir en vacances cet été.
7. Je vais lui demander _____ arroser nos plantes.
8. Nous devons _____ être absents pendant le mois d'août.
9. Quand nous rentrerons, je me remettrai _____ faire de la peinture.
10. Demain, je dois _____ aller chez le dentiste pour me faire _____ arracher une dent.

C. *Faire une phrase avec chacun des verbes suivants suivis d'un infinitif précédé ou non d'une préposition.*

conseiller	empêcher	refuser	falloir	se souvenir	essayer
détester	avoir peur	venir de	remercier	être enchanté	réussir

EXEMPLE: **Je vous remercie de m'avoir prêté** vingt euros; je vous les rendrai demain.

TRAVAIL DE GROUPE

Dans la section « proverbes et expressions », choisissez-en trois ou quatre; donnez leur équivalent en anglais et imaginez une situation dans laquelle on les emploierait à bon escient.

Vous vous diviserez en groupes de quatre ou cinq. Dans chaque groupe vous choisirez quelqu'un qui mènera la discussion, et un(e) autre qui fera une présentation à la classe entière. La discussion et la présentation à la classe seront menées en français.

2. LE PARTICIPE PRÉSENT

STUDY THESE EXAMPLES

a. Un enfant parlant quatre langues, ça ne se voit pas tous les jours.

Les collines entourant la ville sont couvertes de vignobles.

Je l'ai vu lisant le journal.

Pensant que nous étions sortis, ils ne se sont pas arrêtés.

Ayant beaucoup de temps libre, elle s'occupe de son jardin.

b. Aurons-nous des billets gratuits ou des billets payants?

N'allez pas trop vite, c'est un chemin glissant.

C'est une personne bien portante.

Il faisait si bon, nous ne somme rentrés qu'à la nuit tombante.

Puisqu'il y avait une panne d'électricité, nous avons dîné à la lueur tremblante d'une bougie.

c. Etant arrivés en retard, ils ont manqué la première partie du spectacle.

Ayant oublié mes clefs, j'ai dû attendre l'arrivée du serrurier.

I.   WHEN TO USE THE PRESENT PARTICIPLE

It should be noted that it is used less frequently than it is in English. In French, the present participle appears often in more formal contexts such as those of legal and administrative documents.

a. The present participle is used as a "verbal form". It generally expresses an action simultaneous with the one of the conjugated verb, an action which is often not permanent. It may be followed by an object. It expresses present, past or future depending upon the tense of the conjugated verb. It is invariable.

Voyant que leur mère n'était pas de bonne humeur, ils n'ont pas demandé à sortir.
Je l'ai vu montant dans l'ascenseur.
La rentrée des classes approchant, les Grands Magasins ne désemplissent pas.

b. The present participle is used as an adjective ("*adjectif verbal*"). It expresses a state with no time limitation, a more or less permanent condition. It agrees in number and gender with its related noun.

La rue de Rennes est une rue passante.

On sent partout une inquiétude grandissante.

C'est une réponse surprenante; je ne m'y attendais pas du tout.

II. HOW TO FORM THE PRESENT PARTICIPLE

The present participle is formed by replacing the *ons* ending of the first person plural present with *ant*.

The present participles of *avoir, être* and *savoir* are irregular, they are:

   ayant, étant and *sachant.*

There is a past form of the present participle formed with the present participle of the helping verb and the past participle of the other verb. It is used to show that the action precedes that of the main verb (see c. above).

Ayant ausculté le malade, le médecin a diagnostiqué une anomalie cardiaque.

S'étant réveillée plus tard que d'habitude, elle n'a pas pris de petit déjeuner.

III. EXEMPLES LITTÉRAIRES

Jean de La Fontaine (1621–1695)

La Cigale, ayant chanté
  Tout l'été
Se trouva fort dépourvue
Quand la bise fut venue...
   (*La Cigale et la Fourmi, Fables*, livre I, I)

Un riche Laboureur sentant sa mort prochaine,
Fit venir ses enfants, leur parla sans témoins...
   (*Le Laboureur et ses enfants, Fables,* livre V, IX)

Un pauvre Bûcheron, tout couvert de ramée[1],
Sous le faix[2] du fagot[3] aussi bien que des ans
Gémissant et courbé, marchait à pas pesants,

Et tâchait de gagner sa chaumine enfumée.
Enfin, n'en pouvant plus d'effort et de douleur,
Il met bas son fagot, il songe à son malheur...
   (*La Mort et le Bûcheron, Fables*, Livre I, XVI)

[1]ramée: branches coupées

[2]faix: charge, poids

[3]fagot: assemblage de menues branches

Voltaire (1694–1778)

Candide, chassé du paradis terrestre, marcha longtemps sans savoir où, pleurant, levant les yeux au ciel, les tournant souvent vers le plus beau des châteaux qui renfermait la plus belle des baronnettes...
   (*Candide*, Chapitre second, lignes 1–4)

Ses provisions lui manquèrent quand il fut en Hollande : mais ayant entendu dire que tout le monde était riche dans ce pays-là, et qu'on y était chrétien, il ne douta pas qu'on ne le traitât aussi bien qu'il l'avait été dans le château de monsieur le baron avant qu'il en eût été chassé pour les beaux yeux de mademoiselle Cunégonde.
(*Candide*, Chapitre 3)

René Maran   (1887–1960)

... N'étant pas les plus forts, nous n'avons qu'à nous taire...
(*Batouala*, Paris, Albin Michel 1921)

Seydou Badian   (1928–)

... Ces grappes d'enfants qui le suivaient ou l'attendaient devant les cases, chuchotant son nom, le criant parfois...
... Les deux figuiers bruissant du roucoulement des colombes vertes. Le vol tumultueux de ces mêmes colombes sillonnant l'espace d'arabesques silencieuses...
(*Le sang des masques*, Paris, Robert Laffont, 1976)

Alain-Fournier   (1886–1914)

... Elle avait toujours été pauvre, toujours empruntant, toujours dépensant...
(*Le Grand Meaulnes*)

Question

Dans la citation de Voltaire, remplacez les participes présents par une autre forme du verbe.

_____

_____

IV. EXERCICES

A. *Mettez le verbe entre parenthèses à la forme qui convient. Indiquez s'il s'agit du participe présent ou de l'adjectif verbal.*

1. (*Flotter*)- Comme dessert, j'ai préparé une île _____.

2. (*Permettre*)- Ce train me _____ d'être de retour ce soir, j'ai décidé de ne pas prendre ma voiture.

3. (*Voir*)- _____ qu'elle était vraiment fatiguée, nous sommes rentrés de bonne heure.

4. (*Coller*)- J'ai déchiré une page de mon livre, il faut que je trouve du papier _____

5. (*Suivre*)- Répondez aux questions _____

6. (*Savoir*)- _____ qu'il y aurait de l'orage, nous avons fermé les fenêtres avant de sortir.

7. (*Chauffer*)- Sa cuisine n'est pas bien équipée, elle prépare ses repas sur une plaque _____

8. (*Lire*)- Renoir peint souvent des femmes _____

B.   *Remplacez les mots en italique par une forme du participe présent.*

1. Les employés, (*qui quittent*) _____ tous leur bureau à la même heure, envahissent le métro aux heures de pointe.

2. L'hiver (*approchait*) _____, les feuilles commençaient à tomber.

3. (*Quand il a compris*) _____ qu'il allait être puni, l'enfant s'est mis à pleurer.

4. De la plage, on aperçoit des bateaux (*qui se dirigent*) _____ vers le port.

5. (*Comme j'avais pris*) _____ un raccourci, je suis arrivée la première.

6. Je les ai surpris (*qui mangeaient*) _____ des bonbons, et je le leur avais défendu !

7. Qu'est-ce qui se passe? Elle a les mains (*qui brûlent*) _____ de fièvre.

8. Les jeunes garçons et leur chien (*avaient découvert*) _____ un souterrain, ils ont voulu le montrer à leur professeur.

3. LE GÉRONDIF

STUDY THESE EXAMPLES

a.   En arrivant à Paris, on est toujours surpris par le grand nombre de jardins publics.
Vous êtes sûr de me trouver en m'appelant entre midi et deux heures.

b.   J'ai perdu mon porte-monnaie en faisant mes courses.
Fais attention en traversant la rue.
Nous avons eu très peur; nous sommes sortis en courant.
Elle s'est fait mal au doigt en fermant la porte.
Il est arrivé en chantant.

c.   En faisant un effort, vous y arriverez.

d.   Tout en conduisant, il parlait au téléphone.
Elle grossit tout en ne mangeant presque rien.

e.   Tout en ayant très peu travaillé, elle a réussi brillamment.

I. WHEN TO USE THE GERUND

While the present participle usually qualifies a noun or a pronoun, the gerund adds precision to a verb. It is always related to the subject of the main verb.

a.   It expresses time (often an action which takes place at the same time as that expressed by the main verb).

En montant dans le métro, je me suis foulé la cheville.
Je l'ai aperçu en sortant du cinéma.

b. **It expresses the means, the manner.**

En prenant des vitamines, on se protège contre la grippe.
Elle est partie en claquant la porte.

c. **It expresses a condition.**

En faisant de nouveaux efforts, vous auriez réussi.
En payant un peu plus cher, vous auriez eu une place au premier balcon.

d. **After *tout en*, it expresses a contradiction often between two simultaneous actions.**

Tout en étant aveugle, elle va au cinéma. Elle suit parfaitement l'action en écoutant les acteurs.
Elle répond au téléphone tout en lisant le journal.

e. **The "past" gerund expresses an action which took place before that of the main verb.**

Tout en ayant vécu dix ans en Espagne, il ne parle pas bien l'espagnol.

II. HOW TO FORM THE GERUND

It has the same form as the present participle. Most of the time, it follows the preposition *en* or the locution *tout en*. It is invariable.

III. EXEMPLES LITTÉRAIRES

Pierre Corneille (1606–1684)

...J'attire en me vengeant sa haine et sa colère;
J'attire ses mépris en ne me vengeant pas...
  (*Le Cid*, Acte I, scène VI, vers 323, 324)

Auteur inconnu

En passant par la Lorraine,
Avec mes sabots,
En passant par la Lorraine,
Avec mes sabots,
Rencontrai trois capitaines,
Avec mes sabots dondaine,
Oh, oh, oh ! avec mes sabots !

Auteur inconnu

La victoire, en chantant
Nous ouvre la carrière,
La liberté guide nos pas...
  (*Le chant du départ, marche militaire*)

Mariama Bâ (1929–1981)

...Après les actes de piété, Tamsir est venu s'asseoir dans ma chambre dans le fauteuil bleu où tu te plaisais. En penchant sa tête au-dehors, il a fait signe à Mawdo...
(*Une si longue lettre*, Chapitre 18, page 85, Les Nouvelles Editions Africaines

PROVERBE

C'est en forgeant qu'on devient forgeron (from Latin : *fabricando sit faber*)

IV. EXERCICES

A. *Mettez le verbe entre parenthèses au gérondif.*

1. (*Descendre*) _____ du wagon, il a fait un faux pas et il est tombé.

2. (*Se réveiller*) _____ ce matin, j'étais encore fatigué(e), je n'avais pas assez dormi.

3. (*Suivre*) _____ un régime très strict, il n'arrive pas à perdre du poids.

4. (*Sauter*) _____ par-dessus la haie, il a échappé à ceux qui le poursuivaient.

5. (*Lire*) _____ beaucoup, vous ne vous ennuierez jamais.

6. (*Manger*) _____ très lentement, il a souvent mal à l'estomac.

7. (*Savoir*) _____ bien vos tables de multiplication, vous compterez plus vite.

8. (*Être*) _____ à l'heure, vous ne manquerez pas votre train !

B. *Remplacez les groupes en italique par le participe présent, l'adjectif verbal ou le gérondif et faites les changements nécessaires.*

1. Nous venons de voir une pièce *qui nous a fascinés.* _____

2. *Comme nous n'avions rien* à faire, nous sommes allés au cinéma. _____

3. Il n'est pas très poli ! Il me posait des questions *pendant qu'il lisait* son journal. _____

4. Les nouvelles étaient bonnes ! Il nous a accueillis chaleureusement, *il sautait de joie.* _____

5. *Je ne sais pas* où il habite, j'ai dû lui téléphoner. _____

6. *Quoiqu'il se soit dépêché,* il est arrivé trop tard pour dîner avec nous. _____

7. Tous les jours, q*uand je vais prendre* l'autobus, je rencontre mon voisin *qui promène* son chien. _____, _____

C. *Traduisez les phrases suivantes.*

1. While walking on the left bank of the Seine, I met an old classmate of mine.

2. Have you seen the old movie "Singin' in the rain"?

3. She never wastes a minute! While making a pie, she reads a novel!

4. Having lost my way•, I had to ask for directions. *(•to lose one way : se perdre)*

5. He was hit• by a car while crossing the street. *(•to hit : renverser)*

TRAVAIL DE GROUPE

Vous vous diviserez en groupes de quatre ou cinq. Dans chaque groupe vous choisirez un rapporteur qui prendra des notes et les présentera aux autres, un autre mènera la discussion, un troisième fera une présentation à la classe entière; tous vous répondrez aux questions posées et poserez vos propres questions basées sur vos expériences personnelles.

Le proverbe « C'est en forgeant qu'on devient forgeron » répond à la question: « Comment devient-on forgeron ? ». En prenant le proverbe comme modèle, vous répondrez aux questions qui suivent.

1. Comment devient-on chanteur ?

2. Comment devient-on champion de natation ?

3. Comment devient-on bon conducteur ?

4. Comment devient-on chef de cuisine ?

   (Vous formulerez aussi d'autre questions)

LECTURE

Paris Plage: une véritable institution

Ayant reçu plus de deux millions de visiteurs au cours de l'été 2002, l'année de sa création, quatre millions en 2007 et un chiffre croissant avec les années, l'opération Paris-Plage est reconduite chaque année.

A l'origine, on l'installe sur la rive droite entre le tunnel des Tuileries et le pont Sully sur trois kilomètres de berges. Aujourd'hui, Paris-Plage se trouve aussi sur la rive gauche, et il y a un ferry entre les deux plages. Il y a aussi une piscine flottante puisqu'on n'a pas le droit de se baigner dans la Seine.

Cette innovation, qui fait maintenant partie de la vie quotidienne des Parisiens cloués à Paris pendant l'été pour différentes raisons, a pour créateur Bertrand Delanoë, ancien maire de Paris. Il voulait faire de Paris une station balnéaire. Le Conseil municipal approuva le projet et les crédits.

Il s'agissait d'abord de réorganiser la circulation automobile. Certains des grands axes est-ouest et nord-sud furent fermés pour permettre aux estivants de se rendre paisiblement à la plage. Le bilan Paris-Plage a dénoté une baisse de plus de 5% de la circulation automobile par rapport à la semaine précédant l'ouverture. On a donc bien suivi les itinéraires conseillés par la mairie de Paris ou on a laissé sa voiture au garage. D'autre part, la livraison des tonnes de sable en provenance des régions de la Manche s'est effectuée (de nuit) sans encombre.

PARIS

1 PALAIS DE CHAILLOT
2 PLACE CHARLES DE GAULLE
   ARC DE TRIOMPHE
3 PLACE DE LA CONCORDE
4 ÉGLISE DE LA MADELEINE
5 OPÉRA
6 RUE DE LA PAIX
7 PLACE VENDÔME,
   RUE ST. HONORÉ
8 TUILERIES
9 MUSÉE D'ORSAY
10 INVALIDES
11 TOUR EIFFEL
12 JARDIN DU LUXEMBOURG
13 BOULEVARD ST. MICHEL
14 SORBONNE
15 PANTHÉON
16 MUSÉE DE CLUNY
17 QUARTIER LATIN
18 SAINT GERMAIN DES PRÉS
19 CONCIERGERIE
20 PONT NEUF
21 SAINTE CHAPELLE
22 ÎLE DE LA CITÉ
23 CATHÉDRALE NOTRE-DAME
24 CENTRE GEORGES POMPIDOU
25 FORUM DES HALLES
26 LOUVRE
27 AVENUE DE L'OPÉRA
28 ÉGLISE DU SACRÉ-COEUR
29 CITÉ DES SCIENCES
   ET DE L'INDUSTRIE
30 PARC DE LA VILLETTE
31 PLACE DE LA BASTILLE
32 ZOO DE VINCENNES
33 CITÉ UNIVERSITAIRE
34 PARC ANDRÉ CITROËN
35 MUSEUM D'HISTOIRE
   NATURELLE
36 MUSÉE PICASSO
37 PARC DE BERCY
— LA PLAGE

C'est la municipalité qui se charge de l'entretien, des rénovations et de l'agrandissement de Paris-Plage dont bénéficient les Parisiens sédentaires et les nombreux touristes qui ont ajouté cette attraction à leur liste.

Certains se plaignent de ce pseudo-progrès qui a amené marchand de glaces et musiciens dans ce "nouveau" quartier, et voudraient revenir en arrière, mais il n'en est pas question!

Adieu Saint-Tropez, Saint-Martin-de-Ré, Concarneau et Deauville! [1]

Vive Paris-Plage et merci Bertand Delanoë!

NOTES

[1]Saint-Tropez : station balnéaire, plage chic sur la côte méditerranéenne, rendue très célèbre par une de ses résidentes, l'actrice Brigitte Bardot. Un certain nombre d'acteurs et d'actrices français et étrangers y ont des villas somptueuses. En été, il y a foule à Saint-Tropez.

Saint-Martin-de-Ré, un des petits villages qui font le charme de l'île de Ré. Cette petite île se trouve dans l'océan Atlantique en face de La Rochelle. On y accède par un splendide pont à péage qui relie les deux côtes.

Concarneau : petit port de pêche breton situé à 25 kilomètres de Quimper. C'est un lieu de villégiature estivale.

Deauville : Plage de la côte normande, située à 42 kilomètres du Havre. C'est une ville élégante où on trouve des hôtels et des restaurants luxueux. Il y a un casino, un champ de courses. De nombreux festivals y sont organisés tout au long de l'année.

Questions

1. Où et quand se déroule l'opération Paris Plage ?
2. Par qui a-t-elle été conçue ?
3. Quels changements cette opération a-t-elle apportés ?

À VOUS DE RÉFLÉCHIR

1. Imaginez que vous allez passer une journée à Paris-Plage. Quels préparatifs faites-vous ?
2. Comparez Paris-Plage avec une "vraie" plage.

NOTES BIOGRAPHIQUES

Bâ, Mariama see chapter 5

Badian, Seydou: né à Bamako, Mali en 1928.

Il fait ses études de médecine en France à Montpellier. De retour au Mali, il se lance dans la politique; il devient ministre. Après un coup d'état, il est arrêté puis emprisonné pendant sept ans. Il vit aujourd'hui en exil à Dakar. Parmi ses ouvrages citons : *Sous l'orage, Les dirigeants africains face à leur peuple, Le Sang des masques*. La langue est pour lui un élément vital : "C'est la langue qui fonde notre identité. Sans la langue, il n'y a pas de culture."

Corneille, Pierre   see chapter 2

Alain-Fournier (1886–1914)

Écrit un seul et unique roman *Le Grand Meaulnes* où les thèmes de l'amour, des souvenirs, de l'amitié, de l'aventure et de l'enfance baignent dans une atmosphère pleine de charme et de mélancolie. Il meurt dans les premières semaines de la guerre 1914–18.

La Fontaine, Jean de   see chapter 2

Maran, René (1887–1960)

Poète et romancier guyanais né en Martinique. Eduqué en France. Il publie son premier recueil de poèmes *La maison du bonheur* en 1909. De retour en Afrique pendant quelques années, il écrit *Batouala* qui lui vaut le Prix Goncourt en 1921. Toute sa vie, il travaille pour la cause de l'Afrique et de sa culture. Il contribue à des revues africaines, écrit des documentaires sur l'Afrique, et plusieurs romans pleins de poésie.

Voltaire (pseudonyme de François-Marie Arouet) (1694–1778)

Né à Paris, éduqué au Collège Louis-le-Grand tenu par les Jésuites. Il a écrit une oeuvre considérable qui touche à tous les genres littéraires : poésie, histoire, philosophie, nouvelle, essais, correspondance. Il se bat contre le fanatisme, l'injustice et la sottise, prêchant les vertus de la tolérance et de la liberté. Ses armes : l'ironie, l'humour, l'esprit, l'excès, l'imagination, l'exhubérance et le sarcasme. Ses ennemis seront nombreux ; il sera emprisonné à la Bastille et s'exilera à Ferney en Suisse avant d'émerger victorieux à Paris pour y finir sa vie. Parmi ses oeuvres, citons *La Henriade* (1728), poème épique, *Histoire de Charles XII* (1731), *Lettres anglaises* (1734), *Dictionnaire philosophique* (1764), *Zadig* (1748), *Candide* (1759), *Essai sur les moeurs* (1751), *Le siècle de Louis XIV* (1752).

Chapitre 11

FORMES VERBALES

❧

EXERCICES DE RÉVISION

I. RÉVISION DES TEMPS

1. *Mettez le verbe au présent.*

  1. Ils (*avoir*) _____ beaucoup de chance.

  2. Vous ne (*faire*) _____ jamais de fautes !

  3. Tu (*aller*) _____ au cinéma ce soir.

  4. Nous (*commencer*) _____ à être fatigués.

  5. Combien (*peser*) _____-tu ?

  6. Je ne (*comprendre*) _____ pas ce que vous (*dire*) _____.

  7. Elle (*s'appeler*) _____ Mireille.

  8. Pierre nous (*envoyer*) _____ souvent des cartes postales.

  9. Je (*s'asseoir*) _____ toujours au premier rang.

  10. De quoi (*se plaindre*) _____-tu ?

  11. Elle ne fait pas attention, elle (*jeter*) _____ tout.

  12. Ce matin, je suis partie sans manger, je (*mourir*) _____ de faim.

  13. Il (*suivre*) _____ rarement les conseils qu'on lui donne.

  14. Je suis désolé mais je n'y (*pouvoir*) _____ rien.

  15. Ils (*recevoir*) _____ des cadeaux toute l'année !

  16. Vous (*réfléchir*) _____ avant de répondre à la question.

  17. (*Vouloir*) _____ tu me rendre un service ?

  18. Ils (*venir*) _____ de partir.

  19. Et toi, quand (*partir*) _____ tu ?

2. *Mettez le verbe à l'impératif.*

  1. (*savoir*, 2ème pers. sing.) _____ que je ne t'attendrai pas après 19 heures.

  2. (*Être*, 2ème pers. plur.) _____ sages !

3. Ne (*faire*, 2ème pers. plur.) _____ pas d'imprudence !

4. (*Prendre*, 1ère pers. plur.) _____ un café ensemble.

5. (*Avoir*, 2ème pers. sing.) _____ confiance en l'avenir.

6. Ne (*s'asseoir*, 2ème pers. plur.) _____ pas sur cette chaise.

7. (*Acheter*, 2ème pers. sing.) _____ moi une baguette.

8. (*Voir*, 2ème pers. plur.) _____ ce film; il est excellent.

9. (*Descendre*, 2ème pers. plur.) _____ tout de suite.

10. (*Se tenir*, 2ème pers. sing.) _____ droite !

11. (*Bâtir*, 1ère pers. plur) _____ une niche pour le chien.

12. (*Battre,* 2ème pers. sing) _____ les œufs en neige.

13. (*Servir*, 1ère pers. sing.) _____ moi, s'il te plait.

14. (*Boire*, 1ère pers. plur.) _____ à votre santé.

15. (*Manger,* 1ère pers. plur.) _____ avant de sortir.

16. Ne (*courir*, 2ème pers. sing.) _____ pas si vite.

17. (*Dire*, 2ème pers. plur.) _____ moi ce que vous en pensez.

18. Ne (*perdre*, 2ème pers. sing.) _____ pas mon stylo.

19. (*Saisir*, 2ème pers. plur.) _____ l'occasion !

20. (*Venir*, 2ème pers. sing.) _____ avant qu'il ne soit trop tard.

3. *Mettez le verbe au futur.*

1. Il (*vouloir*) _____ vous voir avant votre départ.

2. Nous (*voir*) _____ bien ce qui arrivera.

3. Vous (*sourire*) _____ quand je vous le dirai.

4. Tu m' (*appeler*) _____ demain après.midi.

5. Demain, je (*courir*) _____ encore plus vite.

6. (*Avoir*) _____-tu le temps de passer à la maison ce soir ?

7. Il (*falloir*) _____ faire le plein d'essence après le diner.

8. Tu (*devoir*) _____ te lever de bonne heure demain matin.

9. Ils (*pouvoir*) _____ venir dîner vendredi prochain.

10. (*Aller*) _____ vous en France ou au Japon cet été ?

11. Elles (*revenir*) _____ dans 48 heures.

12. Je vous (*apercevoir*) _____ peut-être au concert.

13. (*Savoir*) _____ vous trouver la sortie toute seule ?

14. Dans quelques années, nous (*vivre*) _____ à la campagne.

15. (*Être*) _____ vous des nôtres pour le réveillon ?

4. *Mettez le verbe à l'imparfait.*

1. Quand nous habitions dans le même immeuble, nous (*se voir*) _____ souvent.

2. Je croyais qu'il (*être*) _____ blond, mais il est roux.

3. Nous avions un petit appartement et nous (*payer*) _____ un gros loyer.

4. Quand vous avez téléphoné, je (*résoudre*) _____ des équations difficiles.

5. Si tu ne (*mentir*) _____ plus, ce serait plus simple !

6. Petite, elle (*craindre*) _____ beaucoup son père.

7. Il y a quelques années, tu (*coudre*) _____ mieux.

8. Les voisins se sont plaints parce que vous (*crier*) _____ trop fort.

9. Que (*faire*) _____-ils pendant que tu mangeais ?

10. Ils (*ranger*) _____ leurs affaires.

11. Hier, vous (*rire*) _____, et demain ?

12. Je (*commencer*) _____ à m'inquiéter.

13. Pendant leurs vacances en Normandie, elle (*peindre*) _____ tous les jours.

14. Autrefois, nous (*vaincre*) _____ nos cousins quand nous jouions au football.

15. Si je te (*surprendre*) _____ en train de boire un coca.cola, je ne serais pas contente !

5. *Mettez le verbe au passé composé.*

1. Hier, il faisait beau, nous (*avoir*) _____ de la chance pour notre pique-nique.

2. Je vous (*écrire*) _____ la semaine dernière.

3. (*Recevoir*) _____ vous _____ ma lettre ?

4. Les amis que nous (*voir*) _____ hier revenaient de Chine.

5. Il (*pleuvoir*) _____ ce matin, cet après-midi il fait beau.

6. Je crois qu'il (*mourir*) _____ d'une crise cardiaque.

7. Nous (*apprendre*) _____ que vous étiez venu après notre départ.

8. Je (*lire*) _____ jusqu'à minuit hier soir.

9. Est-ce que ce film vous (*plaire*) _____ ?

10. Je ne t' (*entendre*) _____ pas _____ entrer.

11. Nous (*arriver*) _____ par le train de 20 heures.

12. Elle (*naître*) _____ le même jour que moi. Quelle coïncidence !

13. Ils (*partir*) _____ sans prévenir.

14. On (*rester*) _____ 10 jours en Provence.

15. Nous les (*apercevoir*) _____ en sortant du cinéma.

16. Vous (*devoir*) _____ avoir très peur.

17. Elle (*tomber*) _____ malade à son retour.

18. « Je (*venir*) _____, je (*voir*) _____, je (*vaincre*) _____. »

6. *Mettez le verbe au plus-que-parfait.*

1. Je leur (*dire*) _____ de venir, mais ils n'ont pas pu.

2. Quand nous sommes arrivés, ils (*partir*) _____ déjà _____.

3. Vous n'avez pas de bonnes notes. Ah! Si vous (*travailler*) _____ !

4. On (*promettre*) _____ de les voir dans la semaine, nous n'avons pas pu.

5. Ils (*s'asseoir*) _____ au premier rang sans voir que les places étaient réservées aux enfants des écoles.

6. Tu (*entendre*) _____ dire qu'ils partaient ce soir. C'est faux !

7. Je les (*conduire*) _____ à la gare en voiture pour qu'ils ne manquent pas le train. Le train avait du retard. J'ai attendu avec eux.

8. Lors de notre conversation, elle (*se souvenir*) _____ de vous. Le lendemain, elle vous (*oublier*) _____.

9. Nous n'avons pas pris le temps de voir cette pièce. Si je (*savoir*) _____ !

10. Elle (*passer*) _____ pour bavarder, mais nous étions déjà en route.

11. Nous (*se résoudre*) _____ à faire le voyage en voiture.

12. Que (*se passer*) _____ -il- _____ ? À leur retour, leur chienne (*mourir*) _____.

13. Ils (*vivre*) _____ dix ans à l'étranger. Ils voulaient rentrer dans leur pays.

14. On (*s'entendre*) _____ très bien _____ jusqu'à l'arrivée de son cousin.

15. Cela (*être*) _____ une grande joie pour eux.

16. Nous (*avoir*) _____ l'impression que tout allait bien. Quelle erreur de notre part !

7. *Mettez le verbe au futur antérieur.*

1. Quand vous (*lire*) _____ les instructions, vous pourrez commencer.

2. Fais-moi signe dès que tu (*finir*) _____.

3. J'achèterai un chandail quand je (*trouver*) _____ la bonne taille.

4. Les soldes sont formidables dans ce magasin. Ça (*valoir*) _____ le déplacement.

5. J'espère qu'il (*faire*) _____ la vaisselle.

6. Nous croyons qu'ils (*prendre*) _____ leur petit déjeuner avant de se mettre en route.

7. Quand on vous (prévenir) _____, prévenez-nous.

8. Peu importe le mauvais temps, je (avoir) _____ le plaisir de faire votre connaissance.

8. *Mettez le verbe au conditionnel présent.*

1. Si tu me disais de le faire, je le (*faire*) _____ tout de suite.

2. Même si vous étiez un peu en retard, je vous (*attendre*) _____.

3. Vous (*plaire*) _____ il de faire le voyage avec nous ?

4. Il (*valoir*) _____ mieux que vous annuliez votre rendez-vous.

5. S'ils avaient besoin d'aide, nous les (*secourir*) _____ immédiatement.

6. Je vous (*reconnaître*) _____ même dans un bal masqué.

7. Si tu venais vers 16 heures, tu (*voir*) _____ tout le monde.

8. Si vous nous laissiez votre adresse, nous vous (*tenir*) _____ au courant.

9. *Mettez le verbe au conditionnel passé.*

1. S'il n'avait pas plu, nous (*sortir*) _____.

2. Je le (*perdre*) _____ dans la foule, si je ne lui avais pas donné la main.

3. Il (*falloir*) _____ partir plus tôt pour ne pas avoir à faire la queue.

4. Nous (*aimer*) _____ faire sa connaissance.

5. Si tu n'étais pas allée chez le coiffeur, tu (*avoir*) _____ le temps de l'aider à faire ses devoirs.

6. Vous (*devoir*) _____ lui offrir des fleurs pour son anniversaire.

7. Elle (*être*) _____ si heureuse !

8. S'il avait fait plus chaud, la neige (*fondre*) _____.

10. *Mettez le verbe au subjonctif présent.*

1. Puisque sa voiture est en panne, qu'il (*prendre*) _____ le train.

2. Je voudrais qu'il (*être*) _____ ici avant midi.

3. On exige que les élèves (*savoir*) _____ nager avant de quitter le lycée.

4. Réglons cette affaire à moins que tu ne (*vouloir*) _____ y réfléchir jusqu'à demain.

5. Je regrette que vous ne (*pouvoir*) _____ pas nous accompagner.

6. Il ne faut pas que tu (*craindre*) _____ de dire la vérité.

7. Il est indispensable que tu (*se faire*) _____ vacciner contre la grippe.

8. Éteignez la radio pour qu'on (*entendre*) _____ la sonnerie du téléphone.

9. Je cherche une petite maison qui (*avoir*) _____ des volets bleus.

10. De peur que vous ne (*perdre*) _____ mon adresse, je vous l'enverrai par courrier électronique.

11. C'est la seule étudiante qui (*mettre*) _____ les accents quand elle écrit le français !

12. Restez chez vous jusqu'à ce que vous (*se sentir*) _____ mieux.

13. Je doute qu'il vous (*haïr*) _____ à ce point-là !

14. Faites en sorte qu'on ne le (*prévenir*) _____ pas.

15. Bien qu'il (*pleuvoir*) _____ à torrents, nous irons au match.

11. *Mettez le verbe au subjonctif passé.*

1. Bien qu'il y (*avoir*) _____ beaucoup de monde à la gare, je l'ai retrouvée sans difficulté.

2. Il semble qu'il (*changer*) _____ d'opinion au cours de la discussion.

3. Pensez-vous que les enfants (*arriver*) _____ déjà _____ à destination ?

4. Quoiqu'il (*être*) _____ malade hier soir, il est venu dîner avec nous.

5. Leurs parents étaient furieux qu'ils (*rentrer*) _____ après minuit.

6. Il est parti sans que nous (*pouvoir*) _____ lui dire au revoir.

7. Est-il possible que je (*oublier*) _____ mon porte-monnaie chez vous ?

8. Je ne suis pas sûr qu'il (*comprendre*) _____ la démonstration.

9. Le gouvernement ordonne que nous (*payer*) _____ nos impôts avant le 15 Avril.

10. Il se peut qu'elle (*dépenser*) _____ l'argent qu'elle n'avait pas.

11. Le viaduc de Millau est le plus haut pont qu'on (*construire*) _____ jamais _____ .

12. Nous sommes si heureux que vous (*revenir*) _____ avant les fêtes.

13. Il est vraiment étonnant qu'elles (*sortir*) _____ sans nous prévenir.

14. Je ne crois pas que ce film vous (*plaire*) _____ Je le regrette.

15. Nous sommes enchantés que vous (*réussir*) _____ à finir le marathon sans fatigue.

II.   VERB FILL-INS / *FORMES VERBALES*

Dans les paragraphes suivants, complétez les phrases avec la forme appropriée du verbe dont l'infinitif figure entre parenthèses.

1. Puisque vous _____ en panne de voiture, c'est moi qui
   1. (être)

   _____ vous _____ . S'il fait beau, nous
   2. (venir)   3. (voir)

_____ dans les allées du Luxembourg. À cette saison, on ne
4. (se promener)

_____ pas trouver d'endroit plus agréable. Si je ne travaillais pas, j'y
5. (pouvoir)

_____ des journées entières à regarder les enfants rayonnants
6. (passer)

_____ de joie quand ils _____ la queue du chat sur le
7. (crier)   8. (attraper)

manège.

2. Le courrier électronique est devenu une nécessité. Il y _____ quelques
1. (avoir)

années, on _____ le facteur et on espérait toujours _____ une
2. (attendre)   3. (recevoir)

vraie lettre _____ à la main par un ami ou un parent. Ça, c'est de l'histoire
4. (écrire)

ancienne. Aujourd'hui, dès qu'on _____ on se précipite sur l'ordinateur.
5. (se lever)

On _____ qu'il _____ y avoir du courrier. Mais, quel cour-
6. (savoir)   7. (devoir)

rier? Il faut éliminer plusieurs « lettres » avant que ne _____ enfin le petit
8. (surgir)

mot _____. Je regrette un peu que mon ordinateur _____
9. (attendre)   10. (remplacer)

mon facteur. Mais, il faut vivre avec son temps, n'est-ce pas ?

3. Depuis quelques jours on sent vraiment l'automne _____. Le matin, on
1. (arriver)

a l'impression qu'il _____ déjà, même si la température est bien au-dessus
2. (geler)

de zéro. On se demande si le soleil _____ se montrer ou bien s'il
3. (aller)

_____ gris toute la journée. Quand on sort on est surpris que le vent
4. (faire)

_____ si froid. Les feuilles se détachent de leurs branches et
　　5. (être)

_____ avant de rejoindre celles qui _____ le sol. Bientôt,
　　6. (tourbillonner)　　　　　　　　　　　　　　　　7. (joncher)

elles seront toutes tombées. Croyez-vous que le printemps _____ un jour ?
　　　　　　　　　　　　　　　　　　　　　　　　　　　8. (revenir)

4. Jusqu'à ce qu'il _____ à battre tous les records, Bertrand
　　　　　　　　　　1. (réussir)

_____ son entraînement. J'ai bien peur qu'il n' _____
　　2. (poursuivre)　　　　　　　　　　　　　　　　　　　　3. (avoir)

qu'une idée en tête: la compétition internationale. Il ne faut pas que nous

l' _____ outre mesure car il est impératif qu'il _____ ses
　　4. (encourager)　　　　　　　　　　　　　　　　　　5. (finir)

études secondaires. C'est tellement difficile de se faire une place dans le monde des sports

qu'il _____ bien réfléchir avant de s'y _____. Quelle que
　　6. (falloir)　　　　　　　　　　　　　　7. (engager)

_____ la décision qu'il prendra, nous le _____. Nous
　　8. (être)　　　　　　　　　　　　　　　　9. (soutenir)

voulons que Bertrand _____ que sa famille ne l'abandonnera pas. Nous
　　　　　　　　　　　10. (savoir)

lui dirons ce que nous _____. Je sais pertinemment que quoique nous
　　　　　　　　　　11. (penser)

_____ il _____ ce qu'il _____.
　　12. (dire)　　　　13. (faire)　　　　　　14. (vouloir)

5. Si vous voulez partir pour le prochain long week-end et _____ le train,
　　　　　　　　　　　　　　　　　　　　　　　　　　1. (prendre)

il faut absolument que vous _____ vos billets à l'avance. Sinon, vous
　　　　　　　　　　　　　2. (acheter)

risquez de vous _____ dans l'impossibilité de voyager. À moins que, en
　　　　　　　　3. (trouver)

_____ à la gare, vous _____ prendre votre billet à l'aide
　　4. (arriver)　　　　　　　　　5. (pouvoir)

d'un des distributeurs automatiques qui se trouvent dans le hall. Dans ce cas, il est

indispensable que vous _____ une carte de crédit. Après
6. (avoir)

_____ votre billet, vous êtes libre de monter dans le TGV qui vous
7. (prendre)

_____ dans le plus grand confort vers votre destination. Bon voyage et
8. (mener)

bon week-end.

6. Quel temps _____-t-il faire demain ? Je voudrais bien le
1. (aller)

_____ car j'ai organisé un pique-nique. Nous devons partir de la maison
2. (savoir)

vers 11 heures et _____ nos amis vers 12 heures 30 au parc floral. Après
3. (retrouver)

_____ le tour des serres, nous _____ un petit chemin qui
4. (faire)   5. (prendre)

mène à une clairière où nous _____ pour notre pique-nique annuel.
6. (s'installer)

Chacun apportera sa spécialité: Philippe _____ sa fameuse salade niçoise,
7. (préparer)

Marie-Pierre une salade de riz, Danielle le melon au prosciutto, Xavier nous

_____ une grande salade de fruits rouges, et Annabel une tarte au citron.
8. (faire)

Ceux qui ne cuisinent pas _____ les boissons. Alors, vous voyez, il faut
9. (fournir)

qu'il _____ beau !
10. (faire)

7. Les parents de Gabriel regrettent qu'il _____ encore une fois besoin d'ar-
1. (avoir)

gent. Il n'hésite jamais à leur _____ pour raconter ses malheurs. Sa
2. (téléphoner)

voiture _____ en panne hier et il faut qu'elle _____ de
3. (tomber)   4. (réparer)

toute urgence. Il a promis à des amis de les emmener en week-end et il ne faut pas qu'il

les _____. Autre catastrophe, il y a deux jours, il y _____
5. (décevoir)   6. (avoir)

une panne d'électricité et il _____ vider son congélateur qu'il
7. (devoir)

_____ la veille. Cette fois-ci, c'est non ! Ses parents lui ont dit: « Tu es
8. (remplir)

un grand garçon, tu travailles, _____. Laisse ta voiture au garage,
9. (se débrouiller)

_____ en week-end, _____ des sandwichs et
10. (ne pas partir)   11. (manger)

_____ de l'eau fraîche, ou viens dîner à la maison ».
12. (boire)

8. Mathilde était si fatiguée quand elle _____ chez elle qu'elle
1. (rentrer)

_____ dans le fauteuil qui est sur son balcon _____
2. (s'installer)   3. (décider)

à lire tranquillement le journal et à finir le roman qu'elle _____ la
4. (commencer)

veille. Il faisait très beau, le soleil _____. On sentait que le printemps
5. (briller)

_____ loin. Mathilde _____ par regarder les grands
6. (ne pas être)   7. (commencer)

titres avant de choisir l'article qu'elle _____ lire. Les nouvelles
8. (aller)

internationales n'étaient pas vraiment ce qui l' _____ ce jour-là. Elle
9. (intéresser)

_____ à lire un reportage sur les îles Hébrides dont elle
10. (se mettre)

_____ parler par une amie qui y _____ en vacances
11. (entendre)   12. (aller)

l'année dernière. Et puis, devinez ! Elle _____ jusqu'à ce que la sonnerie
13. (s'endormir)

du téléphone la _____ sursauter. Elle était toujours sur son balcon, mais
14. (faire)

elle _____ être aux Hébrides. L'été prochain, peut-être !
15. (aimer)

9. Il est midi. Ce matin, on _____ de bonne heure dans le village. On ne veut
1. (se lever)

pas manquer cette occasion unique. C'est aujourd'hui qu'on va voir _____
2. (passer)

le tour de France. Il faut choisir une bonne place au bord de la route pour que les enfants

et les personnes âgées _____ s'asseoir. _____ des bouteilles
3. (pouvoir)   4. (Prendre)

d'eau et des oranges pour les coureurs ! On _____ peut-être leur en jeter
5. (pouvoir)

une quand ils _____ devant nous à toute vitesse. Est-ce qu'on
6. (passer)

_____ le maillot jaune ? Attention, attention, les voilà! C'est le moment
7. (apercevoir)

tant _____. Soudain, on en aperçoit un qui passe comme une flèche, puis
8. (attendre)

deux, trois, quatre et enfin, dans un bruit sourd, le peloton multicolore arrive. Deux

minutes, trois au plus et puis plus rien ! Nous _____ passer le tour de France.
9. (voir)

« Si je _____, je serais restée chez moi et je _____ la
10. (savoir)   11. (faire)

sieste », dit une vieille dame. Moi, je crois qu'elle est contente de _____.
12. (venir)

10. Dès que tu _____ ma télécopie, tu me préviendras afin que je
1. (recevoir)

_____ les documents nécessaires. Ainsi, tout devrait _____
2. (obtenir)   3. (régler)

sous peu. Notre départ est fixé au 10, nous n'avons pas de temps à _____.
4. (perdre)

Si j' étais toi, je _____ un minimum de bagages. C'est tellement plus
5. (emporter)

agréable de voyager sans _____. S'il nous manque quelque chose, on
6. (encombrer)

l' _____ sur place ou on s'en passera. _____ de faire
7. (acheter)   8. (Ne pas oublier)

suivre ton courrier. Il vaudrait mieux aussi que tu _____ tes voisins. Tu
9. (prévenir)

_____ plus tranquille. On ne sait jamais.
10. (être)

11. De peur de _____ à l'heure pour son examen, Sophie
1. (ne pas être)

_____ beaucoup plus tôt que d'habitude. Bien qu'elle ne
2. (se lever)

_____ jamais de petit déjeuner, ce matin elle en a pris un très copieux.
3. (prendre)

Elle s'est assurée qu'elle avait de quoi écrire et que sa montre _____ bien
4. (marcher)

_____ à la salle d'examens, elle était détendue jusqu'au moment où on
5. (Arriver)

lui _____ une pièce d'identité. Sophie n'en avait pas. Que faire ? Vite elle
6. (demander)

_____ son portable. Sa mère _____ la maison. Quelle
7. (sortir)   8. (ne pas quitter)

chance ! Elle a sauté dans un taxi et a apporté à sa fille la carte d'identité qu'elle

_____ sur son bureau. Sophie a vite pris sa place, mais elle n' était plus
9. (laisser)

très détendue. « Tu as de la chance » lui a dit sa mère, « mais que cela te

_____ de leçon. La prochaine fois, je ne serai peut-être pas là quand tu
10. (servir)

_____. » « Maman, sans toi, je _____ subir les épreuves
    11. (téléphoner)   12. (ne pas pouvoir)

de cet examen. De tout cœur, merci ! »

12. À l'aube, le ciel était déjà très bleu, le soleil _____ ; il n'y avait pas
                                                        1. (briller)

l'ombre d'un nuage. On imaginait donc une température plus douce que la veille où il

_____ sans arrêt pendant des heures. Madeleine _____
    2. (pleuvoir)   3. (s'habiller)

légèrement pour aller retrouver ses amies. Quel _____ son
                                                    4. (ne pas être)

étonnement quand elle _____ un vent froid lui frapper le visage dès
                          5. (sentir)

qu' elle _____ de son immeuble. Elle s'est demandée ce qu'elle
          6. (sortir)

_____ faire : remonter chez elle et _____ en retard
    7. (devoir)   8. (être)

ou bien supporter le vent et espérer qu'il _____ de souffler. Elle
                                              9. (s'arrêter)

_____ de continuer son chemin. Elle _____
    10. (décider)   11. (avoir)

beaucoup de chance puisque le vent _____ et elle n'a pas eu à
                                      12. (se calmer)

regretter la décision qu'elle _____.
                                13. (prendre)

13. En _____ chez lui après une longue journée de travail, Martin a eu
          1. (rentrer)

l'impression qu'il _____ quelque chose d'anormal dans son appartement.
                      2. (se passer)

Après _____ chaque pièce, il ne voyait toujours pas la cause de son
        3. (inspecter)

inquétude. Il lui semblait que tout _____ de couleurs, que rien n'
                                        4. (changer)

_____ exactement à la même place. Au bout de quelques minutes, alors

      5. (être)

qu'il _____ à appeler la police, il _____ ce qui lui

      6. (se préparer)   7. (comprendre)

arrivait. Il n'avait pas ses lunettes sur le nez, il _____ celles de son

                   8. (prendre)

collègue de bureau ! Qu'allait-il devenir ? Une chose était sûre ; il ne pourrait pas finir

le roman qu'il _____ hier, et demain il _____ en

      9. (commencer)   10. (ne pas arriver)

retard au bureau.

14. Alors qu' il _____ de décider de passer la soirée chez lui à relire son thème

      1. (venir)

latin, Philippe a reçu un coup de téléphone de son amie Suzette. En fait, elle n'était pas

chez elle, elle l' _____ de son portable. Elle voulait savoir ce qu'il

      2. (appeler)

_____. Elle lui _____ : « J'ai beaucoup travaillé depuis que

      3. (faire)   4. (dire)

je _____ du lycée. J'ai envie d'aller au cinéma, si tu venais avec moi cela

      5. (rentrer)

me _____ vraiment plaisir. Devinez quelle _____ la

      6. (faire)   7. (être)

réponse de Philippe ! Ses bonnes résolutions _____ et après

              8. (s'envoler)

_____ le métro pour un trajet très court, il a retrouvé Suzette devant le

      9. (prendre)

cinéma. Croyez-vous qu'ils _____ une bonne soirée ?

          10. (passer)

15. Le matin, dès que je _____ je fais ma gymnastique. Il faut absolument

      1. (se lever)

que je _____ à la faire, sinon, je _____ en forme

      2. (s'astreindre)   3. (ne pas être)

pour le marathon. Si je ne le _____ pas, je décevrais mes amis. Ils sont
4. (courir)

déjà prêts à venir m'applaudir dimanche prochain. Après la course, ils veulent que nous

_____ tous dîner dans un petit restaurant français de mon quartier. Pour
5. (aller)

le moment, c'est de ma gymnastique dont il s'agit !

16. Si j'avais imaginé que ça se passerait comme ça, je _____ aux Leblanc
1. (jamais offrir)

de se joindre à nous pour les vacances de Mardi-Gras. Premièrement, bien qu'ils

_____ à s'occuper des bagages, ils ont annoncé à la dernière minute
2. (s' engager)

que ça leur _____ plus simple que nous les _____.
3. (paraître)   4. (transporter)

Puisqu'on _____ le chalet ensemble, on avait aussi décidé de faire la
5. (louer)

cuisine et les courses à tour de rôle. Vous devinez comment les choses

_____ ; cinq jours sur sept, c'est moi qui _____ les
6. (se passer)   7. (préparer)

repas. Oh, les excuses _____ toujours valables. Je t'assure qu'ils avaient
8. (être)

bon appétit et je dois admettre qu'ils _____ de la nourriture ! On
9. (ne pas se plaindre)

ne connaît bien les gens que si on _____ sous le même toit. Nous
10. (vivre)

avons donc décidé que l'année prochaine, si nous partions en vacances, quelles que

_____ les circonstances, nous _____ seuls ou en
11. (être)   12. (partir)

famille.

17. Une fois _____ du congélateur, les produits alimentaires surgelés doivent
1. (sortir)

_____ dans les heures qui suivent. Il est dangereux de les
2. (consommer)

_____ une deuxième fois. Une autre précaution à ne pas négliger : il ne
3. (congeler)

faut pas qu'on _____ de nourriture chaude dans le frigidaire. Laissez les
4. (mettre)

aliments refroidir. Et si jamais il y une panne d'électricité qui dure longtemps, n'hésitez

pas une minute. Il est impératif que vous _____ tout ce qui n'est plus
5. (jeter).

congelé. Tant pis pour la glace au chocolat !

18. — _____ -moi, est-ce que ton frère et toi vous êtes libres samedi ?
1. (Dire)

— Oui, pourquoi ?

— Et si nous _____ faire un tour à la campagne avant qu'il ne
2. (aller)

_____ trop froid ?
3. (faire)

— Nous _____ ravis de t'accompagner.
4. (être)

— À quelle heure veux-tu que nous _____ ?
5. (partir)

— Le plus tôt sera le mieux.

— Et s'il pleut, ce sera partie _____
6. (remettre).

— Il ne _____ pas. La météo annonce un week-end doux et ensoleillé.
7. (pleuvoir)

— Nous passerons vous _____ vers 8 heures.
8. (prendre)

19. —Il y a longtemps que nous _____. Pourquoi ne dînerions-nous

                                   1. (ne pas se voir)

pas ensemble demain ?

—Quelle bonne idée ! La dernière fois c'est nous qui _____ le

                                   2. (choisir)

restaurant, demain, c'est votre tour.

—Parfait, je vous appellerai dès que nous _____ notre choix. Comme

                                   3. (faire)

c'est difficile de prendre une décision pour tout le monde. Pierre n'aime pas les pâtes,

il ne faut pas que nous _____ un restaurant italien. Monique adore les

                                   4. (choisir)

desserts, il est donc hors de question qu' on _____ dans un restaurant

                                   5. (aller)

chinois. La cuisine japonaise ne plaît pas à Philippe. La solution est évidente : on

_____ à la maison. Le menu n'est pas difficile à composer. Je ne

        6. (dîner)

_____ pas de pâtes, je _____ plusieurs desserts sur la

        7. (faire)   8. (mettre)

table et pas de sushi! Pourquoi est-ce que je _____ à cela plus tôt ?

                                   9. (ne pas penser)

Vite, _____ au marché pour le festin de demain.

        10. (aller)

20. Si on pense à tous les auteurs français dont on _____ le nom après sept

                                   1. (retenir)

ans d'études secondaires, c'est celui de Molière qui _____ le plus souvent.

                                   2. (revenir)

Même si c'était les mathématiques qui vous _____ , même si vous

                                   3. (passionner)

_____un artiste accompli ou champion de brasse papillon, et ne vous

        4. (être)

_____ guère de littérature, vous avez lu _Le malade imaginaire, L'avare, Le_
     5. (préoccuper)

bourgeois gentilhomme ou _Les femmes savantes._ Non seulement, vous les

_____, mais il est impossible que vous _____ de
     6. (lire)   7. (ne pas se souvenir)

certains personnages avec plaisir. Un jour, si vous ne l'avez pas encore fait, il faudra que

vous _____ le fameux fauteuil de Molière au théâtre de la Comédie
         8. (découvrir)

Française à Paris. La légende veut que ce _____ dans ce fauteuil que
                                                  9. (être)

Molière se soit trouvé mal alors qu'il _____ le rôle du malade imaginaire
                                            10. (jouer)

quelques jours avant qu'il ne _____ le 17 février 1673. Et si vous relisiez
                                  11. (mourir)

quelques pages de Molière ?

21. Nous tournons en rond depuis plus d'une demi-heure. Pourquoi ne veux-tu pas

admettre que tu _____ de route et t'arrêter pour demander qu'on nous
                     1. (se tromper)

_____ sur la route de Louviers. Si c' _____ moi qui
     2. (mettre)   3. (être)

conduisais, il y a longtemps que tu m' _____ à me renseigner. Si nous
                                            4. (forcer)

tombons en panne d'essence, c'est bien toi qui l' _____ .
                                                              5. (vouloir)

_____ au moins pour acheter une carte de la région puisque nous
     6. (S'arrêter)

_____ la nôtre à la maison. Sinon, laisse-moi descendre et je
     7. (oublier)

_____ toute seule !
     8. (se débrouiller)

22. Ne _____ pas de soucis. C'est moi qui _____ les chercher à
            1. (se faire)   2. (aller)

l'aéroport vendredi prochain. Je quitterai le bureau un peu plus tôt que d'habitude pour

_____ en retard. Après les _____ nous rentrerons le plus vite
     3. (ne pas arriver)   4. (accueillir)

possible. Il est probable que nous _____ des embouteillages. Je ne peux donc
                                          5. (avoir)

pas vous _____ que nous _____ de retour avant 20 heures.
              6. (promettre)   7. (être)

De toutes façons, prévoyez un dîner léger. En _____ on perd l'appétit. Samedi,
                                                    8. (voyager)

tout le monde _____ la grasse matinée. _____ -leur le temps
                   9. (faire)   10. (laisser)

de se reposer avant de leur poser les questions dont nous brûlons de connaître les réponses.

23. Les météorologistes annoncent pour la France un hiver rigoureux. Comment

_____ -ils faire de telles prédictions avant même que la première neige ne
     1. (pouvoir)

_____ . Autrefois, c'était les fermiers qui _____ les grands
     2. (tomber)   3. (annoncer)

froids, la pluie, les grosses chaleurs et les changements de température. Si les oignons

avaient plusieurs peaux, l'hiver _____ très froid, si les oiseaux volaient bas,
                                       4. (être)

il _____ dans la journée, si les nuages avaient telle ou telle forme, le
      5. (pleuvoir)

temps _____ sous peu. Il semble qu'ils _____ des points
           6. (changer)   7. (avoir)

de repère infaillibles. Aujourd'hui, ce sont les radars, les satellites qui font la pluie et le

beau temps. C'est un peu dommage, qu'en _____ -vous ?
                                              8. (dire)

24. Puisqu'on nous annonce une grève des transports en commun, je vais être courageuse et je

_____ au bureau à pied. Il faut donc que je _____ mon réveil
1. (aller)   2. (mettre)

afin de _____ plus tôt que d'habitude. Il est indispensable que je m'
3. (se lever)

_____ une bonne paire de chaussures de marche. C'est un achat que je
4. (acheter)

_____ ne pas faire cette semaine car je suis un peu fauchée. Peu importe, je
5. (préférer)

_____. Demain, il _____ aussi que je _____
6. (se débrouiller)   7. (falloir)   8. (prendre)

un bon petit déjeuner: pain perdu, salade de fruits, thé. Le lendemain, je suis tellement

_____ par mon nouvel horaire, je n'écoute pas les nouvelles, je ne
9. (préoccuper)

_____ même pas un coup d'œil sur les manchettes des journaux. Je n'ai
10. (jeter)

qu'une idée en tête: arriver à l'heure et en forme au bureau. Effectivement, j'arrive à l'heure,

un peu essoufflée mais satisfaite. Quel n'est pas mon étonnement quand je vois mes collègues,

frais et dispos en train de _____ leur espresso. On me regarde et soudain un
11. (savourer)

grand rire éclate de tous les coins. La pauvre ! On _____ la prévenir. On ne
12. (devoir)

savait pas qu'elle n' _____ ni la radio, ni la télévision, et elle était si pressée
13. (avoir)

qu'elle _____ le temps de regarder les journaux qui _____ :
14. (ne pas prendre)   15. (titrer)

« Accord en cours, grève annulée ». Mais, elle au moins, elle a ses chaussures pour le marathon !

Je jure, mais un peu tard, qu'on ne m'y _____ plus !
16. (reprendre)

25. Il faut que je vous _____ une révélation, que je vous
1. (faire)

_____ un secret bien gardé. Avant, je demande que vous
2. (dire)

_____ à la question suivante: Quel est, à votre avis, un des – sinon *le* –
3. (réfléchir)

passe-temps favoris des Françaises ? Si vous me répondez: la lecture, le cinéma, la cuisine,

les voyages, le sport... Je vous _____ tout bonnement que vous vous
4. (dire)

trompez. Et si vous demeurez perplexe, je vous dirai : _____ le train, le
5. (Prendre)

bus, le métro; surveillez vos collègues quand elles boivent leur café. Vous me donnerez

alors la bonne réponse: Les Françaises se passionnent pour « les mots fléchés » !

Qu'est-ce donc que les mots fléchés ? C'est un peu comme les mots croisés, mais sans

carré noir, et avec des définitions courtes placées dans la case qui contiendra la première

lettre du mot ou des mots qui _____ le problème. Je suis sûre que vous
6. (résoudre)

ne _____ pas vraiment ce dont il _____.
7. (comprendre)   8. (s'agir)

_____ chez le marchand de journaux le plus proche et
9. (Se précipiter)

_____ un des magazines qui se consacrent à ce nouveau sport. Vous ne le
10. (s'offrir)

_____ pas. Mais, attention, il faut savoir _____.
11. (regretter)   12. (s'arrêter)

26. Que vous _____ en ville ou à la campagne, dans une maison ou dans un
1. (habiter)

appartement, il y a toujours – non, souvent – quelque chose qui ne marche pas. Vous êtes au septième étage d'un immeuble dans un appartement qui vous

_____ beaucoup. Il est fort possible que vous _____ un
    2. (plaire)   3. (rentrer)

soir chez vous après _____ vos courses et qu'il y _____
                               4. (faire)   5. (avoir)

sur la porte de l'ascenseur une petite pancarte _____ : « En panne ». Peu
                                                       6. (dire)

importe que votre appartement vous plaise, vous _____ : « Ah, si nous
                                                    7. (se dire)

_____ une maison à la campagne, je _____ de tels ennuis. »
    8. (habiter)   9. (ne pas avoir)

Croyez-moi, vous en auriez bien d'autres ! Imaginez-vous _____ la
                                                      10. (regarder)

télévision , bien au chaud sur votre canapé par un soir d'orage. Le vent souffle, on entend

le tonnerre _____ et tout d'un coup, vous vous trouvez dans l'obscurité
                   11. (gronder)

la plus complète. Je vous laisse imaginer la scène: pas d'électricité, pas de téléphone, pas

de voisins proches. Que _____- vous le plus au monde ? Ce serait d'être
                          12. (souhaiter)

dans un appartement, dans un immeuble où la vie semble plus simple. À la campagne, il

faut apprendre à se débrouiller tout seul. En ville, le secret, c'est de bien s'entendre avec

ses voisins. Si vous avez un jour le choix, _____ bien de telle sorte que
                                           13. (réfléchir)

vous _____ dire: « C'est ici que je veux vivre. »
    14. (pouvoir)

27. —Je rate toujours mes omelettes et les tiennes sont toujours excellentes.

_____-tu m'expliquer pourquoi j'échoue à tous les coups.
    1. (pouvoir)

— Il faut que je te _____ que faire une omelette, c'est un jeu d'enfants.
2. (dire)

Voilà : d'abord il faut faire en sorte que les œufs _____ très
3. (être)

frais. _____-les chez ta crémière et dis-lui bien que c'est pour faire
4. (acheter)

une omelette. Par la même occasion, _____ du beurre bien frais.
5. (prendre)

Pense aussi au type d'omelette que tu vas préparer : aux fines herbes, aux

champignons, au gruyère ou au jambon. Là aussi il faut absolument que tu

_____ d'ingrédients de première qualité. Choisis une poêle dont le
6. (se servir)

fond est assez épais. Casse les œufs dans un grand bol et _____-les
7. (battre)

avec une fourchette. Ajoute une pincée de sel, un peu de poivre et verse dans la

poêle où le beurre _____ déjà _____ et commence à
8. (fondre)

se colorer. Laisse cuire quelques instants à feu moyen puis repousse les bords vers

le centre au fur et à mesure que les œufs cuisent. Incline la poêle et

_____ l'omelette rapidement avec une spatule. Laisse dorer quelques
9. (plier)

secondes et puis _____ le tout sur un joli plat oval. Ça, c'est une
10. (transférer).

omelette nature. Si tu veux ajouter quelque chose, tu le feras avant de la plier. Voilà,

le tour est joué. Mais, tu as raison, c'est plus compliqué que je ne le

_____. Viens à la maison ce soir et j'en _____ une
11. (penser).   12. (faire)

devant toi. Ce sera plus simple.

— Merci ! Après te _____ faire, je promets de suivre tes conseils jusqu'à
13. (regarder)

ce que je _____ une omelette parfaite ! Après mon premier succès,
14. (réussir)

c'est moi qui t' _____ à dîner.
15. (inviter)

28. — Quand j'étais petite, à l'école primaire, chaque semaine il fallait que nous

_____ une récitation. Non seulement nous devions la
1. (apprendre)

_____ par cœur, mais il fallait que chaque élève la
2. (savoir)

_____ devant toute la classe.
3. (réciter)

— Qu'est-ce qu'on vous _____ apprendre ?
4. (faire)

— Des fables de La Fontaine, des poèmes de Victor Hugo, de Prévert, de Robert Desnos,

d'Émile Verhæren, des passages d'Alphonse Daudet et plus tard, c'était Boileau,

Ronsard, Molière, Lamartine, Baudelaire et bien d'autres encore. Et tu vois, quand j'y

pense, je n'ai aucun regret d' _____ toutes ces récitations. Il est
5. (apprendre)

évident que j'en _____ quelques unes, mais il semble que j'en
6. (oublier)

_____ beaucoup. Vas-y, _____ moi à l'épreuve.
7. (retenir)   8. (mettre)

— Si on attendait le dessert, on _____ t'applaudir !
9. (pouvoir)

29. — À votre avis, que dirait Jules Verne s'il _____ parmi nous ? Quelle est
1. (revenir)

l'invention qui l' _____ le plus ? L'ordinateur, les avions supersoniques,
2. (étonner)

les gratte-ciel, le métro sans conducteur, le TGV, les DVD, l'Internet, Facebook ?

— Je suis presque sûre que Jules Verne, d'une façon ou d'une autre, _____

3. (imaginer)

tout cela. _____ du dernier de ses livres *Paris au XXème siècle* publié

4. (Se souvenir)

il y a quelques années seulement, après que ses descendants _____ le

5. (retrouver)

manuscrit dans un grenier. On y voit combien il était proche de la réalité

d'aujourd'hui. Peut-être Jules Verne n'approuverait-il pas l'omniprésence du

téléphone portable dans la vie de tous les jours ? Phileas Fogg, le héros de "*Le tour*

du monde en quatre-vingt jours" et son fidèle valet Passepartout n'en avaient pas et

qu'en _____-ils _____ s'ils en avaient eu un ? Je me dis

6. (faire)

parfois qu' on devrait revenir en arrière et apprendre aux gens à se parler face à face.

— Excusez-moi, j'ai un problème urgent; il faut que j' _____ échanger

7. (aller)

mon nouveau portable. Il ne marche pas bien ! Demain, ce _____ trop

8. (être)

tard. Il faut que je _____ aux messages que je _____

9. (répondre)   10. (recevoir)

depuis que je vous _____

11. (rencontrer)

Troisième partie

articles, noms, adjectifs, pronoms, adverbes, conjonctions, prépositions, constructions interrogatives et négatives

Chapitre 12

LA VILLE ET LA CAMPAGNE

LES ARTICLES DÉFINIS, INDÉFINIS,
PARTITIFS LES NOMS

In French, every noun – except most proper nouns – is preceded by an article. In English, the article is often omitted, especially when meaning *some* or *any*, or when it refers to a general term or abstract concept: *tea is good for you, cars are his hobby, he only reads philosophy.*

1. LES ARTICLES DÉFINIS

le (masculine), **la** (feminine), **l'** (masc. or fem. before a vowel or a silent *h*),
les (plural masculine and feminine)

STUDY THESE EXAMPLES

a. *Le* livre de français a 230 pages.
La sœur de Lily s'appelle Annabel.
De tous *les* vins français, c'est *le* Bordeaux que je préfère.
Le château de Fontainebleau n'est pas loin de Paris.
Le mont Blanc est *le* plus haut sommet de France.
*L'*acteur que j'admire *le* plus est descendu à *l'*Hôtel du Roi Henri IV.
J'habite *la* plus grande ville de France.

b. *Le* café au lait se boit *le* matin *au* petit déjeuner.
Elle adore *la* musique, il préfère *le* sport.
Les petites villes me fascinent.
C'est *la* vie !

I. WHEN TO USE THE DEFINITE ARTICLE

1. The definite article precedes a noun and designates a specific person or object as in examples **a** and must agree with this noun.

*L'*année 1975 fut une excellente année pour *le* vin de Bourgogne.

Ce matin, mon réveil ne marchait pas, *l'*horloge parlante ne répondait pas, *les* piles de *la* radio étaient usées, j'ai donc dû allumer *l'*ordinateur pour savoir *l'*heure. Je ne suis pas arrivé(e) en retard à *l'*école. *Les* élèves n'étaient pas encore entrés dans leurs salles de classe.

2.   **The definite article is also used to convey a general meaning as in examples b.**

Tous *les* dimanches, je fais *la* grasse matinée.
Les Anglais et *les* Chinois aiment *le* thé, *les* Français et *les* Italiens préfèrent *le* café.
Le samedi, on fait *les* magasins.
Les romans policiers m'ennuient.
Les affaires sont *les* affaires.
Les abricots sont chers cette année; ils coûtent 3 euros *la* livre. (*a pound*)

Note that none of the above six examples requires a definite article when translated into English.

3.   **The definite article is used when mentioning names of languages (except after *en* or immediately after *parler*), seasons, colors (except after *en*), parts of the body when possessor is clear:**

Le russe est sa langue maternelle. Il a appris *le* français au lycée et il parle anglais.
Le 21 septembre, c'est *l'*automne. En automne, *les* feuilles tombent.
Le bleu lui va à merveille. On a peint *la* maison en jaune.
Elle a *le* sourire de sa mère et *les* yeux de son père. Elle a *les* cheveux blonds.

4.   **Contractions of the definite article with the prepositions *à* and *de*:**

After *à* and *de*, the definite articles *le* and *les* are contracted.

à + le = au	à + les = aux
de + le = du	de + les = des

There are no changes with *la* and *l'*.

Nous allons *au* cinéma tous les mercredis.
Je vais à la patinoire le vendredi.
Ils vont à l'église le dimanche.
J'adore la tarte *aux* pommes et la glace *à la* vanille.
Tous les avions en provenance *des* Etats-Unis atterrissent à l'aéroport Charles de Gaulle.
Je viens *du* musée, elle arrive de la bibliothèque, il revient de l'hôpital.

II.   PROVERBS

Le silence est d'or.
La nuit porte conseil.
Les cordonniers sont les plus mal chaussés.
L'habit ne fait pas le moine.
Il faut saisir l'occasion par les cheveux.

Les bons comptes font les bons amis.
On ne peut pas être au four et au moulin.
Des goûts et des couleurs on ne discute pas.
Il n'est pour voir que l'œil du maître.

III. EXERCISES

A. *Complétez avec l'article défini qui convient.*

1. _*Le*_ hiver est fini ! _*Les*_ printemps est enfin là. _*Des*_ arbres sont en fleurs.

2. _*Le*_ autobus numéro 92 traverse le pont de _*l'*_ Alma.

3. Ensuite, ajoutez _*du / Le*_ sucre, _*de la*_ farine, _*des / les*_ œufs et _*du / le*_ citron, puis mélangez.

B. *Complétez avec l'article défini. Ajoutez, si besoin est, la préposition qui convient.*

1. Si tu as faim, sers-toi: _*le*_ couvert est mis, _*le*_ poulet est coupé, _*la*_ salade est tournée, _*les*_ frites sont prêtes, _*le*_ vin est débouché. Ce n'est pas _*les*_ meilleur _*les*_ vins. C'est un vin _*l'*_ année dernière.

2. _*La*_ salle de cinéma est à deux pas _*le*_ lycée. _*la*_ horaire _*les*_ séances est affiché _*l'*_ entrée.

2. LES ARTICLES INDÉFINIS

un (masculine), **une** (feminine)
des (plural masculine and feminine)

STUDY THESE EXAMPLES

Il y a *un* livre sur mon bureau.
Il faut que j'achète *un* billet d'avion.
Les Dupont ont *des* enfants charmants.
Vous me reconnaitrez, je porterai *un* pantalon rouge, *une* veste noire et *des* chaussures de sport.
Je porte aussi *des* lunettes, mais je ne porte jamais *de* chapeau. Je serai à la terrasse du café Lutétia où je prendrai *un* café.

I. WHEN TO USE THE INDEFINITE ARTICLE

1. **The indefinite article precedes a noun and points at a person or object which has not been mentioned before and is not specific : see examples above.**

   Le Concorde était *un* avion supersonique qui permettait de faire *des* voyages très rapides.
   Le TGV (train à grande vitesse) est *un* train très rapide.
   Connaissez-vous *un* bon restaurant qui soit ouvert jusqu'à minuit ?

2. *Un* and *une* are used to express a single person or object and stress its oneness.

J'ai écrit *une* lettre ce matin et j'ai reçu *un* coup de téléphone. (not two or three)
Elle a *un* oncle, le frère de sa mère.

3. In a negative construction, the indefinite article changes to *de:*

Aimez-vous les légumes ? Je ne mange jamais *de* légumes, mais je mange *des* fruits.
Nous ne prenons pas *de* vacances cet été.
Reste-t-il *des* places pour la séance de 20 heures? — Non, il n'y a plus *de* places.

4. The plural *des* becomes *de* when it precedes a plural adjective:

Il a fait *de* gros progrès cette année.
Nous avons *d'*excellents amis en Ecosse.

5. When the verbs *être, devenir* are followed by a single noun expressing a profession or a title, the noun is treated as an adjective and the article is dropped.

Nous sommes ingénieurs. Elle est médecin. Il veut devenir journaliste.

If the noun is accompanied by an adjective or a subordinate clause, the article remains.

Ce sont *des* ingénieurs spécialisés. C'est *un* médecin très prudent. Il est devenu *un* grand journaliste.
Que fait-il dans la vie? Il est peintre. — C'est *un* peintre que je ne connais pas.

II. PROVERBS

Deux avis valent mieux qu'un.
Une hirondelle ne fait pas le printemps.
(J'ai perdu une boucle d'oreille à la plage. Je ne l'ai pas cherchée. Ce serait comme si j'essayais de) Chercher une aiguille dans une botte de foin.

III. EXERCISES

A. *Complétez avec l'article indéfini qui convient.*

1. J'ai __une__ amie allemande qui s'appelle Beata et __un__ ami chinois qui s'appelle Yu Feng. Ce sont vraiment __des__ très bons amis que je connais depuis longtemps.

2. Il me faut __un__ livre de tomates, __des__ demi-douzaine d'œufs, __des__ olives et __des__ haricots verts pour finir ma salade niçoise. Je n'ai pas besoin __de__ pommes de terre. Je servirai cette salade avec __des__ petits pains bien croustillants.

B. *Dans les phrases suivantes, choisissez l'article approprié et, si besoin est, la préposition qui convient.*

1. Je viens de lire ___*du*___ roman passionnant, mais je ne peux pas me souvenir ___*de*___ titre.

2. Elle prend souvent ___*du*___ train qui ne s'arrête pas ___*de*___ gare de Tours.

3. Quand tu iras ___*de*___ marché, rapporte-moi ___*de la*___ baguette, ___*des*___ fruits et ___*du*___ journal *Le Monde*. N'oublie pas de me rendre ___*de la*___ monnaie.

4. Quelle est ___*d'*___ adresse de ___*l'*___ hôpital le plus proche ?

5. ___*Le*___ bureau ___*de*___ Proviseur est ___*la*___ bout ___*de*___ couloir à droite.

6. J'aime beaucoup ___*du*___ musique ___*?*___ dernier film de Jacques Perrin.

3. LES ARTICLES PARTITIFS

du (masculine), **de la** (feminine), **de l'** (devant une voyelle ou un *h* muet)
des (plural masculine and feminine)

STUDY THESE EXAMPLES

Comment prenez-vous votre thé ? Avec *du* lait, *du* citron, *du* sucre ou sans rien ?
Je prends *du* lait mais je ne prends jamais *de* sucre.
Voulez-vous *de l'*eau plate, *de l'*eau gazeuse ou *du* vin ?
Je voudrais *du* vin rouge, si vous en avez.
Pourriez-vous me prêter *de l'*argent ? J'ai oublié mon porte-monnaie à la maison.
Je suis désolée, je n'ai pas *d'*argent sur moi.
Il y a en ce moment *des* roses splendides au jardin du Luxembourg.
Est-ce qu'il y a aussi *du* muguet ?
Allons voir. Si nous avons *de la* chance, nous arriverons avant la fermeture.
Ne perdons pas *de* temps !

I.   WHEN TO USE THE PARTITIVE ARTICLE

1. The partitive article precedes a noun and refers to an item or to a part of a group. It expresses a non-countable notion. *Some* or *any* play that part in English even if they are often omitted.

   Aujourd'hui, il y a *des* nuages. (There are clouds, some clouds)
   Est-ce qu'il y a *du* courrier ? (Is there mail, any mail)
   Je rentrerai tard ce soir. J'ai *du* travail à finir (some work).
   Il lui faudra *du* courage pour résoudre tous ces problèmes.
   Nous devons nous arrêter pour prendre *de l'*essence.
   Faites *du* sport, cela vous fera *du* bien. Faites *de la* voile, *de la* natation, *du* tennis !

2. In a negative sentence, the partitive article which precedes a direct object is replaced by *de* or *d'*:

   Vous êtes venu en voiture ? —Non, je n'ai pas *de* voiture.
   Quand vous voyagez, vous prenez *des* photos ? —Non, je ne prends jamais *de* photos.

Vous avez une cousine en Australie, n'est-ce pas ? —Non, je n'ai pas *de* cousine !
As-tu *des* disques de Georges Brassens ?
—Non, je n'ai pas *de* disques de Georges Brassens, j'ai *des* disques de Georges Moustaki.
Ils font *des* voyages extraordinaires mais leurs enfants ne font pas *de* voyages.
Il n'y a pas *de* roses sans épines.

But note:

C'est de la soie ? non, ce n'est pas de la soie, c'est du coton.

3.   **In a plural construction, if the adjective precedes the noun *des* becomes *de*:**

Elle envoie toujours *de* jolies cartes postales. Elle met aussi *des* timbres intéressants.
Pendant les vacances, ces enfants ont pris *de* mauvaises habitudes.

NOTE

In compound nouns such as *petits pois, petits pains, grands-parents* etc. *des* is used unless the construction is negative.

Il est huit heures, va chercher *des* petits pains pour le petit déjeuner.
Ils ont beaucoup *de* chance, ils ont *des* grands-parents formidables.
Voulez-vous *des* petits pois ? non, je ne veux pas *de* petits pois.

4.   **Adverbs and nouns of quantity are followed by *de* without the article unless the noun is modified.**

Achète un kilo *de* cerises et une livre *du* meilleur beurre.
Je suis *sans* argent; je n'ai *ni* dollars *ni* euros.

5.   **After some adjectives and past participles, and the indefinites *rien, quelqu'un, quelque chose*, et *personne, de* is used alone.**

Le sol est *couvert de* feuilles.
La robe est *pleine de* taches.
J'ai rencontré *quelqu'un d'*extraordinaire.
*Rien d'*étonnant !

II.   EXERCISES

A.   *Complétez avec l'article partitif qui convient.*

1.   Ce pays est riche en minerais; il produit _____ fer et _____ aluminium mais on n'y

trouve pas _____ or.

2.   Mon régime alimentaire interdit que je mange _____ pain. Je mange _____ légumes,

_____ fromage et _____ fruits. Je ne mange plus _____ gâteaux. C'est bien triste ! Je

bois _____ eau plate et _____ thé.

B.   *Complétez avec l'article qui convient.*

1.   Mon neveu étudie deux langues, _____ anglais et _____ chinois.

2.   Il trouve que _____ chinois est _____ langue _____ plus difficile _____ deux.

3.   Il a _____ ami qui fait _____ japonais. Il trouve _____ écriture très compliquée.

C.   *Complétez avec l'article qui convient.*

Si vous voulez avoir (1.) _____ amis fidèles, il faut leur préparer (2.) _____ repas dont ils n'oublieront jamais (3.) _____ menus. Par exemple (4.) _____ salades rafraîchissantes avec (5.) _____ tomates, (6.) _____ fenouil, (7.) _____ haricots verts, (8.) _____ concombre servies avec (9.) _____ assaisonnements exotiques faits avec (10.) _____ citron vert, (11.) _____ huile d'olive, (12.) _____ coriandre et (13.) _____ épices de toutes sortes. Faites-leur (14.) _____ viande rôtie et (15.) _____ légumes sautés dans (16.) _____ beurre de qualité. Pour (17.) _____ desserts, faites preuve (18.) _____ imagination: (19.) _____ tartes (20.) _____ fruits, (21.) _____ babas (22.) _____ rhum, (23.) _____ petits fours et pourquoi pas (24.) _____ bombe glacée, n'oubliez pas (25.) _____ champagne. Pour finir, (26.) _____ bon café.

Après (27.) _____ tel repas, allez faire (28.) _____ longue promenade, faites (29.) _____ sport, mais ne regardez pas (30.) _____ télévision et n'allez pas (31.) _____ cinéma!

Et demain, on vous donnera (32.) _____ nombreux coups de téléphone et on vous demandera (33.) _____ date de votre prochain festin.

D.   *Mettez à la forme négative.*

1.   Prends de l'aspirine

_____

2.   Bois du thé avec du citron.

_____

3.   Écoute la radio.

_____

4.   Dans cette région, on récolte du blé.

_____

5. Ce matin, au marché, il y avait des fraises.

_____

6. Il nous a envoyé une lettre avant de partir.

_____

7. Nous nous intéressons à la politique étrangère.

_____

8. J'ai pris un taxi.

_____

4. REMARQUES SUR LES NOMS

Nouns, which are usually preceded by one of the articles reviewed in this chapter, are masculine or feminine, singular or plural. There is no neuter in French.

1. The gender of nouns is mostly arbitrary though a small number of nouns obviously referring to male or female are consequently masculine or feminine:

l'homme / la femme, le père / la mère, la fille / le garçon, le chien / la chienne

2. Some nouns have only one form and use different articles to indicate their gender:

un/une artiste, un/une enfant, un/une élève, un/une locataire

3. Some nouns have only one gender and apply to both male and female:

une vedette, une sentinelle, un bébé, une personne, une victime, un personnage, un auteur un ingénieur, un mannequin, un pompier, un médecin, un professeur, un juge

Sometimes the noun _femme_ is added to the masculine-only noun, (for example _écrivain, peintre_) to describe a woman:

une femme écrivain, une femme peintre

4. Some nouns have different meanings according to their gender:

le critique / la critique (critic/criticism), _le livre / la livre_ (book/pound), _le mémoire / la mémoire_ (report/memory), _le mode / la mode_ (method/fashion), _le poste / la poste_ (job/post office), _le vase / la vase_ (vase/mud), _le voile / la voile_ (veil/sail)

5. Irregular plurals will have to be memorized or checked in a dictionary.

- nouns ending in _eu, eau_ add _x_ in the plural except _pneus_, (_cheveux, bateaux, lieux_)
- nouns ending in _al_ change to _aux_ in the plural except _bals, festivals, carnavals, chacals, régals_, (_journaux, chevaux_)

- seven nouns in *ou* add *x* instead of *s* in the plural : *bijoux, cailloux, choux, genoux, hiboux, joujoux, poux.*

6. Compound nouns follow various rules.

- when formed with two nouns, they take the gender of the first one:

un chou-fleur, un chef-lieu, un chef-d'œuvre, un bateau-mouche, une station-service

- when formed with two nouns, or a noun and an adjective, both take the plural:

des choux-fleurs, des bateaux-mouches, des eaux-fortes

- if the second element is an indirect object, only the first takes the plural:

des chefs-d'œuvre, des arcs-en-ciel, des crocs-en-jambe

- and then we have

des grand-mères, des grands-pères, des tire-bouchons, des casse-croûtes, des on-dit, des va-et-vient, des passe-partout, des boute-en-train, des taille-crayons, des compte-gouttes, des porte-monnaie, des pique-niques, un/des pique-fleurs, un/des porte-avions, des hors-d'œuvre, des abat-jour, des casse-cou(s), des timbres-poste.

7. Family names, unless they refer to royal or famous families, are invariable:

les Durand, les Smith, les Bourbons.

E.   *Traduction*

After school or during weekends, we go to small French or Chinese restaurants where we eat simple meals. We do not have much money. Then we go listen to music at a friend's house. The big question always is : what kind of music ? Some of us like classical music, but some say : I hate classical music. Rock music, folk music, jazz, reggae, African music ? We have too many choices. Sometimes, we vote. We try to be fair and listen to everyone's opinion. The evening goes quickly. We go home thinking of the many assignments which must be completed before Monday. That's life and it is not so bad !

▨▨▨▨▨▨▨▨▨▨ **TRAVAIL DE GROUPE** ▨▨▨▨▨▨▨▨▨▨

Relisez les proverbes que vous trouvez dans les sections 1. II., et 2. II.
Choisissez-en cinq et imaginez les circonstances dans lesquelles on pourrait les employer.

Vous vous diviserez en groupes de quatre ou cinq. Dans chaque groupe vous choisirez un rapporteur qui prendra des notes et organisera le travail, un(e) autre mènera la discussion, un(e) troisième fera une présentation à la classe entière; tous vous essaierez de trouver des situations possibles.

LECTURES

1. *Paris, la province*

Demandez à un Parisien, à un New Yorkais, à un Pékinois, à un Romain pourquoi — admettant qu'il ait la possibilité de vivre ailleurs — il a choisi de vivre sa vie dans une pollution — qu'on dit insupportable —, dans un logement qu'il voudrait plus grand, avec un horaire qui lui laisse peu de temps à passer « en famille ». Pourquoi, pourquoi rester à Paris, à New York, à Pékin ou à Rome ?

La plupart de ceux à qui on pose la question ont une seule et même réponse: « Si on est né à Paris, on reste à Paris », parce que, à leurs yeux, il n'y a rien de mieux. La province, c'est moche, on s'ennuie, on y passe mais on s'y arrête à peine et on ne s'y installe pas ! Si on n'est pas né à Paris, on y « monte » ou on vient s'y installer et on n'en bouge plus. On devient « parisien » et on essaie d'oublier sa province.

Dans le deux paragraphes suivants, remplacez les tirets par l'article et, si besoin est, la préposition qui conviennent.

_____ Parisiens et leurs collègues new yorkais, pékinois ou romains sont très fiers de leur capitale. Est-ce à dire qu'ils se bousculent pour monter à _____ Tour Eiffel, à _____ entrée des musées, des théâtres ou des restaurants quatre étoiles ? Mais non ! À Paris, on vit dans son quartier, on va chaque jour, ou presque, chez « ses » commerçants. On a son boucher, son boulanger, son fleuriste, son marchand de journaux, son charcutier et son marchand de fruits et légumes comme si on habitait dans _____ petite ville de province ou dans _____ village. Cependant, il y a _____ différence fondamentale : si on veut aller _____ spectacle, _____ musée, dans _____ Grands Magasins, _____ Zoo avec _____ enfants, il n'y a qu' _____ pas à faire.

_____ gouvernement essaie de pallier à cette obsession du Parisien pour « sa » capitale. Depuis quelques années, on assiste à _____ match Paris / Province et Paris n'arrive pas en tête. On dit que _____ hexagone[1] bouge. _____ décentralisation administrative n'est plus _____ vain mot. Autrefois, tout se passait à Paris, il fallait toujours passer par Paris que ce soit pour _____ questions de travail, d'études, d'impôts... On vous disait: « Il faut aller _____ Ministère, il faut attendre _____ réponse de Paris ». Si on voulait aller de Strasbourg à Lyon, on avait avantage à passer par Paris. Il n'en est plus ainsi.

Le T.G.V., les autoroutes à péages[2], le dynamisme des dirigeants locaux, les subventions gouvernementales, les campagnes publicitaires bien menées ont séduit, puis conquis ceux qui sont maintenant des « ex » Parisiens et de nouveaux Provinciaux. Où se sont-ils installés ? A Montpellier, à Grenoble, à Toulouse, à Bordeaux, à Nancy, à Rennes...
Là, ils ont découvert une nouvelle vitalité économique, des emplois et des logements mieux adaptés à leurs besoins, en un mot une qualité de vie inespérée. Tout est devenu plus accessible: on passe moins de temps dans les transports en commun, on mange tout aussi bien, on a accès à la même culture vivante qu'à Paris. ET, si on a besoin d'aller à Paris, on y fait un saut dans la journée (Vive le TGV) et, le soir, on retrouve avec joie sa famille et ses pantoufles. On travaille et on se distrait sans négliger sa famille et ses amis. À Paris, on n'y arrivait pas. Les efforts du gouvernement sont donc couronnés de succès. Les nouveaux provinciaux ne regrettent rien. Ils ont toujours Paris, mais ils se sont laissés conquérir par la province.

(1) *l'hexagone* : nom familier donné à la France. Il est en effet possible de l'inscrire dans un hexagone.

(2) *le péage* : somme que l'on doit payer quand on emprunte une autoroute. Le péage varie selon la distance parcourue.

Questions

1. Pourquoi les Parisiens, les New Yorkais... restent-ils dans leur ville en dépit des problèmes auxquels ils ont à faire face ?

2. Les Parisiens profitent-ils vraiment de Paris ? Justifez votre réponse.

3. Qu'est-ce que le gouvernement essaie de faire pour améliorer la situation ?

4. Qu'est-ce qui a permis à la province de triompher de sa rivale ?

2. La ville, la campagne

Tout comme le Parisien est attaché à sa capitale, l'homme de la campagne est attaché à sa terre. Chacun considère l'autre avec un mélange de mépris et de fascination jusqu'au jour où on arrivera à se comprendre.

Le rêve du Parisien, c'est de posséder un jour « une résidence secondaire », une maison de campagne. Quand ce rêve deviendra réalité, il n'hésitera pas chaque weekend à rester des heures dans les embouteillages pour passer quelques heures chez lui dans la nature. Cette nature, il la veut en fait « sur mesure »(1). Les anecdotes et les clichés sur l'incompétence du citadin à se débrouiller « loin du monde et du bruit » sont comparables à celles que l'on trouve sur le paysan débarquant dans la grande ville.

Le Parisien à la campagne y est souvent très, trop exigeant. Il ne peut être satisfait s'il n'a pas ses thermostats, ses surgelés(2), ses micro-ondes, si l'électricien n'arrive pas dans la demi-heure qui suit la panne, si le mécanicien du coin n'est pas disponible pour une réparation de voiture toujours urgente, ou si le fermier n'a pas mis de côté la crème fraîche, les œufs et le fromage blanc qu'il a oublié de commander. Il va jouer les « *m'as-tu vu* »(3), faire semblant de s'y connaître en tout; il dit et répète qu'à Paris « on est mieux servi »... Bref, on le laisse parler et on fait ce qu'on peut. On ne veut pas l'aliéner, il est brave après tout, et puis on a besoin de lui. Sa femme est gentille, souriante, elle pose des questions, elle écoute. C'est plus agréable de voir les volets(4) ouverts qu'une maison fermée qui était à vendre depuis plusieurs années. Les enfants sont curieux, ils veulent tout savoir.

Le temps passe, chacun met de l'eau dans son vin, on prend l'apéritif, on parle des récoltes, des vendanges(5), de la nouvelle eau de vie qu'on boit dans ces jolis petits verres qui appartenaient à la grand-mère, on parle politique. Et bien, peut-être, on viendra pour Noël même si ce n'était pas prévu. Dans le fond, on a tous les mêmes problèmes : les enfants, la santé de l'un ou de l'autre, le travail qui ne marche pas toujours comme on le voudrait. Après un certain temps, on s'adapte, on fait preuve de bon sens, de patience, on commence à bien s'entendre parce que, dans le fond, on s'aime bien(6).

(1) *sur-mesure* : c'est le contraire de fabriqué par une machine, cela implique un travail très soigné.

(2) *surgelés* : terme qui désigne les produits alimentaires qui sont conservés dans le congélateur.

(3) *m'as-tu vu* : expression qui décrit une personne arrogante, vaniteuse (expression invariable)

(4) *volet (m)* : en France, les fenêtres sont équipées de volets. On les ferme le soir, on les ouvre le matin.

(5) *vendanges (f)* : quand le raisin est mûr, on le coupe, c'est le moment de la vendange.

(6) *on s'aime bien* : noter les différences avec : *on s'aime et on s'aime beaucoup.*

Questions

1. Qu'est-ce que les Parisiens et les gens de la campagne ont en commun ?
2. En quoi le Parisien est-il insupportable ?
3. Pourquoi est-ce qu'on le supporte ?
4. Pourquoi finit-on par bien s'entendre ?

À VOUS DE RÉFLÉCHIR

1. Imaginez certaines des anecdotes ou certains des clichés auxquels l'auteur fait allusion dans le deuxième paragraphe.
2. Quel est pour vous l'endroit idéal : une grande ville, sa banlieue, une petite ville, un village, ou bien le désert ? Où habiteriez-vous si vous aviez le choix ?
3. Organisez un débat: « La vie est-elle plus intéressante à la ville ou à la campagne ? »

Chapitre 13

LA PRESSE, LES NOUVELLES

LES ADJECTIFS QUALIFICATIFS

An adjective is a variable word (in English, it is invariable) which modifies and describes a noun or pronoun. It agrees in gender and number with the word it modifies.

STUDY THESE EXAMPLES

Mon appartment est grand, et le vôtre ?
Le mien est petit; j'ai une grande cuisine et une petite salle de séjour.
Je trouve cette pièce bien agréable et ce canapé très confortable.
La Touraine est une belle région. On peut y visiter de beaux châteaux.
Votre présentation n'est pas bonne, elle est pratiquement nulle.
Et pourtant, vous êtes un bon élève.

Est-ce qu'on dit: une nouvelle élève, une élève nouvelle, un élève nouveau, un nouvel élève ?
Il n'y pas de faute, toutes ces expressions sont exactes.
C'est un vieil immeuble dans un vieux quartier.
C'est une vieille ville où il y a un bel hôtel particulier qui date du XVIème siècle.

I. AGREEMENT OF ADJECTIVES

Adjectives agree in gender and number with the word they modify.

1. To form the feminine of an adjective, the following rules apply.

    a. an *e* is added to the masculine:

    égal, éga*le*; haut, hau*te*; fatigué, fatigué*e*.

    b. if the adjective ends with an *e* in the masculine, there is no change in the feminine:

    sympathique, sympathique; facile, facile; monotone, monotone.

    c. the final consonant is repeated and an *e* is added:

    ancien, ancien*ne*; bon, bon*ne*; artificiel, artificiel*le*; cruel, cruel*le*; nul, nul*le*;
    pareil, pareil*le*; bas, bas*se*; gros, gros*se*; muet, muet*te*; sot, sot*te*.

d. in front of a masculine noun beginning with a vowel or a "mute *h*" the following forms of the adjectives *beau, nouveau, vieux* are used:

bel (un bel homme), *nouvel* (le nouvel an), *vieil* (un vieil ami).

e. note the following irregular feminine:

beau/belle; nouveau/nouvelle; vieux/vieille; long/longue; frais/fraîche; sec/sèche; faux/fausse; jaloux/jalouse; roux/rousse; doux/douce; fou/folle; mou/molle; grec/grecque; vif/vive; fier/fière; dernier/dernière; discret/discrète; sérieux/sérieuse; rêveur/rêveuse; conservateur/conservatrice; malin/maligne; blanc/blanche.

> NOTE:
>
> If the adjective applies to a group with masculine and feminine nouns, it remains masculine; the masculine noun is placed last before the adjective.
>
> Catherine, Hélène, Martine et Philippe sont *contents* de leur voyage.

2. To form the plural of an adjective, the following rules apply.

a. an *s* is added to the singular form:

petit/e, petits/petites; dernier/ère; derniers, dernières.

b. if the singular form ends with an *s* or an *x*, there is no change:

gris, gris (grise, grises); faux, faux (fausse, fausses).

c. if the singular form ends with *al, al* becomes *aux* in the plural:

amical/amicaux; spécial/spéciaux; international/internationaux.

Exceptions:

banal, colossal, fatal, final, glacial, natal, naval.

d. if the singular form ends with *eau, eau* becomes *eaux*:

beau/beaux; jumeau/jumeaux; nouveau/nouveaux.

3. Some adjectives of color are invariable:

a. if they are the same as the noun of color:

des chemises orange (de la couleur de l'orange); des chaussures marron (de la couleur du marron); des écharpes abricot (de la couleur de l'abricot).

Exceptions:

écarlate, fauve, mauve, pourpre, rose agree with the noun: des joues roses; des robes mauves.

b. if the adjective of color is a compound adjective:

bleu foncé (une veste bleu foncé); gris perle (des gants gris perle); rose bonbon (des rubans rose bonbon).

4. The following adjectives are invariable if placed before the noun, but agree with the noun when placed after:

approuvé, compris, demi, joint, nu, passé, supposé

Passé huit heures, je ne serai plus chez moi. Il est huit heures passées.
Je vous ai attendu une demi-heure. Il m'a attendu une heure et demie.
Il est dangereux de marcher les pieds nus. L'été, on porte des nu-pieds.

5. Comparatives, superlatives:
   An adjective can be used:
   - as a positive: elle est malade.
   - as a comparative: elle est plus malade que moi.
                            elle est moins malade que moi.
                            elle est aussi malade que moi.
   - as a superlative: je suis la plus malade de la famille.
                            je suis la moins malade de la famille.
                            nous sommes très malades.

NOTE

Some adjectives have irregular comparatives and superlatives:

bon; meilleur; le meilleur.
petit; moindre, plus petit; le moindre, le plus petit.
mauvais; pire, plus mauvais; le pire, le plus mauvais.

II. POSITION OF ADJECTIVES

a. Generally the adjective follows the noun:

C'est une femme charmante. Ce sont des enfants vifs et curieux.
Elle porte une jupe courte.

b. Some adjectives, usually short and common, often precede the noun.

beau, bon, grand, gros, jeune, joli, large, long, mauvais, petit, premier, vieux.

C'est une jolie petite fille. Elle a fait ses premiers pas à 10 mois.

c. Adjectives of color always follow the noun.

une bicyclette bleue; le drapeau bleu, blanc, rouge; des chaussettes bleu marine.

d. The meaning of some adjectives changes as their position changes.

L'année *dernière*, ils ont fait un voyage en Inde, cette année ils vont au Tibet. (last year)
Le *dernier* roman de Camus, *Le premier homme,* est paru en 1994. (the very last novel)

C'est un *brave* homme (généreux et simple).
C'est un homme *brave* (courageux).

L'année prochaine, je compte suivre un cours d'Histoire *Ancienne* (ancient history).
Nous avons de nouveaux voisins. Nos *anciens* voisins, qui étaient charmants, sont partis au Japon (our former neighbors).

Chaque étudiant a sa *propre* chambre. (his own room)
Il a une chambre très *propre*. (very clean)

Mon *pauvre* ami, vous n'avez vraiment pas de chance. (my poor old friend)
Il y a encore des pays *pauvres*. (poor countries)

C'est mon *seul* ami (my only friend).
C'est une jeune femme *seule* (alone).

Elle répète toujours la *même* chose ! (the same thing)
Je lui ai téléphoné le jour *même*. (that very day)

Ma *petite* fille, comme tu as l'air fatigué ! (my dear little one)
C'est un enfant *petit* pour son âge. (he is small)

e. The position of the adjective does not make a difference.

D'ici, il y a un magnifique panorama.
D'ici, il y a un panorama magnifique.

Ce fut une journée agréable.
Ce fut une agréable journée.

f. When several adjectives modify a noun, note their position.

une jolie robe blanche toute simple
une belle petite maison
une salle de séjour élégante et confortable

g. When used after an indefinite pronoun followed by *de*, the adjective remains masculine singular:

Il n'y a *rien de bon* sur ce menu.
Y-a-t'il *quelque chose d'intéressant* au cinéma cette semaine ?
J'ai besoin de *quelqu'un de gentil* pour m'aider à finir ce travail.

III. EXEMPLES LITTÉRAIRES

La Chanson de Roland (auteur inconnu) (fin du XIème siècle)

Hauts sont les monts et ténébreuses les vallées; les roches sombres, et terrifiants les défilés.
Ce jour même les Français les passent en grande douleur...
(*La trahison de Ganelon,* couplet LXVI, vers 814–816)

Pierre Corneille (1606–1684)

... Percé jusques au fond du cœur
D'une atteinte imprévue aussi bien que mortelle,
Misérable vengeur d'une juste querelle,
Et malheureux objet d'une injuste rigueur,
Je demeure immobile, et mon âme abattue
   Cède au coup qui me tue...
(*Le Cid,* 1636, Acte Premier, Scène VI, vers 291–296)

Madame de Sévigné (1626–1684)

Je m'en vais vous mander la chose la plus étonnante, la plus surprenante, la plus merveilleuse,
la plus miraculeuse, la plus triomphante, la plus étourdissante, la plus inouïe, la plus sin-
gulière, la plus extraordinaire, la plus incroyable, la plus imprévue, la plus grande, la plus
petite, la plus rare, la plus commune, la plus éclatante, la plus secrète jusqu'aujourd'hui, la
plus brillante, la plus digne d'envie...
(*Le mariage de Lauzun,* lettre à Monsieur de Coulanges, lundi 15 décembre 1670)

Jean de La Fontaine (1621–1695)

Perrette, sur sa tête ayant un pot au lait
   Bien posé sur un coussinet,
Prétendait arriver sans encombre à la ville.
Légère et court vêtue, elle allait à grands pas,
Ayant mis ce jour-là, pour être plus agile,
Cotillon simple et souliers plats...
(*La laitière et le pot au lait,* 1678, livre VII, Fable 10)

Honoré de Balzac (1799–1850)

Il se trouve dans certaines villes de province des maisons dont la vue inspire une mélancolie égale à celle que provoquent les cloîtres les plus sombres, les landes les plus ternes ou
les ruines les plus tristes... Cette rue, maintenant peu fréquentée, chaude en été, froide
en hiver, obscure en quelques endroits, est remarquable par la sonorité de son petit pavé
caillouteux, toujours propre et sec, par l'étroitesse de sa voie tortueuse, par la paix de ses
maisons qui appartiennent à la vieille ville, et que dominent les remparts...
(*Eugénie Grandet,* 1833, 1ère et 5ème phrases)

Victor Hugo (1802–1885)

Je suis en ce moment dans les vieilles villes les plus jolies, les plus honnêtes et les plus inconnues
du monde. J'habite des intérieurs de Rembrandt avec des cages pleines d'oiseaux aux fenêtres...
...Aucune touche discordante, aucune façade blanche à contrevents verts ne dérange l'har-
monie de cet ensemble...
(*Le Rhin*)

Paul Verlaine (1844–1896)

...C'est bien la pire peine
De ne savoir pourquoi,
Sans amour et sans haine,
Mon cœur a tant de peine.
(*Romances sans paroles, Ariettes oubliées, 1874, vers 13–16*)

Ferdinand Oyono (1929–2010)

Meka était aux anges. Mille petits feux s'allumaient dans son corps et lui apportaient un bien-être infini. Il flottait dans les nuages et la terre était blanche et immaculée à ses pieds...
(*Le vieux nègre et la médaille,* Julliard, *1956*)

PROVERBES

Il n'y a pire eau que l'eau qui dort.
Il n'y a pire sourd que celui qui ne veut pas entendre.
Le remède est pire que le mal.

Questions

1. Dans la citation de Madame de Sévigné, ajoutez quelques adjectifs apppropriés à la liste.
2. Balzac, dans la deuxième phrase de la citation tirée du roman *Eugénie Grandet*, décrit une petite rue. Décrivez-la à votre façon en employant plusieurs adjectifs.

IV. EXERCICES

A. *Mettez au féminin.*

1. Jérôme est intelligent mais très réservé.

    Sophie est _____.

2. Il est grand et sportif.

    Elle est _____.

3. Il est suisse.

    Elle est _____.

4. Il porte souvent un pullover noir.

    Elle porte souvent une _____.

5. Dans sa chambre, il y a un joli petit fauteuil bas.

    Dans sa chambre, il y a une _____.

6. C'est un jeune homme heureux.

    C'est une _____.

B.   *Complétez et mettez l'adjectif à sa place.*

1.   (*joli*) Quelle _____ fille _____ !

2.   (*vieux*) Mon _____ appareil photo _____ ne marche plus.

3.   (*long*) Pour le mariage, les jeunes femmes portaient toutes des _____ robes _____.

4.   (*roux*) Marie a de la chance, elle a les _____ cheveux _____.

5.   (*nouveau, gentil*) Ma _____ voisine est _____.

6.   (*frais*) Les fraises avec de la _____ crème _____, j'adore ça !

C.   *Complétez les phrases suivantes avec l'adjectif entre parenthèses. Faites les accords qui s'imposent.*

1.   (*vert amande*) Cette robe _____ lui allait très bien.

2.   (*noir, marron*) Non, Alain n'a pas les yeux _____, il a les yeux _____.

3.   (*italien, chinois*) Je n'aime pas la cuisine _____, je préfère la cuisine _____.

4.   (*bleu pâle*) Elle adore se mettre des rubans _____ dans les cheveux.

5.   (*affreux*) Dans Blanche-Neige, il y a une _____ sorcière.

6.   (*beau, noisette*) Annette a de _____ yeux _____.

D.   *Dans les phrases suivantes, mettez les groupes en italique au singulier.*

1.   Comment *s'appellent ces beaux oiseaux* ?

   _____

2.   Demain, vous ferez *de nouveaux exercices.*

   _____

3.   *Ces élèves* ne *sont* pas assez *sportives.*

   _____

4.   J'espère que *les notes* ci-*jointes* vous *rendront* service.

   _____

5.   Nous allons déjeuner avec *de vieux amis japonais.*

   _____

6.   Où as-tu mis *mes rubans vert olive* ?

   _____

E. *Dans les phrases suivantes, mettez les groupes en italique au pluriel.*

1. Je vais acheter *un rideau jaune citron* pour mettre *à la grande fenêtre* du salon.

2. Au dîner, nous avons bu *un bon vin rosé glacé.*

3. Ce travail devrait vous ouvrir *un nouvel horizon.*

4. On vient de m'offrir *un joli petit coussin orange.*

5. Près de chez moi, il y a *un* très *bel hôtel.*

6. *C'est un vieil ami fidèle* et *loyal.*

F. *Faites des phrases en utilisant les adjectifs suivants au pluriel (masculin ou féminin).*

bleu	joli	jumeau	glacial
demi	vif	parisien	jaloux

TRAVAIL DE GROUPE

Vous vous diviserez en groupes de quatre ou cinq. Dans chaque groupe vous choisirez un rapporteur qui prendra des notes et organisera le travail, un(e) autre mènera la discussion, un(e) troisième fera une présentation à la classe entière; tous vous répondrez aux questions posées.

Dans une lettre à sa sœur en juin 1890, Vincent Van Gogh★ décrit son tableau *L'Église d'Auvers-sur-Oise* en ces termes: « J'ai un grand tableau de l'église du village – un effet où le bâtiment paraît violacé contre un ciel d'un bleu profond et simple, de cobalt pur, les fenêtres à vitraux paraissent comme des taches bleu outremer, le toit est violet et en partie orangé. Sur l'avant-plan, un peu de verdure fleurie et du sable ensoleillé rose... »"

★Vincent Van Gogh (1853–1890) devait se donner la mort deux mois plus tard.

1. Procurez-vous une reproduction du célèbre tableau de Van Gogh. Examinez soigneusement le tableau en revoyant les détails minutieux que donne Van Gogh à sa sœur. Commentez leur exactitude.
2. Choisissez un tableau que vous aimez bien. Décrivez-le, comme le fait Van Gogh, au moyen de couleurs et de nuances.

LECTURE

LA PRESSE, LES NOUVELLES

« Vous connaissez la nouvelle ? » « Vous avez entendu les nouvelles ? » « Je vous rappelle dans cinq minutes, je suis en train de regarder les nouvelles. » « Alors, quoi de neuf ? »

Voici des questions, des remarques que l'on entend constamment. Les nouvelles sont un élément essentiel de notre vie quotidienne. C'est une habitude, un rituel, on ne peut pas s'en passer. Même si on ne les regarde pas vraiment, on « met » les nouvelles, c'est un bruit de fond dont on a besoin. Certains sont bombardés en permanence par la chaîne de télévision CNN qui diffusent ses nouvelles dans le monde entier 24 heures sur 24. Si ce n'est pas CNN, c'est la chaîne qui transmet la météo que d'autres consultent à tous moments. Et pourtant, la météorologie n'est pas une science infaillible et les prédictions ne s'avèrent pas toujours justes. Peu importe. C'est souvent devenu une obligation; il faut regarder et coordonner ses activités sur les données fournies par les spécialistes. Combien de fois on entend: « Nous avons repoussé notre voyage, on annonce une tempête de neige, un orage, des pluies diluviennes dans les heures qui viennent. »

Qu'est-ce qui arrive ? Quelquefois rien du tout ! le soleil brille, on regrette sa décision, mais on agira de la même façon la prochaine fois.

Les nouvelles, bonnes ou _____, justes ou _____, sont _____. Et pourtant, nous connaissons tous des êtres d'exception qui s'y soustraient puisque, eux, ils n'ont pas la télévision. Comment survivent-ils dans la société _____ du XXIème siècle ? La presse écrite remplace, avantageusement à leurs yeux, tout ce que la télévision « apporte » à la majorité de leurs concitoyens. On lit un _____ quotidien. On le connaît bien, on ne lit pas de A à Z. Celui-ci saute la section «Immobilier», celui-là lit la rubrique _____ de la _____ à la _____ ligne; un autre ne lit que les manchettes[1] et le carnet du jour[2], d'autres se jettent sur les critiques de films, de restaurants ou sur la page _____ à la mode de printemps. Presque tous liront, du moins en partie, la page des éditoriaux, ce qui leur permettra de discuter avec leurs collègues dans le métro, au bureau, au laboratoire, au lycée ou au studio. Il faut être au courant, ou bien se faire ermite !

On lit parfois les hebdomadaires où on trouve, sous un format différent, un résumé des nouvelles de la semaine. On y trouve aussi des interviews de personnalités du monde politique, artistique, financier, scientifique, sportif ou littéraire. On lit en vitesse. Le temps presse. Il faut aussi lire les magazines mensuels souvent plus spécialisés. On apprendra comment tel explorateur est arrivé au pôle Nord en un temps record, comment tel autre a passé trois jours à 50 mètres de profondeur pour examiner les habitudes d'un petit poisson de dix centimètres de long aujourd'hui en voie de disparition. Tout cela est tellement important. Et puis, on ne peut pas ne pas jeter un coup d'œil sur le bulletin de trois pages que nous envoie le candidat aux prochaines élections.

Les journaux, les hebdomadaires, même les nouvelles à la radio, beaucoup s'en passent. C'est du temps et de l'argent perdus. C'est le téléphone portable qui les remplace, il renseigne sur tout en un rien de temps. On y est rivé. Si on ne l'a pas à la main, on l'a à portée de la main! Qu'on soit à la maison, dans le train, en voiture (même si ce n'est pas légal), et maintenant même dans certains avions, on peut l'allumer, le brancher, le recharger et communiquer ainsi avec le reste du monde. Que vous ayez 9 ans ou 90 ans, vous ne pouvez plus vous en passer.

Nous sommes submergés par la presse de toutes sortes. Pour ne pas y perdre son latin[3], il faut faire un tri[4] judicieux pour ne pas se laisser envahir par le monde des medias et celui des catalogues qui arrivent quotidiennement dans notre boîte à lettres (Pauvre facteur!). Peu importent les prédictions météorologiques et les cours des Bourses, ce qui compte, c'est ce qu'on fait de son temps. Il est trop précieux pour qu'on le gâche[5]. La presse, les antennes paraboliques, l'internet ne disparaîtront pas, ce sont des ressources irremplaçables et indispensables. C'est à nous de les ménager[6] et de nous ménager.

VOCABULAIRE

[1] *les manchettes* (*fem.plur*) : les grands titres d'un journal

[2] *le carnet du jour* : la liste des naissances, des mariages et des décès dans un journal

[3] *y perdre son latin* : ne plus savoir ce dont il s'agit

[4] *faire un tri* : sélectionner

[5] *gâcher* : ne pas profiter

[6] *ménager* : faire attention, règler avec soin, avec mesure, économiser.

Exercice de vocabulaire

Dans les troisième et quatrième paragraphes, complétez les phrases avec un des adjectifs de la liste; faites les accords qui s'imposent.

dernier	simple	consacré	mauvais	omniprésent
grand	sportif	premier	inexact	médiatisé

Questions

1. Passez-vous beaucoup de temps devant la télévision ?

2. Regardez-vous n'importe quoi, n'importe quand ou ne regardez-vous que certaines émissions ? Lesquelles préférez-vous ? pourquoi ?

3. Regardez-vous la télévision en famille, avec vos ami(e)(s) ou seul(e) ?

4. Que pensez-vous de ceux qui n'ont pas la télévision ?

5. Lisez-vous le journal tous les jours ? Si oui, quels articles lisez-vous ?

6. Parlez-vous politique avec vos parents et vos ami(e)(s) ?

7. Quels magazines lisez-vous ? Qu'est-ce que vous en tirez ?

8. Quel est le sujet d'un article que vous avez lu récemment et qui vous a intéressé(e) ?

À VOUS DE RÉFLÉCHIR

1. Si vous aviez des enfants, leur imposeriez-vous des restrictions sur ce qu'ils pourraient regarder à la télévision, lire dans les journaux ou sur l'usage de leur téléphone portable?

2. Si ce n'est ni la télévision, ni la lecture des journaux ou magazines, ni l'internet, quelle est votre distraction favorite?

3. Faites des recherches sur les journaux et magazines publiés en France (leur genre, leur triage, leur public …).

LA CHANSON DE ROLAND

C'est la plus ancienne des *chansons de geste,* les premières œuvres littéraires en français. Ce long poème épique, composé à la fin du XIème siècle par un auteur inconnu, célèbre avec un enthousiasme patriotique et religieux les exploits légendaires des chevaliers, en particulier le courage et la bravoure de Roland, neveu de l'empereur Charlemagne, et d'Olivier, son ami plein de sagesse. La belle Aude est la fiancée de Roland et Ganelon, le traitre. La copie la plus ancienne que l'on connaisse date de 1130.

Balzac, Honoré de   see chapter 5

Corneille, Pierre   see chapter 2

Hugo, Victor   see chapter 6

La Fontaine, Jean de   see chapter 2

Oyono, Ferdinand   see chapter 8

Sévigné (marquise de)   see chapter 5

Verlaine, Paul   see chapter 8

Chapitre 14

LA FAMILLE

LES PRONOMS PERSONNELS

There are in French, as there are in English, different types of personal pronouns. Generally, they take the place of a noun in the sentence and reflect its characteristics. They agree in number and gender with the noun they replace or reinforce; a few are invariable. They can be subject or direct or indirect object of a verb, or object of a preposition.

You must remember at all times that verbs which are intransitive in English are not always intransitive in French: *attendre, chercher, écouter, regarder* are among the most common verbs in this group.

J'attends le métro. Je cherche mon porte-monnaie.
Il écoute le chant des oiseaux et regarde la télévision.

SUBJECT PRONOUNS		DIRECT OBJECT PRONOUNS		INDIRECT OBJECT PRONOUNS	IND. OBJECT PRON. USED WITH A PREPOSITION
je	(moi)	me	(moi)	me	moi
tu	(toi)	te	(toi)	te	toi
il	(lui)	le	(lui)	lui	lui
elle	(elle)	la	(elle)	elle	elle
on	(soi)	se	(soi)	se	soi
nous	(nous)	nous	(nous)	nous	nous
vous	(vous)	vous	(vous)	vous	vous
ils	(eux)	les	(eux)	leur	eux
elles	(elles)	les	(elles)	leur	elles

Note: When used as subject or object pronouns, the pronouns listed in parentheses become emphatic pronouns.

STUDY THESE EXAMPLES

Je parle, *tu* réponds, *il* interrompt, *elle* réplique, *nous* discutons, *vous* écoutez, *ils* concluent, *elles* corrigent.
Ma sœur et *moi, nous nous* téléphonons souvent.

Ton ami et *toi, vous* sortez beaucoup !

Suzette *me* voit. Madeleine *te* remercie. Melinda *le* comprend. Alice *nous* écoute. Marc *vous* attend. Leurs parents *les* gâtent.

Elle *m'a* donné les résultats. On *t'a* apporté un cadeau. Je *lui* enverrai une lettre. Est-ce qu'elle *nous* a téléphoné ? Je *leur* dirai ce que je pense de tout cela. Parle-*moi* de tes vacances. Non, je n'ai aucune envie d'*en* parler. Quand vas-tu à Grenoble ? Je n'*y* vais pas, j'*en* reviens.

I. WHEN TO USE THE PERSONAL PRONOUNS

The examples listed above show you the basic, simple uses of personal pronouns which you are most familiar with. We will now look at other contexts which require the use of personal pronouns.

1. Subjects

a. *Moi, toi, soi, lui, elle, nous, vous, eux, elles* are emphatic pronouns used in lieu of the regular personal pronouns (*je, tu, il, on, ils*) in the very common construction with the verb *être*.

Qui est là ? C'est moi, c'est lui, c'est nous.
Qui veut une glace au chocolat ? moi, pas elle, pas eux !
Qui a cassé le vase bleu ? Ce n'est pas moi, c'est lui.
C'est toi qui fais le dîner ce soir; moi, je suis de repos.
Est-ce vous qui avez trouvé la solution ? — Ce n'est pas moi, ce sont eux.

b. *Je, tu, il, elle, ils, elles* are replaced by the corresponding emphatic pronoun whether it expresses a collective subject, is the object of the comparative, an appositive, or simply wishes to emphasize the subject.

Pierre et moi, nous sommes arrivés ce matin, eux sont arrivés hier soir.
Ma sœur est plus grande que moi, mais elle est plus petite que lui.
C'est elle qui fait tout le travail, lui ne fait rien.
Claire, toi ici, je ne m'y attendais vraiment pas !

In English, the tone of voice or, occasionally the underlined pronoun, are used.

She did it, not he.
I am taller than she (is).

2. Direct objects

me, te, se, le, la, nous, vous, les (moi, toi, soi, lui, elle, nous, vous, eux, elles)

The direct object pronoun precedes the verb of which it is the object except in the affirmative form of the imperative (see Chapter 3, section II, note 3).

When the verb, conjugated with *avoir*, is in a past tense and the pronoun which precedes is feminine or plural, the past participle agrees with the direct object pronoun (see Chapter 5, Section II, rule) and the noun it replaces.

Quand vas-tu finir ta rédaction? Je vais *la* finir ce soir.

Il mange souvent des épinards, il *les* aime beaucoup, je ne *les* aime pas du tout.

Avez-vous lu les journaux que j'ai achetés ce matin ? Non, je ne *les* ai pas lus, je n'ai pas eu le temps de *les* lire.

Je *t'*aime, tu *m'*aimes, on *s'*aime, nous *nous* aimons, vous *vous* aimez, ils *s'*aiment !

NOTES

---

a. The reflexive pronoun, used as an object pronoun, represents a subject whose action goes back to the very subject.

> Mireille *se* lève tôt, puis elle va *se* promener.
> Nous *nous* occupons des billets de train, ne vous inquiétez pas.
> Ne *vous* en occupez pas, il *se* fera un plaisir de leur en parler.
> Chacun pour *soi* !
> La tour Eiffel *se* voit de loin.

b. *le* : The direct object pronoun *le* replaces a clause or a group of words.

> Accepteriez-vous de prêter votre voiture ? — Je *le* ferai avec plaisir.
> Envisagez-vous de faire le tour du monde en ballon ? Nous *l'*envisageons sérieusement.
> Votre appartement est plus grand que je ne *le* croyais. (est plus grand que je ne pensais)

c. The pronoun *le* can replace an adjective.

> Êtes-vous française ? Oui, je *le* suis.
> Depuis quand sont-ils absents ? Ils *le* sont depuis huit jours.
> Êtes-vous libres ce soir ? oui, nous *le* sommes.

3. Indirect object pronouns: *me, te, se, lui, elle, nous, vous, leur*

The indirect object pronoun also precedes the verb unless the verb is in the affirmative form of the imperative.

> Qu'est-ce qu'ils ont offert à leur sœur pour ses 18 ans ? Ils *lui* ont offert ce qu'elle désirait depuis toujours.
> Avez-vous expliqué la règle à vos élèves ? Bien sûr, je *leur* ai expliqué cette règle plusieurs fois. As-tu téléphoné à tes parents pour dire quand tu arriveras ? Oui, je *leur* ai téléphoné pour *le leur* dire.
> Ce film vous a-t-il plu ? Oui, il *nous* a plu. (plaire à)
> Qu'est-ce qui *t'*arrive ? — Je *me* suis brûlé la main.
> Elle *s'*est cassé la jambe.

4. Indirect object pronouns with a preposition: *moi, toi, soi, elle, lui, nous, vous, eux, elles*

> Êtes-vous sortie avec Jean-François samedi ? Oui ! je suis sortie *avec lui*. Je crois qu'il aime bien sortir *avec moi*.
> Pourquoi dînez-vous *chez eux* tous les soirs ? *Chez moi*, on fait des travaux dans la cuisine.
> Où étiez-vous assis ? — Nous étions *devant eux*.

NOTES

a. *penser à* requires that the emphatic pronoun be used to replace a person:

À qui penses-tu ? — Je pense à *lui*, mais je ne sais pas s'il pense à *moi*.
Pensais-tu à tes vacances ? — J'*y* pense beaucoup.

b. Quand *me, te, se, nous* or *vous* are a direct object before the verb, you cannot also use an indirect object before the verb. Use instead a preposition and emphatic pronoun.

Je vais *vous* présenter à *elle*.
Il *m*'a envoyé à *vous*.

5. *En* has several functions. It replaces *de* + a noun, when the noun is a thing, or an indefinite person.

   a. with a partitive and a noun:

   Veux-tu du fromage de chèvre? Oui, *j'en veux,* mais lui n'*en* veut pas.

   b. with an expression of quantity:

   Malheureusement, je n'ai pas beaucoup d'amis, et pourtant j'*en* ai grand *besoin* !
   Combien de sandwichs as-tu mangé(s) à la cantine aujourd'hui ?
   J'en ai mangé un, j'*en* ai mangé trois. Je n'*en* ai pas mangé.
   Vous avez combien de frères et sœurs ? — *J'en* ai quatre.

   c. with a place introduced by *de:*

   La gare ? *J'en viens* à l'instant.

   d. with an expression introduced by *de:*

   Tu parles de ton travail ? Oui, j'*en parle* toujours.
   La nourriture du lycée ne lui plaît pas. Elle s'*en plaint* toujours.

   It will be helpful to remember verbs which require the preposition *de* such as: *avoir besoin de, avoir peur de, avoir envie de, se plaindre de, se moquer de, s'occuper de,* and adjectives such as *content de, heureux de, couvert de, plein de.*

   As-tu besoin d'argent ? — Non, je n'*en* ai pas besoin.
   Elle est contente de son travail ? — Oui, elle en est très contente.

   But note:

   Puisque vous ne connaissez pas ma sœur, je vais vous parler *d'elle.* (en is not used here, *ma sœur* is a specific person).

NOTE

When *en* precedes a verb in a compound tense, there is no agreement of the past participle with the object.

Ces chocolats, est-ce qu'elle *vous en* a offert ?

6. *Y* has several functions:

   a. it replaces *à* + a noun, when the noun is a thing or an indefinite person:

   Tu réfléchis à ton problème de math ? Mais oui, j'*y* réfléchis depuis des heures.
   Quand vas-tu répondre à la lettre que tu as reçue hier ? J'*y* répondrai demain.
   Et vos amis d'enfance, que deviennent-ils ? Je ne sais pas, j'*y* pense quelquefois mais je n'*en* ai pas de nouvelles.

   Les élèves de terminale dont vous vous occupiez cette année ont-ils réussi à leurs examens ? — Oui, ils *y* ont réussi et je pense souvent *à eux*. (*y* is not used here because we are talking about a specific group of people).

   b. *y* indicates the place or direction: The prepositions *à, devant, derrière, en face de, chez, dans, en, sur*, etc. + the name of a specific place are replaced by *y*:

   Tu reviens de la bibliothèque ? non, j'*y* vais.
   Retrouve-moi devant le musée à 16 heures ? Je préfère t'*y* retrouver à 17 heures.

7. *Soi:* the third person pronoun is used when the subject of the verb is indefinite. It usually refers to a general statement.

   On a souvent besoin d'un plus petit que *soi*.
   Comme on est bien *chez soi*.
   Chacun travaille *pour soi*.

   Note that the reflexive *se* is used when the subject of the reflexive verb is *on, il, elle, ils* or *elles*:

   il se promène, elle se dépêche, ils s'entraînent, elles se téléphonent.

II. POSITION OF THE OBJECT PRONOUNS IN THE SENTENCE

   a. The pronoun (direct or indirect object) precedes the verb:

   Je *l'*aime. Il *m'*aime. Nous ne *l'*aimons pas.
   Nous *les* avons rencontrés à la sortie du cinéma.
   Je *leur* ai demandé de venir dîner avec nous.

   b. Both direct and indirect object pronouns precede the verb:

   Je ne comprenais pas bien le texte. Rose *me l'*a expliqué en détails.
   J'avais mis les clefs sur le bureau. — Ne t'inquiète pas, je *les y* ai trouvées.

Il vient de faire un voyage fascinant. Il *nous en* a parlé avant-hier soir.
Pourriez-vous m'indiquer la route de Blois ? —Je *vous l'*indiquerai avec plaisir.
Est-ce qu'il reste du lait ? — Oui, *il y en a* dans le frigidaire, je *l'y* ai mis ce matin.
À qui va-t-on donner la récompense ? Ne *la lui* donnez pas ! Il ne la mérite pas.

c. The pronoun precedes the verb of which it is the object, whether it is a conjugated verb or an infinitive:

Nous aimons bien aller au marché. Nous comptons *y* aller samedi prochain.
Ils m'ont laissé un message sur le répondeur; je *leur* téléphonerai.
J'ai retrouvé vos gants. Je compte *vous les* envoyer demain si j'ai le temps !

d. The pronouns follow the verb. This happens only in one case : when the verb is in the affirmative imperative form.

Fais-*le* vite ! (Ne *le* fais pas si vite)
Apportez-*le* moi. (Ne me *l'*apporte pas)
Donne-*le-lui*. (Ne *le lui* donne pas)
Achètes-*en* (note the addition of the *s* necessary for pronunciation)
Donne-*leur en* un petit morceau. (Ne *leur en* donne pas).

e. When there is more than one object pronoun, what is the order of the pronouns ?

1. Order of pronouns before the verb:

me te se nous vous se	le (l') la (l') les	lui leur	y	en	+ verb

Je *la lui* enverrai. Nous *le leur* dirons.
Je *vous l'*enverrai. Vous *nous le* direz.
Nous *vous en* enverrons. Nous *vous y* retrouverons à 6 heures.

(*Y* and *en* follow all object pronouns, *en* is always the closest to the verb. They are together in the same clause only in the various tenses of the expression *il y en a*)

2. Order of pronouns after the verb (affirmative imperative only)

verb +	-le (-l') -la (-l') -les	-moi (-m') -toi (-t') -nous -vous	-lui -leur	-y	-en

Envoie-*le-moi*. Donnez-*la-nous*. Donne-*le-lui*. Donne-*leur-en*.
Allons-*y*! (N'*y* allons pas)

III. EXEMPLES LITTÉRAIRES

Michel de Montaigne (1533–1592)

... Si on me presse de dire pourquoi je l'aimais, je sens que cela ne peut s'exprimer qu'en répondant : « parce que c'était lui, parce que c'était moi... »

(*Essais,* Livre I, XVIII. *De l'amitié*)

Pierre Corneille (1606–1684)

... « À moi, Comte, deux mots.
Ôte-moi d'un doute.
Connais-tu bien Don Diègue ?
... Cette ardeur que dans les yeux je porte,
Sais-tu que c'est son sang ? le sais-tu ? »

(*Le Cid,* 1636, Acte II, Scène II, vers 397, 399, 402, 403)

Georges Courteline (1858–1929)

« ... Est-ce que je vous connais, moi ? Est-ce que je sais qui vous êtes ? Vous dites habiter rue Pétrelle : rien ne le prouve ! Vous dites vous nommer Breloc : je n'en sais rien.... ».

(*Boubouroche*)

Alphonse Daudet (1840–1897)

... « C'est fini, nous ne nous verrons plus. » Il y avait au fond du jardin un grenadier dont les belles fleurs rouges s'épanouissaient au soleil. Je lui dis en sanglotant : « Donne-moi une de tes fleurs. » Il me la donna. Je la mis dans ma poitrine en souvenir de lui. J'étais très malheureux...

(*Le Petit Chose, Adieux à la maison natale*)

Question

Dans la citation tirée du *Cid,* pourquoi, à la fin du dernier vers, Rodrigue dit-il « le sais-tu ? »

IV. EXERCICES

A. *Dans les phrases suivantes, remplacez les mots en italique par un pronom personnel, objet direct.* *Mettez-le où il doit être.*

1. Voici la tarte ; je vais couper *la tarte.* _je vais la couper._

2. Je viens d'acheter un roman policier ; je vais commencer *ce roman* ce soir.
    je vais le commencer ce soir

3. Mon ordinateur est en panne ; il faut que je fasse réparer *mon ordinateur.*
    je fasse le réparer

4. Le train est en retard ; j'attends *le train* depuis une demi-heure.
    je l'attends

5. Ce film ne m'intéresse pas; j'ai déjà vu *ce film*.

je l'ai déjà vu

6. Si tu as perdu ton porte-monnaie, cherche *ton porte-monnaie*. wallet

ce-cherche

B. *Dans les phrases suivantes, remplacez les pronoms personnels par un nom qui conviendra. Il faudra, dans certains cas, ajouter une préposition.*

1. Nous les attendons avec beaucoup d'impatience.

Nous attendons les chefs pour nos repas...

2. Est-ce que tu lui as téléphoné ?

Est-ce que tu as téléphoné à Luke?

3. Envoie-les par avion, ça arrivera plus vite.

Envoie les cadeaux par avion...

4. Il lui ressemble comme deux gouttes d'eau.

Il ressemble à

5. Il pense souvent à elle, rarement à eux.

Il pense souvent à elle, rarement aux autres.

6. Ne lui dites rien.

Ne dites rien à l'ennemi.

C. *Répondez aux questions en remplaçant les mots en italique par les pronoms qui conviennent.*

1. La banque est fermée. Pouvez-vous me prêter un peu *d'argent* ?

...m'en prêter un peu?

2. Avez-vous lu *le dernier reportage sur la Terre de Feu* ? _Avez-vous le lu?_

3. Aimeriez-vous faire un voyage *au Pôle Sud* avec *vos enfants* ?

Aimeriez Vous y aimenez faire un voyage avec eux.

4. A-t-il envoyé *des cartes postales à ses collègues* quand il était en vacances ?

Il il en a envoyé leur

5. Il pleut. Est-ce qu'elle a mis *les plantes dehors* ? _elle les y a mis(s)?_

6. Savez-vous si *leurs parents* sont *français* ? _Si leur parents les sont._
   ↳ autside

D. **Traduction**

1. If you do not give it to me, I will never speak to you again.
2. Go to her house and explain the situation to her.
3. Listen to me and wait for her.
4. Speak to them about it.
5. If you need it, look for it; you may find it.

Si tu en a besoin

E. *Complétez les phrases avec le pronom qui convient.*

Connaissez- (1) __vous__ Monsieur Meunier ? Vous (2) __lui__ répondez que

vous ne (3) __le__ connaissez pas. Je vais donc (4) __te__

(5) __y/le__ présenter. (6) __Il__ vit dans mon quartier. Il (7) __y__

(nous)

habite depuis des années. En fait, il habite tout près de chez (8) __de toi__. Nous

(9) __nous__ rencontrons régulièrement quand (10) __nous__ faisons nos

courses. Monsieur Meunier est très aimable avec les commerçants. (11) __Il__ dit

toujours « bonjour » et (12) __il__ pose des questions sur leur santé, leur famille et

(on)

les nouvelles du jour bien entendu. Ils (13) __se__ répondent avec gentillesse, et

(14) __il__ aussi (15) __vous__ posent des questions. J'aime beaucoup être

présente à leurs discussions. Il faut aussi être patient car Monsieur Meunier parle beaucoup du

« bon vieux temps ». Il (16) __se__ parle avec nostalgie. Nous (17) __nous__

écoutons et nous essayons de (18) __nous__ expliquer qu'aujourd'hui aussi la vie est

belle et qu'il faut savoir (19) __les__ profiter !

![gray bars] **TRAVAIL DE GROUPE** ![gray bars]

Imaginez un dialogue entre Monsieur Meunier et ses commerçants. De quoi leur parle-t-il ?
Qu'est-ce qu'il regrette ? Qu'est-ce qui lui manque ? En quoi la vie a-t-elle tellement changé ?
(Pensez aux histoires que vous racontent vos grands parents et vos parents !)

Vous vous diviserez en groupes de quatre ou cinq. Dans chaque groupe vous choisirez un
rapporteur qui prendra des notes et organisera le travail, un(e) autre mènera la discussion, un(e)
troisième fera une présentation à la classe entière; tous vous répondrez aux questions posées et
poserez vos propres questions basées sur vos expériences personnelles.

LECTURE

La vie de famille

Chacun voit la vie de famille sous un angle différent. Certains la chérissent, d'autres la haïssent ou la méprisent, d'autres encore ne savent pas ce que c'est et ils en rêvent.

Colette dans *La maison de Claudine* nous fait partager cette vie de famille qui lui tenait tant à cœur. Elle met fréquemment en scène sa mère qui lui était si chère. On l'entend, on la voit appeler ses enfants dispersés dans ce grand jardin dont Colette rêvera toute sa vie, afin qu'ils rentrent goûter[1] : « les enfants, où sont les enfants ?... 4 heures, ils ne sont pas venus goûter ! Où sont les enfants ? ... « Six heures et demie ! rentreront-ils dîner ? Où sont les enfants ? »...

On voit là une mère attentive et pleine d'affection essayant chaque jour de retouver des enfants qui ne sont pas perdus, mais qui, espiègles[2], se cachent, jouent, courent, grimpent et rentreront quand bon leur semblera. Ils ont besoin de cet appel de leur mère chaque jour, cet appel qui les invite à regagner une maison où on les attend.

On peut imaginer la suite des événements. Les enfants rentrent, on dîne, on parle autour de cette grande table, on lit, on joue ensemble dans la joie. Et demain, ce sera la même scène. Les enfants, pleins de vie et insouciants[3], leur mère, tendre et soucieuse, se retrouveront face aux mêmes jeux, aux mêmes échanges, aux mêmes joies de la famille, joies dont le souvenir ne les quittera jamais.

Bien des écrivains se sont penchés sur leurs souvenirs d'enfance et la vie de famille qui fut[4] la leur.

Charles Péguy (1873–1914), fils unique et orphelin de père, explique que c'est auprès de sa mère, simple rempailleuse[5] de chaises, et de sa grand mère qu'il apprend ce que c'est que la famille, la vie, ses joies dont la plus grande fut pour le jeune Charles la joie du travail bien fait : « J'aimais travailler, j'aimais travailler bien, j'aimais travailler vite, j'aimais travailler beaucoup... ». C'est donc au sein[6] d'une famille réduite que Péguy a fait siens des principes qui guidèrent toute sa vie.

Marcel Proust (1871–1922) revient à maintes reprises[7] sur son attachement quasi-romantique à sa mère et à l'effroi que lui causait son père. Dans un épisode bien connu de *A la recherche du temps perdu*, nous voyons le jeune Marcel, seul dans sa chambre attendant la réponse au billet qu'il vient de faire passer à sa mère qui donne, ce soir-là, un dîner. Son chagrin à être séparé de sa mère n'a pas de limites, semble-t-il.... « Maintenant, je n'étais plus séparé d'elle; les barrières étaient tombées, un fil délicieux nous réunissait. Et puis, ce n'était pas tout : maman allait sans doute venir! »... Pour ce jeune garçon, la vie de famille, c'est la présence de sa mère, de sa grand mère, de sa tante.

Ces anecdotes, me direz-vous, c'est de l'histoire ancienne ! Où en sommes-nous ? Que signifie « vie de famille » pour les adolescents du XXIème siècle ? Y a-t-il vraiment une vie de famille et, si oui, quelle est-elle ?

Aujourd'hui, lycéen ou lycéenne, on part tôt le matin avec ou sans petit déjeuner, avec ou sans contact avec ses parents. On rentre fatigué, certes, mais content de se retouver « chez soi ». On est peut-être seul ; on peut aussi avoir à surveiller les plus jeunes, peu importe ! Chacun goûte, c'est indispensable, travaille un peu et on attend l'heure du dîner en compagnie de la télévision, de la console de jeux, des CD, de l'ordinateur, de la tablette, du portable et de leurs trésors de distraction.

Va-t-on dîner seul ou en famille avec ou sans portable ? Si on mange ensemble, de quoi parle-t-on ? Qu'est-ce qu'on mange ? Qui a préparé le repas et combien de temps va-t-il durer ?

Il n'y a pas, il n'y a plus de réponse universelle ! Il semble que les dîners préparés à la maison, servis à tous les membres d'une même famille assis autour d'une table, soient aussi de l'histoire ancienne. Chacun mange à son heure, fait son menu, mange à sa façon et fait ce que bon lui semble. Il en est de même pour les fins de semaine où chaque membre de la famille vaque[8] à ses propres occupations.

À quoi ce nouveau mode de vie va-t-il mener la famille d'aujourd'hui ? Va-t-il contribuer au resserrement[9] des liens familiaux chez ceux qui en ressentent le manque ? Va-t-il, au contraire, engendrer une plus grande indépendance chez les jeunes ? Cela va-t-il encourager les jeunes à se tourner vers ceux de leur âge et à abandonner la cellule familiale, quand elle existait ?

C'est vous qui allez nous donner la réponse.

VOCABULAIRE

[1] *goûter* : verbe ou nom masculin, petit repas que l'on prend dans l'après-midi, par exemple en revenant de l'école.

[2] *espiègle* : adjectif, coquin, turbulent

[3] *insouciant* : adjectif, qui ne se fait pas de soucis, qui ne s'inquiète pas

[4] *fut* : passé simple du verbe *être (a été)*

[5] *rempailleuse* : nom féminin, c'est une personne qui répare les chaises dont le siège est en paille (on boit le thé glacé avec une paille; l'été on porte un chapeau de paille)

[6] *au sein de* : dans

[7] *à maintes reprises* : très souvent

[8] *vaquer* : verbe, s'occuper de

[9] *resserrement* : nom masculin, rapprochement

Questions

1. Parmi les écrivains ou les personnages historiques que vous connaissez bien, choisissez-en un, et expliquez en quoi la famille a eu sur lui —ou sur elle— une influence considérable.

2. Que pensez-vous des repas traditionnels du dimanche qui —quoiqu'il arrive— réunissent souvent trois générations ?

3. Quels sont, à votre avis, les avantages et les inconvénients des repas pris seul(e) ?

4. Quelle est la personne avec laquelle vous aimez le mieux partager vos repas ? Au lycée, à la maison ?

À VOUS DE RÉFLÉCHIR

Que représente pour vous la vie de famille ?

Colette, Gabrielle (1873–1954)

Ses romans dépeignent avec grande sensibilité des personnages féminins, les chats et la nature avec ses parfums et ses couleurs (*La vagabonde ; Le Blé en herbe ; La Maison de Claudine ; Chéri ; Gigî*)

Corneille, Pierre   see chapter 2

Courteline, Georges (1858–1929)

Commence sa carrière d'écrivain dans les journaux humoristiques. Il écrit deux romans, ayant pour thèmes les institutions sacro-saintes de la République telles que l'armée dans *Les Gaîtés de l'escadron* (1886) et les fonctionnaires dans *Messieurs les ronds-de-cuir* (1893). Il écrit aussi quelques comédies pour la scène, *Boubouroche (1893).*

Daudet, Alphonse (1840–1897)

Né à Nîmes et mort à Paris. Écrit quelques poèmes avant de se consacrer au roman : *Le Petit Chose* (1868), un roman autobiographique, les *Lettres de mon Moulin* (1869) qui évoquent des scènes de la vie de Provence. *Contes du lundi* (1873) et *Contes et récits* (1873) sont inspirés par les expériences de l'auteur pendant la guerre franco-prussienne. *Tartarin de Tarascon* a pour héros un provençal ambitieux et peureux.

Montaigne, Michel de (1533–1592)

Né près de Bordeaux. Moraliste, écrivain et philosophe. Homme politique et diplomate. Il voyage en Europe (Allemagne, Suisse, Italie) et en rapporte un *Journal de voyage,* découvert et publié en 1774. Ce qui compte plus que tout, ce sont les *Essais* que Montaigne écrit pendant les vingt dernières années de sa vie. Il nous dit bien que c'est de lui qu'il parle : « Ainsi, lecteur, je suis moi-même la matière de mon livre. » Si c'est lui, c'est nous tous, nos défauts, nos qualités, notre façon de voir la vie, de la comprendre, notre façon de voir la mort, de l'accepter. Il accepte, il questionne. « Que sais-je ? » nous dit-il souvent. Montaigne, c'est un sage.

Péguy, Charles   see chapter 9

Proust, Marcel   see chapter 17

Chapitre 15

L'IMMOBILIER

LES POSSESSIFS ET LES DÉMONSTRATIFS

1. LES ADJECTIFS ET LES PRONOMS POSSESSIFS

I.   LES ADJECTIFS POSSESSIFS

Possessive adjectives follow the pattern of other adjectives. They are variable. They agree in number and gender with the noun they modify. In English, the possessive adjective agrees with the possessor : *his boat, her boat*. In French they agree with the possession: *bateau* being masculine, whether it is his boat or her boat, the French equivalent will be: *son bateau*.

| SINGULAR | | PLURAL | |
MASCULINE	FEMININE		
mon	ma	mes	*my*
ton	ta	tes	*your* (familiar)
son	sa	ses	*his, her, its*
notre	notre	nos	*our*
votre	votre	vos	*your*
leur	leur	leurs	*their*

STUDY THESE EXAMPLES

Son frère et sa sœur ressemblent à leur mère. Elle ressemble à ses cousines.
Mon amie et votre ami se connaissent depuis longtemps. Maintenant, ce sont nos amis.
Notre boulangère est jeune et jolie ; son pain et ses brioches sont excellents.
Dans le magazine *Elle*, je lis toujours mon horoscope.
Quelle est son origine ? Est-elle irlandaise ou écossaise ?
Ton école se trouve où exactement ?
Son frère n'a pas de voiture. Sa voiture c'est celle de sa sœur.
Elle est en retard ce matin. Elle a dû rater son métro.

NOTES

a.   The masculine forms *mon, ton, son* are used in front of feminine nouns which begin with a vowel or a mute *h*.

mon horloge, ma vieille horloge

b. In French, the possessive adjective is replaced by the definite article when speaking of parts of the body if the possessor is evident.

Elle s'est cassé *la* jambe, la jambe droite.
Il a mal *aux* dents. Je lui ai lavé *la* tête.
Il s'est fait couper *les* cheveux chez mon coiffeur.
Je peux faire ça *les* yeux fermés.

If an adjective modifies the part of the body, it may be necessary to use the possessive adjective:

Elle s'est fait couper ses longs cheveux blonds.

c. When the possessor is the indefinite pronoun *on*, the possessive adjective is *son, sa, ses*.

On a le droit d'avoir *son* opinion.
Après une longue absence, on aime retrouver *ses* parents.

d. When the possessor is *chacun, chacune* the possessive adjective is also *son, sa, ses* unless *chacun* follows a plural noun; if so, you use *leur*.

Chacun à *son* tour ! Chacun à *son* goût.
Les élèves ont chacun *leur* bureau.

e. The possessive adjective is repeated in front of each noun. To avoid uncertainty one can add the adjective *propre (one's own)* before the noun or the expression *à* + stress pronoun after the noun.

son chien et *sa* chatte
C'est sa voiture *à lui*; c'est sa propre voiture.

II. LES PRONOMS POSSESSIFS

Possessive pronouns in French also agree with the possession rather than the possessor as in English.

They both have lovely apartments but I prefer his to hers.

The French version will need extra details to make the thought clear.

Ils ont l'un et l'autre un appartement très agréable mais je préfère le sien au sien.

That is confusing. You will have to say:

Je préfère l'appartement de Marc à celui de Martine.

The forms of the possessive pronoun are:

SINGULAR		PLURAL		
MASCULINE	FEMININE	MASCULINE	FEMININE	
le mien	la mienne	les miens	les miennes	*mine*
le tien	la tienne	les tiens	les tiennes	*yours* (familiar)
le sien	la sienne	les siens	les siennes	*his, hers, its*
le nôtre	la nôtre	les nôtres	les nôtres	*ours*
le vôtre	la vôtre	les vôtres	les vôtres	*yours*
le leur	la leur	les leurs	les leurs	*theirs*

STUDY THESE EXAMPLES

Le serveur a apporté *sa* salade. Où est *la mienne* ? Voilà, c'est peut-être *la tienne*. Non, c'est *la sienne*. (the context is necessary to know whose salad we are talking about).

Puisque *notre* voiture est en panne, nous allons emprunter *la tienne*. La semaine dernière, quand *la vôtre* ne marchait pas, vous avez pris *la nôtre*. Comme c'est simple !

NOTES

a. The possessive pronoun represents a noun and a possessive adjective. It agrees in number and gender with that noun. The definite article contracts with *à* and *de*.

Notre maison a un toit en ardoise, *la leur* est recouverte de tuiles.
Parles-tu de son frère ? — Je te parle *du mien*.

b. The possessive pronoun can express the fact that the speaker considers him/herself as a member of the family, of the group.

Je serai ravi(e) d'être *des vôtres* pour les fêtes.
Les nôtres sont bien entraînés, ils vont gagner.
Considérez cet argent comme *(le) vôtre*.

c. Possession is expressed in several ways:

À qui est ce sac à dos ? C'est *à moi*, c'est *le mien*, il m'appartient.
Et ce sac de couchage ? Il n'est pas *à moi*, c'est *le sien*. C'est le sac de couchage de Pierre.

III. EXEMPLES LITTÉRAIRES

Jean de la Fontaine (1621–1695)

— Si ce n'est toi, c'est donc ton frère.
— Je n'en ai point. — C'est donc quelqu'un des tiens... »
(*Le loup et l'agneau, Fables,* Livre premier, X)

On lui lia les pieds, on vous le suspendit;
Puis cet homme et son fils le porte comme un lustre... »
(*Le Meunier, son fils et l'âne, Fables,* Livre III, I)

Charles Baudelaire (1821–1867)

> Mon enfant, ma sœur,
> Songe à la douceur
> D'aller là-bas vivre ensemble !
> Aimer à loisir,
> Aimer et mourir
> Au pays qui te ressemble !
> Les soleils mouillés
> De ces ciels brouillés
> Pour mon esprit ont les charmes
> Si mystérieux
> De tes traîtres yeux,
> Brillant à travers leurs larmes...
>
> (*Les fleurs du mal, L'invitation au voyage*, 1857)

Charles Péguy (1873–1914)

...Je travaillais, assidûment, sérieusement, précieusement, précisément, et aussi bien dans mon genre que maman dans le sien..."

Camara Laye (1924–1980)

J'étais enfant et je jouais dans la case de mon père. Quel âge avais-je en ce temps-là ? Je ne me rappelle pas exactement. Je devais être très jeune encore : cinq ans, six ans peut-être. Ma mère était dans l'atelier près de mon père, et leurs voix me parvenaient, rassurantes, tranquilles, mêlées à celles des clients de la forge et au bruit des enclumes...

(*L'enfant noir*, 1953, premières lignes; Paris, Plon; Réédition Presses Pocket 1976)

IV. EXERCICES

A. *Complétez les phrases avec les adjectifs possessifs qui conviennent.*

1. C'est votre cousine ? Non, ce n'est pas _____ cousine, c'est _____ cousine.

2. As-tu pris ses clefs ? Je n'ai pas pris _____ clefs, j'ai pris _____ clefs.

3. Je voudrais écrire à Nadine; donne-moi _____ adresse.

4. J'ai oublié de poser la question à nos amis. Est-ce que _____ enfants partent en vacances à l'étranger ?

5. Connaissez-vous ce petit restaurant qui s'appelle _____ *auberge au bord de l'eau* ?

B. *Complétez les phrases en employant l'article ou l'adjectif possessif qui convient.*

1. On lui a donné un coup de poing sur _____ nez, et maintenant, il a mal (à) _____ nez et (à) _____ tête.

2. Elle s'est cassé _____ jambe en descendant l'escalier du métro. Elle a aussi cassé _____ parapluie. On lui a mis _____ jambe dans le plâtre, elle a mis _____ parapluie dans une poubelle !

3. Fais ta toilette avant de te coucher : brosse-toi _____ dents, lave-toi _____ cheveux et n'oublie pas de te couper _____ ongles.

4. Rien ne lui échappe, elle voit tout. Elle n'a pas _____ yeux dans _____ poche.

C. *Traduisez.*

1. Do her sister and her father speak German at home?

_____

2. She showed me their house and her garden.

_____

3. All the guests have their own room.

_____

4. He fell on his right knee, but broke his left foot.

_____

5. Raise your hand before you ask a question.

_____

D. *Donnez deux réponses à la question posée.*

EXEMPLE: C'est ton frère ? Non, ce n'est pas mon frère, c'est **son / leur frère**.

1. C'est votre petite amie ?

_____

2. Dînez-vous avec vos amis d'enfance ?

_____

3. « Le festin de Babette », c'est votre film préféré ?

_____

4. Voulez-vous que je vous donne mon avis ?

_____

E. *Remplacez les noms entre parenthèses par des pronoms possessifs.*

1. Occupe-toi de tes affaires, je m'occuperai (de mes affaires) _____

2. Si tu en parles à tes parents, j'en parlerai (à mes parents) _____

3. Il pleut à verse. Tu n'as pas de parapluie. Prends-en un (de nos parapluies) _____

4. C'est ma sœur qui se sert de mon ordinateur. Est-ce que je peux me servir (de votre ordinateur) _____ ? Mes frères ne veulent pas me prêter (leur ordinateur) _____.

F.   *Complétez les réponses en employant un pronom possessif.*

1.   C'est ton écharpe ? — Non, ce n'est pas mon écharpe, c'est _____.

2.   Au lieu de me donner son numéro de téléphone, elle m'a donné _____ ; pouvez-vous me donner _____ ?

3.   Cette voiture leur appartient ? — Oui, c'est _____

4.   J'ai une nièce charmante. Elle adore faire la cuisine. Et, _____, tu la vois souvent ?

5.   Nous nous entendons bien. Mais, j'ai mes opinions et il a _____. Et, bien sûr, nos enfants ne partagent pas _____, ils ont _____.

G.   *Traduisez.*

1.   In this office, each pays for his or her (own) coffee : I pay for mine, you pay for yours, he pays for his, she pays for hers.

2.   Not knowing whose it is, she claims it is hers. She is wrong, it is ours !

3.   Are these your earrings ? — No, they are not mine, they do not belong to me, they are hers.

NOTE

Do not confuse *leur, leurs* : a possessive adjective,

Leur façon de vivre ne plaît pas à leurs enfants.

leur : part of a possessive pronoun : *le leur, la leur, les leurs,*

Nous faisons d'excellents gâteaux au chocolat, les leurs sont encore meilleurs.

leur : invariable personal pronoun,

Chaque soir je leur raconte une histoire.

H.   *Complétez les phrases avec une forme de* **leur** *dont vous préciserez la nature* (possessive adjective, possessive pronoun or personal pronoun)

1.   Le proviseur a réuni les professeurs et _____ a annoncé que _____ vacances ne commenceraient pas avant le 1er Juillet.

2.   Mon choix est fait, mais ils n'ont pas fait _____. Je _____ ai demandé de me donner _____ réponse avant 18 heures.

TRAVAIL DE GROUPE

Imaginez une dispute entre jeunes enfants, chacun voulant s'approprier les jouets de l'autre.

Vous vous diviserez en groupes de quatre ou cinq. Dans chaque groupe vous choisirez un rapporteur qui prendra des notes et organisera le travail, un(e) autre mènera la discussion, un(e) troisième fera une présentation à la classe entière. Tous vous contribuerez avec vos propres suggestions basées sur vos expériences personnelles.

EXEMPLE: « C'est à qui ça ? C'est **mon** _____, ce n'est pas **le sien**... »

2. LES ADJECTIFS ET LES PRONOMS DÉMONSTRATIFS

I. LES ADJECTIFS DÉMONSTRATIFS

Demonstrative adjectives agree in number and gender with the noun they precede. They are repeated before every noun. There are two types of demonstrative adjectives : the simple demonstrative adjective (*ce, cet, cette, ces*) and the stressed demonstrative adjective which adds *-ci* or *-là* after the noun.

STUDY THESE EXAMPLES

Ce garçon ne fait pas son travail.
Cet enfant est mal élevé.
Cette petite fille est insupportable.
Ces parents n'ont pas de chance !

Ce garçon-ci est bien sympathique.
Cet enfant-ci est très bien élevé.
Cette petite fille-là a toujours le sourire.
Ces parents-là ont beaucoup de chance !

NOTE

a. *cet* (masculine singular) precedes a noun which begins with a vowel or a mute *h*:

   cet ordinateur, *cet* hôtel, *cet* homme (*ce* hibou).

b. When there is the need to make a distinction between two persons, two objects or two groups, the particle *-ci* or *-là* is placed after the noun. *-ci* implies proximity while *-là* refers to a more distant object or person.

   Cette voiture-ci me convient très bien. *Cette voiture-là* est beaucoup trop grande.

II. LES PRONOMS DÉMONSTRATIFS

Demonstrative pronouns replace a specific noun and carry its number and gender. The demonstrative pronoun, in its masculine, feminine, singular and plural forms, does not stand alone. It is followed by either *-ci* or *-là*, a relative pronoun or a preposition (*de* most frequently, but also *en, pour, chez, devant*, etc.)

	MASCULINE	FEMININE	NEUTER
SINGULAR	celui	celle	ceci, cela, ce, ça
PLURAL	ceux	celles	

STUDY THESE EXAMPLES

J'ai visité deux appartements : *celui de* la rue des Capucines est un peu petit, *celui de* la rue Lamartine est *celui que* je préfère.

J'hésite entre deux paires de chaussures : *celles-ci* me plaisent mais *celles-là* sont plus confortables.

Tu connais Jean-Jacques ? — Ah ! *celui-là*, ne m'en parle pas, je ne l'ai pas vu depuis des semaines !

NOTE

The neuter form of the demonstrative pronoun replaces or refers back to an idea, an object or a whole clause. There are four forms : *ce, ceci, cela* and *ça* which is rather colloquial.

En France, les magasins ferment souvent entre 12 et 14 heures. *Cela* n'est vraiment pas pratique (*ça* n'est vraiment pas pratique, *ce* n'est vraiment pas pratique).

Cela vous dérange si je ferme la fenêtre ?

Ceci dit, où est l'argent que tu devais me rendre aujourd'hui ?

C'est la vie !

In English, *what* can be the contraction of *that which*. In French you will say: *ce que, ce qui, ce dont* according to the function of the pronoun (see chapter 16 on relative pronouns).

Tell me *what* you saw. I want to know *what* happened, *what* you need.

Expliquez-moi *ce dont* vous parlez.

III. EXEMPLES LITTÉRAIRES

Molière (1622–1673)

« Venez, entrez dans cette salle... »

« C'est un de mes écoliers qui a pour ces sortes de choses un talent admirable... »

« Qu'est-ce que c'est que cette logique ?... »

(*Le bourgeois gentilhomme*, 1670, Acte I, Scènes 2 et 3, Acte II, Scène 4)

« Je ne m'étonne pas si je ne me porte pas si bien ce mois-ci que l'autre... »

« Quel Cléante ? Nous parlions de celui pour qui l'on t'a demandé en mariage... »

« Cette coquine-là me fera mourir... »

« Levez-vous que je mette ceci sous vous. Mettons celui-ci pour vous appuyer, et celui-là de l'autre côté... »

« Hélas ! je ne suis point en état de parler de ces choses-là.

(*Le malade imaginaire*, 1673, Acte I, Scènes 1,5,6,7)

Montesquieu (1689–1755)

Les hommes du pays où je vis, et ceux du pays où tu es, sont des hommes bien différents.
(*Lettres persanes*, 1721)

Jules Romains (1885–1972)

J'allais vous dire que ce Paris-ci ne m'est familier que depuis ces dernières années...
Bien entendu, je suis familier avec tout ce centre de Paris depuis ma petite enfance, comme vous, sans doute ? Pendant toute mon enfance et mon adolescence, j'ai même habité rue Blanche... ce qui est en somme à deux pas... mais les découvertes que l'on fait quand on passe de la rue à quelque appartement comme celui-ci, d'où l'on a une vue, sont étranges...
(*Les hommes de bonne volonté*, 1932–1947)

Sembène Ousmane (1929–2007)

Dieng voulait savoir combien de temps il fallait pour obtenir un extrait.
— Cela dépend, dit le maçon. Si tu es connu ou si tu as des relations, sinon, il n'y a qu'à pas se décourager, mais si tu as de l'argent, alors là, ça va vite.
(*Le mandat*, 1965)

Simone de Beauvoir (1908–1986)

...Voyager : ç'avait toujours été un de mes désirs les plus brûlants... Je n'oublierai jamais notre première soirée à Figueras; nous avions retenu une chambre et dîné dans une petite *posada* ; nous marchions autour de la ville, la nuit descendait sur la plaine et nous nous disions: « C'est l'Espagne. »
(*La force de l'âge*, 1960)

Question

Dans la quatrième ligne de la citation du *Malade Imaginaire* de Molière (*Levez-vous que je mette...*) par quoi pourriez-vous remplacer *celui-ci* (pour vous appuyer) et *celui-là* (de l'autre côté) ?

IV. EXERCICES

A. *Complétez les phrases avec des adjectifs démonstratifs.*

   1. D'habitude, elle portait des sabots, _____ jour- _____ elle avait mis des souliers à talons plats.

   2. Vous êtes enrhumée; prenez _____ médicament. Vous vous sentirez mieux dans quelques heures.

   3. Il faut marcher au moins une heure par jour; _____ discipline est indispensable pour ceux qui passent tellement de temps au volant d'une voiture.

   4. Dans _____ famille on ne se ressemble pas : _____ enfants- _____ se consacrent aux sports, _____ enfants-_____ ne pensent qu'à lire et à discuter.

   5. _____ été- _____ il a plu tous les jours. Impossible d'aller à la plage !

B.   *Complétez les phrases avec des pronoms démonstratifs.*

1.   Montrez-nous d'autres modèles de fours micro-ondes : _____ ne nous convient pas.

2.   Quels romans préférez-vous ? _____ du XIXème ou _____ du XXème siè-cles ?

3.   C'est mon parapluie, j'en suis sûr, _____ de Xavier est resté dans la voiture.

4.   Que _____ vous plaise ou non, je vais voir ce film.

5.   Les fleurs que vous admirez sont _____ que nous avons plantées l'année dernière.

C.   *Remplacez les groupes en italique par des pronoms démonstratifs.*

1.   Les directions que vous m'avez données sont plus simples que (*les directions*) _____ que Claire m'avait envoyées.

2.   Cette valise est trop petite, prenez (*la valise*) _____ qui est dans le placard de la chambre jaune.

3.   Elle a de très bonnes amies. (*Les amies*) _____ qui lui manquent le plus sont (*les amies*) _____ qui sont à l'étranger pour leurs études.

4.   Je vous préviens : cet appareil ne vous donnera pas satisfaction. Achetez plutôt (*l'appareil*) _____ que nous vous recommandons.

5.   Je n'ai jamais vu de frères et sœurs qui se ressemblent autant que (*ces frères et sœurs*) _____ !

D.   *Complétez les phrases avec les adjectifs ou les pronoms démonstratifs qui conviennent; vous devrez aussi ajouter* **ci** *et* **là** *et les prépositions qui s'imposent.*

1.   Est-ce que tu as besoin d'acheter des livres ? — Non, _____ dont j'ai besoin sont disponibles à la biliothèque du lycée.

2.   C'est votre voiture sous le marronnier ? — Non, c'est _____ ma sœur.

3.   Il faut que tu choisisses un manteau pour _____ hiver. — Je ne sais pas lequel prendre: _____ est trop long, _____ est trop lourd. _____ que j'avais l'hiver dernier est très bien !

4.   Dis-moi _____ que tu penses de _____ film sur les oiseaux migrateurs.

5.   Nous aimons beaucoup la plage, _____ où nous allons quand il fait beau n'est pas très loin d'ici.

6.   Ne remets pas au lendemain _____ que tu peux faire le jour même.

E.   *Traduction*

1.   If you do not like these cookies, take those.

2.   Those who finish early can leave early.

3. Do what you can and do not worry.

4. This hospital is more modern than that one.

5. This does not please me at all.

TRAVAIL DE GROUPE

Vous êtes vendeur/se dans un grand magasin. Vous avez à faire à des clients particulièrement difficiles. Imaginez un dialogue au cours duquel vous essaierez de convaincre les acheteurs que la qualité de votre marchandise est excellente.

Vous vous diviserez en groupes de quatre ou cinq. Dans chaque groupe vous choisirez un rapporteur qui prendra des notes et organisera le travail, un(e) autre mènera la discussion, Un(e) troisième fera une présentation à la classe entière.

Vous emploierez autant d'adjectifs et de pronoms possessifs et démonstratifs que vous le pourrez. Chaque membre du groupe participera et ajoutera des détails convaincants.

LECTURE

L'Immobilier. Où habiter ?

Madame Giton, qui habite le IXème arrondissement depuis des années, essaie d'encourager une de ses amies à venir s'y installer.

— On m'a dit que vous vouliez déménager. Puis-je vous donner quelques renseignements, faire quelques suggestions qui devraient faciliter vos recherches ?

Vous me dites que vous désirez quitter la banlieue, vous rapprocher du centre de Paris et vous installer sur la rive droite. Que diriez-vous du IXème arrondissement ?

Dans ce quartier très vivant, au cœur de Montmartre, vous êtes tout près du cimetière du Père Lachaise, à deux pas de la Gare du Nord d'où part l'Eurostar, à proximité des magasins d'alimentation, de grands cinémas, de théâtres, de bons lycées et d'écoles primaires et de deux hôpitaux importants. Quand vous vous déplacez, les transports en commun sont à votre porte : *métros*: Notre Dame de Lorette, Saint-Georges, Pigalle, Anvers, Trinité; *bus* : le 30, le 49, le 54, le 68, le 81, vous avez l'embarras du choix.

Voici donc une liste de quelques appartements disponibles dans mon quartier :
- *rue Le Peletier* : proche du quartier Drouot, au 6ème étage sans ascenseur d'un bel immeuble ancien, un 2 pièces lumineux en bon état général. Vue agréable sur les toits de Paris.
- *rue de la Tour d'Auvergne* : à deux pas de la Poste, un 2/3 pièces au 2ème étage sur cour, comprenant entrée, séjour, salle à manger, chambre, une cuisine aménagée et une salle d'eau[1] avec W.C. Appartement calme et ensoleillé.
- *rue Jean-Baptiste Pigalle*: au 2ème étage avec ascenseur d'un immeuble moderne, un ravissant 2 pièces sur cour avec balcon donnant sur jardin. Appartement calme et lumineux dans une très belle copropriété.
- *Square Moncey*: dans un superbe immeuble en pierre de taille[2] et briques, un appartement familial de 5 pièces composé de 3 chambres donnant sur le square. Appartement offrant de belles prestations et un calme absolu. Vendu avec une chambre de service, un débarras et une cave. Travaux à prévoir.

- *Entre Madeleine et Opéra*: vous serez séduite par le charme et le caractère de cet appartement de type haussmannien[3] avec son parquet ancien, ses moulures et ses cheminées. Hauteur sous plafond: 3,40m. Il est composé de 4 pièces. Calme et ensoleillé.

Si tout cela vous intéresse et vous intrigue, venez passer une journée avec moi. Je prendrai rendez-vous avec mon agence. Nous visiterons, et vous jugerez vous-même.

[1] *salle d'eau (SdE)* : salle de bains avec douche, pas de baignoire
[2] *pierre de taille (PdT)* : bloc de pierre blanche, utilisée sans enduit
[3] *haussmannien* : terme récent qu'on emploie pour décrire un certain type d'immeubles, en particulier ceux qui furent construits par le préfet Haussmann, sous Napoléon III. On les préfère souvent aux constructions modernes.

Questions

1. Faites un compte-rendu précis de la visite d'un de ces appartements. Quels en sont à votre avis les avantages et les inconvénients ?

2. Quel serait pour vous l'appartement idéal ?

12ème - **290 000 €** - DENFERT ROCHEREAU
Dans un bel immeuble ancien en PdT au 5ème étage, charmant 2/3 pièces, une chambre, balcon filant, double expo. Réf. : V23239

15ème - **84 000 €** - STUDIO - PARC GEORGES BRASSENS
Bel immeuble ancien ravalé, petit studio, chbre, belle cuisine, SdE, wc. Calme. Bon état.

12ème - **178 000 €** - DAUMESNIL
En dernier étage d'un immeuble PdT avec asc., appartement 2 pièces comp. : entrée, séjour, cuisine, chambre et SdB. Vendu avec cave. Parquet, moulures et cheminée. Réf. : V0010096

14ème - **725 000 €** -
Dans un bel immeuble ancien standing, grand classique pour cet appartement composé d'un double séjour, 3 chambres, 1 SdE, 1 SdB, cuisine. Parquet, moulures, cheminées. Réf. : V22008

À VOUS DE RÉFLÉCHIR

1. Aimeriez-vous vivre sur un bateau ?
2. Aimeriez-vous vivre dans un pays étranger ?

NOTES BIOGRAPHIQUES

Baudelaire, Charles   see Chapter 2

Beauvoir, Simone de   see Chapter 8

La Fontaine, Jean de   see Chapter 2

Laye, Camara (1924–1980)

Né en Guinée. Fait ses études à Conakry, puis à Paris. *L'Enfant noir*, publié en 1953 et écrit alors que Camara Laye travaille chez Simca (usine d'automobiles), est un ouvrage autobiographique. Il décrit les changements qui se déroulent en lui et dans son pays et comment le rôle tenu par les coutumes magiques et mystérieuses de son enfance et de son adolescence a changé. Ses autres romans *Le regard du Roi* (1954), *Dramouss* (1966) et *Le maître de la parole* (1978) ne connaîtront pas le même succès.

Molière   see Chapter 3

Montesquieu   see Chapter 7

Péguy, Charles   see Chapter 9

Romains, Jules (1885–1972)

Naquit en province et passa son enfance à Paris où son père était instituteur. Enseigne la philosophie jusqu'en 1919. Il est mobilisé pendant la guerre. Il se consacre d'abord au théâtre. *Knock ou le triomphe de la médecine* demeure un classique. Son chef-d'œuvre, le roman-fleuve, *Les hommes de bonne volonté* où il esquisse une histoire de la vie politique, économique et sociale lui vaut un siège à l'Académie française où il entre en 1946.

Sembène, Ousmane (1923–2007)

Né au Sénégal, il écrit *Le docker noir* (1956), *Ô pays, mon beau peuple* (1957), mais c'est son roman *Les bouts de bois de Dieu* (1960) qui le met au premier rang des écrivains de son pays. C'est en tant que cinéaste qu'on le connaît surtout. Il est effectivement le pionnier du cinéma africain qu'il domine encore en ce début de siècle. Il a réalisé notamment *Le mandat* (1971), *Xala* (1973), deux films tirés de ses propres romans, et *Ceddo* (1977) et *Le camp de Thiaroye* (1988). Il sait que le cinéma peut jouer et jouera un rôle plus important que la littérature dont les limites sont évidentes. Il veut convaincre son peuple que l'Afrique détient seule les solutions de ses problèmes. Il croit aussi en la solidarité des femmes et insiste sur l'importance de leur rôle.

Chapitre 16

LE THÉÂTRE, LE CINÉMA

LES PRONOMS RELATIFS

In English relative pronouns – *who, whom, whose, which, that* and *what* – can sometimes be omitted in the sentence (*the film I have just seen, the friends we saw,* instead of *the film which I have just seen, the friends whom we saw...*). In French, relative pronouns are never omitted.

The relative pronoun introduces a dependent clause that modifies a noun or pronoun mentioned in the main clause and called the antecedent. A relative pronoun can serve as subject, direct object, or object of a preposition. The relative pronouns are *qui, que, dont, lequel, où, quoi, quiconque.*

STUDY THESE EXAMPLES

L'appartement *qui* est libre n'a pas de balcon.
Les amis *chez qui* je passe mes vacances sont végétariens.
La pièce *que* nous avons vue hier ne m'a pas plu du tout. Je suis partie à l'entr'acte.

À midi j'ai déjeuné avec un camarade *dont* je connais bien les parents.
Ce dont j'ai peur c'est de me retouver sans téléphone.
La ville *où* je suis né est sur les bords de la Creuse.

Le crayon *avec lequel* j'écris a besoin d'être taillé.
Le lac sur les bords *duquel* Lamartine écrivait ses poèmes est le lac du Bourget.
La route *par laquelle* vous allez passer date de Napoléon.

Je voudrais bien savoir *à quoi* il pense et *de quoi* elle parle.
Je le sais mieux que *quiconque.*

I. WHEN TO USE THE RELATIVE PRONOUNS

	SUBJECT	DIRECT OBJECT	OBJECT OF PREPOSITION
PERSONS	qui	que	qui, occasionally **lequel** etc.
THINGS	qui	que	lequel, laquelle lesquels, lesquelles

1. **QUI**

   a. *qui* + vowel = *qui*, in other words *qui* does not change, no matter which word follows.

   La maison *qui* a..., le château *qui* est..., celui *qui* ira... .

   b. *qui* is the subject of the subordinate clause which it introduces. It follows and replaces its antecedent; this antecedent is either a person, an object or a concept.

   Il y a un appartement libre. Cet appartement n'a pas de balcon. Using *qui* allows a single sentence: *l'appartement qui est libre n'a pas de balcon*, where *l'appartement* is the antecedent of *qui*; *qui* introduces a subordinate clause where it is the subject of the verb *est*.

   The verb agrees with the antecedent.

   Le professeur *qui nous enseigne* le français est sévère.
   Ce sont des gens *qui sont* très accueillants.
   Le temps, *qui s'est mis* au froid, ne nous permet plus de faire de longues randonnées.
   Je fais *ce qui* me plaît. (*ce* acts as the antecedent, *qui* is the subject of *plaît*. Ce qui = that which).

   c. *qui* as an object of a preposition. The antecedent must be a person.

   Le patron *pour qui* elle travaille est très exigeant.
   L'amie *à qui* j'ai rendu service m'a téléphoné pour me remercier.
   Je ne sais pas *avec qui* elle se marie.

   d. *qui* used without an antecedent. It occurs in proverbs and in set expressions.

   Qui vivra verra.
   Qui m'aime me suive !
   Sautez, dansez, / Embrassez *qui* vous voudrez.
   Voilà *qui* est bien.
   Je ne t'ai rien demandé et, *qui* plus est, ça ne te regarde pas !

2. **QUE**

   a. *que* + vowel or mute *h* = *qu'*.

   Nous avons mangé les poissons *qu'il* avait pêchés.

   b. *que* is always a direct object pronoun. Its antecedent can be a person, a thing or a concept.

   - Le spécialiste *que* vous m'avez recommandé est absent pour le moment.
   - Il a été pris d'un malaise pendant qu'il regardait les photos *que* nous lui avons envoyées.
   - Le yoga, *que* l'on pratique beaucoup aujourd'hui, est une technique d'origine hindoue.
   - Ne vous inquiétez pas; je ferai *ce que* vous me direz de faire (*ce* acts as the antecedent, *que* is the direct object of *direz* = that which).

c. In compound tenses, the past participle agrees with the antecedent of the relative pronoun.

Les livres que j'ai achetés sont intéressants.

3. LEQUEL (LAQUELLE, LESQUELS, LESQUELLES)

a. *lequel* and *lesquels* combine with the prepositions *à* and *de:*

à + lequel = auquel; de + lequel= duquel

Le vin *auquel* je pense est le Sancerre. C'est un vin assez léger qu'on boit frais.

b. *lequel* is used instead of *qui* when the pronoun follows a preposition and the antecedent is not a person:

Il m'est difficile d'ouvrir le tiroir *dans lequel* j'ai mis mes gants.
L'organisation *pour laquelle* il travaille est une organisation caritative.
Le bateau *à bord duquel* nous avions pris place a dû faire demi-tour à cause du mauvais temps.

c. *lequel* is used for persons after certain prepositions such as *entre* and *parmi,* and compound prepositions ending in *de.*

Ce sont les acteurs *entre lesquels* on a dû choisir.
C'est Pierre *à côté duquel* elle aime s'asseoir.

d. *lequel* is used instead of *qui* or *que* to clarify a statement:

Le fils de ma cousine, *lequel* a le même âge que moi, est passé nous voir.

If we use *qui*, we will not know whether it refers to the son or to the cousin.

4. DONT

a. *dont* is always an indirect object pronoun. Its antecedent can be a person, a thing or a concept. It usually replaces *de* + a relative pronoun. It is the equivalent of: *whose, of whom, of which.*

Cet écrivain, *dont* on parle tant en ce moment, est originaire de mon village.
C'est un travail *dont* vous êtes capable.
C'est un événement *dont* je me souviens très bien.
Ce dont j'ai besoin pour réussir ce dessert, c'est de beaucoup de patience.
Ce peintre, *dont* j'ai oublié le nom, ne peint que des natures mortes.

b. the word order in a sentence or clause with *dont* follows certain rules: *dont* must follow its antecedent directly. *Dont* may not follow compound prepositions ending in *de.* Instead, *de* is followed by the appropriate relative pronoun : *qui* or a form of *lequel.*

Nous aurons une réunion *au cours de laquelle* nous voterons sur ce projet.
L'homme *à la fille duquel* j'ai parlé hier est professeur.
La famille *près de laquelle* j'habite vient de France.

c.   when *dont* expresses possession, the possessive adjective is not used.

Cet ami, *dont le* fils fait des études d'architecture, est lui aussi architecte.

5.   OÙ

a.   *où* can only be used when the antecedent is a thing. It replaces *lequel* preceded by a preposition to indicate a place and may be preceded by a preposition.

Les chambres *où* j'ai installé les plus jeunes sont celles du deuxième étage. (où = dans lesquelles).
Le lycée *où* j'ai fait mes études secondaires s'appelle le lycée Jeanne d'Arc.
Dans la situation difficile *où* ils se trouvent, ils ne peuvent que déménager.
J'irai *jusqu'où* il faudra.

b.   *où* is used instead of *quand* if "when" follows an expression of time.

Le jour *où* tu es né, il neigeait.
Il a fait très chaud la semaine *où* vous étiez au Canada.
Vous partez au moment *où* nous arrivons. Quel dommage !

6.   QUOI

quoi is a neuter pronoun which is used after a preposition with antecedents such as *ce, cela, rien.*

À quoi penses-tu ? (*quoi* is also an interrogative pronoun)
Ce à quoi je pense ne te regarde pas.
Il est rentré, a posé son sac à dos sur une chaise, a ouvert le frigidaire, *après quoi* il s'est fait un énorme sandwich; *de quoi* se rendre malade !

7.   QUICONQUE

quiconque is an indefinite relative pronoun, always singular, usually masculine which means : *tout homme qui...*

Personne n'est prévenu, c'est un secret. Si vous le dites *à quiconque*, je ne vous pardonnerai pas.
Il est inutile de lui en parler; il le sait mieux que *quiconque.*

8.   Relative pronouns used **after a demonstrative.**

Remember that in Chapter 15 (section 2, Ib), we explained that the demonstrative pronoun seldom stands alone, and is followed by *ci, là,* a preposition or a relative pronoun.

Avant que les cours ne commencent, les élèves vont, viennent, rient, bavardent, finissent un devoir, certains sont à peine réveillés, *ce qui* me rappelle mes années de lycée.
Mes amis se portent à merveille, sont pleins d'entrain, *ce dont* je suis ravie, mais leurs enfants sont mal élevés, *ce que* nous regrettons tous !

NOTE

In a relative clause, if the subject is longer than the verb, there is often an inversion between the two.

Je me demande *ce que font les enfants.*
Le quartier *où se trouve notre appartement* est très agréable.

II.   EXEMPLES LITTÉRAIRES

ALPHONSE DE LAMARTINE (1790–1869)

...O lac, l'année à peine a fini sa carrière,
Et près des flots chéris qu'elle devait revoir,
Regarde ! Je viens seul m'asseoir sur cette pierre
Où tu la vis s'asseoir ! ...

Que le vent qui gémit, le roseau qui soupire,
Que les parfums légers de ton air embaumé,
Que tout ce qu'on entend, l'on voit ou l'on respire,
Tout dise : « Ils ont aimé ! »"
(*Le Lac*, vers 6–9, vers 61–64)

GUY DE MAUPASSANT (1850–1893)

... Et chaque matin, il voyageait jusqu'au centre de Paris, en face d'une jeune fille dont il devint amoureux. Elle allait à son magasin tous les jours à la même heure. C'était une petite brunette, de ces brunes dont les yeux sont si noirs qu'ils ont l'air de taches, et dont le teint a des reflets d'ivoire. »
(*Contes du jour et de la nuit, Le père*, 1er et 2ème paragraphes)

EUGÈNE IONESCO (1912–1994)

... Pourtant, c'est toujours l'huile de l'épicier du coin qui est la meilleure...
C'est lui d'abord qui s'est fait opérer du foie sans être aucunement malade...
(*La Cantatrice chauve*, 1950, Scène première. Gallimard)

RENÉ GOSCINNY (1926–1977)

… Après les pruneaux, *auxquels* je trouvai une drôle de couleur, nous allâmes nous asseoir dans cette portion de la salle à manger que le gérant de notre immeuble insiste à qualifier de « living », et où, pour ne pas le contredire, nous avons placé quelques fauteuils autour d'une table basse en verre *où* tout le monde se cogne les genoux... »
(*Interludes*, 1966)

Question

Dans la citation de René Gosciny, remplacez *auxquels* (première ligne) et *où* (dernière ligne) par d'autres constructions qui ne changeront pas le sens de la phrase.

_____

_____

III. EXERCICES

A. *Complétez les phrases avec le pronom relatif* **qui** *ou* **que.**

1. *La Cantatrice chauve* est une pièce _____ se joue sans relâche depuis 1950.

2. On la joue dans un petit théâtre _____ se trouve au Quartier latin et _____ les étudiants connaissent bien. C'est le théâtre de « la Huchette ».

3. Les pièces _____ l'on joue souvent et _____ attirent toujours les Parisiens sont les grandes pièces classiques.

4. Le théâtre de la Comédie française _____ abrita jadis la troupe de Molière demeure l'une des grandes salles de théâtre de Paris. C'est le Ministère de la Culture _____ fournit les fonds _____ exige son entretien.

5. Aller au théâtre est une distraction _____ beaucoup apprécient, mais _____ coûte parfois très cher.

B. *Complétez les phrases avec le pronom relatif qui convient.*

1. Que pensez-vous des feuilletons _____ l'on présente quotidiennement à la télévision ?

2. Je ne peux pas répondre à la question _____ vous me posez.

3. L'appartement _____ j'habite est tout près d'une salle de cinéma _____ on projette de très bons films.

4. Les amis avec _____ je vais au cinéma regardent rarement la télévision.

5. Est-ce que les films _____ vous me parlez sont des films étrangers ?

6. Cela dépend. Mais tous ceux _____ nous voyons sont en version originale. Les sous titres _____ ne sont pas toujours parfaits nous permettent de comprendre ce _____ nous ne pouvons pas deviner si le film est dans une langue _____ nous est inconnue.

C. *De deux phrases, faites-en une à l'aide d'un pronom relatif.*

1. Nous avons vu une comédie musicale hier soir. Elle n'était pas très bonne.

    _____

2. Ma sœur a eu une audition. Elle ne connaît pas encore les résultats de l'audition.

    _____

    C'est pour un petit rôle dans un film publicitaire.

3. Elle va suivre un cours d'art dramatique. Pendant ce cours, elle doit rencontrer des acteurs

    qui ont fait leurs preuves. _____

4. Le festival de Cannes a lieu tous les ans au printemps. On y aperçoit tous les grands noms

    du cinéma. _____

5. Samuel Beckett a écrit *En attendant Godot* en français. Il est d'origine irlandaise.

    _____

D. *Relier les phrases à l'aide d'un pronom relatif et faites les changements nécessaires.*

1. C'est une actrice remarquable / j'ai beaucoup d'estime pour elle.

    _____

2. Les acteurs ont ramassé les fleurs avec joie / nous les leur avions lancées.

    _____

3. Je vais au Théâtre des Champs Elysées / on y joue une pièce de Jean Giraudoux.

    _____

4. Les costumes n'étaient pas finis / les acteurs ne pouvaient pas commencer à jouer sans les
    costumes.

    _____

5. La profession d'acteur demande beaucoup de persévérance / votre fille s'intéresse à cette
    profession.

    _____

E. *Complétez les phrases suivantes à votre choix.*

1. Le chef d'orchestre qui _____ était une femme.

2. Les places pour lesquelles _____ nous convenaient par-
    faitement.

3. L'acteur principal dont _____ avait la grippe.

4. L'entr'acte pendant lequel _____ n'a duré que cinq
    minutes.

5. Les amis avec qui _____ ont été ravis.

E. *Traduction*

1. Many writers and actors whose works are famous lived in Paris.

2. La Comédie Française is the theater which Molière founded.

3. If you go, you may see the armchair in which he sat when he acted in the plays he wrote.

4. Place des Vosges, there is a house where Victor Hugo lived for several years and one where Madame de Sévigné lived.

5. There is a boulevard to celebrate Beaumarchais who wrote *Le mariage de Figaro*.

6. The house in which Balzac lived is in a quiet neighborhood on the right bank of the Seine.

TRAVAIL DE GROUPE

Vous vous diviserez en groupes de quatre ou cinq. Dans chaque groupe vous choisirez un rapporteur qui prendra des notes et organisera le travail, un(e) autre mènera la discussion, un(e) troisième fera une présentation à la classe entière; tous vous donnerez votre opinion personnelle.

Vous êtes allé(e) au cinéma ou au théâtre avec un groupe d'amis. Après le spectacle, vous discutez de la pièce ou du film que vous avez vu et, naturellement, les avis sont partagés.

LECTURE

Le théâtre, le cinéma

Qu'on lise ce quotidien-ci ou ce quotidien-là, ce magazine-ci ou celui-là, on y trouve toujours plusieurs pages consacrées au théâtre, à la musique, au cinéma, à la peinture et à la danse. Le même phénomène se produit à la radio et à la télévision où l'on parle quotidiennement des acteurs et des chanteurs en vogue, des nouveaux films, des nouvelles pièces et des nouveaux spectacles de ballet. On ne doit pas négliger l'importance de revues spécialisées qui traitent de ces sujets et plus particulièrement du Septième art.

Le Septième art, quel est-il ? Ce n'est ni l'architecture, ni la peinture, ni la sculpture, ni la photographie, ni la musique, ni la danse, c'est le Cinéma. Vous êtes-vous jamais demandé(e) quel rôle le cinéma jouait dans votre vie ?

C'est en 1895 à Paris que le jeune Louis Lumière – il n'avait que 31 ans – a présenté à un public ébahi cette machine révolutionnaire qu'était le cinématographe. Ce fut le début de l'époque du cinéma muet dont l'un des héros fut Charlie Chaplin – les Français l'appellent Charlot – Il a tourné dans de nombreux films tels que *La ruée vers l'or, Les temps modernes* que l'on projette régulièrement dans les ciné-clubs. Peu nous importe ici l'histoire du cinéma et les énormes progrès techniques et technologiques qui ont permis le tournage de films comme *La guerre des étoiles, Batman, Harry Potter* où les effets spéciaux sont plus importants que l'intrigue.

Pensez au cinéma en tant que messager. C'est grâce au cinéma qu'on peut mieux comprendre l'histoire du siècle dernier et l'histoire contemporaine. Les grands événements, qu'ils soient glorieux ou tragiques, les compétitions sportives sont enregistrés et nous sont retransmis alors qu'ils se déroulent par la télévision qui est née du cinéma. Les écrans panoramiques, les effets spéciaux ont transformé les bonnes vieilles projections en noir et blanc des années 50 et 60 en événements spectaculaires.

Ce qui est encore précieux pour beaucoup, ce sont les petits films qui retracent les moments importants de la vie de la famille, ces films qu'on a tournés sans video caméras, sans appareils numériques, des films de rien du tout. On les regarde, on les reregarde, on les commente sans s'en fatiguer. Ils sont irremplaçables car on n'en fait plus !

Vous êtes peut-être au nombre de ceux qui font la queue pour assister à la première d'un film qu'on a annoncé à grand bruit. Il faut le voir avant tout le monde. Pourquoi ? Pourquoi pas ! me direz-vous ! Et aujourd'hui, vous avez le cinéma chez vous. Le magnétoscope, le DVD vous permettent de voir tout ce que vous voulez – vieux films, documentaires, dessins animés, films qui viennent de sortir – de votre canapé.

La musique, la danse, la peinture, l'art dramatique nous entourent d'une façon ou d'une autre, mais le cinéma est indéniablement le plus présent. Il est indispensable.

Questions

1. Faites une liste des pronoms relatifs employés dans ce texte. Pour chacun d'entre eux, précisez l'antécédent.
2. Préférez-vous aller au cinéma ou regarder un film chez vous ? Justifiez votre réponse.
3. Parmi les derniers films que vous avez vus, lequel avez-vous préféré ? Donnez vos raisons.

▬ À VOUS DE RÉFLÉCHIR ▬

Imaginez que vous êtes dans le cinéma. Quel rôle y tenez-vous, celui d'acteur, de producteur, de metteur en scène, de maquilleuse, de technicien, de cascadeur... ?
Expliquez en quoi ce métier vous passionne.

NOTES BIOGRAPHIQUES

Goscinny, René (1926–1977)
Il est le père créateur d'*Astérix*, de *Lucky Luke* et du *Petit Nicolas*. Il a révolutionné le monde de la bande dessinée, et fait toujours rire et sourire des millions de lecteurs, petits et grands. C'est le dessinateur Sempé qui a illustré les histoires du Petit Nicolas.

Ionesco, Eugène   see chapter 7

Lamartine, Alphonse de   see chapter 9

Maupassant, Guy de   see chapter 5

Chapitre 17

INTERVIEW ET QUESTIONNAIRE

LES CONSTRUCTIONS INTERROGATIVES LE DISCOURS INDIRECT

1. LES CONSTRUCTIONS INTERROGATIVES

You are familiar with the basic interrogative constructions which either require the inversion of the subject : *Pleut-il ?* or the use of *est-ce que* in front of the affirmative construction : *Est-ce qu'il pleut ?* or the addition of the personal pronoun when the subject is not a pronoun: *Catherine va-t-elle sortir malgré la pluie ?*

In this section, we will study in details the more sophisticated interrogative constructions. There is only one interrogative adjective: *quel*, and its feminine and plural forms: *quelle, quels, quelles*.

Interrogative pronouns are the same as the relative pronouns except for *où*, an interrogative adverb and *dont*, which is not an interrogative. Besides, there are a few longer constructions formed by adding *est-ce que* to the relative.

Adverbs of manner, place, quantity are used as interrogative adverbs in interrogative constructions.

Quel jour est-on ? *Quelle* heure est-il ?
Qui va là ? *Que* fais-tu ? *Lequel* veux-tu ?

Qui est-ce qui a téléphoné ?
Qu'est-ce qui se passe ?
Qu'est-ce que tu en dis ?

Ça vaut *combien* ? *Où* habitez-vous ?

I. INTERROGATIVE ADJECTIVES

They are often placed at the beginning of the sentence and always precede a noun (directly or with the verb *être*) with which they agree in number and gender. They often follow a preposition.

Quels journaux lisez-vous ?
Quelles chaussures as-tu achetées ?
Quel est votre nom ? *Quelle est* sa situation ?

À quelle exposition voulez-vous aller ?
De quel film parles-tu ?
Dans quelle boulangerie trouve-t-on de bons croissants ?

Note the different ways of asking a simple question.

Quel dessert tu veux ? (very familiar form)
Tu veux quel dessert ? (familiar form)
Quel dessert est-ce que tu veux ? (usual form)
Quel dessert veux-tu ? (less familiar)
Quel dessert Anne veut-elle ? (more formal)

Note that the interrogative adjectives can also be used in exclamations.

Quel beau paysage !
Quelle jolie maison !

II.   INTERROGATIVE PRONOUNS

Interrogative pronouns have the same functions as a noun. They can be subjects of a verb, direct objects, or objects of a preposition.

Study These Examples

a.   *Qui* frappe ? *Qui* êtes-vous ?
      Qui as-tu rencontré en allant au marché ?
      À *qui* doit-on s'adresser ?
      De *qui* parlez-vous ?
      Avec *qui* sors-tu demain soir ?
      Sur *qui* pouvez-vous compter ?

b.   *Que* lui as-tu donné ?
      Que t'a-t-il répondu ?
      Que puis-je faire pour vous ?

c.   *Qui* est-ce *qui* parle ?
      Qui est-ce *que* tu as invité ?
      Qui est-ce qui vient ce soir ?
      Qu'est-ce que c'est *que* cette histoire-là ?
      Qu'est-ce que tu veux que j'y fasse ?

d.   *Quoi* de neuf ?
      Quoi répondre ?
      À *quoi* penses-tu? De *quoi* s'agit-il ?
      Par *quoi* peut-on remplacer le beurre ?

e.   *Lequel* d'entre vous a cassé le carreau ?
      Laquelle préfères-tu ? la verte ou la rouge ?
      À *laquelle* des trois va-t-on décerner la médaille ? Elles sont arrivées en même temps.
      J'ai vu tous les films de Truffaut; *desquels* voulez-vous parler ?

	PERSONS	THINGS	PERSONS AND THINGS
SUBJECT OF VERB	qui qui est-ce qui	qu'est-ce qui	lequel, laquelle, lesquels, lesquelles
DIRECT OBJECT OF VERB	qui qui est-ce que	que qu'est-ce que	lequel, laquelle, lesquels, lesquelles
AFTER A PREPOSITION	qui qui est-ce que	quoi quoi est-ce que	same as above + auquel etc., duquel etc.

How to use the interrogative pronouns :

a.   **qui** ? If you look at examples in **a.**, you will notice that, whether *qui* is the subject of the verb, the direct object of the verb, or the object of a preposition, it refers back to a person. It always will.

b.   **que** ? If you look at examples in **b.**, you will notice that *que* is always a direct object. It refers back to an object, or an idea, a concept.

c.   **qui est-ce qui, qu'est-ce qui** ? are subjects of the following verb.
Qui est-ce qui parle ? : the first *qui* indicates the reference to a person, the second *qui* tells you it is the subject of the verb (*who is it who... ?*)
Qu'est-ce qui se passe ? : the *qu'* stands for *que* and indicates a reference to some idea, *qui* tells you it is the subject of the verb (*what is it which... ?*

qui est-ce que, qu'est-ce que, qu'est-ce que c'est que ? are direct objects of the following verbs.
Qu'est-ce que tu veux ? : *qu'* stands for *que* and indicates a reference to some idea, *que* tells you it is the object of the verb (*what is it that you want*).
qu'est-ce que c'est que is often used when you expect an explanation as an answer.

> NOTE

1.   When using *qui* as subject, the verb is always the third person singular even if the answer is not third person singular:

Qui est là ? — Pierre et moi sommes là.

except with the verb *être* in such expressions as : *Qui êtes-vous ?*

2.   When using *qui* and *que*, note that the verb comes directly after the interrogative pronoun and the subject follows the verb.
When using the longer form, there is no inversion; the longer pronoun carries the question, so to speak.

Que veux-*tu* ? *Qu'est-ce que tu* veux ?

d.   **quoi** ? implies something rather vague. It is used in **d.** as a subject, a direct object, or an object of a preposition.
quoi, just as *what* in English, can be used by itself:

J'entends quelque chose. — *Quoi* ? (used instead of : *Qu'est-ce que* tu entends ?)

e. **lequel, lesquels, laquelle, lesquelles** : can be the subject, the direct object or the object of a preposition in the sentence, and refer back to either a person, an object or an animal. These forms will combine with the prepositions *à* and *de (auquel, duquel)*.

III. INTERROGATIVE ADVERBS

They introduce questions related to time, place, manner, cause, quantity, etc...
As all adverbs, they are invariable.

Quand viendras-tu nous voir ? *Tu viens quand ?*
Où se trouve la poste ?
D'où viens-tu ?
Comment allez-vous ? Comment fait-on le bœuf bourguignon ?
Pourquoi fait-il si chaud ?
Combien pesez-vous ?

IV. EXEMPLES LITTÉRAIRES

Molière (1622–1673)

—Au voleur ! Au voleur ! À l'assassin !... Qui peut-ce être ? Qu'est-il devenu ? Où est-il ? Où se cache-t-il ? Que ferai-je pour le trouver ? Où courir ? où ne pas courir ? N'est-il point là ? N'est-il point ici ? Qui est-ce ?... De quoi est-ce qu'on parle là ? de celui qui m'a dérobé ? Quel bruit fait-on là-haut ? Est-ce mon voleur qui y est ?...
(*L'Avare*, Acte IV, scène 7)

Voltaire (1694–1778)

— Mais vous, monsieur Martin, dit-il au savant, que pensez-vous de tout cela ? quelle est votre idée sur le mal moral et sur le mal physique ?
(*Candide*, Chapitre 20)
— De quoi te mêles-tu, dit le derviche, est-ce là ton affaire ?...
— Que faut-il donc faire ? dit Pangloss. — Te taire, dit le derviche...
(*Candide*, Chapitre 30)

Beaumarchais (1732–1778)

— C'est vous, c'est lui, c'est moi, c'est toi ; non, ce n'est pas nous : eh ! mais qui donc ? Ô bizarre suite d'événements ! Comment cela m'est-il arrivé ? Pourquoi ces choses et non pas d'autres ? Qui les a fixées sur ma tête ?
(*Le mariage de Figaro*, Acte V, Scène 3)

Jean Renoir (1894–1979)

—Au fait, qu'est-ce que c'est, le cadastre ?
(Question posée par Maréchal à l'ingénieur dans une des premières scènes de *La Grande Illusion*, film tourné en 1937)

Jean-Marie Adiaffi (1941–1999)

> Que me veux-tu, liberté ?
> Quel est ton dessein ?
> Quel est ton destin ?
> Quel est ton nom ?...
> . . . .
> Qui te baptisera ?
> Qui te donnera un nom
> digne de toi ?...

> (dernier poème du recueil *Galerie Infernale* Abidjan, CEDA, 1984)
> quoted in *Anthologie africaine : poésie* / Jacques Chevrier, page 99
> © Éditions Hatier International, 2002
> © Hatier, 1988

Question

Dans la citation de Beaumarchais, « — C'est vous, c'est lui, c'est moi, c'est toi ; non, ce n'est pas nous : eh ! mais qui donc ? », posez la question différemment.

V.   EXERCICES

A.   *Complétez les phrases avec l'adjectif interrogatif qui convient.*

1. Dans _____ journal avez-vous lu cette petite annonce ?

2. _____ est la situation qui vous intéresse le plus ?

3. De _____ ordinateur vous servez-vous ?

4. Pour _____ raisons voulez-vous travailler à mi-temps ?

5. À _____ moment peut-on vous joindre par téléphone ?

B.   *Complétez les phrases avec un pronom interrogatif.*

1. _____ cherchez-vous ? — Je cherche le Directeur.

2. _____ cherchez-vous ? — Je cherche le bureau du Directeur.

3. _____ vous a donné rendez-vous ?

4. Avec _____ avez-vous rendez-vous ?

5. De _____ allez-vous parler ? — Je vais parler de mes études.

6. _____ pensez-vous de notre projet ?

7. _____ de ces bureaux vous semble le mieux situé ?

8. _____ vous diriez si je vous faisais passer un petit examen ?

C. *Posez les questions en employant:* **qui est-ce qui, qui est-ce que, qu'est-ce qui, qu'est-ce que, qu'est-ce que c'est que ?**

1. _____ vous avez vu en arrivant ? — J'ai vu un de vos collègues.

2. _____ vous a conseillé de nous écrire ? — C'est mon frère.

3. _____ votre sœur pense de votre décision ? — Elle l'approuve.

4. _____ vous pensez faire dans 5 ans ? — Je me pose souvent cette question.

5. _____ vous faites comme sport ? — Je fais du yoga.

7. _____ le yoga ? — C'est difficile à expliquer.

8. _____ vous arrange le mieux ?

D. *Complétez les phrases avec un adjectif ou un pronom interrogatif.*

À votre avis, (1) _____ temps va-t-il faire aujourd'hui ? S'il fait beau, (2) _____ robe

vais-je mettre ? S'il pleut, (3) _____ je vais devenir ? J'ai perdu mon parapluie. À

(4) _____ heure est mon rendez-vous ? Il ne faut pas que j'arrive en retard,

(5) _____ 'on penserait de moi ? (6) _____ excuse pourrais-je donner ? « Oh,

je ne savais pas quoi mettre et j'avais perdu mon parapluie ! » Je me raconte des histoires ! Je

suis prête et je serai à l'heure. Mais, (7) _____ va m'interviewer ? (8) _____ on

va me demander ? (9) _____ questions est-ce qu'on va me poser ? (10) _____ rude

journée en perspective, ne croyez-vous pas ?

E. *Traduisez les phrases suivantes.*

1. Where were you born?

   _____

2. When did you graduate from high school?

   _____

3. Why do you want to work for our company?

   _____

4. How did you come here?

_____

5. What did you do last night?

_____

6. What is your schedule today?

_____

7. What would you like? tea or coffee?

_____

8. Whose glasses are these?

_____

■■■■■■■■■■■■■ **TRAVAIL DE GROUPE** ■■■■■■■■■■■■■

Vous êtes journaliste. Une célébrité du monde artistique ou littéraire vous accorde l'interview que vous aviez sollicitée. Cette personne exige de pouvoir répondre brièvement aux questions posées. Mettez cette interview en scène ou faites-en le compte-rendu.

Vous vous diviserez en groupes de quatre ou cinq. Dans chaque groupe vous choisirez un rapporteur qui prendra des notes et organisera le travail, un(e) autre sera la célébrité, un(e) troisième mènera l'interview, et un(e) quatrième fera une présentation à la classe entière; tous vous essaierez de trouver des questions à poser à la célébrité.

2. LE DISCOURS INDIRECT

I.   INDIRECT DISCOURSE CONSTRUCTIONS

If you say : « _Qui frappe ?_ », « _Qu'est-ce que vous voulez manger ?_ », « _Qu'est-ce qui ne va pas ?_ », you are asking a direct question, you are repeating words exactly as they were said; there is a question mark at the end of the clause. The question is usually introduced by a verb such as _dire, demander_ followed by a colon and quotation marks:

Il m'a dit : « Quand pars-tu ? »

or if the introductory verb is later in the sentence, the subject and the verb will be inverted :

« Si vous venez tôt, _dit ma mère_, nous ferons une promenade. »

If you say: — _Je me demande qui frappe,_ — _Je voudrais savoir ce que vous voulez manger,_ — _Dites-moi ce qui ne va pas_, you are asking indirect questions within an indirect discourse construction.

The indirect discourse occurs also in declarative sentences such as:

On m'a dit qu'il fallait arriver avant 10 heures (= on m'a dit: « il faut arriver avant 10 heures »)

Il m'a promis que ce serait prêt demain matin. (= il m'a promis: « ce sera prêt demain matin » ou bien : « Ce sera prêt demain, m'a-t-on promis. »)

Je lui ai annoncé que nous avions décidé de l'engager. (= je lui ai annoncé: « nous avons décidé de vous engager »)

Je vous demande de vous taire. (= Je vous demande: « taisez-vous »).

Ma mère dit que si vous venez tôt nous ferons une promenade. (most likely to happen)

Ma mère dit que si vous veniez tôt nous ferions une promenade. (somewhat unlikely)

An indirect discourse construction follows verbs such as *annoncer, croire, déclarer, exiger, penser, proposer, recommander, répondre, savoir* etc. The indirect statement is introduced by the conjunction *que*, or the preposition *de* and a verb in the infinitive. *Que* is repeated before each subordinate clause of the statement. Within the indirect statement, pronouns, verb tenses and adverbs of time must be changed according to the meaning of the sentence and the rules of the sequence of tenses.

STUDY THESE EXAMPLES

 a. Je me demande *à qui il faut s'adresser* pour obtenir ce renseignement.

 b. On ne sait jamais *quand finit* notre journée de travail.

 c. Nous ne savons pas *ce qu'il a voulu* dire.

 d. Dites-nous *pourquoi vous étiez* absente hier.

 e. Il nous a déclaré *qu'il démissionnait*.

 f. Le comptable a confirmé *que nous serions payés* dans la semaine.

 g. Elle m'a proposé *de travailler* un jour sur deux.

 h. — Je viendrai demain. — Il a dit *qu'il viendrait* le lendemain.

 i. —Viendrez-vous demain ? — Il m'a demandé *si je viendrais* demain / le lendemain.

  If the declarative verb is in the present, the verbs of the subordinate clause will be in the same tenses as in direct discourse (a. to d. above). If the declarative verb is in the past, the subordinate verbs will be in the tenses indicated in the following chart (e. to i. above).

DIRECT DISCOURSE	INDIRECT DISCOURSE IN THE PAST
present	imperfect, *passé composé*
passé composé	*plus-que-parfait*
future	present conditional
futur antérieur	past conditional
imperfect	imperfect
plus-que-parfait	*plus-que-parfait*
present conditional	present conditional
past conditional	past conditional

II.   EXERCICES

A.   *Mettez les phrases suivantes au discours indirect.*

   1.   Hier, mes amis m'ont dit: « tu as vraiment bonne mine. »

   _____

   2.   J'ai répondu: « ça me fait plaisir ! »

   _____

   3.   Mon patron m'a dit: « vous faites du bon travail. »

   _____

   4.   J'ai répondu: « je fais de mon mieux. »

   _____

   5.   Je me suis dit: « je passe une bonne journée. »

   _____

   6.   Quand il est parti, son amie lui a dit: « J'attendrai ton retour ! »

   _____

B.   *Mettez les phrases suivantes au discours direct.*

   1.   Une de mes collègues m'a demandé de la remplacer pendant son absence.

   _____

   2.   Le service de sécurité ordonne qu'on ferme les portes.

   _____

   3.   On m'a conseillé d'analyser quelques dossiers.

   _____

   4.   Le médecin recommande que nous fassions du sport.

   _____

   5.   Nous répondons que nous n'avons pas le temps.

   _____

   6.   On lui a expliqué que sa présence était nécessaire.

   _____

▨▨▨▨▨   LECTURE ET TRAVAIL DE GROUPE   ▨▨▨▨▨

Vous trouverez à la page suivante le célèbre questionnaire que Marcel Proust, dit-on, présentait à ses amis.

Vous vous diviserez en groupes de quatre ou cinq. Dans chaque groupe vous choisirez un rapporteur qui prendra des notes et organisera le travail, un(e) autre mènera la discussion, un(e) troisième fera une présentation à la classe entière. Tous vous répondrez aux questions posées et vous en poserez d'autres choisies parmi les autres questions du questionnaire d'après vos intérêts personnels.

Lisez le questionnaire soigneusement. Répondez aux questions marquées d'un astérisque (*). Avant d'y répondre, posez la question.

EXEMPLE: Le principal trait de mon caractère...
             Question: Quel est le principal trait de votre caractère ?

             Ce que j'apprécie le plus chez mes amis...
             Question: Qu'est-ce que vous appréciez le plus chez vos amis ?

LE QUESTIONNAIRE DE MARCEL PROUST

*—Le principal trait de mon caractère _____

*—La qualité que je désire chez un homme _____

*—La qualité que je désire chez une femme _____

*—Ce que j'apprécie le plus chez mes amis _____

*—Mon principal défaut _____

*—Mon occupation préférée _____

*—Mon rêve de bonheur _____

*—Quel serait mon plus grand malheur _____

*—Ce que je voudrais être _____

*—Le pays où je désirerais vivre _____

*—La couleur que je préfère _____

*—La fleur que j'aime _____

*—L'oiseau que je préfère _____

*—Mes auteurs favoris en prose _____

*—Mes poètes préférés _____

*—Mes héros favoris dans la fiction _____

*—Mes héroïnes favorites dans la fiction _____

*—Mes compositeurs préférés _____

*—Mes peintres favoris _____

*—Mes héros dans la vie réelle _____

*—Mes héroïnes dans la vie réelle _____

*—Mes noms favoris _____

*—Ce que je déteste par-dessus tout _____

★—Caractères que je méprise le plus _____

★—Le fait militaire que j'estime le plus _____

★—La réforme que j'admire le plus _____

★—Le don de la nature que je voudrais avoir _____

★—État présent de mon esprit _____

★—Fautes qui m'inspirent le plus d'indulgence _____

★—Ma devise _____

À VOUS DE RÉFLÉCHIR

Vous dirigez un bureau de placement qui se spécialise dans l'emploi des jeunes.
Comment se déroulent leurs conversations avec vous ?
Quelles questions posez-vous ? Que vous répond-on ?
Quelles questions vous pose-t-on ? Qu'y répondez-vous ?

NOTES BIOGRAPHIQUES

Adiaffi, Jean-Marie (1941–1999)

Écrivain ivoirien. Il a d'abord fait des études de cinéma à l'IDHEC (Institut des Hautes Études Cinématographiques) à Paris. Il a ensuite étudié la philosophie à la Sorbonne, puis il est rentré en Côte d'Ivoire pour se consacrer au roman (*La Carte d'Identité*) avant d'écrire son premier recueil de poésie: *D'Éclairs et de foudres*. Il écrira aussi *Les naufragés de l'intelligence*. Sa poésie comme sa prose sont parfois violentes, mais toujours passionnées et généreuses. Il a reçu en 1981 Le Grand Prix Littéraire d'Afrique Noire.

Beaumarchais, Pierre Augustin Caron de   see chapter 8

Molière   see chapter 3

Proust, Marcel (1871–1922)

Marcel Proust est considéré comme le grand romancier du XXème siècle. Son chef-d'œuvre, *À la recherche du temps perdu,* est un roman de 3 000 pages qu'il commença alors qu'il avait 30 ans et sur lequel il travailla jusqu'à sa mort. Proust réussit à recréer son monde à lui grâce à l'intensité de ses réminiscences et de ses sensations et en y mêlant intimement les personnages du monde aristocratique dans lequel il évolue.

Du côté de chez Swann qui paraît en 1913 et *À l'ombre des jeunes filles en fleurs* qui reçoit le prix Goncourt en 1919 font partie de *À la recherche du temps perdu*. Même si le passé paraît nous échapper, il demeure dans notre mémoire et est ressuscité par de multiples sensations, voici le thème central du roman; tel le goût de la madeleine trempée dans une tasse de thé qui fait ressurgir chez l'auteur toute une période de son existence.

Renoir, Jean   see chapter 7

Voltaire   see chapter 10

Chapitre 18

LA CUISINE, LA NOURRITURE

LES CONJONCTIONS

In French, as in English, there are two types of conjunctions: coordinating conjunctions and subordinating conjunctions. They are invariable.

Coordinating conjunctions such as : *mais, ou, et, donc, or, ni, car, cependant, ensuite, ainsi* join words or clauses which have the same grammatical function. They provide transitions between elements of the text:

> Le drapeau est bleu, blanc *et* rouge.
> Il fait froid *mais* il n'y a pas de vent.

Subordinating conjunctions such as : *que, parce que, afin que, quand, de sorte que, si, comme* connect a main clause with a dependent clause which is the subordinate clause.

> Je ne mange pas *parce que* je n'ai pas faim.
> Nous vous préviendrons *quand* nous aurons des nouvelles.

STUDY THESE EXAMPLES

> Tu entres *ou* tu sors, décide-toi.
> Je vais vous dire au revoir *car* je dois partir.
> *Si* tu ne veux pas dîner, tu quittes la table
> Nous ne prenons *ni* thé, *ni* café.
> *Puisqu'*il fait beau, mettons-nous en route.
> Ferme les fenêtres *de peur qu'*il ne pleuve.
> Il prépare un grand dîner *sans qu'*elle le sache.

I.   WHEN TO USE CONJUNCTIONS

a.   *Coordinating conjunctions*
When they connect two nouns, adjectives or infinitives, their role is self evident. They can express a link, time, opposition, result.
When they connect clauses, the two clauses are complete: *il fait froid, il n'y a pas de vent* are complete sentences which make sense on their own. The conjunction links two independent clauses.

The most common coordinating conjunctions, besides the ones listed above, are:

ainsi, alors, d'abord, d'ailleurs, au contraire, cependant, donc, en conséquence, en effet, enfin, en fin de compte, en outre, en somme, finalement, néanmoins, pourtant, c'est pourquoi, par conséquent, par contre, tout compte fait, toutefois

---

NOTES

1. *donc* is never used at the beginning of a sentence; use *c'est pourquoi, par conséquent*.
2. If *ainsi, aussi, peut-être, sans doute* are at the beginning of a sentence, the verb and the subject must be inverted. The conjunction may be placed in the middle of the sentence to avoid this inversion.

   Sans doute a-t-il raison. / Il a sans doute raison.
   Ainsi soit-il !
   Ainsi va la vie !

---

b. *Subordinating conjunctions*

They subordinate one clause to the other. The dependent clause cannot stand alone, it is not a complete sentence. The conjunction is used to join it to the main clause. These conjunctions are often formed by a preposition followed by *que*.

Conjunctions of subordination do not all have the same status. As you know from studying the different tenses and moods, verbs may follow different conjunctions, some requiring the indicative, others the subjunctive.

Among conjunctions requiring the *indicative*, often the *futur antérieur*, there are: *quand, lorsque, dès que, aussitôt que, après que, pendant que, vu que, suivant que*.

Among conjunctions requiring the *subjunctive* there are: *bien que, quoique, avant que, de peur que, afin que, pour que, sans que, jusqu'à ce que, en attendant que, soit que* (see Chapter 8, section I).

NOTES

1. The conjunction *que* has a special status: it will introduce a subordinate verb in the indicative or the subjunctive depending on the verb in the main clause:

   Je sais qu'il viendra.
   Nous espérons qu'il pleuvra.

   It introduces a subordinate verb in the subjunctive when it follows a verb expressing emotion, will, desire, necessity, possibility or doubt.

   Il faut qu'il sache l'heure de votre arrivée.
   Je doute qu'il vienne.

   Que can also replace another conjunction instead of repeating it in the same sentence: *si, quand* can be replaced by *et que*

   Si tu viens dimanche *et qu'il fasse beau*, nous ferons une randonnée.

2. *Comme* can be a conjunction of subordination (a) or an adverb (b); it expresses time, cause or comparison.

    a. Comme elle sera là demain, il faut préparer une chambre.
        Comme il pleuvait, je ne suis pas sortie.
        Nous sommes arrivés comme il partait.

    b. Il écrit comme il parle; il fait doux comme au printemps; elle est jolie comme tout; comme c'est cher !

3. *Si* can also be a conjunction of subordination (a) or an adverb (b).

    a. Nous dînerons ensemble si vous le voulez bien.
        Si j'avais su, je n'aurais rien dit.
        Elle a fait comme si je n'étais pas là.
        Vous me direz si vous pouvez venir (interrogation indirecte).

    b. Vous n'étiez pas là hier. Mais si, j'étais là !
        Je ne suis pas si paresseux que ça !

4. Conjunctions are omnipresent be it in the spoken language or in the written language.

II. EXPRESSIONS ET EXEMPLES LITTÉRAIRES

Ce n'est ni l'heure ni le moment.
Comme on fait son lit, on se couche.
La parole est d'argent, mais le silence est d'or.
Je pense, donc je suis.
Il faut qu'une porte soit ouverte ou fermée.
« Puisque c'est ainsi », le petit prince a dit: «nous reviendrons mardi ».
La journée s'écoule sans que personne ne vienne me voir.

Gustave Flaubert (1821–1880)

...Cet endroit où elle admettait peu de monde avait l'air tout à la fois d'une chapelle et d'un bazaar, tant il contenait d'objets religieux et de choses hétéroclites.
    (*Un Cœur simple, Trois contes*, 1877)

Bernard Dadié (1916–)

Le Parisien. Cet homme qui ne sait plus tenir un os est le plus compliqué du monde. Il a arrangé sa vie de telle sorte que nous y perdions notre latin. On ne sait jamais dans ce pays quand il faut se lever, quand il faut s'asseoir, qui doit-on laisser passer le premier, ni ce qu'il faut répondre à certains compliments formulés de façon à se presenter sous deux ou trois angles, deux ou trois acceptions. Amoureux d'équilibre, le Parisien donne à ses phrases une forme équilatérale. Et de là à se prétendre simple comme le bonjour, il n'y avait qu'un pas. Qui veut-il tromper quand nous savons qu'il y a ici toute une gamme de bonjours... ?
    (*Un nègre à Paris*, © 1964, Fernand Nathan, *littérature africaine* 7, © 1959, Présence Africaine)

Ferdinand Oyono (1929–2010)

Un chef coutumier. Mengueme, lui, est un vieillard aussi rusé que la tortue des légendes. Bien qu'il comprenne et parle le français, il fait toujours semblant de ne rien comprendre. Il peut boire du lever au coucher du soleil sans qu'il y paraisse...

(*Une vie de boy*, 1956, Fernand Nathan, *littérature africaine 8*)

Mongo Beti (1932–2001)

La passerelle. Toi, Khoumé, ordonna-t-il, attends ici. Je conduirai d'abord ta sœur; quand je serai sur l'autre berge, je frotterai une allumette, ainsi tu pourras voir la passerelle. C'est un tronc d'arbre crevassé, bosselé, très dangereux: il doit être glissant après toute cette pluie. Alors attends ici et ne bouge pas. Quand je frotterai une allumette, tu pourras venir; pas avant, prends garde...

(*Ville cruelle*, 1954 , Fernand Nathan, *littérature africaine 5*)

III. EXERCICES

A. *Dans le passage suivant, complétez les phrases avec une des conjonctions suivantes.*

afin que	ainsi	donc	et	comme
puisque	quand	que	si	pourvu que

Avant de s'asseoir à table avec ses invités, il faut avoir beaucoup réfléchi _____ beau-
1.

coup travaillé. On espère _____ que tout le monde sera satisfait. _____
2.   3.

c'est l'été, il faut préparer un repas léger. _____ on sert du poisson avec une sauce,
4.

_____ on le cuisine, il faut s'assurer que tous les ingrédients sont frais. Ce plat sera
5.

_____ très apprécié. On peut ajouter une tarte aux légumes _____ les
6.   7.

végétariens puissent satisfaire leur appétit. Quoi que vous serviez, faites en sorte _____
8.

ce soit appétissant. _____ le plat est joli et _____ la cuisine sent bon, vous avez
9.   10.

presque gagné.

B. *Employez les conjonctions suivantes dans des phrases de votre composition.*

alors	après que	au contraire	cependant	comme
d'ailleurs	dès que	jusqu'à ce que	or	de peur que

IV. RECETTES DU MONDE FRANCOPHONE

1. FRANCE:
   Voici une recette très simple pour ceux et celles d'entre vous qui ne mangent pas de viande. C'est une façon rapide de préparer les endives.
   Endives à la poêle
   Pour quatre personnes, il vous faudra:
   1 kg d'endives, 140 gr de beurre, 1/2 citron, du sel et du poivre.
   Enlevez les feuilles extérieures des endives. Lavez rapidement les endives.
   Mettez-les dans une grande casserole avec le jus du demi citron, une pincée de sel et 30 gr de beurre. Mettez de l'eau pour couvrir le tout.
   Portez à ébullition sur feu vif. Couvrez avec un papier (sulfurisé ou aluminium) beurré. Baissez la flamme et laissez cuire pendant 35 minutes.
   Laissez les endives refroidir dans le jus de cuisson. Égouttez-les avec soin en les pressant, si besoin est.
   Mettez les 100 grammes de beurre dans une poêle. Faites chauffer. Lorsque le beurre mousse, mettez-y les endives et faites-les rouler pour qu'elle deviennent bien blondes. Salez et poivrez.
   Servez dans un joli plat.

2. MARTINIQUE:
   Bananes aux raisins secs
   Pour quatre personnes, il vous faudra:
   4 bananes (pas trop mûres), 30 gr de beurre, 3 cuillérées à soupe de rhum, 1 orange, 100 gr de raisins secs, 50 gr de sucre en poudre, 1/2 sachet de sucre vanillé, 1 clou de girofle.
   Épluchez les bananes et coupez-les en deux dans le sens de la longueur. Faites fondre le beurre dans une poêle. Mettez les bananes dans le beurre chaud et faites-les dorer pendant quelques minutes. Lorsqu'un côté est bien doré, retournez-les délicatement. Pressez l'orange. Ajoutez le jus d'orange, le sucre en poudre, le sucre vanillé, le rhum, les raisins secs et le clou de girofle dans la poêle. Portez à ébullition et faites flamber; faites attention !
   Avant de servir très chaud, enlevez le clou de girofle.

3. VIETNAM:
   Riz sauté aux œufs et aux crevettes:
   Pour six personnes, il vous faudra:
   1 kg de riz blanc cuit et bien refroidi, 200 g de crevettes épluchées, 4 œufs, 4 ou 5 échalotes hachées assez gros, 2 gousses d'ail hachées très fin, 4 branches de coriandre fraîche, 5 cl d'huile, sel, poivre, 1 cuillérée à soupe de *nuoc-mâm* (sauce de poisson vietnamienne facile à trouver dans les épiceries asiatiques).
   Dans une grande poêle, faites chauffer la moitié de l'huile et faites revenir le tiers des échalotes hachées. Ajoutez l'ail et les crevettes et mélangez pendant 3 ou 4 minutes. Ajoutez le *nuoc-mâm* et mettez de côté.
   Faites chauffer le reste de l'huile dans la poêle. Faites dorer le reste des échalotes, ajoutez les œufs battus et mélangez bien. Ajoutez le riz, mélangez, salez et poivrez.
   Quand le riz est bien chaud, ajoutez les crevettes que vous aurez déjà fait sauter.

Au moment de servir, disposez les feuilles de coriandre sur le riz et poivrez.

4. SÉNÉGAL:

Confiture de mangues
1 kg de mangues, 750 gr de sucre, un zeste de citron, quelques tranches de citron.
Choisissez les mangues encore dures. Coupez-les en morceaux et versez le sucre en poudre dessus. Laissez macérer pendant deux heures au moins. Le sucre est alors fondu. Mettez le tout sur le feu, dans une bassine assez large et basse, avec le citron (zeste et tranches). Laissez cuire à feu moyen pendant une heure et demie environ.

TRAVAIL DE GROUPE

Divisez votre classe en groupes de quatre ou cinq élèves.
Que chaque groupe choisisse la cuisine d'un pays francophone, qu'il fasse une présentation sur ce qui en fait l'originalité en insistant sur les condiments et les épices. Les échantillons seront les bienvenus.
On emploiera de nombreuses conjonctions.
N'oubliez pas de joindre la recette à ce que vous aurez cuisiné.

LECTURE

À la recherche d'une alimentation équilibrée.

L'épidémie d'obésité chez les enfants ne s'étend pas seulement aux États-Unis. Ce phénomène fait surface dans bien d'autres pays que ce soit la Chine, la Grande-Bretagne ou la France. Les Français en prennent de plus en plus, et nous devrions dire de mieux en mieux, conscience et on observe à l'heure actuelle un déploiement de mesures dans plusieurs domaines et tout particulièrement dans les milieux scolaires.

On sait maintenant que les enfants obèses le resteront quand ils deviendront adultes. L'éducation dès le plus jeune âge est donc indispensable, car c'est de plus en plus difficile de résoudre le problème de l'obésité quand il est établi. En France, dix villes se sont associées au ministère de la Santé pour lancer le projet Epode (Ensemble prévenons l'obésité des enfants). On avait constaté au début due XXIème siècle que 22 % des enfants étaient en surpoids, un indice qui précède l'obésité, et le projet Epode, prévu pour un minimum de cinq ans, essaie d'enrayer cette progression jusque là continue vers l'obésité.

La ville de Beauvais, située à 80 kilomètres au nord de Paris, participe depuis plusieurs mois à cette expérience. Certains jours, les instituteurs arrivent à l'école, non pas portant livres et cahiers, mais des petits pains, des fruits, des yaourts, des tas de bonnes choses à manger. Un certain nombre de parents viennent également et tous vont partager un bon petit déjeuner. « *En début d'année*, dit la maîtresse des CE1 (Cours élémentaire, première année) *j'ai constaté que les élèves étaient nombreux à venir à l'école le ventre vide. Du coup, à l'heure de la récréation, ils dévoraient des biscuits chocolatés ou des barres de céréales et n'avaient plus faim à midi »* Aujourd'hui, les petits «snacks» de 10 heures ont disparu et parents et enfants apprennent à manger une nourriture plus équilibrée.

Pour lutter contre l'obésité, pas question de régime ou de demi-portion. Le but de l'opération est de mieux faire connaître tous les aliments essentiels, de convaincre chacun qu'on ne fait que quatre repas par jour et de faire trouver l'équilibre alimentaire optimum tout en développant l'activité physique. On apprend à reconnaître les différentes catégories d'aliments : féculent, légumes, céréale, sucre rapide, les bons et ceux qu'il faut éviter. On échange des conseils simples, on emploie un vocabulaire adapté où l'on désigne les aliments par leur nom plutôt que par leur composition; on parle de fruits et de légumes, et non pas de glucides, de fibres ou de protéines. Et ça marche !

Ce succès, on le doit aussi à la ville entière parce que tout le monde s'y est mis. L'école d'infirmières prête son aide aux médecins et infirmières scolaires : les élèves infirmières viennent régulièrement peser les enfants. Les étudiants de l'Institut supérieur agricole analysent les données. À la cuisine centrale, un ancien chef d'un grand restaurant surveille la composition des menus et met en garde : « *Attention, les enfants mangent quatre repas par semaine à la cantine contre dix à la maison. La prise de poids se fait ailleurs, en grignotant devant la télé ou les jeux vidéo.* »★

La prise de conscience se fait réellement. Un docteur voyant un enfant en surpoids prescrit de supprimer les sodas et les sucreries et on l'écoute : l'enfant retrouve vite un poids normal. Des ateliers sont destinés aux parents pour leur apprendre à distinguer les aliments qui peuvent faire atteindre l'équilibre nutritionnel et une bonne santé pour l'avenir. Le mouvement se propage : un réseau européen Epode se constitue en Grande-Bretagne, en Espagne, en Italie, en Belgique, au Luxembourg et en Grèce, dont l'objectif est de faire prendre de nouvelles habitudes alimentaires.

★cité dans un reportage de Claire Legros, dans la revue *La vie,* numéro 3114, semaine du 4 mai 2005, éditée par Malesherbes Publications, S.A., Paris.

Questions

1. Pourquoi les instituteurs arrivent-ils parfois à l'école sans livres ?
2. À votre avis, comment le problème de l'obésité chez les enfants peut-il être pris en considération ?

À VOUS DE RÉFLÉCHIR

1. Vous êtes journaliste chargé(e) de la rubrique des restaurants. Présentez-en une.
2. Parmi les restaurants que vous connaissez, il y en a un que vous aimez beaucoup ou, au contraire, qui ne vous plaît pas du tout. Expliquez à un(e) ami(e) pourquoi ce restaurant vous plaît ou vous déplaît.

NOTES BIOGRAPHIQUES

Beti, Mongo (1932–2001)

Écrivain camerounais; s'opposant au régime politique, il a longtemps vécu en exil.

Il a fait de brillantes études en France et y a enseigné pendant près de 40 ans. Dans ses romans *Ville cruelle, Le pauvre Christ de Bomba, Mission terminée, Remember Reuben, Trop de soleil tue l'amour, Perpétue,*

Mongo Beti met en scène les héros de l'épopée du peuple noir aux prises avec les bouleversements de l'indépendance et de ses suites, avec les conflits entre la vie traditionnelle et les changements qui se déroulent sous ses yeux. Pour lui, le malheur n'a jamais de fin. La colonisation était cruelle mais l'indépendance avec ses nouveau maîtres a déçu. C'est par l'écriture qu'il se révolte.

Dadié, Bernard (1916–)

Né à Abidjan, éduqué à Dakar où il devient Directeur de l'Institut Fondamental d'Afrique Noire. Revient en Côte d'Ivoire pour devenir instituteur. Poète, il manie la langue avec passion. Il écrit six livres de poésie dont *Afrique debout* (1950), un appel aux armes contre la domination coloniale. Dans le volume suivant *La Ronde des jours* (1954), il faut citer le poème *Je vous remercie, mon Dieu, de m'avoir créé noir* plein de dignité et d'émotion. Il s'intéresse aussi au folklore et à l'histoire orale de son pays : *Le pagne noir* (1955). Il a créé un centre d'art dramatique et écrit des pièces de théâtre, des romans et des chroniques dont *Un nègre à Paris* où il relate sous forme d'une longue lettre ses impressions lors de son premier voyage à Paris, également *Patron de New York* (1964) et *La Ville où nul ne meurt (Rome)* (1968). L'ensemble de son œuvre, c'est une étude approfondie de la condition humaine.

Flaubert, Gustave (1821–1880)

Né à Rouen en Normandie. Dès l'âge de 15 ans, il écrit. Commence à Paris des études de droit qu'il abandonnera pour se consacrer à la littérature. En 1844, il subit sa première crise d'épilepsie. *L'Éducation sentimentale* est finie en 1845, en 1849: *La tentation de Saint-Antoine*. Flaubert part en Egypte et au Moyen-Orient avec un ami. C'est alors qu'il commence à écrire *Madame Bovary*, roman sur lequel il passera 5 ans. Son succès initial est dû au scandale qu'il cause. On accuse Flaubert de publier un livre immoral. *Salammbô* paraît en 1862 et remporte du succès. Flaubert est à l'aise dans la société du Second Empire où il se lie d'amitié avec des écrivains tels que Sainte-Beuve, les frères Goncourt, Théophile Gautier, Georges Sand et aussi avec la Princesse Mathilde, cousine de l'empereur. Après la chute de l'empire, les drames s'accumulent : mort de sa mère, soucis financiers. Ses amis le soutiennent et il publie *Trois Contes* en 1877.

Le soin extrême de Flaubert pour la langue et la poursuite obsessive de la perfection du style font de lui un des maîtres de la littérature.

Oyono, Ferdinand   see chapter 8

Chapitre 19

LES SPORTS

LES PRÉPOSITIONS

A preposition is invariable and is, by definition, positioned before another word, be it a noun, a pronoun, an infinitive, a gerund, or a group of words. The word following the preposition is the object of the preposition. The preposition and its object form a prepositional phrase. Beware of literal translation! Neither the meaning of prepositions nor their use is governed by logic.

STUDY THESE EXAMPLES

b. C'est *à* qui ? C'est *à* moi.
Nous sommes *à* Paris, *chez* nos amis, *dans* un grand immeuble situé *sur* la rive gauche.
Il est *au* bureau *depuis* 8 heures ce matin et y sera *jusqu'à* 19 heures ce soir.
En prenant l'autoroute, vous arriverez plus vite.
Il vient *de* partir, et il commence *à* neiger.
La petite fille *aux* cheveux roux qui porte une robe *à* fleurs, c'est ma cousine.
Elle était contente *de* nous voir, c'était facile *à* voir

c. Lave-toi les mains *avant de* te mettre *à* table.
En face de la mairie, vous verrez la poste.
Je partirai *vers* 19 heures *afin de* ne pas être en retard.

d. *Moyennant* 20 euros, j'ai pu visiter l'exposition.

I.   THE DIFFERENT TYPES OF PREPOSITIONS

a.   the "inseparable" prepositions such as *à*, *ad*, *per* and *pré* are part of a word: adjoint, *adoucir, admettre, perfection, perméable, préposer, prévenir, prévoir…*

b.   the simple prepositions, among which the most common are:

à★	*après*	*avant*	*avec*	*chez*
contre	*dans*	*de★*	*depuis*	*derrière*
dès	*devant*	*en★*	*entre*	*envers*
malgré	*outre*	*par*	*parmi*	*pendant*
pour	*sans*	*sauf*	*selon*	*sous*
sur	*vers*	*voici*	*voilà…*	

★à, de, en are usually repeated in front of each word they modify

c. the compound prepositions (composed of two or more words), such as:

à cause de	à côté de	afin de	à force de	à gauche de
à l'insu de	à partir de	à travers	au-dessus de	au lieu de
auprès de	au sujet de	autour de	d'après	de façon à
de manière à	de peur de	en dépit de	en face de	en raison de
faute de	grâce à	hors de	jusqu'à	loin de
par rapport à	près de	quant à	sous prétexte de	vis-à-vis de...

d. participles or adjectives which are used as prepositions, such as:

concernant	durant	étant donné	excepté	moyennant
suivant	supposé	touchant	vu...	

II.   THE ROLE OF PREPOSITIONS

Unlike the adverb which is often self-sufficient, the prepositions are always associated with the word they precede.
They indicate place, time, manner and means.

Je partirai *de chez* moi à 15 heures. Je vais *à* Lyon. J'irai *à* la gare *à* pied.

It is to be noted that the same preposition may have different meanings, for example, *de*:

De 20 degrés, la température est tombée à 5 en moins *de* trois heures.	*from/less*
Lequel *de* vous deux ne dit pas la vérité ?	*of/among*
Donnez-moi une livre *de* beurre *de* Normandie.	*of, from*
Il est mort *d'*une crise cardiaque.	*of*
Je n'ai besoin *de* rien.	—
Il ne faut pas montrer *du* doigt.	*with*

III.   PREPOSITIONS WITH GEOGRAPHICAL EXPRESSIONS

	VILLES	PAYS MASCULINS	PAYS FÉMININS	PAYS PLURIELS
ALLER (*to*) ÊTRE (*in*)	à Paris à Londres au Havre à La Rochelle	au Canada au Brésil en Iran	en France en Angleterre en Sicile en Bretagne en Amérique	aux États-Unis aux Pays-Bas aux Antilles
VENIR (*from*)	de Paris du Havre	du Canada de l'Iran d'Israël	de France de Sicile d'Angleterre de Bourgogne d'Amérique	des États-Unis des Pays-Bas des Antilles

To indicate a place or a direction with proper names of places, *à, de, dans,* and *en* are used as follows:

1. *à*: precedes the name of the city where you are or to which you are going:

   Je suis à Paris, à Naples, à Moscou.
   Nous allons à Rome, à Montréal, à Abidjan.
   Il habite Le Caire, je vais aller le voir au Caire.
   Le paquebot fait escale au Havre.
   À la Nouvelle-Orléans, il y a un quartier français.

   au is used with names of a masculine country where you are or to which you are going, *aux* is used with plural names.

   Je suis au Vénézuela, au Vietnam, au Maroc, au Canada.
   Nous allons au Japon, au Mexique, au Portugal, aux Antilles, aux Pays-Bas, aux États-Unis.

2. *de, d', du, de la*: precede the name of the city one is coming from:

   Elle vient de Bordeaux, d'Amiens, du Caire, de la Rochelle.

   de, d', du, des: precede the name of a country one is coming from; *de* is used without article with names of feminine countries.

   Vous arrivez de Chine, d'Irlande, du Brésil, du Cambodge, des Philippines.

3. *dans*: precedes the name of most American states whose name is masculine in French, if you wish to express the fact that you are there or are going there.

   Nous passons nos vacances dans le Maine, dans le Vermont, dans l'Idaho.
   (mais on dira: Dorothy et ses amis vivaient au Kansas. C'est au Texas qu'il y a des rodeos.).

   dans is used with modified names of a country or a region, American states and French departments.

   Pour son reportage, il est allé *dans la France profonde.* On mange du fromage
   dans la France entière (dans toute la France).
   Dans le Bordelais, on se réjouit toujours du beau temps; c'est bon pour la vigne.
   Nour irons dans la Caroline du Nord.
   C'est à Échiré, dans les Deux-Sèvres qu'on trouve le meilleur beurre.
   Le port de Marseille se trouve dans les Bouches-du Rhône qui se trouvent dans le Midi de la France.

   Note that one says: Orléans est au sud de Paris, Rouen est à l'ouest.
                Cet été, nous voyagerons dans le Sud.

4. *en*: precedes the name of a country or a region which is feminine, or that of a masculine country whose name begins with a vowel, when you wish to express that you are there or going there.

Nous sommes en Suède, nous irons en Tunisie.
En Bourgogne, en Lorraine et en Savoie, on trouve d'excellents fromages.
C'est en Alaska que je voudrais faire des randonnées.

IV. USES OF PREPOSITIONS TO EXPRESS TIME, MANNER, MEANS, QUALITY, PURPOSE, CAUSE, POSSESSION, QUANTITY, ETC.

à: Le film commence *à* 20 heures.
Je me porte *à* merveille, mais j'ai trop de choses *à* faire.
Il prend tout *à* la légère.
Faites cuire les légumes *à* la vapeur
Ces places sont à douze euros.
À pied, à cheval, à bicyclette, à skis.
une glace au chocolat
une tasse à café, une machine à coudre

de: Le docteur reçoit sur rendez-vous *de* 15 à 18 heures tous les jours sauf les jours *de* fête.
Je meurs de soif.
Les murs ont 5 mètres *de* haut.
Il fait *de son mieux*, mais ce n'est pas un très bon homme *d'affaires.*
Il cite tous les textes *de mémoire.*
Donnez-moi une *tasse de thé* dans une *tasse à thé.*
le sac de couchage, la salle de bains (*purpose*)
Quoi *de* neuf ? Rien *de* nouveau.

dans: Il est malade, il est dans sa chambre. Il se lèvera dans l'après-midi.
Ils ont été pris dans une avalanche.
Nous sommes dans l'embarras, dans la peine.
Est-ce qu'on se retrouve à la gare ou dans le train ?

en: J'ai lu le journal *en 10 minutes, en prenant* mon petit déjeuner.
En 1815, Napoléon a été vaincu à Waterloo.
Il est passé en coup de vent.
Ne venez pas *en espadrilles*, vous n'êtes pas encore *en vacances.*
En bateau, en voiture, en bus, en hélicoptère.
Mettez une blouse *en soie* avec une jupe à fleurs et des chaussures à talons hauts.
un plat *en porcelaine*

avec: À la campagne, on se lève avec le soleil.
Remplissez le formulaire *avec soin.*
Le serrurier a ouvert ma porte avec un passe-partout.

par: Pour sortir, passez *par* ici.
En revenant du cinéma, nous sommes passés par l'avenue Victor Hugo.
C'est un vrai sportif, il court quatre kilomètres *par* jour *par* tous les temps.
Il ne pense qu'à lui, il agit toujours par intérêt.
Toutes les lettres partent par avion.
Elle *a été nommée* à ce poste *par* le ministre.

pour: Tu en as pour combien de temps ?
Il est passé pour nous dire au revoir.
Demain, il part pour Istambul.

sans: Il part sans plaisir, mais sans se plaindre.

chez: precedes a personal pronoun or the name of a person.
Je reste chez moi. Allez vite chez le docteur. Dînons « chez Panisse »".

To understand better the differences between French and English look carefully at these French expressions and their English translation:

Mal de dents *(toothache)*, veilleur de nuit *(night watchman)*, le journal du soir *(evening paper)*, la soupe du jour *(soup of the day)*, maître d'hôtel *(maitre d)'*, une fièvre de cheval *(a very high fever)*, un vase de Sèvres *(a vase made at Sèvres' manufacture)*, pommes à l'étouffée *(steamed potatoes)*, maison à vendre *(house for sale)*, passer quelques jours à la campagne *(to spend a few days in the country)*, voyager à pied *(to travel on foot)*, il me l'a laissé à 100 euros *(he let me have it for 100 euros)*, je pensais à vous *(I was thinking about you)*.

V. PREPOSITIONS AFTER ADJECTIVES OR VERBS AND BEFORE INFINITIVES

1. Voici un livre *difficile à trouver*, mais *facile à lire*. *Libre à vous* de l'emprunter. C'est bon à manger. C'est *long à préparer*.

   The words in italics form a unit, and can be considered like an idiomatic expression.

   Je ne suis pas *fier de vous*. Je suis *fatigué de vous répéter* toujours la même chose.
   Je suis *contente de* votre réussite. Il est toujours content de lui. Nous sommes contents de vous avoir vus.

   Adjectives such as: *certain, content, curieux, fatigué, fier, heureux* are followed by *de* whether the preposition is followed by a noun, a pronoun or an infinitive.

2. **How to express *il est* (impersonal construction) + adjective:**

   Il n'est pas facile de maîtriser l'emploi des prépositions.
   Il est inutile d'arriver en avance.

   How to express *c'est* (*c'* is a demonstrative pronoun which refers back to a given idea) + adjective: the infinitive preceded by *à* implies a passive meaning.

   Je trouve que la planche à voile c'est un *sport à éviter;* c'est tellement dangereux !
   Le soufflé au fromage, c'est *difficile à réussir*, mais c'est *facile à manger* !

3. **Verb + preposition + noun / pronoun:**
   We refer here to intransitive verbs, that is to say verbs which do not take a direct object.
   The indirect object of an intransitive verb can be a noun or an infinitive.

Among such verbs are:
appartenir à, demander à, faire attention à, manquer à, servir à, s'habituer à, parler à, penser à, promettre à, se mettre à, songer à…
avoir besoin de, avoir honte de, avoir peur de, manquer de, parler de, penser de, se moquer de, remercier de, se souvenir de…

Il n'appartient à aucun parti politique.
Il a promis à son professeur de se mettre au travail.
Je pense souvent au livre que vous m'avez offert et je me demande ce que vous pensez de ce roman.

A given verb may be followed by different prepositions which lead to different meanings: manquer à / de *to be missed / to lack, to fail*
penser à / de *to think of / to have an opinion*

En pensant à vous ce matin, je me demandais ce que vous penseriez de notre nouveau directeur. Si vous manquez le train, vous nous manquerez à tous, mais ne manquez pas de nous prévenir !

4. Verb + preposition + infinitive:

While most verbs require a preposition to be linked to a preceding verb, some verbs may be followed directly by an infinitive. See Chapter 10, section II for a list of such verbs.

a. Some verbs require the preposition *à* before an infinitive.
Il commence à pleuvoir.
J'ai réussi à terminer ce travail très difficile.
Among such verbs are:

aider à	*s'amuser à*	*apprendre à*	*avoir à*	*chercher à*
commencer à	*continuer à*	*se décider à*	*encourager à*	*faire attention à*
forcer à	*s'habituer à*	*hésiter à*	*inviter à*	*se mettre à*
obliger à	*penser à*	*se plaire à*	*se préparer à*	*renoncer à*
réussir à	*servir à*	*suffire à*	*tarder à*	*tenir à*

b. Some verbs require the preposition *de* before the infinitive.
Ils viennent d'arriver.
Je te conseille de ne pas rester au soleil.

accepter de	*accuser de*	*achever de*	*s'arrêter de*	*avoir besoin de*
avoir envie de	*avoir peur de*	*cesser de*	*choisir de*	*décider de*
demander de	*dire de*	*empêcher de*	*essayer de*	*éviter de*
finir de	*manquer de*	*mériter de*	*s'occuper de*	*oublier de*
parler de	*se plaindre de*	*promettre de*	*refuser de*	*regretter de*
remercier de	*rêver de*	*risquer de*	*tâcher de*	*venir de*

c. Some verbs which take a direct object require *à* before the following infinitive.
Elle aide son petit frère à apprendre ses tables de multiplication.
Ils invitent souvent leurs voisins à prendre l'apéritif.

aider quelqu'un à   *encourager qqn à*   *forcer qqn à*   *inviter qqn à*
obliger qqn à

d. Some verbs which take a direct object require *de* before the following infinitive.

Elle a convaincu ses parents de la laissser faire du yoga.

accuser qqn de   *empêcher qqn de*   *féliciter qqn de*   *remercier qqn de*

e. Some verbs require the preposition *à* before the indirect object and *de* before the following infinitive.

On demande aux enfants de ne pas marcher sur la pelouse.
Elle a promis à son amie de venir la chercher.

commander à qqn de   *conseiller à qqn de*   *défendre à qqn de*   *demander à qqn de*
dire à qqn de   *écrire à qqn de*   *interdire à qqn de*   *offrir à qqn de*
ordonner à qqn de   *permettre à qqn de*   *promettre à qqn de*   *proposer à qqn de*
recommander à qqn de   *reprocher à qqn de*   *suggérer à qqn de*

f. Some verbs require the preposition *à* before the indirect object and also before the following infinitive.

Il conduit bien et il est très patient, c'est lui qui a appris à conduire à toute la famille.

apprendre à qqn à   *enseigner à qqn à*

NOTES

1. Unlike the common usage in English, many prepositions in French are repeated before the word they introduce.

   Nous irons à Paris et à Saint-Malo.
   Nous en avons parlé à son père et à son oncle.
   Que pensez-vous du film et des acteurs ?
   Il passé son temps à faire du sport et à écrire des poèmes.

2. The preposition *en* is never followed by an infinitive but by the present participle (See chapter 10)

   Elle est arrivée en pleurant.
   C'est en faisant de l'exercice que vous vous sentirez mieux.

3. When not followed by a noun or by *que*, *après* is followed by the past infinitive.

   Après avoir fait ses adieux, il a serré la main de ses collaborateurs.
   Après nous être excusés de notre retard, nous sommes allés nous asseoir.

4. *Avant de, pour,* and *sans* may be followed by the infinitive present or past.

   Ils sont sortis sans me parler.
   Ils sont sortis sans avoir dit un mot.

VI. EXPRESSIONS, PROVERBS AND TITLES USING PREPOSITIONS

—*Vingt mille lieues sous les mers, Le tour du monde en quatre-vingts jours, Cinq semaines en ballon* sont des titres de romans de Jules Verne (1828–1905).

—*A la recherche du temps perdu, Du côté de chez Swan* sont des titres d'œuvres de Marcel Proust.

—*Pour qui sonne le glas* est un roman d'Ernest Hemingway.

—*Le jeu de l'amour et du hasard, En attendant Godot* sont des titres de pièces de théâtre.

—*En effeuillant la marguerite, Fenêtre sur cour, A l'ouest, rien de nouveau* sont des titres de films.

—*Au clair de la lune, mon ami Pierrot; En passant par la Lorraine avec mes sabots; Une fleur au chapeau, à la bouche une chanson* sont les premières lignes de chansons connues.

—**Quelques proverbes :**
—*Œil pour œil, dent pour dent; À cœur vaillant, rien d'impossible; Loin des yeux, loin du cœur; Dans le doute, abstiens-toi,* sont des proverbes.

VII.   EXERCISES

A.   *Complétez les phrases suivantes en employant* **à** *ou* **de.**

1. Ce livre est à moi, l'autre c'est le livre _____ Hélène.

2. Nous sommes partis _____ Paris à 8 heures et nous sommes arrivés _____ Bordeaux pour déjeuner.

3. Est-ce qu'on vous a demandé _____ remplir un formulaire ?

4. J'ai demandé _____ Directeur _____ me donner deux jours _____ congé.

5. Que pensez-vous _____ ce nouveau film ?

6. Il me fait penser _____ un film que j'ai vu il y a plusieurs années.

7. André est toujours content _____ lui; c'est facile _____ voir.

8. Je t'interdis _____ y toucher, ce n'est pas bon _____ manger.

9. Les tissus synthétiques sont moins agréables _____ porter que la laine, le cotton ou la soie.

10. Redonnez-moi vite votre numéro de téléphone. Il m'est impossible _____ m'en souvenir.

11. C'est plus facile _____ dire qu' _____ faire !

12. Je rêve _____ faire le tour _____ monde.

13. Elle vient de se faire opérer _____ l'appendicite.

14. Je ne leur permets pas _____ manger des bonbons ou des gâteaux entre les repas.

15. Ecoutez bien, c'est _____ vous que ce discours s'adresse.

16. Je me passe facilement _____ café.

17. Mais, je tiens _____ boire une tasse de thé avant _____ partir travailler le matin.

18. Elle a enfin décidé _____ apprendre _____ conduire.

19. Il était décidé _____ lui acheter une bicyclette.

20. L'exercice est fini. C'est _____ nous _____ le corriger.

B. *Complétez en employant une des prépositions suivantes.*

à	avec	dans	de	en
entre	par	pour	sans	sous

1. Ne parlez _____ cela _____ personne. Que cette conversation reste _____ nous.

2. _____ le règne de Henri IV, les Français mangeaient leur poule _____ pot tous les dimanches.

3. Le bébé dort, sortez _____ faire de bruit.

4. Vous prenez votre thé _____ ou _____ sucre?

5. _____ principe, je serai _____ retour _____ 20 heures, mais ne m'attendez pas _____ dîner.

6. _____ printemps, on cueille des jonquilles, _____été on cueille des marguerites.

7. Si je suis pressée, je déjeune _____ dix minutes.

C. *Complétez en employant les prépositions suivantes.*

à   au lieu de   contre   de   depuis   en   jusqu'à   par   sans   sous   vers

1. Le match commence _____ 15 heures. Essaie _____ arriver _____ 14 heures 30.

2. _____ la dernière minute, on pensait que notre équipe gagnerait le match.

3. _____ remporter la victoire, nous avons subi une défaite cuisante.

4. Ils ont gagné _____ faire d'effort. L'autre équipe ne valait pas grand chose.

5. Nous avons joué _____ une pluie diluvienne.

6. L'équipe est entraînée _____ un ancien champion olympique.

7. L'Australien a gagné le match de demi-finale _____ 5 sets.

8. _____ 15 jours, nous nous entraînons _____ arrêt pour notre match _____ le lycée de Saint-Germain.

D. *Complétez avec la préposition qui convient.*

1. _____ 2008, les Jeux Olympiques ont eu lieu _____ Pékin, _____ Chine.

2. _____ Antilles, on nage _____ hiver.

3. Si voulez aller _____ Caire, _____ Egypte, vous ne pouvez pas faire de ski, mais vous pouvez visiter les Pyramides.

4. _____ le ski, allez _____ France _____ Chamonix où il est possible _____ pratiquer ce sport toute l'année.

5. Si c'est le football américain qui vous intéresse, n'allez pas _____ Europe, restez _____ Etats-Unis.

6. Si vous allez _____ Kenya, _____ Afrique, vous rencontrerez peut-être des champions _____ course _____ pied.

7. Quand vous reviendrez _____ Japon, vous nous décrirez les matchs _____ Sumo.

8. C'est _____ l'île de Ré qu'il a appris _____ faire _____ la planche _____ voile. Il en fait quelquefois _____ la Manche _____ Normandie.

9. _____ Angleterrre, on joue _____ cricket, on y joue aussi _____ Inde.

10. On a engagé un arbitre qui vient _____ Canada.

E. *Traduction*

1. While waiting for you, I listened to the radio, I did not watch television.

2. In England, one drives on the left side of the road, in Japan also.

3. Thanks to a dry and sunny summer, the grape harvest should be excellent.

4. Instead of using a dictionary, look for synonyms. It is not hard to do.

F. *Traduction : Le sport*

Every Saturday afternoon, I go to a soccer game with my friends. The field, which is near our school, is surrounded by a wall. The field measures 100 meters in length and 55 meters in width.
If there are too many spectators, there are not enough seats. I like to stand near the goal post. When the players arrive on the field dressed in navy blue, they are full of energy and hope. Those who do not play think that it is easy to win a game and are angry with their team if they lose.

TRAVAIL DE GROUPE

Vous et votre équipe de basket faites un voyage au cours duquel vous vous arrêtez dans plusieurs pays. Vous avez des rencontres sportives avec des jeunes étrangers de votre âge.
Racontez vos expériences sous forme de dialogue. (Utilisez des prépositions).
Vous vous diviserez en groupes de quatre ou cinq. Dans chaque groupe vous choisirez un rapporteur qui prendra des notes et organisera le travail, un(e) autre mènera la discussion, un(e) troisième fera une présentation à la classe entière. Tous vous participerez à la discussion avec vos propres idées basées sur vos expériences personnelles.

LECTURE

Êtes-vous sportif, sportive ?

Il n'est pas toujours facile de répondre à cette question pour la simple raison qu'on peut l'interpréter de différentes façons. Pour certains, seul(e) celui ou celle qui consacre sa vie aux sports ou à un sport est un sportif ou une sportive. Pour d'autres ce dernier – cette dernière – n'est pas un sportif ou une sportive, mais un athlète ou une athlète. Le sportif, la sportive, c'est autre chose et, là encore, la question prête à confusion parce qu'on peut être sportif ou sportive amateur, sportif ou sportive professionnel(le), sportif ou sportive en chambre, en puissance ou en herbe[1]. C'est là une attitude bien française de ne pas vouloir répondre simplement à une question de peur de se compromettre ou d'admettre l'évidence.

Le vrai sportif, comme la France en a compté et en compte encore de nombreux, c'est le champion olympique Jean-Claude Killy, c'est René Lacoste et son célèbre crocodile, Louison Bobet, Roland Garros ou Marcel Cerdan, qui sont de véritables légendes. En dehors des athlètes connus de tous, il y a, bien sûr, le capitaine de votre équipe favorite et tous les professionnels dont les media parlent sans pitié. Et, n'oubliez pas ceux et celles qui font du sport pendant le week-end, pendant les vacances, quand il fait beau, quand ils ont le temps ou quand ça leur chante. Ceux qui se disent sportifs, ce sont aussi ceux qui lisent *L'Équipe*.

L'Équipe, c'est le quotidien français consacré aux sports et, croyez-moi, beaucoup sont mieux renseignés sur le monde du sport que sur celui de la politique. Le lundi matin, il n'est pas rare que votre marchand de journaux vous dise : « *L'Équipe*, je n'en ai plus depuis 7 heures ! » Peu importe, le sport, on en discute dans le métro, au café, au bureau, sur le chantier, au lycée. On se passionne, on s'insulte, on se félicite, on critique, on fait des pronostics sur les matchs de la semaine qui vient. Et si on peut, on se retrouvera au stade dimanche prochain.

Ceux qui ne peuvent pas assister au match sont rivés à leur téléviseur pour ne pas manquer le but qui assurera la victoire de leur équipe de foot. Car, le football, c'est le sport qui rallie tous les suffrages. Si vous avez le moindre doute, rappelez-vous la jubilation, les transports des Français lorsqu'en 1998 la France a gagné la coupe du monde de football sur son terrain, le nouveau stade de France.

On constate les mêmes passions au mois de juillet quand la France suit religieusement les étapes du tour de France. On se déplace « en famille » pour voir les coureurs en plein effort ou assister à l'arrivée d'une étape. Ce sont, semble-t-il, les étapes de montagne qui suscitent le plus d'intérêt, car elles sont souvent dramatiques.

On regarde le rugby et le fameux tournoi des six nations[2] à condition que la France ne soit pas éliminée dès le départ. On est chauvin en France ! Le ski intéresse certains, le patinage artistique, c'est joli, on aime bien le volley ball et le basket, l'escrime de temps en temps, on regarde « les 24 heures du Mans », cette course d'endurance pour les coureurs automobiles et leurs machines quasi infernales. Mais, c'est le foot et le vélo qui font vibrer les Français qu'ils soient sportifs ou non.

---

[1]*en herbe* : au tout début d'une éventuelle carrière sportive
[2] *le tournoi des six nations* : championnat de rugby entre la France, l'Angleterre, le Pays de Galles, l'Écosse, l'Irlande et l'Italie

Questions

1. Dans les deux premiers paragraphes du texte il y a de nombreuses prépositions; faites-en une liste et analysez-en cinq.

2. Travail de groupe dans le cadre de la classe entière :
   Avec vos camarades, répondez à la question posée ci-dessus,
   « Êtes-vous sportif ? Êtes-vous sportive ? »

RÉDACTIONS

1. Quel sport pratiquez-vous ? Pourquoi l'avez-vous choisi ?

2. Vous avez assisté à une compétition sportive en tant que reporter pour le journal de votre lycée. Présentez-nous votre article.

À VOUS DE RÉFLÉCHIR

1. Aimeriez-vous assister aux Jeux Olympiques ? Si oui, quels événements choisiriez-vous ? Si non, pourquoi pas ?

2. Le baseball est un sport national aux États-Unis. Les étrangers ont du mal à comprendre votre passion pour ce sport. Expliquez-la à un jeune de votre âge, essayez d'être convaincant.

3. Expliquez où vous habitez en employant le plus de prépositions possibles.

NOTE BIOGRAPHIQUE

Verne, Jules (1828–1905)

Bien que n'étant pas un scientifique, Jules Verne est considéré comme le créateur du roman « science-fiction » d'anticipation. Son style énergique et inventif enthousiasme ses lecteurs de tous âges et plusieurs films ont été faits de ses livres : *Cinq semaines en ballon* , *Voyage au centre de la Terre* , *De la Terre à la Lune* , *Vingt mille lieues sous les mers* , *Le Tour du monde en quatre-vingts jours*.

Chapitre 20

LA POLITIQUE

LES ADVERBES LES CONSTRUCTIONS NÉGATIVES

1. LES ADVERBES

Adverbs are invariable. Adverbs modify a verb, an adjective or another adverb. They indicate manner, time, place or quantity, answering the questions how, when, where or how much? Some adverbs serve to stress affirmation, negation or doubt.

STUDY THESE EXAMPLES

a. Ils sont *grandement* logés. (*manner*)
C'est *très bien* présenté.
Elle nous a reçus *gentiment*.
Ne restez pas *debout*.
Elle dessine *assez bien*, c'est une bonne artiste.
C'est *à peine* cuit.

b. Le docteur est arrivé *rapidement*. (*time*)
Il faut *toujours* répéter la même chose.
Hier, il faisait beau, *aujourd'hui* il pleut.
Maintenant, les jours rallongent.

c. Ne passez pas par *là*. (*place*)
Allez *tout droit*, puis tournez *à gauche*.

d. Il n'y a pas eu *beaucoup* d'abricots cette année. (*quantity*)

e. C'est *oui* ou c'est *non*? C'est *peut-être* !
Tu n'as pas reçu ma lettre ? *Si*, je l'ai reçue mais je n'ai pas eu le temps d'y répondre.
Voilà, c'est *tout* simple, ne cherche pas *plus loin*.

I. FORMATION OF ADVERBS

Most *adverbs of manner* end in *–ment* (they end in *–ly* in English). They are formed by adding the suffix *–ment* to the feminine singular form of the adjective.

heureux, heureuse; heureusement
vif, vive; vivement.

There are many exceptions:

1. adjectives which end in *–ent* or *–ant* form their adverbs in *–mment* or *–mmant*:

    éloquent : éloquemment   prudent : prudemment.
    élégant : élégamment   savant : savamment.

2. some adjectives require the suffix *–ément* (add an accent aigu to the feminine)

    précis, précise : précisément.
    profond, profonde : profondément.

3. adjectives ending with a vowel often drop the *e* of the feminine form:

    joli, jolie : joliment   hardi, hardie : hardiment

4. some adjectives replace the *e* with an accent circonflexe:

    assidu, assidue : assidûment
    gai, gaie : gaîment (gaiement is acceptable)

NOTE

Some adjectives are used as adverbs:
    bon, cher, clair, juste, fort, haut, bas, gros, net, tout (*toute* before feminine adjective
    beginning with a consonant)

La tarte sent *bon*. Parlez plus *fort*. Cela coûte *cher*.
Elle est *toute* petite. Venez *tout* simplement.

II. COMPARISONS OF ADVERBS

a. **They follow the rules of adjectives:**
    Il est arrivé *plus tard que* prévu.
    Elle conduit *aussi vite que* son frère.
    Elle était vêtue *le plus élégamment du* monde.

NOTES

1. **The object of the superlative is introduced by *de*.**
    The adverb being invariable, the superlative is always formed with *le*.
    Marc court *le plus rapidement de* tous les enfants.

2. **When *plus* or *moins* comes before a numeral, *de* follows :**
    Il a *plus de 10 ans*.

b. Irregular comparatives and superlatives:

bien, mieux, le mieux (note the use of *mieux* as a noun: Il y a *un léger mieux*)
mal, plus mal (pis), le plus mal (le pis)
peu, moins, le moins
beaucoup, plus, le plus.

III. POSITION OF ADVERBS IN THE SENTENCE

1. In a sentence with a verb in a simple tense, adverbs usually follow the verb directly.

Il met souvent du sucre dans son café.
Tu manges trop lentement.

2. In a sentence with a verb in a compound tense, the adverbs – except those ending in *-ment* – are usually placed between the auxiliary verb and the past participle, especially the following adverbs: *assez, beaucoup, bien, bientôt, déjà, encore, mal, peu, souvent, tant, vraiment, tellement, toujours, trop.*

Tu n'as pas *encore* fini tes devoirs.
Comme nous avons *bien* travaillé !

3. The position of adverbs ending in *–ment* varies. Some come between the auxiliary verb and the past participle, some come after the past participle, some follow the direct object, some come at the very beginning or the very end of the sentence to emphasize the adverb.
Practice and memorization alone will help you here, as there are no set rules.

Vous avez *certainement* vu ce film.
Nous sommes sortis *discrètement.*
Ils ont fait le trajet *rapidement.*
Franchement, j'ai du mal à accepter ses excuses.

4. Adverbs of time and place never come between the auxiliary verb and the past participle. They follow the past participle, or come at the beginning or at the end of the sentence.

Elle est partie *hier* et reviendra *demain.*
Avant-hier, je me suis reveillée *tard.*
Autrefois, on voyageait moins facilement.

5. Adverbs which modify an adjective or another adverb are always placed before the word they modify. Such adverbs are :

assez, aussi, bien, fort, si, tout, très

Nous sommes *très heureux* de voir cette pièce.
Elle est *très bien* écrite et *fort bien* jouée.

6. If *ainsi, à peine, aussi, peut-être* or *sans doute* are at the beginning of a sentence, the subject and the verb are inverted.

Peut-être neigera-t-il demain. (il neigera peut-être, peut-être qu'il neigera...)
À peine avions-nous ouvert la porte que le téléphone a sonné.(Nous avions à peine ouvert la porte que le téléphone a sonné)
Ainsi va le monde !

IV. EXEMPLES LITTÉRAIRES

Molière (1622–1673)

De l'argent, de l'argent, de l'argent ! Ah! Ils n'ont que★ ce mot à la bouche...
Monsieur, puisque vous le voulez, je vous dirai franchement qu'on se moque de vous partout... et jamais on ne parle de vous que★ sous les noms d'avare, de ladre, de vilain et de fesse-mathieu...
    (*L'avare,* Acte III, Scène Première)

★*ne... .que* is an adverb and a synonym of *seulement.*

La Bruyère (1645–1696)

Giton crache fort loin et il éternue fort haut. Il dort le jour, il dort la nuit, et profondément...
Phédon dort peu... Il conte brièvement mais froidement; il ne se fait pas écouter, il ne fait point rire... Il marche doucement et légèrement...
    (*Les Caractères,*VI, 83)

Honoré de Balzac (1799–1850)

Une fille propre, pimpante de jeunesse, au blanc fichu, aux bras rouges, quitte son tricot, appelle son père ou sa mère qui vient et vous vend à vos souhaits, flegmatiquement, complaisamment, arrogamment, selon son caractère, soit pour deux sous, soit pour vingt mille francs de marchandise...

L'avarice de ces trois vieillards était si passionnée que depuis longtemps ils entassaient leur argent pour pouvoir le contempler secrètement...

Tout contribuait à rendre cette scène tristement comique...
    (*Eugénie Grandet*)

Paul Claudel (1868–1955)

Par les deux fenêtres qui sont en face de moi, les deux fenêtres qui sont à ma gauche et les deux fenêtres qui sont à ma droite, je vois, j'entends d'une oreille et de l'autre tomber immensément la pluie.
    (*Connaissance de l'Est*)

Pham Van Ky (1916–1992)

C'est en leur nom que je m'adresse à vous. Vous me lirez peut-être à moitié. Mais si vous me suivez jusqu'au bout, je vous aimerais davantage.
    (*Celui qui régnera,* 1954, Éditions Grasset)

Question

Dans la citation de La Bruyère, trouvez des synonymes pour six des huit adverbes employés par l'auteur.

V. EXERCICES

A. *Complétez les phrases avec les adverbes correpondant aux adjectifs.*

1. Ces enfants sont polis. Ils me saluent _____.

2. C'est une histoire vraie. En êtes vous _____ sûr ?

3. Votre devoir est mauvais. De plus il est _____ écrit.

4. Il me faut une réponse rapide. Répondez-moi _____.

5. Comme il est éloquent! Il parle toujours _____.

6. Elle est malheureuse. _____, je ne peux rien faire pour elle.

7. Son discours a été bref. Elle a parlé _____.

8. Ce repas est bon et il a été _____ préparé.

B. *Complétez les phrases avec un des adverbes suivants:*

beaucoup   bien   mal   mieux   moins   plus

1. Aujourd'hui, il va _____, les médicaments ont fait de l'effet.

2. Il collectionne les timbres depuis longtemps; il en a _____ de 20 000.

3. Je n'aime pas prendre le métro aux heures de pointe; il y a _____ trop de monde.

4. Nous nous portons _____, merci. Et vous ?

5. Il a souvent des accidents; il conduit _____.

6. En France, la commission de censure revoit tous les films qui sortent sur les écrans français. On discute et on décide lesquels doivent être interdits aux _____ de 16 ans.

C. *Récrivez les phrases avec le contraire de l'adverbe en italique: faites les changements qui s'imposent.*

1. J'ai mis *trop* de sucre dans mon café.

   _____

2. Je l'ai vu très *brièvement*.

   _____

3. Ne vous faites pas de souci. Il n'est *jamais* à l'heure.

   _____

4. Il y avait *beaucoup* de monde au match.

_____

5. Parlez plus *haut*.

_____

6. Nous sommes logés *à l'étroit*.

_____

D. *Traduisez*

Our train, which left late, arrived early. It was going so fast at times that we could hardly see the scenery. I like traveling by car better. Then you go slowly if you wish, and you can enjoy the scenery which changes constantly. Walking, of course, allows you to look around more carefully.

2. CONSTRUCTIONS NÉGATIVES

I. NOTES ON NEGATIVE CONSTRUCTIONS

1. Formation

All negative constructions require the negative adverb *ne* before the verb and a negative adverb, pronoun or adjective, usually after the verb, such as:

pas	*point*	*pas du tout*	*plus*
guère	*jamais*	*ni... ni*	*que*
aucun	*nul(le)*	*nulle part*	*personne*	*rien*

STUDY THESE EXAMPLES

Je n'écoute pas les nouvelles.
Elle n'a aucune chance d'être élue.
Le Président n'a jamais fini son travail.
Son discours n'était guère intéressant.
Il n'a ni le temps ni le désir de faire de la politique.
On dit : « Nul n'est prophète en son pays. »
Il n'y avait pratiquement personne à la réunion. Quel dommage !
Croyez-vous vraiment que les jeunes ne veulent plus faire de politique ?
Je n'ai point le courage de le contredire.
Nous n'avons entendu que des platitudes.
Je n'ose le lui dire.
Oh, vous savez, « il ne faut jurer de rien ! »

Reminder: the *ne « explétif »* is used in a subordinate clause introduced by conjunctions such as *avant que, à moins que, de peur que* or by verbs expressing fear (see Chapter 8, section 6, note a).

2. Affirmative adverbs and their negative counterparts

déjà :	ne... pas encore
encore :	ne... plus
toujours, quelquefois, souvent, de temps en temps : }	ne... jamais
partout, quelque part :	ne... nulle part;
tout le monde : quelqu'un : }	ne... personne; personne... ne
beaucoup, plusieurs:	ne... aucun; aucun... ne
tout, quelque chose:	ne... rien; rien... ne
et... et:	ne... ni... ni

3. Word order in negative constructions

SIMPLE TENSES: *ne* precedes the verb, *pas, plus, rien,* etc... follow.
Je *ne sais rien.*
Inverted interro-negative: *ne* + verb + subject pronoun + *pas,* etc...
Ne votes-tu pas aux prochaines élections ?

COMPOUND TENSES: *ne* + auxiliary verb + *pas, rien* etc... + past participle.
Il *n'a pas voté* aux dernières élections.
Inverted interro-negative: *ne* + verb + subject pronoun + *pas,* etc...
N'ont-ils rien compris au discours ?

INFINITIVE: the two parts of the negation precede the verb, except *personne* and *nulle part, que, ni... ni.*
Je vous demande *de ne rien dire.*
Nous avons décidé *de ne dire que ceci.*

NOTES

1. *ne* precedes object pronouns.

   Je ne le vois plus.

2. *personne* and *nulle part* follow the past participle.

   Nous n'avons invité personne.

3. *aucun, personne,* and *rien* can be used as subject of the verb.

   Rien ne lui plaît ce soir.

4. There can be several negations in one sentence provided *pas* is not used.

   Je ne lui dirai *jamais plus rien.*

5. The partitive and indefinite articles are replaced by *de* in a negative sentence.

Nous n'avons *pas de* réservation.

II. EXEMPLES LITTÉRAIRES

La Fontaine (1621–1695)

...— Si ce n'est toi, c'est donc ton frère.
Je n'en ai point. — C'est donc quelqu'un des tiens;
Car vous ne m'épargnez guère...
  (*Le loup et l'agneau*, Livre Premier, X)

...Rien ne sert de courir; il faut partir à point...
  (*Le lièvre et la tortue*, Livre VI, X)

Molière (1622–1673)

...Il faut manger pour vivre et non pas vivre pour manger...
...Vos chevaux, monsieur ? Ma foi, ils ne sont point du tout en état de marcher...
  (*L'avare,* Acte III, Scène Première)

Camara Laye (1928–1979)

...Mais peut-être aussi ressentaient-ils quelque chose de l'angoisse qui nous étreignait...
Non, personne parmi nous ne songerait à risquer un œil ; personne !
Personne n'oserait lever la tête du sol...
  (*L'Enfant noir.* Plon, 1953)

Jean-Paul Sartre (1905–1980)

...Tout de même, je ne me serais pas attendu...
...Eh bien, si vous n'avez plus besoin de moi, je vais vous laisser...
...Il n'y a plus d'espoir... Nous n'avons pas commencé de souffrir...
  (*Huis-Clos.* Gallimard)

III. EXERCICES

A. *Mettez les phrases suivantes à la forme negative.*

EXEMPLE: Il reste encore de l'essence dans le reservoir.
  Il ne reste plus d'essence dans le réservoir

1. Il y a beaucoup de choses dans le frigidaire.

_____

2. Ce matin, au marché, j'ai acheté des fraises et des framboises.

_____

3. Il y avait du monde à la réunion.

_____

4. Il pleut quelquefois en automne.

_____

5. Aujourd'hui, j'ai beaucoup de temps à vous consacrer.

_____

6. Cette semaine, j'ai plusieurs livres à lire.

_____

7. Achetez du sucre et des œufs.

_____

B. *Répondez aux questions à la forme négative.*

1. Y a-t-il plusieurs candidates au poste ?

_____

2. Vous a-t-elle souvent écrit pendant ses vacances ?

_____

4. As-tu trouvé quelque chose dans la boîte aux lettres ?

_____

5. Avez-vous de l'argent sur vous ?

_____

6. Est-ce que quelqu'un est arrivé à l'heure ?

_____

LECTURE

La vie politique

En France, la politique fait partie de la vie de tous les jours. On « parle politique » dans tous les milieux et à tous moments, mais surtout pendant les repas. On en parle au café, à la cantine, autour de la table familiale. On ne parle pas que politique, mais on en parle beaucoup, on en discute et on n'est pas toujours d'accord !

Quels sont les problèmes qui préoccupent les Français ?
Si on est au mois de mai et si c'est l'année de l'élection présidentielle (tous les cinq ans), ou si on élit une nouvelle Chambre des députés (tous les cinq ans), on parle des candidats, de leurs mérites, de leurs échecs. Les candidats et les candidates sont de droite, de gauche, centre gauche, centre droite, extrême droite, extrême gauche, du parti des Verts et, rarement, « sans étiquette ». Ils sont membres de l'UDF, de l'UMP, du FN, du PC, du PS, de la LO[1], des Verts et de bien d'autres partis. On ne sait pas toujours ce que représentent ces initiales.

RÉPUBLIQUE FRANÇAISE
LIBERTÉ - ÉGALITÉ - FRATERNITÉ
▼

RÉFÉRENDUM

NON

RÉPUBLIQUE FRANÇAISE
LIBERTÉ - ÉGALITÉ - FRATERNITÉ
▼

RÉFÉRENDUM

OUI

Bulletins de vote utilisés pour les référendums

Un référendum est une procédure qui permet à tous les citoyens d'un pays de manifester par un vote l'approbation ou le rejet de mesures proposées par les pouvoirs publics.

On parle de la situation internationale, on parle de l'Union Europénne[2]. Mais on parle surtout de « ses » problèmes, des salaires, des impôts, de la Sécurité sociale, du prix de l'essence, du pain et du tabac et des mesures prises récemment par le gouvernement pour améliorer la situation qui se détériore.

On parle des records battus par le TGV dont les Français sont si fiers. On parle des résultats sportifs, du Stade Français et du Paris Saint-Germain, du parcours choisi pour le prochain tour de France et des chances des joueurs français pour le tennis open de Roland-Garros.

On parle aussi politique au lycée. Les lycéens vont-ils soutenir leurs professeurs qui menacent de faire grève si le Ministre de l'Éducation Nationale refuse de se pencher sur leurs revendications ? On discute, on fait passer des pétitions, on s'engage.

À la maison, on parle, bien sûr, du travail quotidien que ce soit à l'usine, à l'hôpital, au bureau ou au lycée. Cependant, ce sont souvent les questions de politique qui suscitent les débats les plus vifs autour de la table familiale. Il y a autant d'opinions que de participants. Le père et la mère ne sont pas forcément du même avis ni du même parti. La fille aînée veut que le gouvernement augmente les subventions pour la recherche scientifique plutôt que de construire un nouveau stade. « Il faut repousser l'âge de la retraite », disent les uns, « place aux jeunes », disent les autres. On parle des syndicats; faut-il se syndiquer ou rester indépendant[3].

Après le dîner, certains lisent le journal, ce qui entraîne encore des discussions sur les événements du jour et la scène politique. On écoute, on se renseigne, on se passionne, c'est de la politique « en chambre ».

[1]UDF : Union pour la Démocratie Française, UMP : Union pour la Majorité Présidentielle, FN : Front National, PC : Parti Communiste, PS: Parti Socialiste, LO : Lutte Ouvrière.
[2]Les membres de l'Union Européenne sont : l'Allemagne, l'Autriche, la Belgique, le Danemark, l'Espagne, la Finlande, la France, la Grande-Bretagne, la Grèce, la Hollande, l'Irlande, l'Italie, le Luxembourg, le Portugal, la Suède. Depuis le 1er mai 2004, dix autres pays sont entrés dans l'Union Européenne : l'Estonie, la Lithuanie, la Lettonie, la Pologne, la République Tchèque, la Slovaquie, la Hongrie, la Slovénie, Chypre et Malte.
[3]En France, on se syndique selon ses convictions politiques, non pas selon sa profession.

Questions

1. Vous intéressez-vous à la politique ? Justifiez votre réponse.
2. Quand vous aurez 18 ans, voterez-vous dès que vous en aurez l'occasion ?
3. Comment vous informez-vous ? Lisez-vous régulièrement le journal, regardez-vous les nouvelles à la télévision ou vous contentez-vous d'allumer votre portable ?

TRAVAIL DE GROUPE

Quelles devraient être les priorités de l'élu(e) de votre district ?

Vous vous diviserez en groupes de quatre ou cinq. Dans chaque groupe vous choisirez un rapporteur qui prendra des notes et organisera le travail, un(e) autre mènera la discussion, un(e) troisième fera une présentation à la classe entière; tous vous essaierez de trouver des réponses possibles basées sur vos expériences personnelles.

À VOUS DE RÉFLÉCHIR

1. Êtes-vous pessimiste ou optimiste ? Voyez-vous toujours le bon côté des choses ou avez-vous tendance à voir « tout en noir » ? Expliquez-vous.
2. Qu'est-ce qui vous passionne ? (la musique, les échecs, le sport...)

NOTES BIOGRAPHIQUES

Balzac, Honoré de   see chapter 5

Claudel, Paul (1868–1955)

Fait de bonnes études secondaires au lycée Louis-le-Grand à Paris avant de faire son droit (*study law*) et des études à l'École des Sciences Politiques. C'est la lecture de Rimbaud qui provoque le « choc » poétique chez Claudel. La religion fait partie intégrale de sa vie depuis le 25 décembre 1886, date où il dit avoir vécu l'événement qui devait dominer toute sa vie : « En un instant, mon cœur fut touché et je crus. » Il a déjà écrit plusieurs pièces quand il est reçu premier au concours des Affaires Étrangères. Il est donc diplomate, va beaucoup voyager (New York 1893–1894, Chine 1900–1909, Prague 1910–1911, Frankfort 1911–1913, Rome 1915–1916, Rio de Janeiro 1917–1919, Tokyo 1921–1927, New York 1927–1933, Bruxelles 1933–1935). Ces expériences influeront beaucoup sur les œuvres de Claudel. : *Tête d'or*, 1890; *La Ville*, 1893; *L'Échange*, 1900; *Partage de Midi*, 1906; *L'Annonce faite à Marie*, 1912; *Le Soulier de satin*, 1929. The last two plays are part of the repertoire of the Comédie Française.

Camara Laye   see chapter 15

La Bruyère, Jean de (1645–1696)

Né à Paris dans une famille bourgeoise. Fait des études de droit, puis devient trésorier général avant d'être nommé précepteur du petit-fils de Condé. En 1693, il entre à l'Académie Française. Un seul livre, *Les Caractères*, dont nous ne lisons aujourd'hui qu'une partie, celle que La Bruyère consacre aux portraits de certains de ses contemporains, et à la peinture de certains aspects universels de la société. Son style est vif, travaillé, original, plein de verve et d'ironie, jamais monotone. C'est un style réaliste, plein d'anecdotes. On ne s'ennuie jamais en lisant La Bruyère, c'est pour cela que nous le lisons toujours !

La Fontaine, Jean   see chapter 2

Molière   see chapter 3

Pham Van Ky (1916–1992)

Né au Viêt-nam, est arrivé à Paris en 1938 pour faire des études à la Sorbonne. En France, il travailla beaucoup pour la radio tout en publiant des contes, des poèmes et des romans. Malgré une guerre qui n'en finit pas, Pham Van Ky tente d'établir un dialogue entre l'Orient et l'Occident. Il nous invite aussi à méditer sur ce qui oppose la tradition et le monde moderne. Parmi ses œuvres, *Frères de sang*, 1947; *Celui qui régnera*, 1954; *Les Contemporains*, 1959; *Des femmes assises ça et là*, 1964.

Sartre, Jean-Paul   see chapter 7

Chapitre 21

EXERCICES DE RÉVISION

~

FUNCTION WORD FILL-INS

Within the following exercises, single words have been omitted and each has been replaced by a number. Complete the paragraphs by writing on the numbered blank one SINGLE French word that is correct both in meaning and form according to the context of the paragraph. NO VERB FORM may be used. Hyphenated words are considered single words. Expressions such as *jusqu'à, ce qui, ce que* are not considered single words.

Dans les paragraphes suivants, complétez les phrases avec le mot qui convient. Aucune forme verbale ne figure parmi les réponses.

1. Alors qu'on (1) _____ promenait le (2) _____ de la Seine,

    (3) _____ gros nuages ont soudain obscurci le ciel et, tout à coup, il a com-

    mencé (4) _____ pleuvoir. Nous ne savions pas (5) _____ faire.

    Nous (6) _____ sommes précipités vers la station de métro la plus proche

    (7) _____ nous avons pu (8) _____ abriter (9) _____ à la

    fin de (10) _____ orage.

2. Il faut absolument (1) _____ tu téléphones (2) _____ ton frère.

    (3) _____ trois jours, il essaie (4) _____ te joindre et tu ne

(5) _____ réponds pas. Je crois qu'il veut (6) _____ parler

(7) _____ un projet (8) _____ lui tient à cœur. (9) _____

les vacances, il aimerait faire (10) _____ la planche à voile. Il a un peu

peur (11) _____ partir seul. Tu es (12) _____ frère aîné, ne

(13) _____ oublie pas. Téléphone- (14) _____ ce soir, s'il

(15) _____ plaît.

3. Comme (1) _____ est gentil à toi de (2) _____ faire un cadeau pour mon

anniversaire. Comment as-(3) _____ deviné que (4) _____ était exactement ce

(5) _____ j'avais besoin ? Je voulais me (6) _____ offrir, mais j'avais décidé

(7) _____ attendre les soldes de la rentrée ! Maintenant, je n'ai plus (8) _____

attendre et c'est grâce (9) _____ toi. Je ne (10) _____ oublierai pas !

4. Avez-vous vu la publicité (1) _____ on fait (2) _____ plusieurs jours

(3) _____ la télévision et (4) _____ les journaux pour ce nouveau détachant

Sans tache ? On vous promet qu' (5) _____ employant *Sans tache*, vous pourrez faire

disparaître (6) _____ quelques minutes les cent taches (7) _____ se font quo-

tidiennement chez vous. Vos tapis seront plus nets, (8) _____ vieux fauteuils auront

l'air neuf. Vous (9) _____ aurez plus besoin d'aller (10) _____ le teinturier.

5. Je vous en prie, ne dites pas n'importe (1) _____. Réfléchissez (2) _____ ce

(3) _____ vous allez dire et sachez (4) _____ vous arrêter. Il vaut toujours

mieux ne pas en dire assez que d'(5) _____ dire (6) _____.

Préparez donc votre discours (7) _____ le plus grand soin et pensez (8) _____

ceux (9) _____ vous écouteront. Il ne faut ni (10) _____ endormir

(11) _____ les mettre (12) _____ colère.

6. C'est l'habitude ! À (1) _____ fois que nous allons (2) _____ restaurant,

on (3) _____ choisit (4) _____ qui est près de mon bureau. Il y a beau-

coup (5) _____ restaurants dans le quartier et nous (6) _____ connaissons

presque (7) _____.

Il faut que (8) _____ change ! (9) _____,je ne mangerai (10) _____

des sandwichs.

7. Voilà (1) _____ jolie petite maison. Il n'y a (2) _____ un étage

(3) _____ se trouvent cinq grandes pièces (4) _____ mesurent sept mètres

(5) _____ long sur cinq mètres de large. La cuisine est équipée (6) _____

nombreux appareils ménagers (7) _____ chacun pourra profiter. N'oublions

pas (8) _____ mentionner (9) _____ jardin potager et les rosiers

(10) _____ les roses parfument tout le voisinage.

C'est peut-être une maison de rêves, mais moi (11) _____ que je préfère, c'est

un appartement bien confortable (12) _____ cœur d'une grande ville.

8. Merci de m'avoir invité(e) (1) _____ célébrer ton anniversaire. Si j'avais

(2) _____ de travail, j'aurais répondu (3) _____ enthousiasme

(4) _____ ton invitation. Ce n'est que (5) _____ mes examens seront ter-

minés (6) _____ je pourrais me distraire. (7) _____ à la fin du mois de

juin, il m'est impossible (8) _____ sortir. Je travaille nuit (9) _____ jour,

sept jours (10) _____ sept.

Ne m'en veux pas, je (11) _____ en prie. J'attends la lettre dans (12) _____

tu me raconteras les festivités.

9. La neige, elle tombe enfin ! On (1) _____ attendait (2) _____ plusieurs

semaines.

La météo (3) _____ avait déjà annoncée deux ou trois (4) _____ mais sans

résultat !

Il neigeait (5) _____ le nord, dans (6) _____ est, mais pas sur notre région.

Aujourd'hui, (7) _____ respire ! (8) _____ neige. Les luges sont (9) _____ les

pistes et on s'amuse (10) _____ des fous (11) _____ à la tombée de la nuit.

On hurle, on crie, on joue, on a froid. C'est (12) _____ hiver.

10. C'est (1) _____ chose d'aimer la bonne cuisine, une autre que de savoir

(2) _____ faire.

(3) _____ faut-il donc pour bien cuisiner ? D' (4) _____ il faut avoir le temps,

ensuite tout cuisinier ou toute cuisinière doit avoir ses recettes, (5) _____ qu'il/elle

connaît bien, qu'il/elle a mises à l'épreuve et sur (6) _____ il /elle peut baser son

répertoire.

(7) _____ France, on s'intéresse beaucoup (8) _____ sauces. (9) _____

grand restaurant a un maître-saucier, c'est (10) _____ qui décide, (11) _____

invente, qui ajoute tel ou (12) _____ ingrédient pour changer (13) _____ goût

ou l'apparence d'(14) _____ plat. Si vous (15) _____ demandez comment

il opère, on ne vous donnera (16) _____ réponse. C'est ainsi que sont gardés

(17) _____ secrets de la grande cuisine.

C'est donc (18) _____ vous de jouer, (19) _____ essayer et (20) _____

réussir.

Bon appétit !

11. (1) _____ France, le mois de Juillet est le mois (2) _____ Tour de France.

Dites-(3) _____ : « (4) _____ est-ce que le Tour de France ? »

C'est d'abord un événement national, (5) _____ un événement sportif. Il n'y a pas

(6) _____ fête, de drame, de débat (7) _____ suscite (8) _____ d'in-

térêt et de passion que le Tour de France. Même (9) _____ vous n'êtes pas sportif,

vous ne pouvez pas échapper (10) _____ la fièvre quotidienne causée par ces vaillants

cyclistes et le monde des média. Il faut (11) _____ voir (12) _____ le croire.

Le Tour doit figurer sur votre liste quand vous irez en France (13) _____ juillet.

12. C'est (1) _____ véritable refrain. On entend sans cesse: « (2) _____ Français

ne pensent (3) _____ à leurs vacances ! » C'est un fait, on parle beaucoup

(4) _____ vacances en France. Cette « obsession » est un (5) _____ justi-

fiée. Les Français ont droit (6) _____ cinq semaines de congés payés

(7) _____ an. Il faut (8) _____ ajouter les quinze jours fériés

(9) _____ comprennent les fêtes nationales et religieuses.

On parle aujourd'hui d'(10) _____ supprimer une, mais (11) _____ ? Une

fois de plus, les Français ne sont pas d'accord. Laissons-(12) _____ réfléchir et

souhaitons (13) _____ bonnes vacances (14) _____ tout le monde.

13. Comme vous (1) _____ savez, (2) _____ Français sont fiers (3) _____ leurs

créations.

Parmi (4) _____ qui sont les plus célèbres, il y a (5) _____ parfums. Tout le monde a entendu parler (6) _____ parfums (7) _____ Paris.

Vous êtes-vous jamais demandé(e) (8) _____ on (9) _____ fabrique ?

Il y a deux sortes (10) _____ parfums. Ceux (11) _____ sont faits à partir de produits chimiques et (12) _____ qui sont à base d'essences naturelles. Ces produits naturels (13) _____ sont-ils ? C'est très simple; (14) _____ sont (15) _____ fleurs : (16) _____ œillets, (17) _____ roses, des jacinthes, (18) _____ la lavande et bien (19) _____ autres plantes (20) _____ sont récoltées dans le midi de la France, (21) _____ Provence. (22) _____ nombreuses usines sont situées dans (23) _____ région.

Comment arrive-t-on (24) _____ produire ces merveilleux parfums ? Je ne peux pas vous (25) _____ dire. Les formules sont (26) _____ véritables secrets de familles qu'on se transmet (27) _____ père (28) _____ fils. (29) ; _____ qui compte, c'est le résultat. N'êtes-vous (30) _____ d'accord ?

14. Nous sommes (1) _____ 21 septembre, c'est le premier jour de l'automne. Qu'est-ce (2) _____ se passe (3) _____ Paris (4) _____ jour-là ?

(5) _____ plusieurs années, le gouvernement français ouvre les portes de tous

(6) _____ monuments publics. Les Français sont invités (7) _____ profiter de

leur patrimoine.

Qu'est-ce que c'est (8) _____ le patrimoine ? C'est (9) _____ qui appartient

(10) _____ la patrie. Donc, le troisième weekend de Septembre, toutes les portes

(11) _____ ouvrent, celles du Palais de l'Élysée (résidence du Président de la

République) comme (12) _____ de tous les musées et châteaux (13) _____ l'état

est propriétaire. On (14) _____ entre gratuitement et, si on le désire, on peut poser

(15) _____ questions (16) _____ excellents guides qui accompagnent les visiteurs.

Après « les journées du patrimoine », le Château (17) _____ Versailles n'aura plus

(18) _____ secrets pour vous.

Avec Paris-Plage, la fête de la Musique, les journées (19) _____ voitures, les Journées

du Patrimoine, Paris (20) _____ attend.

15. Que vous ayez (1) _____ non pris le métro de New York, de Washington, de Londres

ou de Tokyo, vous avez tous entendu parler (2) _____ métro de Paris.

Quelles (3) _____ sont les caractéristiques ?

Cela dépend de la ligne (4) _____ vous voulez parler. (5) _____ qui nous intéresse ici, (6) _____ 'est la ligne 14, la fameuse ligne « Météor ». Elle fonctionne (7) _____ le 15 octobre 1998. Et comment fonctionne-t-elle? Eh bien, voilà, elle fonctionne toute seule. C'est une ligne automatique. Il n'y a (8)_____ aux commandes du train. Quand (9) _____ est dans ce train, on a l'impression (10) _____ être dans un immense couloir. Il n'y a pas (11) _____ séparation entre les voitures. Dans les stations de métro de la ligne 14, entre les passagers et le train, il y a un long mur de verre dans (12) _____ il y a des portes (13) _____ s'ouvrent exactement (14) _____ les portes de chaque voiture.

Vous avez déjà deviné ! La ligne « Météor » fonctionne exclusivement grâce (15) _____ un ordinateur des plus perfectionnés.

Voilà une raison (16) _____ plus (17) _____ aller (18) _____ Paris.

16. Qu'est-ce qu'une clef ? Vous êtes-vous déjà posé la question ?

C'est (1) _____ petit instrument, (2) _____ sorte d'outil (3) _____ remplit de multiples fonctions dans notre vie.

Les clefs se ressemblent, mais chacune est unique. (4) _____ sont de petites tiges de métal au bout (5) _____ on a creusé des crans et des rainures irrégulières. Une chose est sûre, on ne peut pas s' (6) _____ passer.

À (7) _____ servent-elles ? On ne comprend combien elles sont indispensables

que (8) _____ on (9) _____ a perdues. Si on perd (10) _____

trousseau* de clefs, (11) _____ est perdu ! Comment ouvrir la porte d'entrée,

(12) _____ faire démarrer la voiture, ouvrir (13) _____ de l'armoire,

récupérer (14) _____ courrier (15) _____ la boîte à lettres ?

Une clef qui est aussi très utile, c'est (16) _____ du coffre-fort** !

Faites très attention (17) _____ vos clefs. (18) _____ elles, vous ne pouvez

(19) _____ faire.

     * *un trousseau de clefs*, c'est un groupe de clefs attachées ensenble.
  ** *un coffre-fort*; dans les banques, on garde l'argent dans un immense coffre-fort. Certaines
      personnes ont un coffre-fort dans lequel elles gardent des documents ou des objets
      précieux.

17. **Les portes de Paris.**

Regardez une carte de Paris.

Comme vous (1) _____ savez, Paris est une ville (2) _____ a beaucoup grandi

au cours des siècles. D'abord, il (3) _____ avait (4) _____ île de la cité. C'est

là (5) _____ se trouve la cathédrale Notre-Dame. On a d'abord construit

(6) _____ ponts, puis (7) _____ boulevards circulaires entourés (8) _____

murs dans (9) _____ on a installé des portes (10) _____ on ouvrait le matin et

qu'on fermait (11) _____ soir, contrôlant ainsi l'entrée et la (12) _____ des

visiteurs. À ces portes, on n'a pas donné (13) _____ numéros, mais des noms propres représentant (14) _____ quartier donné. La Porte de Clignancourt est (15) _____

nord de Paris, la Porte d'Orléans au sud, la Porte de Montreuil à (16) _____ est, la

Porte d'Auteuil (17) _____ l'ouest.

Aujourd'hui, ces noms servent (18) _____ boussole★ aux Parisiens. Ce sont aussi

les noms donnés aux point de départ et d'arrivée des lignes de métro. (19) _____

vous irez (20) _____ Paris, vous saurez que (21) _____ aller (22) _____

Marché aux puces, (23) _____ est au nord de Paris, au Quartier latin, vous prendrez

la ligne Porte de Clignancourt / Porte d'Orléans. Il est évident (24) _____ les réa-

lisations des ingénieurs (25) _____ Moyen-Age n'ont pas été oubliées.

★*boussole (f.):* petit instrument qui permet de s'orienter.

18. Fais attention (1) _____ tu arriveras devant l'immeuble. Tu verras (2) _____ grande porte cochère★. À gauche, il y aura un petit panneau rectangulaire (3) _____ des chiffres et quelques lettres. C'est la sonnette. Il faudra appuyer (4) _____ certains chiffres et (5) _____ lettres (6) _____ que la porte s'ouvre. C'est le code, par exemple : 14A29, 27C34. C'est par ce système (7) _____ on a remplacé les fameuses concierges parisiennes. (8) _____ de rendre visite (9) _____ quelqu'un, il faut donc (10) _____ demander le code et (11) _____ pas l'oublier. (12) _____ tu ne t' (13) _____ souviens plus, sors ton portable (14) _____ ta poche et appelle tes amis !

★*la porte cochère* : double door wide enough for carriages

19. Voici les instructions (1) _____ suivre (2) _____ mettre votre nouvelle machine (3) _____ laver en marche.

Assurez-vous (4) _____ elle est bien branchée.

Mettez le linge (5) _____ la machine, mettez-(6) _____ la lessive et la soupline.

Choisissez le programme (7) _____ convient (8) _____ le linge (9) _____ vous voulez laver.

Et puis, tournez le bouton et attendez (10) _____ la machine s'arrête.

(11) _____ attendant, faites vous une tasse (12) _____ thé .

20. Vous êtes bien enrhumé, (1) _____ ami; vous toussez (2) _____ arrêt, vous avez

(3) _____ yeux rouges. Rentrez chez vous et soignez-(4) _____. (5) _____

ça ne va pas mieux demain, consultez (6) _____ médecin et prenez (7) _____

médicaments (8) _____ il vous prescrira.

Ne revenez pas (9) _____ bureau (10) _____ d'être complètement rétabli.

21. Les Elections vont avoir lieu (1) _____ quelques semaines, (2) _____ la fin

du mois de mai. Les candidats sont (3) _____ pleine campagne électorale. Chacun

d'entre (4) _____ fait des efforts (5) _____ précédent (6) _____

convaincre les électeurs que c'est (7) _____ seul (8) _____ peut résoudre

les problèmes du département* et (9) _____ de la nation.

On nous promet « monts et merveilles », c'est toujours (10) _____ même histoire.

Mais, il faut (11) _____ espérer ! (12) _____ le meilleur gagne !

*France is divided into 96 "*départements*" which are divided into "*arrondissements*",
"*cantons*" and "*communes*". There are elected officials at all these levels.

22. Je ne sais pas (1) _____ sont les cours (2) _____ vous devriez suivre. C'est

une question difficile à (3) _____ il faut réfléchir avant (4) _____ vous

inscrire à l'université. Posez-vous (5) _____ trois questions et essayez

d'(6) _____ répondre.

— Qu'est-ce (7) _____ m'intéresse plus que tout ?

— (8) _____ lycée, (9) _____ étaient mes classes préférées ?

— Qu'est-ce (10) _____ je veux faire dans la vie ?

(11) _____ avoir répondu (12) _____ ces questions, vous pourrez choisir

(13) _____ cours qui vous conviennent le (14) _____. N'hésitez pas

(15) _____ demander conseil et à parler (16) _____ vos amis plus âgés

(17) _____ ont fait face (18) _____ mêmes problèmes et (19) _____

ont résolus. Tenez-(20) _____ au courant !

23. (1) _____ as-tu la tête ? Tu n'as vraiment pas les pieds (2) _____ terre ! Sois

raisonnable, pense (3) _____ ce (4) _____ tu dois faire aujourd'hui au lieu

(5) _____ échafauder des projets (6) _____ ne tiennent pas debout. Ce (7) _____

tu as besoin, c'est d'une bonne semaine de vacances pendant (8) _____ tu oublieras

tout cela. (9) _____ tu reviendras, je (10) _____ aiderai (11) _____ prendre des déci-

sions (12) _____ tu ne regretteras pas.

24. Vous aimez les chats ! (1) _____ j'aime les chiens. Pourquoi? (2) _____ demandez-

vous. Je vais vous (3) _____ expliquer. Ne (4) _____ interrompez pas, je vous

(5) _____ prie.

Je ne vois chez les chats (6) _____ des petits paquets de fourrure (7) _____ ronronnent

(8) _____ ils sont satisfaits, et qui griffent et miaulent (9) _____ ils ne le sont pas !

Les chiens. c'est (10) _____ chose! Ce sont (11) _____ vrais amis. (12) _____ saute de joie

quand vous rentrez (13) _____ bureau chaque soir et (14) _____ vous êtes si fatigué ?

Qui s'installe calmement (15) _____ vos pieds quand vous lisez tranquillement (16)

_____ journal ? Qui aboie quand il (17) _____ voit en danger? Qui montre sa grande

joie quand il vous voit prêt (18) _____ sortir pour votre promenade quotidienne ?

La réponse est évidente et vous (19) _____ connaissez aussi bien que (20) _____

Je suis pressé, il faut que je sorte mon chien. Demain, vous me parlerez de votre chat.

25. (1) _____ plus de huit jours, il pleut sans arrêt. On (2) _____ demande

(3) _____ qu'il faut faire (4) _____ éviter une catastrophe.

Qu'est-ce (5) _____ on va devenir ? Les champs sont recouverts (6) _____

boue, la rivière est sortie (7) _____ son lit. Il n'est pas question (8) _____ aller

visiter les châteaux de la région. Ils sont (9) _____ fermés et entourés (10) _____

énormes sacs de sable. Si la pluie s'arrête (11) _____ les heures qui viennent, on

sauvera les récoltes. Seuls les fruits rouges (12) _____ que les groseilles et les fram-

boises ne pourront pas être cueillies. On ne pourra pas faire (13) _____ confitures

(14) _____ nous aimons tous tellement. Si nous avons un rayon (15) _____

soleil, il faudra cueillir les abricots. Pourquoi (16) _____ pas rêver (17) _____ meil-

leur des desserts, à une tarte (18) _____ sentira bon dans toute la maison !

26. Tout (1) _____ faisant les cent pas devant le musée avant l'ouverture, j'ai remarqué

qu'il n'y avait pas beaucoup (2) _____ circulation (3) _____ ville. Il n'y avait

pas (4) _____ de queue à l'entrée. (5) _____ se passait-il donc ? Pourquoi mon

amie était-elle (6) _____ retard, elle (7) _____ prétend être toujours

(8) _____ l'heure ?

C'est (9) _____ la coupable ! Je (10) _____ suis trompée de jour. C'est

aujourd'hui lundi et non pas mardi. Le musée est fermé. Je reviendrai demain. Je ne

sais pas (11) _____ je raconterai ça (12) _____ mon amie. Elle (13) _____

moquera (14) _____ moi, et elle n'aura pas tort.

27. Avez-vous déjà entendu parler (1) _____ étoiles filantes ? On nous annonce que

(2) _____ année, elles devraient être plus nombreuses (3) _____ d'habitude

(4) _____ filer (5) _____ le ciel d'été. (6) _____ le mois d'août,

(7) _____ il fait vraiment nuit, levez les yeux et souhaitons (8) _____ vous ne

soyez pas déçus.

En (9) _____ consistent ces étoiles filantes ? Ce sont en fait (10) _____ cailloux

(11) _____ deviennent incandescents (12) _____ pénétrant dans l'atmosphère,

s'illuminent aux alentours de cent kilomètres d'altitude avant (13) _____ se réduire

en cendres, laissant dans l'espace de mystérieuses traînées bleues.

N'ayez pas peur, ça ne (14) _____ brûlera pas ! Mais on dit que (15) _____

porte bonheur.

Alors, bonne chance et soyez patients.

28. Si (1) _____ tombe (2) _____ panne de voiture (3) _____ pleine

campagne, il faut réfléchir calmement à (4) _____ qu'on doit faire et garder

(5) _____ sang froid.

D' (6) _____ vient le problème ? est-ce (7) _____ pneu crevé ? est-ce une

panne (8) _____ essence ? Malheureusement, ce n'est pas toujours (9) _____

simple que ça, et, quelquefois, seuls (10) _____ dépanneuse et (11) _____

mécanicien pourront fournir (12) _____ solution (13) _____ vous permettra de

reprendre la route. (14) _____ chance et bon voyage !

29. Savez-vous ce (1) _____ c'est que le couscous ? Je vais vous (2) _____ expli-

quer. Ce mot représente deux choses : (3) _____ c'est le nom qu'on donne

(4) _____ une espèce de farine roulée en petits grains qu'on fait à partir de certains

blés durs, ensuite c'est le nom donné au plat (5) _____ il sert de base. On peut servir

un couscous avec (6) _____ mouton, avec du poisson ou même avec (7) _____

coquillages. Quel que soit le couscous préparé, on (8) _____ sert toujours avec des légumes. C'est un plat très ancien qu'on associe surtout avec l'Afrique (9) _____

Nord (10) _____ on a découvert des couscoussiers datant du IX ème siècle.

30. Vous savez tous que le marathon est une course (1) _____ pied qui couvre un peu

(2) _____ de 42 kilomètres. Ce mot, (3) _____ où vient-il ? C'est un mot

(4) _____ a son origine (5) _____ Grèce où eut lieu le 12 Août 490 avant J.C.

la bataille de Marathon. Le champ de bataille se trouvait à 26 miles d'Athènes. On dit

que le jeune soldat (6) _____ on avait chargé de couvrir cette distance (7) _____

annoncer la victoire (8) _____ Athéniens s'est effondré (9) _____ arrivant à sa

destination, mais non sans avoir annoncé : « Réjouissons- nous, nous avons gagné. »

Maintenant, le marathon n'a plus (10) _____ secret pour vous.

Quatrième partie

Lectures et questions

1. LE LABOUREUR ET SES ENFANTS

Travaillez, prenez de la peine :
C'est le fonds[(1)] qui manque le moins.

Un riche laboureur, sentant sa mort prochaine,
Fit venir ses enfants, leur parla sans témoins.
5. « Gardez-vous, leur dit-il, de vendre l'héritage
Que nous ont laissé nos parents :
Un trésor est caché dedans.
Je ne sais pas l'endroit; mais un peu de courage
Vous le fera trouver : vous en viendrez à bout.
10. Remuez votre champ dès qu'on aura fait l'oût[(2)] :
Creusez, fouillez, bêchez[(3)], ne laissez nulle place
Où la main ne passe et ne repasse. »
Le Père mort, les fils vous retournent le champ,
Deçà, delà, partout; si bien qu'au bout de l'an
15. Il en rapporta davantage.
D'argent, point de caché. Mais le Père fut sage
De leur montrer, avant sa mort,
Que le travail est un trésor.

La Fontaine (*Fables*, livre V, IX)

VOCABULAIRE
[(1)]*le fonds* : c'est le capital.
[(2)]*Oût* : aujourd'hui on écrit: août. Ici l'auteur parle de la moisson qui se déroule au mois
d'août.
[(3)]*Bêcher* : travailler la terre avec une bêche. La bêche est un outil de jardinage.

Questions

1. Dans les deux premiers vers de la fable, l'auteur veut dire que
   - (A) les enfants travaillent trop.
   - (B) le travail est une activité précieuse.
   - (C) ce n'est pas la peine de travailler.
   - (D) au fond, il ne faut pas en faire trop.
2. Le riche laboureur parle
   - (A) Avec des témoins.
   - (B) De sa mort.
   - (C) De l'argent dont ils vont hériter.
   - (D) Et donne des conseils.

3. Le laboureur explique
   (A) qu'il faut vendre la maison.
   (B) qu'il faut attendre la moisson.
   (C) que le courage ne sert à rien.
   (D) où est le trésor.

4. Les vers 11 et 12 signifient qu'il faut
   (A) bêcher sur place.
   (B) repasser avec la main.
   (C) fouiller nulle part.
   (D) chercher partout.

5. Après la mort du laboureur, ses enfants
   (A) retournent chez eux.
   (B) trouvent de l'argent.
   (C) font prospérer le champ.
   (D) restent un an dans le champ.

6. L'auteur nous dit que
   (A) Le Père est généreux.
   (B) Le laboureur est un sage.
   (C) Le Père a travaillé avant de mourir.
   (D) L'argent est un trésor.

2. INSCRIVEZ-VOUS

Inscris-toi, inscrivons-nous !

Voilà un véritable refrain. S'inscrire où, s'inscrire à quoi, pourquoi s'inscrire ?

En France, à Paris, en province on s'inscrit. On s'inscrit sur des listes. On s'inscrit sur une liste électorale, on s'inscrit pour subir les épreuves du permis de conduire, les épreuves du baccalauréat ou celles de l'agrégation. On inscrit ses enfants pour qu'ils puissent aller à la crèche[1], à l'école maternelle ou au lycée.

Aujourd'hui, beaucoup d'adultes s'inscrivent sur différentes sortes de listes, celles qui permettront d'assister aux cours pour adultes qui sont offerts dans la plupart des municipalités. Les brochures qui décrivent les activités et les formulaires d'inscription sont à la disposition de tous dans les mairies de chaque arrondissement dans les grandes villes, les villes de province, les chefs-lieux de canton et même parfois les communes.

L'Art dramatique vous passionne, et vous n'êtes ni Sarah Bernhardt, ni Louis Jouvet, peu importe ! Inscrivez-vous aux cours d'Art dramatique de la mairie du IXème arrondissement. Ils ont une excellente réputation. Vous pourrez y jouer Phèdre ou Becket. Et qui sait si quelque grand metteur en scène ne vous remarquera pas ?

Vous aimez chanter, inscrivez-vous pour faire partie de la chorale de votre quartier. Vous avez toujours voulu danser le tango, le vrai, le tango argentin. Pourquoi ne pas profiter de l'occasion et vous inscrire aux cours de danses sud-américaines qu'on offre à partir du 1er Septembre. Jouer au ping pong, rien de plus facile, inscrivez-vous vite, les partenaires ne manqueront pas.

C'est l'histoire de l'art, la tapisserie, la reliure que vous aimeriez mieux connaître, n'hésitez pas un instant, il y a encore quelques places sur les listes. Avant d'acheter un nouvel ordinateur, on suggère que vous vous familiarisiez avec les nouveaux appareils, allez-y, inscrivez-vous au cours d'informatique pour amateurs.

Vous appréciez la cuisine vietnamienne et vous aimeriez bien préparer tous ces petits plats pour les déjeuners de famille du dimanche où votre poulet rôti n'est plus guère apprécié. Le chef vietnamien qui présente le cours de cuisine promet qu'au bout de deux mois sa cuisine n'aura plus de secrets pour vous; qu'est-ce que vous attendez ? Jouer au bridge vous intimide et vous fascine; vous voudriez en savoir plus. Laissez-vous tenter, vous ne serez pas la seule novice.

Ces distractions ne s'adressent pas qu'aux adultes. On ne demande qu'à inscrire vos enfants. Si votre fils de six ans veut s'initier au judo, c'est le moment. Les cours ont lieu le mercredi après-midi, le jour où il ne va pas à l'école. Antoinette, huit ans, dessine sans arrêt, mais sans méthode et elle ne veut pas écouter vos conseils. Inscrivez-la au cours de dessin du samedi matin.

On peut aussi s'inscrire ou inscrire ses enfants ou même s'inscrire avec eux pour les visites de musées organisées avec l'aide de la direction des Musées nationaux. Le nombre des places est limité, il ne faut donc pas traîner. Décidez-vous vite pour ne pas risquer d'être mis sur la liste d'attente.

Si les voyages en groupe vous tentent, les municipalités sont, dans certains cas, devenues des agences de voyages auxquelles on peut faire confiance. Vous pouvez passer le week-end à l'Abbaye du Mont Saint-Michel, visiter les châteaux de la Loire ou les vignobles du Bordelais. Vous voudriez faire un peu de ski et vous n'avez pas le temps de faire des recherches sur l'enneigement, les hôtels, les horaires de train, ne vous inquiétez pas, il y a sans aucun doute un voyage organisé par votre mairie, ou par un groupe de votre quartier. Un simple coup de téléphone vous renseignera et il ne restera qu'à vous inscrire. Rome, Athènes, Marrakech, Saint-Pétersbourg sont aussi des destinations qui figurent sur les listes. C'est à vous de choisir, à vous de décider, à vous de vous inscrire !

Comme vous le voyez, les Français n'ont aucune excuse pour ne pas cultiver leurs talents, satisfaire leur curiosité et enrichir leur vie quotidienne quel que soit leur âge. Je dois vous dire que nombreux sont ceux qui profitent de ce qui est mis à leur disposition et qu'ils ont appris où, quand et à quoi s'inscrire.

---

[1]*une crèche* : garderie pour tout-petits enfants

Questions

1. Pour aller à l'école maternelle, on doit
   - (A) subir des épreuves.
   - (B) aller à la crèche.
   - (C) s'inscrire.
   - (D) être inscrit sur une liste électorale.

2. Ceux qui voudront s'inscrire aux cours pour adultes
   - (A) auront besoin d'une permission.
   - (B) rempliront un formulaire.
   - (C) décriront les activités.
   - (D) iront en province.

3. Quand vous vous inscrivez, vous avez le choix entre
   - (A) le tango argentin et le ping pong.
   - (B) la reliure et le judo.
   - (C) l'histoire de l'art et l'informatique.
   - (D) (A), (B) et (C)

4. La direction des Musées nationaux
   - (A) offre des cours de dessin le samedi matin.
   - (B) ne veut pas écouter vos conseils.
   - (C) organise des visites de musée exclusivement pour les enfants.
   - (D) offre un nombre de places limité pour les visites des musées.

5. On organise des voyages
   (A) avec les Bordelais.
   (B) chaque week-end.
   (C) pour tous les goûts.
   (D) pendant l'hiver.

6. On nous montre que les Français
   (A) ont des excuses.
   (B) n'ont pas de talent.
   (C) profitent des offres qu'on leur fait.
   (D) ont une vie intellectuelle très riche.

3. LE FRANGLAIS ET...VICE-VERSA

Vous avez certainement entendu parler des efforts quasi-surhumains fournis par le gouvernement français et certaines organisations des plus respectables, dont l'Académie française, pour épurer la langue française de tout terme étranger. On ne veut pas qu'elle soit envahie par les barbares. Quelle gageure ![1]

C'est un thème qui fait régulièrement surface dans la presse. Récemment, on a même décidé que le terme *e-mail* devait être remplacé par le mot *courriel*. Il n'est guère possible d'imposer des sanctions à ceux qui ne suivront pas les directives officielles. Beaucoup se contentent de sourire tout en mangeant un hotdog ou une pizza et en buvant un soda.

Qu'est-ce qui pousse les officiels à prendre de telles décisions ? Ne sait-on pas que des mots français sont intégrés dans la plupart des langues étrangères ? Si on essaie d'en faire une liste, on n'en finira pas ! Au Japon, les jeunes ont un *avec* ou une *avec* au lieu d'un petit ami ou d'une petite amie, on fait une enquête et on a des vacances. En Chine, on parle de salon, on est chauvin et on est ou non de bonne humeur. En Russie, on mange des ananas et les lampes ont des abat-jour; en Allemagne, on met ses marks dans un porte-monnaie et on mange des éclairs. Quel anglophone n'a pas fait usage de coup d'état, coup de grâce, tort, gauche, adroit, matinée, coupé, rouge, débutante, touché, RSVP ? Quel chef n'a pas préparé des hors-d'œuvre, des mousses, des crêpes, des pâtés et des petits fours ? Si vous avez fait de la danse, vous savez ce que c'est qu'un plié, un jeté, une pirouette, une arabesque, un entrechat. Qui n'a pas eu recours à des termes comme crème de la crème, un je ne sais quoi, savoir-faire, joie de vivre, déjà vu ? À quoi bon essayer de présenter une liste qui ne sera jamais complète ?

On se demande donc pourquoi certains s'acharnent à exiger que la langue française rejette les mots « étrangers » au lieu de les accepter et de les associer à son vocabulaire. Il faut qu'une langue vive, qu'elle change, qu'elle bouge, qu'elle se laisse mouler par les événements et par le temps. Il faut accepter les intrus, ils deviendront des membres de la famille, seront bientôt français à part entière et, le jour viendra où on ne pourra plus s'en passer. Qui parle d'invasion ?

Il semble qu'ici la tolérance et le bon sens soient « de rigueur ». Messieurs, Mesdames les puristes, il ne faut pas rêver. Voyagez, promenez-vous, écoutez, et vous verrez que si le français court un danger, ce n'est pas celui de la guerre avec l'anglais, c'est plutôt celui d'un conflit interne. Insistez pour que la langue de la rue ne devienne pas celle de la salle à manger ou du bureau. Battez-vous pour que les instituteurs et les professeurs exigent de leurs élèves rigueur et précision dans leur façon de s'exprimer que ce soit oralement ou par écrit. Les bandes dessinées ont leur place dans la bibliothèque mais qu'elles ne remplacent pas les classiques.

On parle et on apprend des langues vivantes dont l'essence même est d'évoluer. Pourquoi ne pas arrêter les menaces et profiter d'une langue dont la beauté et la richesse n'ont jamais été mises en question ?

---

[1]*gageure* : projet difficile à réaliser

Questions

1. L'Académie française
    (A) est envahie par les barbares.
    (B) veut que le français reste pur.
    (C) fait des efforts pour les étrangers.
    (D) est une organisation surhumaine.

2. Dans le passage, l'auteur aspire à
    (A) encourager les efforts de l'Académie française.
    (B) faire appel au bon sens.
    (C) apprendre les langues vivantes.
    (D) mettre en question la beauté de la langue française.

3. Courriel est un terme
    (A) que la presse nous impose.
    (B) qui est courant.
    (C) qui fait sourire.
    (D) qui est imposé par des directives officielles.

4. Si vous parlez anglais, vous connaissez le sens de
    (A) cadre.
    (B) abat-jour.
    (C) RSVP.
    (D) porte-monnaie.

5. Savoir-faire est une expression qui signifie
    (A) qu'on sait s'y prendre.
    (B) qu'on est en bonne santé.
    (C) qu'on fait ce qu'on peut.
    (D) qu'on fait savoir ce qui est important.

6. On recommande que les mots étrangers
    (A) acceptent les intrus.
    (B) soient les bienvenus dans la langue.
    (C) envahisssent le vocabulaire.
    (D) changent et bougent avec la langue.

7. L'auteur voudrait que les puristes
    (A) voyagent et courent.
    (B) rêvent.
    (C) écoutent et réfléchissent.
    (D) se promènent en rêvant.

8. Le danger que court la langue française c'est de
    (A) se battre avec l'anglais.
    (B) se détériorer.
    (C) remplacer les classiques.
    (D) écrire avec rigueur et précision.

4. PARIS, NEW YORK, PÉKIN

Si l'urbanisme vous intéresse, vous avez la chance de voir son histoire se dérouler sous vos yeux, ou presque. Que vous soyez globe-trotter ou pantouflard[1], l'histoire du développement des grandes villes en villes immenses n'a pas pu vous échapper. Les media – la presse, la télévision et le cinéma – nous proposent chaque jour des reportages et des images sur les changements qui prennent place, dans certains cas, à une vitesse vertigineuse. Nous nous contenterons d'évoquer ici les transformations qui se sont opérées récemment et s'opèrent de nos jours à Paris, à New York et à Pékin.

En fait, c'est à Paris que les grands bouleversements de l'urbanisme commencèrent. C'est à Napoléon III, dont le règne dura de 1851 à 1870, et au préfet de Paris, le baron Haussmann, qu'on doit le tracé actuel des grandes avenues qui donnent à cette capitale son allure moderne pleine de charme et de beauté : « Paris, disait Napoléon III, est le cœur de la France. Mettons tous nos efforts à embellir cette grande cité. Ouvrons de nouvelles rues, assainissons les quartiers populeux qui manquent d'air et de jour, et que la lumière bienfaisante pénètre partout dans nos murs. » Pour construire le Paris que Napoléon III envisageait, Haussmann a dû détruire des centaines d'habitations, de rues et de chemins qui sillonnaient le centre de la ville. La population parisienne ne fut évidemment pas consultée. On l'envoya loger ailleurs. Haussmann mena à bien son plan et fit même aménager les grands espaces verts que nous connaissons aujourd'hui : le bois de Boulogne, le bois de Vincennes, le parc Monceau et les Buttes-Chaumont.

Un siècle plus tard, on a assisté, sous la présidence de François Mitterrand, à des transformations rappelant celles du Baron. Avant même l'époque des Grands Projets du Président de la République, nous devons noter la construction de la tour Montparnasse, un gratte-ciel de 47 étages au cœur de Paris sur la rive gauche. On a beaucoup critiqué cette tour en béton qui a consacré la disparition de la vieille gare du Maine. Mais, pour certains, elle est devenue un but de promenade. Le dimanche, on y monte pour admirer la vue, et on boit un café. Et la gare du Maine est devenue une nouvelle gare, celle des TGV qui desservent l'Ouest et le Sud-Ouest de la France.

On notera aussi la disparition des Halles Centrales qui furent, pendant des siècles, le cœur alimentaire de Paris. On a démonté les magnifiques verrières[2] de Baltard, et on a expédié tout le monde à Rungis qui se trouve au Sud de Paris, pas loin de l'aéroport d'Orly. À la place, on a installé un grand centre commercial, un jardin et des immeubles de sept à huit étages. Un peu à l'est des anciennes halles, le quartier du Marais (marais = *swamp*) a aussi fait peau neuve. Les petits immeubles et les petites rues, parfois insalubres, ont fait place à des boutiques et des galeries d'avant-garde. C'est le Soho de Paris. Certaines rues sont réservées aux piétons et on s'y promène avec plaisir. Mais, essayez d'y aller en semaine; le samedi et le dimanche, on s'y bouscule.

Ce sont là de petits projets si on les compare aux Grands Projets des années 80 tels qu'ils furent conçus et approuvés par le gouvernement Mitterrand: Le Grand Louvre avec la pyramide de verre de l'architecte sino-américain I.M. Pei; le nouveau quartier administratif de la Défense, construit dans la perspective de l'Arc de Triomphe; Bercy, le domaine du ministère des finances sur la rive droite de la Seine dans le XIIème arrondissement; la Grande Bibliothèque, composée de quatre bâtiments tout en verre qui ont la forme d'immenses livres ouverts, dans le XIIIème arrondissement où sa construction a entraîné une transformation radicale et bénéfique du quartier.

La municipalité de Paris a rejeté récemment un projet de construction pour une tour triangulaire en verre, qui s'élèverait à la porte de Versailles dans le XVème arrondissement. Cependant, le maire de Paris s'intéresse au projet et ne l'abandonnera pas. La majorité des Parisiens, qui n'ont toujours pas accepté la tour Montparnasse, s'opposent à cet édifice même si sa construction devrait engager 3000 personnes.

Voici donc de grands changements comparables à ceux qui sont visibles à New York depuis les années 80 dans plusieurs quartiers de la ville, mais surtout au sud de la ville. Puisque Manhattan est une île, elle doit se contenter de ce qu'elle a : grandir en hauteur ou restaurer ce qui ne sert plus. Ce n'est pas tout à fait vrai car New York a appris à gagner du terrain sur ses fleuves en repoussant leurs berges. On observe ce phénomène au sud de la ville.

Mais au sud, il y a surtout Soho qui n'a rien à voir avec le Soho de Londres puisqu'il doit son nom à sa situation géographique: Soho se trouve au sud (South) de Houston (Houston) street, une grande avenue qui traverse Manhattan d'Est en Ouest et marque la frontière sud de Greenwich Village. Soho était, à l'origine, le quartier des grands bâtiments en briques qui abritaient des entrepôts de toutes sortes. Aujourd'hui, c'est un quartier à la mode où on trouve des boutiques, petites et grandes, et de grand luxe, des restaurants où on peut manger toute la nuit des plats italiens, cambodgiens, thaïlandais, portugais, japonais, marocains, chinois du Sichuan ou de Canton, végétariens et français, bien sûr. C'est là qu'est né le *loft*, ce grand espace sans cloison où on installe son chez soi comme bon vous semble. Artistes, architectes, décorateurs, jeunes professionnels ont aménagé des appartements luxueux entre ces vieux murs. Un peu plus au nord, le quartier du Marché à la viande a beaucoup changé; on y trouve des brasseries chics, des galeries d'art, et les couturiers s'y installent. Cette grande ville est toujours en mouvement. Pour mieux profiter du nouveau New York, allez-y en semaine, si vous le pouvez. Pendant le weekend, il y a tellement de monde sur les trottoirs, on se croirait à Pékin !

Certes, il y a du monde à Pékin, près de 15 millions de personnes. Comment cette ville gère-t-elle une telle population ? Et bien, elle grandit, elle grossit, elle explose ! Alors que Paris et New York transforment leurs vieux quartiers, faisant en fait du neuf avec du vieux, Pékin repousse ses frontières, s'étend dans toutes les directions, ajoutant progressivement des autoroutes, et par ce fait des quartiers périphériques. On les appelle des anneaux, on en est au cinquième en dix ans. Et on construit 24 heures sur 24, sept jours sur sept, des immeubles d'habitation, des immeubles de bureaux, des centres commerciaux, des terrains de sports, des lycées, des hôpitaux, un nouvel opéra et, vous vous en doutez, des restaurants. Vous croyez connaître la ville, vous vous absentez six mois; à votre retour, vous êtes perdu. Non seulement la ville n'a plus de limites, mais, comme l'avait fait Haussmann à Paris il y a plus de 200 ans, on détruit des quartiers entiers pour créer de larges avenues, des stations de métro et des tours de plus de 20 étages. Ne vous inquiétez pas, la Cité interdite ne bougera pas.

Aujourd'hui, où qu'on se trouve, où qu'on aille, on constate les énormes changements qui font que les grandes villes continuent à prospérer, à nourrir leurs citoyens et à attirer ceux du monde entier.

(1)*pantouflard* : slightly pejorative term for homebody
(2)*verrières* : large surface composed of metal framework and glass

Questions

1. Dans ce passage, l'auteur s'adresse particulièrement
    (A) aux pantouflards.
    (B) aux journalistes.
    (C) à nous tous.
    (D) à ceux qui changent très vite.

2. Dans le troisième paragraphe, le mot « assainir » signifie :
    (A) nettoyer.
    (B) approprier.
    (C) rendre saint.
    (D) manquer d'air.

3. Le baron Haussman a détruit des vieux quartiers
    (A) pour faire plaisir au peuple de Paris.
    (B) pour permettre le tracé des grandes avenues.
    (C) pour aménager le bois de Vincennes.
    (D) pour devenir Préfet.

4. Les Grands Projets comprennent
    (A) les Halles centrales.
    (B) l'aéroport d'Orly.
    (C) la tour Montparnasse.
    (D) la Grande Bibliothèque.

5. On parle beaucoup à Paris d'un nouveau grand projet qui est
    (A) accueilli avec enthousiasme
    (B) sur le point d'être construit dans le XVème
    (C) soutenu par le Maire
    (D) approuvé par le Conseil Municipal

6. New York construit
    (A) des autoroutes périphériques.
    (B) du neuf avec du vieux.
    (C) des grands bâtiments en briques.
    (D) des couturiers.

7. L'auteur explique que
    (A) Paris et Pékin ont détruit des vieux quartiers.
    (B) New York a grandi de la même façon que Pékin.
    (C) les weekends sont toujours calmes.
    (D) les Japonais, les Marocains, les Portugais, les Cambodgiens habitent Soho.

8. Le loft est
    (A) un entrepôt de toutes sortes.
    (B) un système d'étagères.
    (C) un espace grand ouvert.
    (D) une spécialité du baron Haussman.

9. Ce passage est consacré
   (A) aux appartements dans les grandes villes.
   (B) à l'urbanisme.
   (C) à l'avenir de la Cité interdite.
   (D) aux restaurants étrangers.

10. L'auteur conclut
    (A) qu'on est à l'aube du XXIème siècle.
    (B) que dans le monde entier, on assiste à des changements.
    (C) qu'il est difficile de nourrir les citoyens.
    (D) qu'il aime beaucoup les grandes villes.

5. CANNES

Chaque année depuis 1946, au mois de mai, les media du monde entier se retrouvent autour d'un même sujet, au même endroit; c'est le cinéma à Cannes où se déroule le fameux festival. Nous en sommes aujourd'hui au 70ème festival. Que s'y passe-t-il donc ?

C'est un des grands festivals du cinéma avec celui de Venise et celui de Berlin. On y projette dans l'espace d'une semaine une vingtaine de films de 13 à 15 pays sélectionnés à l'avance par certains spécialistes du cinéma. Le festival se déroule à Cannes, lieu de prédilection de la côte d'Azur, parce qu'il y fait toujours beau au printemps, que chacun peut s'y promener sur la Croisette[1], s'y faire remarquer et remarquer les autres.

Le festival de Cannes attire chaque année les plus grands noms du cinéma, aussi bien les producteurs que les acteurs, les photographes, les starlettes et les investisseurs. Les représentants de la presse écrite et de la télévision sont omniprésents avides de rapporter l'anecdote ou de prendre la photo qui fera du bruit le lendemain. La présidence du festival est très convoitée. On y a vu s'y succéder Olivia de Havilland, Liv Ullman, Clint Eastwood, Luc Besson, David Lynch, Pedro Almodóvar, Quentin Tarantino et bien d'autres.

Les films sont répartis en catégories: longs métrages, courts métrages, documentaires... On y décerne la Palme d'or, le Grand Prix, le prix d'interprétation feminine, le prix d'interprétation masculine, le prix de la meilleure mise en scène, le prix du meilleur scenario et enfin le prix du jury lui-même composé d'artistes, de réalisateurs, de producteurs, d'écrivains, etc.

Pourquoi un tel festival a-t-il lieu en France ?
Et bien voilà, le cinéma pour les Français c'est une vieille histoire qui remonte loin et qui ne sera jamais finie. En 1895, Louis Lumière présentait à Paris ses premières projections animées devant 120 spectateurs émerveillés. En 1897, on inaugure à Montreuil, près de Paris, le premier studio où, sous la direction de Georges Méliès, on faisait des trucages qui sont en fait les ancêtres des effets spéciaux. Bientôt se créent des sociétés telles que Pathé, Gaumont, Éclair qui deviendront les grands noms de la production cinématographique.

Depuis les débuts du cinéma, chaque période a laissé sa marque, les années 20 et 30 avec Abel Gance, Jean Renoir, Marcel Pagnol, René Clair, Jean Vigo, Marcel Carné, les années 40 et 50 avec Jean Cocteau, René Clément, Christian-Jacque, Yves Allégret, Roger Vadim et puis plus près de nous les membres de la « nouvelle vague » qui adoptent une plus grande liberté dans tous les domaines: Jean-Luc Godard, François Truffaut, Louis Malle, Agnès Varda, Alain Resnais, Costa Gavras, Eric Rohmer, Claude Lelouch, J.Rouch, Claude Chabrol pour n'en citer que quelques uns. Vous pouvez voir les films de ces réalisateurs dans bien des salles de cinéma aujourd'hui. On les voit, on les revoit avec plaisir. « La nouvelle vague », qui est pour le cinéma ce que « le nouveau roman » devait être pour la littérature, est une vraie révolution. Mais, que signifient ces termes ?

Ce mouvement explose après la guerre 39–45. On est libre, on s'est libéré. Cette liberté se retrouve ici à tous les niveaux, celui des thèmes, celui du langage et celui de la technique. On regarde maintenant la réalité extérieure avec une grande objectivité. L'atmosphère du film, son style, son ton, ses idées et leur développement sont modernes et sont proches de notre façon de sentir et de penser. On doit se débrouiller avec des budgets modestes et on fait appel à des acteurs inconnus. La technique se raffine et les spectateurs apprennent à l'apprécier. Les ciné-clubs, les revues spécialisées encouragent aussi les Français à rester au courant de ce qui se passe dans le monde du cinéma. Même si la télévision a changé certaines des données, le cinéma reste une des passions des Français.

C'est ce qui explique l'intérêt, la fascination que provoque chaque année le Festival international du cinéma à Cannes. C'est là que la France, où est né le septième art[2], accueille le monde du cinéma. Certes, elle ne peut rivaliser avec les moyens hors du commun auxquels certains pays ont accès, mais elle réussit à maintenir son autonomie, à encourager les jeunes réalisateurs, à célébrer ses pionniers et à présenter d'excellents nouveaux films.

[1]*La Croisette* est une longue avenue qui longe la mer Méditerranée.
[2]Le cinéma est considéré comme *le septième art*, les six autres étant l'architecture, la sculpture, la peinture, la musique, la poésie et la danse.

Questions

1. Les cinéastes se retrouvent chaque année
   (A) à Cannes.
   (B) à Berlin.
   (C) à Venise.
   (D) à A, B et C.
2. Sur la Croisette, on rencontre
   (A) les photographes.
   (B) les starlettes.
   (C) tout le monde.
   (D) ceux qui ont été sélectionnés.
3. Louis Lumière a montré ses films
   (A) animés.
   (B) émerveillés.
   (C) qui remontent loin.
   (D) dans un grand cinéma de Paris.
4. Les effets spéciaux
   (A) sont les ancêtres des trucages.
   (B) sont créés par Pathé, Gaumont et Éclair.
   (C) sont apparus à la fin du XIXème siècle.
   (D) dirigent Georges Méliès.
5. « La nouvelle vague » est un genre
   (A) créé par la télévision.
   (B) qui encourage les ciné-clubs et les revues spécialisées.
   (C) qui a révolutionné le cinéma.
   (D) littéraire très apprécié.

6. À l'avant dernier paragraphe, l'expression « se débrouiller avec » signifie
- (A) solliciter.
- (B) rejeter.
- (C) exiger.
- (D) faire de son mieux.

7. La Palme d'Or du festival de Cannes représente l'excellence
- (A) de la mise en scène.
- (B) A, C et D.
- (C) de l'interprétation.
- (D) de la production.

8. Dans le domaine du cinéma, la France
- (A) rivalise avec les moyens extraordinaires déployés par d'autres.
- (B) encourage les pionniers.
- (C) fascine par son festival annuel.
- (D) s'intéresse à sept arts.

6. LA MODE

En France, la mode, comme la baguette, fait partie de la vie quotidienne. Elle fascine, elle inquiète, on voudrait l'ignorer mais on la suit, tant bien que mal. On ne peut pas faire autrement, on y est exposé en permanence dans des circonstances des plus variées.

Il y a évidemment, deux fois par an, les collections des grands couturiers dont on parle avec force photos et anecdotes avant, pendant et après qu'elles se déroulent ! Peu importe, ce n'est qu'une infime section de la population qui est vraiment touchée. On parle des « couturiers en herbe » qui sont élèves dans les écoles de mode. Il y a aussi ce nouveau concept du « village shopping » où on vous propose les collections des saisons précédentes à des prix très inférieurs à ceux des magasins ordinaires. La mode, c'est aussi les soldes, ce phénomène qui revient deux fois par an et qui déplacent les foules. Il ne faut pas oublier les vitrines qui sont parfois des œuvres d'art et qu'on contemple avec admiration; le lèche-vitrines est pour certains une occupation à plein temps.

Peut-être fait-on semblant de se désintéresser des nouvelles collections, mais on les regarde quand même. Si les jupes raccourcissent, timidement on raccourcit les siennes, si les mannequins ont des carrures de joueur de football américain, on va chercher une petite veste avec des épaulettes, c'est tellement plus élégant ! On les enlèvera l'année prochaine si les mannequins font voir leurs épaules.

On a admiré l'affiche annonçant l'exposition des travaux de fin d'année des élèves modélistes. On y va, et on est séduit par l'imagination, le talent, le goût, la précision reflétés dans les robes du soir, les ensembles, les petites robes toutes simples ou les tailleurs-pantalons pleins de détails auxquels seuls des jeunes pouvaient penser. Pour ces jeunes élèves, c'est presque un concours puisque les exposants espèrent être remarqués par les grands noms de la haute couture ou par quelques célébrités qui choisiront chez eux leur garde robe de la saison prochaine. Quel métier difficile, mais quelle belle profession !

Comment ne pas être attiré par l'idée de ce « village shopping » dont on entend parler dans la presse et sur lequel on fait beaucoup de publicité, si on a la manie des achats et si on suit les excentricités de la mode ? Il y en a plusieurs en France dont un à Servis-Marne-la-Vallée près de Disneyland ! Il y en a plusieurs en Allemagne, en Espagne, en Belgique, au Japon, en Italie et de nombreux aux États-Unis. Leur succès ne fait que grandir et d'autres « village shopping » sont à l'étude. On y trouve généralement les collections prêt-à-porter haut de gamme et de luxe créées par des couturiers de renommée internationale. On trouve aussi des vêtements d'enfants. Les réductions vont parfois jusqu'à 60%. Qui peut résister ? On y va entre amies, on se soutient, on s'encourage, on donne son avis et on essaie d'éviter des désastres en pensant à ce qu'on a acheté la dernière fois.

Et si on parle de la mode, on se doit de parler des soldes. Si on ne les fait pas, on ne sait pas ce dont les autres parlent au début du mois de Janvier et en Juin. Si on n'y va pas, on le regrettera. Êtes-vous prêt(e) à faire la queue, à vous battre, à dépenser une somme d'argent raisonnable pour acheter cette tenue, « objet intense de votre désir ? »

Les Français ne sont pas tous esclaves de la mode. Il y a aussi ceux et celles qu'aucune de ces manifestations ne touche. Pour eux, pour elles rien ne vaut un bon livre, un bon dîner, un bon film, une bonne promenade en forêt ou sur la plage, en blue jeans et en pullover ! La mode, c'est secondaire, c'est pour demain !

Questions

1. En France, la mode est une préoccupation
   (A)   permanente.
   (B)   quotidienne.
   (C)   suivante.
   (D)   ignorée.

2. Les collections des grands couturiers
   (A)   intéressent tout le monde
   (B)   sont présentées deux fois par an.
   (C)   sont dans les vitrines.
   (D)   sont pleines de photos.

3. Le lèche-vitrines est
   (A)   un métier difficile.
   (B)   une distraction amusante.
   (C)   un chef-d'œuvre.
   (D)   impraticable le soir.

4. On enlèvera les épaulettes
   (A)   quand les mannequins feront voir leurs épaules.
   (B)   quand les carrures de joueurs de football seront à la mode.
   (C)   si les jupes raccourcissent.
   (D)   l'année prochaine.

5. les couturiers en herbe
   (A)   sont des innovateurs.
   (B)   dessinent des affiches.
   (C)   portent des petits robes toutes simples.
   (D)   ont un certain âge.

6. Le « village shopping » est un phénomène qui
   (A)   a la manie des achats.
   (B)   emploie des grands couturiers.
   (C)   évite les désatres.
   (D)   se répand.

7. On peut acheter des vêtements d'enfants
   (A)   d'occasion.
   (B)   à 70% de réduction.
   (C)   près de Disneyland.
   (D)   pour résoudre les problèmes.

8. Si on ne fait pas les soldes
   (A)   on est prêt à faire la queue.
   (B)   on n'est pas au courant.
   (C)   on achète une tenue pour une somme raisonnable.
   (D)   on se promène en survêtement.

9. Certains Français
   (A)   aiment aller dîner à la plage.
   (B)   font du cinéma.
   (C)   se promènent en blue jeans et en pullover.
   (D)   sont touchés par ces manifestations.

10. Suivre la mode est une activité
   (A)   qui rend les Français esclaves.
   (B)   qui n'a pas les qualités d'un bon livre.
   (C)   qui vous force à manger.
   (D)   futuristique.

7. COMMENT VOYAGER ?

Même si on n'aime pas beaucoup ça, il est rare qu'on ne soit pas appelé à voyager à un moment ou à un autre, pour une raison ou pour une autre. Vous faites peut-être partie de ceux qui voyagent pour le plaisir, et c'est à vous que je m'adresse.

On peut, c'est évident, voyager à cheval comme le fit Montaigne au XVIème siècle, à pied comme Jean-Jacques Rousseau au XVIIIème siècle; il nous décrit ses longues promenades dans *les Rêveries du promeneur solitaire*, à dos d'âne comme le fit R.L. Stevenson qui nous raconte ses pérégrinations dans *Travels with a donkey in the Cévennes*[1]. Il y a aussi ceux qui accompagnaient les chevaliers lors de leurs pélérinages à Saint-Jacques-de-Compostelle, à Rome et tous ceux qui marchèrent jusqu'aux Lieux saints de Jérusalem au temps des croisades. Si on lit les compte-rendus de ces voyages, on en voit les difficultés immenses, mais aussi les plaisirs incomparables qu'ils procurent : les gens qu'on rencontre, aimables et curieux, le monde des animaux qu'on peut observer et mieux comprendre, et la nature dans toute cette splendeur qu'on a le temps de contempler du lever du jour au crépuscule. On ne descendait pas dans des hôtels trois étoiles, ni même des auberges. On était accueilli par les paysans et on était satisfait.

Aujourd'hui, on peut renouveler ces expériences du temps passé. Ceux qui le font ne le regrettent jamais. On le fait en groupes avec ceux et celles qui se passionnent pour les randonnées. C'est l'été, on dort quelquefois à la belle étoile. La voie lactée vous aura bientôt révélé tous ses secrets.

Si la marche à pied vous fait peur, inscrivez-vous dans un club qui organise des « tours » à bicyclette. L'itinéraire est fixé à l'avance. On fait une cinquantaine de kilomètres par jour et on parcourt une région pittoresque, on s'arrête dans des petits restaurants simples et bon marché, et le soir on couche sous la tente ou on passe la nuit dans des gîtes[2] ruraux qui sont souvent très accueillants.

Si ces déplacements quasi-sportifs ne vous attirent pas et puisque vous ne voulez pas voyager en voiture, c'est à la S.N.C.F. avec ses T.G.V. et ses trains régionaux dont la renommée n'est plus à faire que vous pouvez vous adresser. Vous voulez aller à Londres ? Le TGV-Eurostar vous y transportera en douceur, en trois heures en empruntant le tunnel sous la Manche. Vous voulez passer deux jours à Amsterdam pour y voir une exposition Van Gogh, le TGV-PBKA[3] vous y déposera en moins de trois heures. C'est la Provence qui vous tente, sautez dans le TGV-Méditerranée. Vous pourrez admirer la Bourgogne et la vallée du Rhône avant d'arriver à votre destination. Vous pouvez aller à Moscou si vous avez le temps car il vous faudra bien quinze heures pour arriver sur la Place Rouge.

Si le train est pour vous une passion sans bornes, vous pouvez aller jusqu'à Saïgon et pourquoi pas jusqu'à Pékin ? C'est faisable, mais ce ne sera pas simple. L'Orient Express qui, vous le savez tous, a servi de site à plusieurs films vous mènera jusqu'à Istambul si vous vous y prenez bien à l'avance.

Vous voulez aller loin, beaucoup plus loin, beaucoup plus vite, seul l'avion peut vous satisfaire. Le Concorde, l'appareil supersonique capable de transporter 92 passagers à la vitesse mach 2 (2.300 kilomètres à l'heure) a effectué son dernier vol le 31 mai 2003. Vous ne pouvez donc pas le prendre. Si vous voulez voir cet avion si élégant de près, allez à New York visiter le porte-avions *Intrepid* ; à côté, vous verrez un Concorde qui ne décollera plus. Pour vos longs voyages, il faudra donc que vous choisissiez un avion plus ordinaire à moins que le bateau ne vous fasse envie.

Le Queen Mary 2, construit en France, à Saint-Nazaire, par les chantiers de l'Atlantique pour la compagnie anglaise Cunard, vous accueillera avec plaisir. C'est le plus grand paquebot du monde. L'énergie qu'il produit suffirait pour éclairer une ville de 300.000 habitants. Il y a deux mille salles de bains et trois mille téléphones pour 2.600 passagers et 1250 membres d'équipage. Vous pouvez traverser l'Atlantique ou faire le tour du monde. À vous de choisir ! À vous de rêver !

Vous ne pouvez pas vous décider? Vous n'êtes pas les seuls. Pour le moment, restons chez nous dans un bon fauteuil avec un bon roman ou une pile de journaux intéressants. Après, on verra !

VOCABULARY
(1)*Cévennes* : region située au Sud/Sud-est du Massif Central.
(2)*gîte* : lieu où l'on trouve à se loger, où l'on peut coucher. (*Petit Robert*)
(3)*PBKA* : Paris, Bruxelles, Köhln (Cologne), Amsterdam.

Questions

1. Tout le monde voyage
   (A) tous les jours.
   (B) pour son plaisir.
   (C) pour des raisons variées.
   (D) rarement.

2. Autrefois, on voyageait à pied ou à cheval
   (A) parce qu'on n'avait pas le choix.
   (B) quand on en avait envie.
   (C) pour visiter des auberges.
   (D) pour voir des animaux en liberté.

3. La voie lactée
   (A) est à la belle étoile.
   (B) est invisible en plein jour.
   (C) est un laitage délicieux.
   (D) appartient au temps passé.

4. On fait facilement 50 kilomètres par jour si on voyage
   (A) en train.
   (B) de nuit.
   (C) à bicyclette.
   (D) avec un groupe.

5. En TGV ou en train vous pouvez voyager
   (A) en France et en Europe.
   (B) jusqu'à Pékin.

(C) en Turquie.

(D) à la vitesse du son.

6. Le Concorde

(A) assure le service entre Paris et New York.

(B) a été mis à la retraite.

(C) est prêt à décoller.

(D) était le plus grand avion de ligne.

7. Le plus somptueux des paquebots anglais

(A) a besoin de beaucoup d'énergie.

(B) transporte 3950 personnes.

(C) n'est pas accueillant.

(D) est en chantier à Saint-Nazaire.

8. Si on est indécis

(A) on ne se contente pas de rester chez soi.

(B) on a besoin d'un fauteuil.

(C) on écrit des romans.

(D) on est le seul.

8. L'ACADÉMIE FRANÇAISE

Savez-vous quel est à Paris le club sélect (il n'a que 40 membres) qui se réunit tous les jeudis pour travailler sur un ouvrage qui concerne tous ceux qui parlent ou veulent parler le français ?

Vous aurez deviné juste si vous répondez qu'il s'agit de l'Académie française et de ses académiciens. De quand date cette vénérable institution et comment peut-on en faire partie ? L'Académie française est elle-même membre de l'Institut de France qui comprend quatre autres académies ; c'est elle qui retiendra notre attention.

Elle fut fondée en 1635 par le cardinal de Richelieu, alors Premier ministre de Louis XIII, avec pour mission de « travailler à épurer et à fixer la langue, à en éclaircir les difficultés et à en maintenir les caractères et les principes ». Quand on entre à l'Académie française, on dit aussi qu'on entre « sous la coupole » faisant ainsi allusion au dôme qui surmonte l'ancienne chapelle de l'Institut de France. Les Académiciens sont aussi appelés les « Immortels » puisqu'ils sont membres à vie de ce célèbre club. Au décès de l'un d'entre eux, les 39 membres actifs élisent son successeur. C'est le nouvel élu qui prononcera l'éloge de son prédécesseur. Nous disons « le nouvel élu », mais dans certaines circonstances, il convient de dire « la nouvelle élue ». C'est le 6 mars 1980 que Marguerite Yourcenar, poète, dramaturge, connue surtout pour ses romans historiques dont *Les mémoires d'Hadrien*★, fut la première femme à faire son entrée sous la coupole. Elle fut admise à l'Académie française après avoir passé, comme tous ses collègues, un véritable concours. Elle y fut élue au fauteuil de Roger Caillois, écrivain, poète et gemmologiste. C'est l'écrivain Jean d'Ormesson qui l'y accueillit. Savez-vous qu'elle vécut longtemps dans le Maine, dans l'île du Mont Désert ? Il y a actuellement trois femmes qui siègent à l'Académie. Assia Djebar, une Algérienne née en 1936, fut élue à l'Académie en 2005, le premier écrivain francophone non français.

Mais ne croyez pas que seuls des écrivains ont accès aux fameux fauteuils (on parle toujours de fauteuils bien que les Académiciens soient aujourd'hui assis sur des chaises). Parmi les membres de l'Académie, on compte des hommes de lettres, des diplomates, des juristes, des savants, des militaires, des hommes d'état, des hommes de science, des médecins, des hommes d'église et des hommes de théâtre. Un élu récent est l'ancien Président de la République Française, Valéry Giscard d'Estaing. Il gagnera, comme ses estimables collègues, 200 euros par an et aura le privilège d'endosser, lors des grandes cérémonies, le fameux habit vert qui est accompagné d'une cape, d'un bicorne et d'une épée. Il n'est pas rare que la confection de cet uniforme soit confiée à un grand couturier.

Que font les Immortels lors de leur rencontre hebdomadaire du jeudi ? C'est bien simple : ils travaillent à la neuvième édition du *Dictionnaire de l'Académie française*. Ils en sont à la lettre R. L'ouvrage doit paraître en 2015. Il faut dire que ces messieurs et ces dames ont la réputation d'avancer fort lentement dans leur travail ! N'oublions pas qu'ils sont les juges tout-puissants du bon usage des mots de la langue française.

Vous aussi pouvez assister à ces réunions du jeudi quand vous serez en France puisqu'il y a des séances publiques. Pour en connaître les dates, renseignez-vous. L'Académie française a un site sur le « Web », ce mot qu'elle n'a pas encore attaqué. Que va-t-il se passer quand on arrivera au W ?

Les mémoires d'Hadrien (1958) : roman historique où Marguerite Yourcenar retrace, en parlant à la première personne, la vie publique et privée de celui qui gouverna Rome de 117 à 138. *Le carnet de notes des Mémoires d'Hadrien* fait suite au roman. L'auteur y explique en détails pourquoi et comment elle a écrit cet ouvrage.

Questions

1. L'Académie française est une institution
   - (A) établie par Louis XIII
   - (B) qui appartient aux académiciens.
   - (C) où se tiennent des réunions hebdomadaires.
   - (D) qui accueille tout le monde.

2. Les membres de l'Académie
   - (A) se retrouvent à la Coupole.
   - (B) surveillent la langue française.
   - (C) font l'éloge des membres actifs.
   - (D) appartiennent à un club de jeunes très sélect.

3. Marguerite Yourcenar
   - (A) a porté un bicorne.
   - (B) a été reçue par Roger Caillois.
   - (C) était surtout poète.
   - (D) a vécu dans le désert.

4. Un gemmologiste est une personne qui s'intéresse
   - (A) aux céréales.
   - (B) aux arbres généalogiques.
   - (C) à certaines catégories de pierres.
   - (D) aux recherches sur les jumeaux.

5. Quand on est à l'Académie française,
   - (A) on devient riche.
   - (B) on se bat avec son épée.
   - (C) on est immortel.
   - (D) on ne travaille pas vite.

6. Le jeudi
   - (A) on se rassemble autour d'un ouvrage sans fin.
   - (B) on rend la justice.
   - (C) on lit la neuvième édition du dictionnaire de A à Z.
   - (D) on reste assis dans son fauteuil.

7. On dit que l'Académie française est un club select parce que
   - (A) les droits d'inscription sont très élevés.
   - (B) la compétition est intense.
   - (C) il faut porter une tenue de soirée.
   - (D) Valéry Giscard d'Estaing en fait partie.

9. LA TOUR EIFFEL ET LE VIADUC DE MILLAU

Vous n'avez peut-être pas entendu parler des Grands Projets qui virent le jour à la fin du siècle dernier : la Pyramide du Louvre, l'Opéra Bastille, Bercy, le nouveau quartier du Ministère des Finances sur la rive droite, pas loin de la gare de Lyon ; la Cité de la musique à la porte de Pantin dans le parc de la Villette ; l'Institut du Monde arabe sur la rive gauche près de la Seine dans le 5ème arrondissement. Dans le prolongement des Champs-Élysées se dresse la Grande Arche qui domine un ensemble de bâtiments administratifs, connu sous le nom de la Défense ; et finalement la Grande Bibliothèque dans le 13ème arrondissement, appelée aussi bibliothèque François Mitterrand qui se compose de quatre bâtiments en verre représentant quatre gigantesques livres ouverts à angle droit et se faisant face. Ces grands projets sont tous devenus réalités avec le soutien inconditionnel du Président de la République, François Mitterrand. Vous en visiterez certainement certains quand vous irez à Paris. Mais ce ne sont pas là les seuls grands projets que Paris a conçus.

La Tour Eiffel fut imaginée, conçue et construite par l'ingénieur Gustave Eiffel. Elle est installée depuis 1889, date de l'Exposition Universelle, sur le Champ de Mars. Si vous n'avez pas vu « la Grande dame » en personne, vous l'avez reconnue maintes et maintes fois à la télévision, dans des films et dans des magazines. Elle mesure plus de 300 mètres et est forte de 5.000.000 de kilos de fer. On avait convenu qu'elle serait démontée après l'exposition, mais les Parisiens n'ont pas voulu s'en séparer. On a fêté son centenaire dans l'allégresse et dans la joie il y a quelques années. On l'habille de milliers de lumières pour les grandes occasions, et elle est alors plus élégante que jamais. On ne parle plus de la démonter parce qu'on y tient vraiment et elle est aussi une grosse source de revenus pour la ville de Paris et le gouvernement français.

Va-t-elle donc être détrônée par le viaduc de Millau[(1)] qui est le plus haut pont du monde puisque les automobilistes y roulent à 245 mètres du sol ? Il a 2,5 kilomètres de long et traverse le Tarn à la pointe sud du Massif Central. Ce pont relie ainsi l'Europe du Nord à l'Europe du Sud par la route.

C'est le 14 décembre 2004 qu'il a été inauguré en grande pompe par le président Jacques Chirac. Le chef de l'État français a ainsi couronné trois ans de travaux gigantesques. Son créateur, l'architecte britannique Norman Foster, à qui nous devons aussi la *Great Court of the British Museum* et le *London Millenium Bridge*, était présent.

« Pourquoi cette extravagance ? » demandent certains. Les touristes qui vont vers le sud et qui passaient des heures dans les embouteillages pour traverser la petite ville de Millau auraient voulu, eux, pouvoir hâter les travaux. Les Millavois s'inquiètent un peu. Les touristes s'arrêtaient, déjeunaient, faisaient quelques courses, achetaient des gants et quelques petites boîtes de foie gras. C'est grâce aux « vacanciers » qu'on tient le coup le reste de l'année. On essaie de les rassurer en leur disant que le viaduc de Millau va devenir l'attraction de la région.

C'est l'entreprise Eiffage, celle qui construisit la Tour Eiffel, qui a été chargée de la construction. La Tour Eiffel avait coûté 5.600.000 francs-or, le viaduc de Millau a coûté 260.000.000 d'euros. La grande dame a bien remboursé ses investisseurs. Le viaduc de Millau, grâce à ses péages[2], compte rembourser les siens en moins de 75 ans. C'est l'engagement qui a été pris. Quoiqu'il en soit, la Tour Eiffel n'a pas de souci à se faire, personne n'a l'intention de l'abandonner. On a besoin d'elle !

[1]*Millau* est une ville de 21.000 habitants, les Millavois, située sur le Tarn dans le département de l'Aveyron, entre Rodez et Montpellier. On y fabrique des gants et des articles en cuir. On peut visiter « la maison de la Peau et du Gant ». Le foie gras fait partie des spécialités de la région.

[2]*péage* : c'est la contribution exigée des automobilistes quand ils empruntent les autoroutes ou certains ponts (par exemple le pont qui va de La Rochelle à l'île de Ré, ou le pont de Tancarville sur l'estuaire de la Seine, en Normandie).

Questions

1. La Pyramide du Louvre
   (A) a été construite par les Égyptiens.
   (B) fait partie d'un musée.
   (C) est un des grands projets d'urbanisme du XXème siècle à Paris.
   (D) n'est pas encore finie.

2. La Grande Arche
   (A) contient beaucoup de bureaux.
   (B) est construite en verre.
   (C) date de la fin du XIXème siècle.
   (D) est sur les Champs-Élysées.

3. La Tour Eiffel
   (A) n'a pas été démontée parce qu'elle était trop lourde.
   (B) coûte très cher aux Parisiens.

(C) ne sera jamais élégante.

(D) fait partie de la scène parisienne depuis plus d'un siècle.

4. Le viaduc de Millau

 (A) traverse la pointe sud du Massif Central.

 (B) a 245 mètres de long

 (C) ne supporte pas la chaleur.

 (D) rendra service.

5. Depuis qu'il est ouvert, le viaduc

 (A) donne du travail à cinq cents ouvriers.

 (B) est une source d'inquiétude.

 (C) permet aux voyageurs d'arriver plus vite à leur destination.

 (D) crée des embouteillages.

6. À Millau

 (A) on fait des courses avec des gants.

 (B) on peut vivre grâce aux touristes.

 (C) on se déplace difficilement.

 (D) on aime beaucoup les attractions.

7. Le viaduc

 (A) a été construit par Eiffel.

 (B) doit être payé en euros.

 (C) alimentera les Millavois en eau.

 (D) est une des sept merveilles du monde.

8. Les péages servent

 (A) à entretenir les autoroutes et à payer des dettes.

 (B) à traverser les autoroutes.

 (C) à rembourser les investisseurs de la Tour Eiffel.

 (D) à reconstruire le viaduc de Millau.

10. En fac ou en ligne?

On va bientôt se poser cette question. Il faudrait dire : "Vous allez bientôt vous poser cette question", question qu'on ne se posait pas il y a dix ans.

Que signifie la question? Elle s'adresse à ceux qui sont sur le point de commencer des études supérieures. "En fac", c'est l'abbréviation de "en faculté". On dit la Faculté des lettres, la Faculté des Sciences, la Faculté de droit, la Faculté de Médecine., Les étudiants disent : "je vais à la Fac"., ce qui veut dire "je vais suivre un cours". La "Fac" est la destination de la majorité des étudiants. Certains choisiront un parcours différent, celui de la préparation des concours des Grandes Écoles telles que l'École Normale Supérieure (Normale Sup), l'Institut des Sciences Politiques (Sciences Po), L'École Polytechnique (l'X), l'Institut Nationale Agronomique (l'Agro), l'École des Hautes Études Commerciales (H.E.C.) pour ne citer que les plus connues. La préparation au concours redouté et redoubtable s'échelonne sur deux ans pendant lesquelles le mot "détente" ne fait plus partie du vocabulaire. À moins d'être passé par là, on ne peut pas imaginer l'intensité du travail et la pression à laquelle on est soumis. Si vous réussissez au concours, vous êtes tranquille à vie. 3 ou 4 années d'études, et vous entrez dans la catégorie des "grands fonctionnaires" , autrement dit dans le club dont les membres gouvernent le pays depuis des années.

Imaginons que ce parcours ne vous tente et vous êtes alors dans la majorité. Vous décidez d'aller "en Fac" où vous ferez des études parfois comparables et souvent plus normales qui vous conduiront peut-être vers l'enseignement, la recherche Scientifique, la Médecine, le Droit etc. Que vous soyez dans une "Grande École" ou à la Fac, l'enseignement est comparable. C'est un professeur qui fait cours ou un assistant qui vous guide dans votre travail et dans les recherches qui vous mènent à un examen ou un concours dont le succès vous permettra, si vous avez de la chance, d'embrasser la profession que vous avez choisie. En Fac, il faut se débrouiller tout seul, dans les Grandes Écoles, on est encadré.

Si vous êtes tenté par les Arts Plastiques ou l'Architecture, vous préparerez le concours d'entrée à l'École des Beaux Arts ou à l'une des Écoles d'Architecture.

Pour ceux qui se passionnent pour la mode, le dessin industriel, l'ébénisterie, la decoration, la cuisine ou le cinema, la filière n'est pas la même. Ce qui compte surtout, c'est la pratique, l'entraînement, comme chez les athlètes. Il y a certes des écoles spécialisées, mais on apprend son future métier dans un atelier de couture, un studio de photographe, avec un maître ébéniste, un grand chef de cuisine chez qui on demeure "stagiaire" pendant plusieurs années avant d'être engagé par un spécialiste.

Toutes ces études permettent un rapport élève-professeur dans un lieu donné hors de chez soi. Vous devez donc quitter la maison!

Depuis quelques années, un nouveau mouvement se dessine et prend racine dans plusieurs pays et particulièrement aux États-Unis. Vous pouvez rester nu-pieds et en pyjama toute la journée tout en étant inscrit dans une université où vous suivrez "en ligne" des cours que vous pourriez suivre "en fac". Un élément indispensable: un ordinateur avec une connexion internet. Dans certains cas, ces "universités en ligne" confèrent des diplômes, dans beaucoup d'autres, vous suivez un "vrai" cours dans l'une des multiples disciplines offertes, pour opérer un changement de carrière ou tout simplement pour découvrir d'autres horizons et vous "cultiver".

Des centaines de milliers d'élèves sont inscrits à ces cours qui ne sont pas gratuits et ne remplacent pas les cours suivis dans une université traditionnelle puisqu'on ne vous donne pas de "crédit". Ils les complètent, les renforcent et les rendent plus abordables. On est en pourparler de part et d'autre et on envisage des échanges entre les deux systèmes. Un fait est sûr et certain: les cours "en ligne" se multiplient et le phénomène ne va pas disparaître.

Si vous hésitez à vous lancer dans une carrière universitaire, pourquoi ne pas essayer? Choisissez un cours dans un domaine qui vous intéresse, voyez ce qu'on attend de vous et la satisfaction que vous tirez de cette expérience. Vous ne la regretterez pas. Si vous suivez le programme "normal" de 4 ans et si vous avez un peu de temps libre, renseignez-vous et inscrivez–vous au cours qui vous convient.

Profitez de cette occasion qui vous permettra d'être à la fois "en fac" et "en ligne".

1. La question reflétée dans le titre du passage
    (A)   s'est toujours posée
    (B)   n'intéresse que vous
    (C)   se pose dans les Grandes Écoles
    (D)   est une question récente.

2. Avant d'entrer à Sciences-Po, vous allez
    (A)   faire Normale-Sup
    (B)   vous détendre
    (C)   voyager à l'étranger
    (D)   subir une pression incroyable.

3. Quand vous serez en fac,
    (A)   tout le monde vous aidera
    (B)   vous serez médecin
    (C)   vous devrez vous débrouiller
    (D)   vous serez dans un cadre.

4. Si vous préférez faire vos études en pyjama, il vous faut
    (A)   vous cultiver
    (B)   rester nu-pieds
    (C)   un ordinateur
    (D)   changer de carrière.

5. Les cours "en ligne"
    (A)   se font rare
    (B)   sont une expérience tentante
    (C)   b, d
    (D)   exigent beaucoup de discipline.

Discussion

1. Avez-vous déjà suivi un cours en ligne? Si oui, lequel avez-vous choisi et dans quel but?
2. En êtes-vous satisfait/e, et comptez-vous renouveler cette expérience? Si non, qu'est-ce qui vous empêche de suivre des cours en ligne?
3. Craignez-vous qu'ils ne soient pas assez "rigoureux"?
4. Redoutez-vous que votre ordinateur ne tombe en panne?
5. Pensez-vous que ce serait une perte de temps puisqu'on ne vous donne pas de "crédit"?

11. Après les études

Vous êtes sur le point de terminer vos études. Vous avez hâte d'être indépendant/e.

Voici une ou deux petites annonces qui pourraient vous intéresser.

Après les avoir lues attentivement, vous en choisissez une. La voici, suivie par un échange de correspondance.

"Nous sommes actuellement en pleine phase de développement dans les pays scandinaves et sommes à la recherche de jeunes cadres ayant une certaine expérience dans l'industrie du vêtement. La réputation de nos produits est fermement établie en Extrême Orient et en Amérique du Nord.

Les candidat/e/s doivent avoir une bonne connaissance de l'anglais et accepter de voyager. Le salaire sera fonction de la formation et de l'expérience. Pendant les trois premiers mois les candidat/e/s seront soumis à une période de formation intensive qui décidera de leur avenir dans notre enterprise. Nous considérerons aussi les candidats sans expérience professionelle s'ils ont fait des études commerciales.

Pour obtenir de plus amples informations et obtenir un dossier de candidature veuillez vous adresser au

Directeur du personnel
DEF SARL[1]
224 avenue Victor Hugo
54321 Couture

en mentionant la référence GH188.

Monsieur le Directeur du personnel,

J'ai lu avec intérêt l'annonce du Courrier de Couture et je vous serais très reconnaissante de bien vouloir me faire parvenir quelques renseignements supplémentaires sur DEF ainsi qu'un dossier de candidature pour les postes réservés aux jeunes cadres commerciaux.

Je vous remercie à l'avance et vous prie de croire, Monsieur le Directeur, à l'expression de mes salutations distinguées.

Annabelle L. Dupont

Monsieur le Directeur,

Je reçois ce jour la brochure/description de votre compagnie. Je l'ai lue avec attention et intérêt. J'ai donc décidé de poser ma candidature pour un des postes "Jeunes cadres".

---

[1] Société à responsabilité limitée

J'ai terminé mes études il y a six mois. Depuis, j'ai fait deux stages à l'étranger dont l'un en Suède dans une usine de vêtements pour enfants. Vous trouverez ci-joint mon curriculum vitae ainsi que le nom de deux personnes qui pourront vous fournir des références.

J'espère que vous voudrez bien donner suite à ma demande. Veuillez agréer, Monsieur le Directeur, l'expression de mes salutations distinguées.

Annabelle L. Dupont

_____

_____

Mademoiselle,

Suite à votre lettre du _____, il a été décidé qu'une entrevue avec le Directeur du service des Relations Humaines de notre établissement serait nécessaire avant de considérer tout engagement à votre égard.

Veuillez donc nous contacter par téléphone pour fixer un rendez-vous. Nous vous remercions de bien vouloir nous appeler dès que possible,

Lola Martin

Assistante de Direction au service des relations humaines

Discussion

Vous recevez la lettre de Lola Martin. Vous vous empressez de prendre rendez-vous. Comment vous préparez-vous pour cette entrevue? Quelles questions va-t-on vous poser? Quelles questions allez-vous poser?

12. On vote

Savez-vous ce que c'est que voter?

Si vous pensez que la réponse est simple, vous vous trompez. Qui vote? Pourquoi vote-t-on? Quand vote-t-on? Comment vote-t-on? Pourquoi bon nombre de ceux qui pourraient voter ne votent-ils pas?

Il faut d'abord répondre à la question fondamentale: Qui vote? Qui a le droit de voter?

Jusqu'en 1945, tout citoyen français du sexe masculin âgé de 21 ans (âge de la majorité), n'ayant pas perdu ses droits civiques pour des raisons criminelles, avait le droit de vote.

C'est en 1945, sous la IVème République, présidée par le Général de Gaulle que les femmes obtiennent le droit de vote qui était réclamé au nom de la démocratie par les partis politiques de gauche.

Depuis 1974, tout citoyen âgé de 18 ans a le droit de vote. On vote et on conduit au même âge.

Voter à 18 ans peut vous paraître étrange vous qui votez depuis le Jardin d'enfants. Au cours de votre scolarité, vous êtes appelé/e à voter quotidiennement ou presque: Choix d'un livre, choix d'un film, d'une activité de classe, d'un lieu de sortie, des menus de la cantine, vous élisez le capitaine de votre équipe de football, vos responsables de classe, celui ou celle qui fera le discours pour telle ou telle occasion. Vous votez généralement à main levée, parfois à bulletin secret.

Revenons au droit de vote "officiel".

Pourquoi et pour qui vote-t-on?

On vote parce que c'est notre droit qui est aussi un privilège car il n'est pas universel. Les élections ont toujours lieu un dimanche.

En France , il y a les élections présidentielles qui ont lieu tous les 5 ans. Le Président est élu au suffrage universel. Il est rééligible pour un deuxième mandat. Le quinquennat a remplacé le septennat après un referendum constitutionnel en Septembre 2000. La France a élu le 6 mai 2012 un nouveau Président, François Hollande, qui a remplacé Nicolas Sarkozy élu en 2008.

C'est le Président qui choisit ses ministres; ils sont nommés, non pas élus.

L'Assemblée Nationale, qui comprend 488 députés âgés de 23ans au moins, est élue pour cinq ans au suffrage universel direct comme le Président. Le scrutin se déroule dans le mois qui suit l'élection présidentielle.

Le Sénat, avec ses 308 membres, est élu au suffrage universel indirect pour 9ans et est renouvelable par tiers. Les sénateurs sont élus par les délégués des conseils municipaux, ce qui fait de cet organisme "le Grand Conseil des Petites communes".

Les sénateurs ont un droit de veto qui peut ne pas être considéré après une deuxième lecture du projet de loi en cours de discussion.

Les maires des villes, villages, communes sont élus par le Conseil Municipal dont ils font partie et dont les membres sont élus au suffrage universel direct..

On vote donc à tous les niveaux: pour le Président de son pays, pour les Députés de son département et pour le Maire de sa ville. Quelles responsabilités!

Si aucun des candidats ne correspond à vos convictions politiques, vous pouvez vous abstenir, c'est-à dire ne pas voter, ou bien mettre dans l'urne un bulletin blanc.[1]

N'oubliez pas que vos ancêtres se sont battus pour que vous ayez le droit de vote, ce droit précieux que vous n'avez pas le droit de ne pas exercer.

---

[1] En France, le vote électronique n'est pas répandu. On vote en mettant dans l'enveloppe qui vous est remise au bureau de vote le bulletin portant le nom du candidat que vous avez choisi. Vous la mettez ensuite dans une urne (énorme cube transparent avec une fente). Si vous votez blanc, l'enveloppe sera vide.

Questions

1. Tous les Français votent
   (A) depuis 1789.
   (B) à main levée.
   (C) depuis 1945.
   (D) quand ils ont leur permis de conduire.

2. On vote à l'école primaire pour choisir
   (A) les professeurs.
   (B) celui/celle qui fera un discours.
   (C) les menus.
   (D) les heures de sortie.

3. En Fance, le Président est élu pour
   (A) 10 ans.
   (B) 7 ans.
   (C) 5 ans.
   (D) à vie.

4. En France le Président
   (A) vote pour les membres de son cabinet.
   (B) choisit le Premier Ministre.
   (C) est élu au suffrage universel.
   (D) b, c.

5. Les candidates ne vous plaisent pas, vous pouvez

    (A) en choisir un autre.

    (B) voter par correspondance.

    (C) rester à la maison.

    (D) déposer un bulletin blanc.

Discussion

1. Vous avez le droit de vote. Avez-vous l'intention de l'exercer? Allez-vous vous joindre à la masse des absentionistes? Justifiez votre choix.

2. Aimeriez-vous être candidat à un poste qui exige un vote? Pourquoi ou pourquoi pas?

13. L'ONU

Que savez-vous de l'Organisation des Nations Unies, l'ONU pour les Français, the United Nations, UN, pour les autres?

Quand cette organisation fut-elle fondée et quelle est aujourd'hui sa raison d'être?

Elle fut fondée en 1945 après la fin de la Deuxième Guerre mondiale (1939-1945). Elle comprend 193 membres; le Vatican, sans être membre, y est un observateur permanent. Il y a cinq langues officielles: l'Anglais, l'Arabe, le Chinois, l'Espagnol, le Français et le Russe.

Le Conseil de Sécurité, dont les décisions ont une importance considérable, a cinq membres permanents, chacun ayant le droit de veto: la Chine, les États-Unis, la France, le Royaume Uni et la Russie. Il y a dix membres non permanents ayant un mandat de deux ans et choisis par région. Vous avez peut-être entendu parler des démarches faites par certains pays pour entrer au Conseil de Sécurité en tant que membre permanent. Le monde a changé depuis 1945 et ils voudraient voir ces changments reflétés dans la composition d'un organisme aussi important.

Les Nations Unies, ce n'est pas une seule organisation dont le siège (Secrétariat Général) est à New York, c'est une multitude d'organisations dont les plus connues ont leurs sièges dans différentes capitales.. À La Haye siège la Cour Internationale de Justice (CIJ, ICJ) , à Genève l' Organisation Mondiale de la Santé (OMS, WHO), à Paris l'UNESCO (United Nations Education, Science and Culture Organization), à Rome la FAO (Food and Agriculture Organization), à Washington le Fonds Monaitaire International (FMI, IMF), à Vienne l'Organisation Internationale de l'Énergie Atomique (IOEA. IAEO). Cette liste vous paraît peut-être interminable mais elle est loin d'être complète. L'ONU est comme une pieuvre qui s'étend indéfiniment tout en essayant de régler pacifiquement les grands problèmes de notre époque. Il y a des commissions, des comités dont la tâche est de prendre position et d'agir sur, par exemple, les droits de la femme (United Nations Women,)

Il y a des commissions sur les resources humaines, la sécurité, les Réfugiés, le réchauffement de la planète et, vous vous en doutez, il y a maints comités qui se consacrent exclusivement aux finances.

Le Secrétariat Général emploie 7500 personnes (ce ne sont pas des bénévoles!) et 64000 dans le monde entier. Les questions financièrs entraînent des discussions et des litiges. Si un pays membre ne paie pas sa cotisation, comment compenser? On fait alors face à des débats où la diplomatie n'a pas toujours gain de cause.

Voici un tableau bien succinct d'une organisation internationale qui traite quotidiennement des grands problèmes universels. On y élabore une législation dont le but est d'améliorere nos conditions de vie. C'est à nous de faire en sorte qu'on l'applique dans les meilleures conditions possibles.

Questions

1. L'ONU a été créée pour apporter des solutions
    (A) aux séquelles d'un conflit mondial
    (B) aux problèmes de climat
    (C) aux difficultés linguistiques
    (D) à la déforestation.

2. Les membres du Conseil de Sécurité
    (A) sont choisis périodiquement
    (B) changent tous les ans
    (C) viennent de tous les continents
    (D) n'ont pas changé depuis la fin de la deuxième guerre.

3. L'Organisation des Nations Unies a pour mission
    (A) d'améliorer les conditions de vie
    (B) de maintenir la paix
    (C) a, b, d
    (D) de vacciner les enfants en bas âge.

4. L'ONU doit faire face
    (A) aux problèmes financiers
    (B) aux pieuvres
    (C) au Conseil de Sécurité
    (D) au manque de personnel.

Discussion

D'une organisation conçue pour contrôler l'application des traités mettant fin à la deuxième guerre mondiale, l'ONU est devenue une véritable usine à succursales multiples.

*   Si vous êtes satisfait/e du rôle joué par l'ONU, expliquez quels en sont les bénéfices?
*   Vous êtes, au contraire, un/e ardent/e critique de cette organisation telle qu'elle opère à l'heure actuelle :
*   Comment la réformer?, Comment en améliorer l'efficacité?, Comment établir un budget plus équitable?

14. Comment protéger notre environnement?

C'est à nous d'éduquer les jeunes enfants.

On nous dit et redit que la protection de l'environnement figure au premier plan des devoirs et responsabilités de tout citoyen quelle que soit sa place dans la société.

Comment donc doit-on s'y prendre pour contribuer au bien-être de tous, car c'est là notre but, n'est-ce pas?

En quoi consiste ce bien-être? C'est respirer un air "propre", un air clair non teinté de cette pollution qui nous force à fermer les yeux, c'est manger des aliments sains produits sans hormones, ni produits chimiques et manipulations sans fin, c'est pouvoir se promener sous de grands arbres et profiter d'une nature sans bornes, ni limites, c'est vivre dans une ambiance qui ne soit pas saturée de bruit. Dans certains lieux publics, les conversations ou la musique sont parfois si forts qu'on est incapable d'entendre son voisin ou de lui parler.

Cela signifie-t-il "revenir en arrière" à l'époque où il n'y avait que peu de voitures et où on mangeait des produits non traités et où le lait n'était pas pasteurisé. Il n'en est pas question. Le progrès a fait son chemin et on ne l'arrêtera pas.

Il faut avant tout se garantir des excès et apprendre aux enfants à en faire de même pour qu'ils conquièrent ce qui leur a échappé. Le gouvernement est parti en campagne pour prévenir l'obésité chez les enfants en leur donnant des explications sur les dangers de certains aliments, sur la nécessité d'utiliser les condiments et les boissons gazeuses avec modération, et des exemples: installations de jardins potagers dans des terrains vagues, création de menus équilibrés dans les établissements scolaires publics, ouverture de marchés dans des endroits accessibles à tous.. Il faut leur expliquer les bienfaits du recyclage, exiger qu'ils utilisent les corbeilles à papier à bon escient, qu'ils éteignent la lumière quand il le faut. Si ces exemples et ces explications sont fournis à heure et à temps à la maison et à l'école, on assistera au changement de certains détails de la vie quotidienne des enfants. Ils constateront eux-mêmes la valeur de leurs contributions.

Il faut aussi faire un effort pour mettre les nouvelles techniques à la portée des enfants. Qu'on fasse appel à leurs propres expériences. Ils connaissent peut-être quelqu'un qui a une voiture à moteur hybride. Que signifie ce terme?

Leur apprendre ce que représentent l'énergie solaire et l'énergie éolienne [1]. Pourquoi les arbres sont-ils si importants? Donner des exemples illustrant les drames de la déforestation en Afrique, en Amérique, en Chine: les arbres sont coupés, rien n'arrête le vent, ce qui provoque des tempêtes de sable là où il n'y en avait jamais eu. On a détruit l'équilibre naturel pour vendre le bois.

Il faut aussi encourager les enfants à marcher "à pied", qu'ils habitent en ville, en banlieue ou à la campagne. Couvrir à pied un ou deux pâtés de maison, un ou deux kilomètres plutôt que

---

[1] Aelous était, pour les Grecs, le dieu du vent.

de prendre le bus ou le métro, cela leur permet de regarder les vitrines des magasins, les arbres qui bordent le chemin, les nuages, les oiseaux, les différents types de bâtiments ou, tout simplement, les gens qu'on croise. Leur dire aussi que le portable, la console, la télévision on peut s'en passer. Il y a aujourd'hui des restrictions sensées suggérées par certaines administrations: "semaine sans télé", "cette semaine, venez à pied à l'école", "pas de portable dans ce wagon", "cette semaine, recyclage des sacs en plastique"…

Quand ces habitudes feront partie de la vie quotidienne, la partie sera gagnée. En grandissant, ils embrasseront naturellement les causes qui contribueront à un genre de vie équilibrée. Ils élimineront des excès dans un monde qui, grâce à eux, sera de moins en moins pollué.

La protection de l'environnement est entre les mains des enfants, c'est aux adultes de les encourager et de les surveiller.

Questions

1. Qu'est-ce que l'environnement?
   - (A) ce n'est pas la ville
   - (B) c'est un certain milieu, une certaine atmosphère
   - (C) c'est la banlieue
   - (D) c'est aux environs de notre mode de vie.

2. La pollution affecte
   - (A) la vue
   - (B) a, c, d
   - (C) l'ouïe
   - (D) l'odorat.

3. On fait campagne contre
   - (A) les menus équilibrés
   - (B) la pollution causée par le bruit
   - (C) les excès de poids chez les enfants
   - (D) les nouvelles techniques.

4. Les tempêtes de sables sont souvent causées par
   - (A) le manque d'énergie
   - (B) la vente du bois
   - (C) l'énergie solaire
   - (D) le manque d'arbres

5. La marche à pied permet aux enfants
   - (A) d'être curieux
   - (B) de prendre le metro
   - (C) de manger du pâté
   - (D) d'habiter en ville.

6. On peut se passer
   (A) de téléphone
   (B) d'aller à l'école
   (C) de sacs en plastique
   (D) de gagner la partie.

Discussion

On vous demande de former un groupe "vert". Vous vous engagerez alors à formuler des réformes à appliquer dans votre lycée et dans votre milieu familial.

- Comment vous y prenez-vous?
- Quelles sont vos propres suggestions, celles de votre groupe?
- Vous en choisissez une; expliquez comment vous la menez à bien dans un climat où les critiques sont nombreuses. (N'oubliez pas que beaucoup sont en faveur du "status quo".)

15. Inhotim

Le Brésil est rarement la destination choisie pour des vacances en famille. C'est loin, on ne connait pas le portugais, l'Amazonie ça fait un peu peur, Brasilia, la capitale, ce n'est pas comme Rome, New York ou Pékin. On y pense à peine, à moins qu'on n'ait entendu parler de ce parc de 1200 hectares situé au centre est du pays entre Rio de Janeiro et Brasilia entièrement consacré à l'art contemporain et à la botanique.

Ce projet, en cours de développement, a été conçu par Bernardo Paz, un Brésilien, homme d'affaires milliardaire d'une soixantaine d'années, qui a une passion pour l'art et la nature et est un tantinet mégalomane – et il faut l'être pour s'engager dans une telle poursuite.

On compare ce projet qui dépasse l'entendement à la construction de Brasilia, aujourd'hui capitale du Brésil, bâtie en moins de trois ans, au coeur de la forêt vierge dans les années 50. Que va-t-on trouver à Inhotim où on arrive après une heure d'avion de Rio de Janeiro et une heure de voiture? On est parachuté dans un jardin qui s'étend à perte de vue et qui est en fait la plus grande réserve naturelle du Brésil avec des centaines et des centaines d'espèces de palmiers, d'innombrables orchidées, des lianes, des buissons et des fleurs. Mais, ce n'est pas seulement un jardin botanique, c'est aussi un extraordinaire musée à ciel ouvert où les architectes s'en sont donné à coeur joie. Il y a l'immense pyramide de verre à armature métallique conçue par l'Américain Matthew Barney qui abrite un immense arbre de cire et un vrai bulldozer, parfaits symboles de la déforestation amazonienne. Plus loin, un espace transparent au centre duquel on a installé un micro qui transmet d'étranges bruits souterrains. C'est un Danois, Olaffur Eliasson, qui a imaginé un kaléidoscope géant qui reflète à sa façon les couleurs et les formes de la nature. L'architecte brésilienne Adriana Varejao a créé un pavillon dont les murs déchiquetés suggèrent les drames du monde d'aujourd'hui.

Cette longue visite – il vous faudra au moins une journée pour tout voir – se fait loin du monde et du bruit. On entend simplement le piaillement des oiseaux et le battement de leurs ailes, et le ronronnement des petites voitures multicolores qui vous transportent d'une installation à l'autre.

Qu'est-ce que Monsaieur Paz a voulu nous dire quand il a entrepris et réalisé ce gigantesque projet qu'il poursuit toujours? "Je voudrais que dans cinq ans Inhotim soit le plus grand espace culturel au monde, avec des installations trois fois plus grandes. Aujourd'hui, nous employons 700 personnes. A ce moment-là, nous en compterons 2000. Inhotim sera une petite république."

Ce complexe est un lieu unique qui ne cesse de changer, de grandir, de se transformer. On y respire la beauté, une beauté dont son créateur nous dit qu' "elle changera le monde".

Êtes-vous prêt/e pour cette grande aventure?

Questions

1. Selon vous, une réalisation comme Inhotim:
    (A) fait partie d'un club de vacances
    (B) ne sert à rien ni à personne
    (C) est unique en son genre
    (D) contribue au bien-être des visiteurs.

2. Bernardo Paz
    (A) est un humanitaire distingué
    (B) a fait des études artistiques
    (C) est un obsédé
    (D) poursuit une chimère.

3. On arrive à Inhotim
    (A) en voiture
    (B) en parachute
    (C) en avion
    (D) en groupe.

4. Le but du créateur d'Inhotim est
    (A) de devenir Président de la République
    (B) de devenir botaniste
    (C) de vivre selon ses principes
    (D) de contribuer à la déforestation amazonienne.

5. Qu'est-ce qui changera le monde?
    (A) l'hymne à la beauté que Bernardo Paz nous offre
    (B) la multitude des curieux qui visitent Inhotim
    (C) la construction de Brasilia
    (D) les 2000 personnes qui vont travailler à Inhotim.

Discussion

1. Si vous aviez des fonds illimités, à quoi les consacreriez-vous?
    - à la recherche scientifique ou médicale?
    - à la technologie?
    - à l'éducation des jeunes enfants?
    - à la protection de l'environnement?

    Choisissez une de ces causes —ou une autre de votre choix- et défendez-la.

2. Si vous en aviez les moyens, seriez-vous tenté/e à la perspective de visiter Inhotim? Pourquoi? Pourquoi pas?

16. Les choses (Georges Pérec)

"Ils auraient aimé être riches. Ils croyaient qu'il auraient su l'être. Ils auraient su s'habiller, regarder, sourire comme des gens riches. Ils auraient eu le tact, la discrétion nécessaires. Ils auraient oublié leur richesse, auraient su ne pas l'étaler. Ils ne s'en seraient pas glorifiés. Ils l'auraient respirée. Leurs plaisirs auraient été intenses. Ils auraient aimé marcher, flâner, choisir, apprécier. Ils auraient aimé vivre. Leur vie aurait été un art de vivre.

Ces choses là ne sont pas faciles, au contraire. Pour ce jeune couple, qui n'était pas riche, mais qui désirait l'être, simplement parce qu'il n'était pas pauvre, il n'existait pas de situation plus inconfortable. Ils n'avaient que ce qu'ils méritaient d'avoir. Ils étaient renvoyés, alors que déjà ils rêvaient d'espace, de lumière, de silence, à la réalité, même pas sinistre, mais simplement rétrécie – et c'était peut-être pire -, de leur logement exigu, de leurs repas quotidiens, de leurs vacances chétives. C'était ce qui correspondait à leur situation économique, à leur position sociale. C'était leur réalité, et ils n'en avaient pas d'autre. Mais il existait, à côté d'eux, tout autour d'eux, tout au long des rues où ils ne pouvaient pas ne pas marcher, les offres fallacieuses, et si chaleureuses pourtant, des antiquaires, des épiciers, des papetiers... mais l'horizon de leurs désirs était impitoyablement bouché; leurs grandes rêveries

"Impossibles n'appartenaient qu'à l'utopie..."

... Mais entre ces rêveries trop grandes auxquelles ils s'abandonnaient avec une complaisance étrange, et la nullité de leurs actions réelles, nul projet rationnel, qui aurait concilié les nécessités objectives et leurs possibilités financiers, ne venait s'insérer. L'immensité de leurs désirs les paralysait.

Cette absence de simplicité, de lucidité presque était caractéristique. L'aisance – c'est sans doute ceci qui était le plus grave – leur faisait cruellement défaut. Non pas l'aisance matérielle, objective, mais une certaine désinvolture, une certaine décontraction. Ils avaient tendance à être excités, crispés, avides, presque jaloux."

Questions

1. Dans ce passage, Georges Pérec met en scène:
   - (A)   des personnes d'un certain âge
   - (B)   des adolescents
   - (C)   des jeunes mariés
   - (D)   un couple d'antiquaires.
2. La situation est difficile parce que les protagonists
   - (A)   n'ont pas d'argent
   - (B)   n'ont pas ce qu'ils méritent
   - (C)   ne font pas face à la situation
   - (D)   ne rêvent pas assez.

3. Qu'est-ce qui correspond à leur situation sociale?
    (A)   les offres chaleureuses des épiciers
    (B)   leur logement exigu
    (C)   leurs préoccupations
    (D)   la joie de vivre.

4. Qu'est-ce qui leur fait défaut?
    (A)   la jalousie
    (B)   une certaine décontraction
    (C)   un horizon bouché
    (D)   des projets irrationnels.

Discussion

On se trouve parfois dans des situations difficiles où rien n'est simple! On a envie de tout et de rien, on veut être seul/e et on veut être avec d'autres. À l'aide d'exemples, expliquez comment on peut résoudre de tels problèmes.

17. Le cinéma est-il en danger de mort?

Voilà une question qu'on se pose aujourd'hui. Vous pouvez y répondre en affirmant que le cinéma de vos grands parents et même de vos parents n'existe plus. Il y a de moins en moins de salles de cinéma, la vente des DVDs diminue, les cassettes video ont disparu. On regarde les films sur des tablettes, sur des téléphones portables, sur les écrans plats de la télévision et aussi en voiture. On télécharge le film qu'on a envie de voir et puis on l'efface. Il ne prend même pas de place sur le disque dur de votre ordinateur. Dans un proche avenir, Google nous annonce des lunettes spéciales pour regarder des films en trois dimensions.

On nous avait aussi annoncé que les livres allaient dsiparaître, qu'il n'y aurait plus de journaux dans les kiosques. Les livres survivent, les journaux -même s'il y en a moins- se lisent toujours.

Il en sera de même pour le cinéma. Il existe aujourd'hui sous diverses formes et il va continuer à se transformer. La pellicule 35mm. forme un tout qu'on ne peut en rien modifier. Le spectateur ne joue aucun rôle. Le numérique va tout "chambouler".

On peut modifier, ajouter, transformer, c'est ce qu'on appelle "immersion". Si vous vous mettez sur le site "Wookieepedia", vous y trouverez de multiples liens qui vous permettront de vous insérer dans un certain film dont vous pourrez modifier des aspects qui ne vous plaisent pas. C'est ce qui se passe sur l'internet où les films sont découpés, arrangés, transformés (plus ou moins légalement) en jeux video. On peut se promener, explorer, communiquer avec les héros de "la guerre des étoiles" ou d' "Avatar"; et tout cela sans bourse déliée. Il suffit d'être connecté. Patrick Marteau décrit bien cette situation encore virtuelle quand il nous dit: "on n'ira plus voir des films, on entrera dedans".

Ces opérations peuvent mal tourner si on tombe en panne, si l'ordinateur flanche et si la connection internet est interrompue —ne serait-ce que par un orage- Les spectateurs-opérateurs perdent vite patience et ne savent pas se maîtriser. On crie, on gesticule, on fait appel au spécialiste qui n'en peut mais . C'est alors qu'on regrette de ne pas être allé au cinéma où le spectateur reste confortablement assis pendant la projection du film qu'il a choisi, que ce soit un film à grand spectacle ou un vieux film genre "ciné-club". On subit en soupirant toute la pub —pas toujours si mauvaise-, les "trailers" des films qui seront projetés dans les semaines à venir et les voisins qui ont oublié de fermer leur portable . Le film commence et tout cela est vite oublié. On est content d'être au cinéma. Il y aussi ceux qui traitent le cinéma comme un rite. On va au cinéma à la séance de minuit qui est l'heure idéale pour voir tel ou tel fim., et ceux-là participent: on montre son enthousiasme ou on exige un calme parfait pour mieux apprécier une scène donnée. C'est là une expérience collective.

Avez-vous entendu parler du Festival de Cannes où la Palme d'or vient récompenser le gagnant, le festival de Venise où on peut recevoir le Lion d'or, le festival de Berlin, le festival "Sundance" ou à New York le "Tribeca film festival"? Ils ont lieu tous les ans. On les attend avec impatience et on s'y bouscule. Personne n'a envie de les voir disparaître.

Donc, ne vous inquiétez pas, le cinéma tient le coup. Il s'est transformé, certes, mais il a la vie dure!

Questions

1. On pense que le cinéma va disparaître
   - (A) parce qu'il y a moins de salles de cinéma
   - (B) a, c
   - (C) on regarde les films sur les téléphones portables
   - (D) il y a des journaux dans les kiosques.

2. Le numérique est un système
   - (A) qui permet de calculer la durée des films
   - (B) qui permet d'entrer dans les films
   - (C) qui communiqué avec des héros connus
   - (D) qui est présenté par Patrick Marteau.

3. Si on tombe en panne,
   - (A) on s'impatiente
   - (B) il y a de l'orage
   - (C) on soupire devant la pub
   - (D) on va au cinéma à minuit.

4. Le Festival de Cannes nous prouve
   - (A) qu'on se bouscule
   - (B) qu'on mérite la Palme d'or
   - (C) que le cinéma se porte bien
   - (D) qu'il faut aller à Venise.

Discussion

1. Malgré un accès facile à beaucoup de films, vous préférez aller au cinéma. Justifiez votre opinion:
   - cela vous forcera à bouger.
   - vous appréciez le confort d'une grande salle obscure.
   - vous aimez voir les extraits des films qui vont sortir.
   - vous aimez le popcorn! etc…

2. Aller au cinéma ne vous intéresse pas:
   - vous préférez louer un film ou tout simplement regarder ce que présente telle ou telle chaîne.
   - vous préférez rester chez vous, vous installer sur votre canapé, vous préparer un petit snack.
   - vous évitez ainsi les queues et la cohue, et ça coûte moins cher.

18. Savez-vous que ma Grand'mère est une de mes grandes amies?

Autrefois, on écrivait quelques lignes à ses grands-parents pour Noël, le Premier Janvier, et on envoyait –si on y pensait – une carte d'anniversaire. Nos parents nous tenaient au courant de ce que faisaient leurs parents, si eux-mêmes le savaient. On ne se téléphonait pas très souvent car on n'avait pas grand chose à se dire. Si on habitait la même ville, on se voyait de temps en temps, on se rencontrait quelquefois dans les magasins.. On avait des grands parents, ils étaient là, c'est tout. On s'intéressait peu à leur situation.

Comme tout cela a changé et pour le mieux! C'est bien évidemment grâce à la révolution qui fait rage dans le domaine de la technologie. Chacun a son portable, on s'envoie des messages, on se téléphone, on envoie un email pour un oui ou pour un non. On se tient au courant, on sait ce qui se passe d'un côté comme de l'autre, et on est très content!

S'il y a une panne de courant, peu importe, le portable est chargé, on ne s'inquiète pas. Et puis, on peut toujours téléphoner à grand'mère et lui raconter ce qui est arrivé pendant le cours de maths et lui dire que la prof d'histoire s'est fait couper les cheveux et que ça ne lui va pas et, bien sûr, il y a vraiment beaucoup, beaucoup trop de travail dans ma section. Et elle, elle va me raconter que Grand père n'a toujours pas réparé la lampe de la salle de séjour, que son amie Yvonne se remet de sa chute et qu'elle espère bien me voir bientôt (moi aussi!). J'ai oublié de lui dire que maman avait la grippe, alors je rappelle. Avec Grand'mère, c'est chouette, on se parle et elle ne pose pas trop de questions. Elle donne des "petits" conseils.

Si maman confisque mon portable –et cela lui arrive -, cela n'a pas d'importance, j'envoie un email à grand'mère, elle me répond tout de suite et elle plaide ma cause auprès de sa fille! J'ai une grand'mère en or!

L'autre jour, elle m'a dit qu'une des dernières photos que j'avais mises sur Facebook ne lui plaisait pas; je n'avais pas une tenue appropriée. Il vaudrait mieux que je remplace cette photo. Elle a même suggéré celle que je devrais choisir. Je l'ai fait tout de suite. L'autre jour, maman m'avait supprimé mon laptop parce que j'en abusais. J'ai vite envoyé un SMS à Grand'mère qui a aussitôt appelé sa fille pour lui dire que les messages de sa petite fille lui étaient indispens-ables, qu'elle voulait lui envoyer deux recettes de gâteau au chocolat, qu'il fallait donc qu'elle me rende mon laptop. Je l'ai récupéré très vite.

Vive Grand'mère!

Je pense déjà à ce que je mettrai samedi soir quand je l'appellerai sur Skype pour lui souhaiter son anniversaire. Je veux qu'elle voie que pour nous aussi c'est la fête!

Il n'y a pas de fossé entre nous; tout est simple, clair, honnête et souvent amusant!

Vive la technologie!

P.S. Nous avons envoyé un I-Pad à Grand'mère pour son anniversaire.

Questions

1. Autrefois, quand écrivait-on de longues lettres à ses grands parents?
   (A) pour le Nouvel An
   (B) jamais
   (C) pour leur anniversaire
   (D) quand on y pensait.

2. Qu'est-ce qui fait rage aujourd'hui?
   (A) l'envoi de messages
   (B) la révolution économique
   (C) les progrès technologiques
   (D) les pannes de courant.

3. Pourquoi l'auteur est-elle contente?
   (A) sa prof d'histoire s'est fait couper les cheveux
   (B) elle a trop de travail
   (C) la mère de sa mère ne pose pas beaucoup de questions
   (D) la lampe de la salle de séjour marche toujours bien.

4. La grand'mère plaide la cause de sa petite fille
   (A) parce qu'elle a confisqué son portable
   (B) parce que sa fille est en or
   (C) parce qu' on lui a confisqué son portable
   (D) parce qu'elle a trop de courrier.

5. Samedi soir, la petite fille va
   (A) remplacer une photo sur Facebook
   (B) mettre une tenue appropriée
   (C) creuser un fossé
   (D) faire un gâteau au chocolat.

6. Ce texte nous renseigne sur
   (A) les rapports entre parents et enfants
   (B) les fêtes de famille
   (C) l'évolution de la technologie et ses repercussions
   (D) la nécessité de communiquer avec ses grands parents.

Discussion

1. Vous avez une grand'mère –ou vous aviez une grand'mère ?
2. Joue-t-elle, jouait-elle, un rôle dans votre vie?
3. Que vous a-t-elle appris?
4. En quoi l'attitude des grands parents diffère-t-elle de celle des parents?
5. On parle d'un fossé entre les générations; comment le ressentez-vous?
6. Est-il plus profond entre vos parents et vous, ou entre vos grands parents et vous?
7. Il est aussi possible qu'il n'en existe pas. Expliquez.

19.   *Dîner chez soi? Pourquoi? Pourquoi pas?*

Qui que vous soyez, où que vous habitiez, quelle que soit votre situation, Il y aura des jours où l'idée même de préparer le dîner ne vous viendra pas à l'esprit. Vous vous direz: "Ah, non pas aujourd'hui!" Il vous faudra donc prendre une décision et choisir le restaurant ou encore celui où vous commanderez le dîner qu'on vous livrera ou que vous irez chercher vous-même.

Êtes-vous seul/e ce soir ou devez-vous consulter le reste de la famille? Dans quelles circonstances ferez-vous face à un tel dilemme?

Imaginons que vous êtes seul/e, vous na'vez pas à vous soucier de l'opinion des autres. Pourquoi ne pas dîner à la maison après une longue journée de travail? Ce serait plus simple, plus économique et plus rapide. Vite, une soupe surgelée à mettre au micro-ondes, une salade, un fruit avec le journal télévisé et vous êtes libre. Libre de quoi faire?

Vous appelez un/e ami/e, pas de réponse, vous envoyez un message à un autre, pas de réponse. Votre frère, qui est toujours disponible, est en voyage. Vous voilà donc seul/e à un moment où vous avez envie de discuter. Vous regrettez de ne pas être allé/e au restaurant. La soirée va être longue, il n'y a rien d'intéressant à la télévision.

Autre possibilité: vous n'êtes pas seul/e. Vous rentrez chez vous où on vous attend avec impatience. C'est toujours vous qui préparez le dîner et tout le monde a faim! Vous remarquez que le couvert n'est pas mis, que rien ne mijote sur le feu, vous ouvrez le frigidaire qui est presque vide (on a déjeuné ici avec des copains). Certains parlent de faire un saut au supermarché. Tout cela est bien compliqué et va prendre un temps fou. La solution de facilité s'impose: allons au restaurant. La discussion, je devrais dire les disputes, commencent. Celui-ci veut dîner "japonais", celui-là veut dîner au petit bistro du coin (les frites y sont si bonnes!), celle-ci réclame une soupe chinoise, et pourquoi pas une pizza, suggère le quatrième? On ne vote pas! C'est vous qui tranchez . Le dîner se passe tant bien que mal mais on se demande pouquoi on n'est pas resté à la maison. C'est plus simple et plus sympa, voilà la conclusion. On fera mieux la prochaine fois.

On ne peut pas faire plaisir à tout le monde, c'est évident. Il faut essayer et on y parvient quelquefois. Dans quelles circonstances?

Votre grand-père va avoir 100 ans. Il se porte à merveille. C'est lui qui organise un grand déjeuner pour tous les siens dans un restaurant qu'il connaît bien. C'est lui qui choisit le menu: les hors-d'oeuvre, les viandes, les poissons, les salades, les desserts, la pièce montée qui est de rigueur et, bien sûr, les vins. Il fait un beau discours. La famille et les invités mangent de tout et se réjouissent avec lui. Le restaurant est donc la seule solution pour les "grandes" occasions. Que pensez-vous de tout cela?

Moi, c'est les pique-niques que je préfère!

Questions

1. Qu'est-ce qui est le plus économique?
   - (A) de consulter les autres membres de la famille
   - (B) de manger des fruits
   - (C) de faire un dîner tout simple
   - (D) de regarder la télévision.

2. La soirée va être longue. Pourquoi?
   - (A) Votre ami/e ne vous envoie pas de message
   - (B) Votre frère n'est pas disponible
   - (C) Vous allez au restaurant
   - (D) Les programmes de télévision sont nuls.

3. On va dîner au restaurant parce que
   - (A) les copains sont venus déjeuner
   - (B) c'est la solution qui s'impose
   - (C) on veut dîner "japonais"
   - (D) on ne veut pas faire la vaisselle.

4. Pour le centenaire de votre grand père,
   - (A) vous avez tout organisé
   - (B) les hors-d'oeuvre étaient délicieux
   - (C) il a fait un discours
   - (D) on a bu beaucoup de vin.

Discussion

Votre budget est limité, votre temps aussi, et vous avez un dîner à préparer pour cinq personnes (tout cela est imprévu). Imaginez les circonstances: qui vient et pourquoi? Donnez-nous le menu et les étapes qui mènent au "festin". Vos invités semblent ravis. Vous entendez malgré tout quelques réflexions qui vous déplaisent et vous découragent.

20. LES REPAS D'HIER ET D'AUJOURD'HUI

La nourriture a toujours joué un grand rôle dans la société quelle que soit la place qu'on y tient. La façon dont on se nourrit a évolué avec le passage du temps. Si on se reporte aux commentaires sur l'appétit et les repas de Louis XIV, on n'est pas tellement loin des descriptions que Rabelais[1] nous fait des repas de Gargantua. Les cuisines de Versailles débordaient de cuisiniers et de victuailles[2]. Du Roi Soleil, on dit que c'était un vrai gourmet et qu'il avait fort bon appétit : « J'ai souvent vu le roi manger quatre assiettes de soupe, un faisan entier, une perdrix, un plat de salade, du mouton au jus et à l'ail, une assiette de pâtisserie et puis des fruits et des œufs durs », le tout, bien entendu, arrosé des meilleurs vins.

Que mange-t-on aujourd'hui au palais de l'Élysée[3] ? On dit que, s'il n'a pas d'invités, le Président mange très simplement. Nous savons aussi que les repas officiels n'ont rien à voir avec les festins de Louis XIV.

En ce début de XXIème siècle, on parle beaucoup de nouvelle cuisine, de cuisine minceur, de régime, de cholestérol, de menus sans beurre ni sucre et chacun fait plus ou moins semblant d'y croire. Même si l'on fait plus attention qu'autrefois, pour les Français toutes les occasions sont bonnes pour bien manger. On allège les sauces, on consomme moins de crème fraîche. Cependant, les fromages, non allégés, figurent toujours au menu et le fromage, ça se mange avec du pain et du vin rouge. La pâtisserie –souvent très fine et toujours sucrée- fait les délices de tous. Les Saint-Honoré, les éclairs, les choux à la crème, les tartes aux fraises, aux framboises, les macarons, comme c'est bon ! Demain, on mangera une salade, c'est promis !

Les repas de famille, un rituel chez certains, durent moins longtemps qu'autrefois. Il faut regarder le match, les nouvelles, le dernier épisode d'un feuilleton[4] passionnant. Si on a des invités, on se met rarement à table avant 20 heures 30 et on y reste au moins une heure et demie. Les soirées sont longues chez les Parisiens. On ne pense pas à la pauvre maîtresse de maison qui doit ranger sa cuisine et être au travail à 8 heures le lendemain matin si elle est obligée de recevoir en semaine pour accommoder ses invités.

On mange moins, certes, on mange plus sainement, mais on mange toujours avec plaisir. Un repas, c'est souvent une occasion, une fête, un événement. Il y a les déjeuners ou les dîners du bout de l'an, il y a le déjeuner de la moisson[5], celui des vendanges[6], les réveillons[7] de Noël et du Nouvel an. Si vous êtes invité à un repas de mariage, venez à jeun[8] et préparez-vous à passer cinq ou six heures à table et à manger.

Il est indéniable que les choses ont changé et il le fallait, mais les « fast food » n'ont pas encore conquis tout le territoire français. Je ne pense pas que cette nouvelle invention, la voiture qui, lorsque vous y montez, vous dit si vous avez grossi et, si oui, de combien, fasse recette sur le marché français. Quand on a faim, on mange et on essaie de bien manger.

VOCABULAIRE

[1]*Rabelais* (1483–1553) : Gargantua est le géant, héros des *Chroniques gargantuines*, une œuvre pleine d'aventures de toutes sortes. Pantagruel est le fils de Gargantua.

[2]*victuailles (fem.plur)* : provisions, généralement viandes et volailles.

[3]*palais de l'Élysée* : résidence officielle du Président de la République.

(4)*feuilleton (masc.sing.)* : histoire d'amour et d'intrigue publiée par épisode dans un journal, ou projetée régulièrement à la télévision.

(5)*moisson (fem.sing.)* : le jour où l'on coupe le blé.

(6)*vendanges (fem.sing ou plur)* : la période de l'année, souvent en septembre, pendant laquelle on cueille le raisin.

(7)*réveillon (masc. sing.)* : repas de fête que l'on sert la nuit de Noël et du Premier Janvier.

(8)*venez à jeun* : venez sans avoir mangé.

Questions

1. La nourriture tient beaucoup de place
   (A) pour quelques uns.
   (B) pour ceux qui sont affamés.
   (C) pour les lecteurs de Rabelais.
   (D) pour tout le monde.

2. Louis XIV mangeait
   (A) comme nous mangeons au XXIème siècle.
   (B) légèrement.
   (C) du gibier et de la viande rouge au même repas.
   (D) sans appétit.

3. Le Président de la République
   (A) mange comme Gargantua.
   (B) a des invités tous les jours.
   (C) fait des repas ordinaires.
   (D) a le même régime que LouisXIV.

4. La cuisine minceur, c'est pour ceux qui
   (A) sont minces.
   (B) n'aiment ni le beurre, ni le sucre.
   (C) ne veulent pas grossir.
   (D) font semblant.

5. En France, on mange
   (A) des fromages allégés.
   (B) des choux aux framboises.
   (C) à la Pâtisserie Saint-Honoré.
   (D) des sauces allégées.

6. Les repas de famille
   (A) commencent très tard.
   (B) sont une corvée.
   (C) on a tendance à les écourter.
   (D) sont un certain rituel.

7. Le déjeuner de la moisson a toujours lieu
   (A) en hiver.
   (B) après les vendanges.
   (C) pendant un réveillon.
   (D) à la campagne.

8. Les Français s'intéressent
   (A) à leur poids.
   (B) à ce qu'ils mangent.
   (C) aux fast food.
   (D) à de nouvelles inventions.

21. AU CINÉMA

...Les films, étant muets, comportaient en effet de nombreuses projections de texte écrit qui visaient à éclairer l'action. Comme la grand-mère ne savait pas lire, le rôle de Jacques consistait à les lui lire. Malgré son âge, la grand-mère n'était nullement sourde. Mais il fallait d'abord dominer le bruit du piano et celui de la salle, dont les réactions étaient généreuses. De plus, malgré l'extrême simplicité de ces textes, beaucoup des mots qu'ils comportaient n'étaient pas familiers à la grand-mère et certains même lui étaient étrangers. Jacques, de son côté, désireux d'une part de ne pas gêner les voisins et soucieux surtout de ne pas annoncer à la salle entière que la grand-mère ne savait pas lire (elle-même parfois, prise de pudeur, lui disait à haute voix au début de la séance : « tu me liras, j'ai oublié mes lunettes »), Jacques donc ne lisait pas les textes aussi fort qu'il eût pu[1] le faire. Le résultat était que la grand-mère ne comprenait qu'à moitié, exigeait qu'il répète le texte et qu'il le répète plus fort, des « chut » le jetaient alors dans une vilaine honte, il bafouillait[2], la grand-mère le grondait et bientôt le texte suivant arrivait, plus obscur encore pour la pauvre grand-mère qui n'avait pas compris le précédent. La confusion augmentait alors jusqu'à ce que Jacques retrouve assez de présence d'esprit pour résumer en deux mots un moment crucial du *Signe de Zorro* par exemple, avec Douglas Fairbanks père. « Le vilain veut lui enlever la jeune fille », articulait Jacques en profitant d'une pause du piano ou de la salle. Tout s'éclairait, le film continuait et l'enfant respirait. En général, les ennuis s'arrêtaient là. Mais certains films du genre *Les deux orphelines* étaient vraiment trop compliqués, et, coincé entre les exigences de la grand-mère et les remontrances de plus en plus irritées de ses voisins, Jacques finissait par rester coi[3].[...]

...Sa mère, elle, ne venait jamais à ces séances. Elle ne savait pas lire non plus, mais de plus elle était à demi sourde. Son vocabulaire enfin était plus restreint encore que celui de sa mère. Aujourd'hui encore, sa vie était sans divertissement. En quarante années, elle était allée deux ou trois fois au cinéma, n'y avait rien compris, et avait seulement dit pour ne pas désobliger les personnes qui l'avaient invitée que les robes étaient belles ou que celui avec moustache avait l'air très méchant. Elle ne pouvait non plus écouter la radio. Et quant aux journaux, elle feuilletait parfois ceux qui étaient illustrés, se faisait expliquer les illustrations par ses fils ou ses petites-filles, décidait que la reine d'Angleterre était triste et refermait le magazine pour regarder de nouveau par la même fenêtre le mouvement de la même rue qu'elle avait contemplée pendant la moitié de sa vie.

Albert Camus, *Le premier homme*, collection folio, © Éditions Gallimard 1994

VOCABULAIRE
[1]*il eût pu* : plus-que-parfait du subjonctif du verbe pouvoir = il aurait pu
[2]*bafouiller* : parler d'une façon embarassée.
[3]*rester coi* : rester tranquille et silencieux.

Questions

1. Jacques devait lire les projections de texte
   (A) parce que sa grand-mère n'avait pas ses lunettes.
   (B) parce que sa grand mère était sourde.
   (C) parce que sa grand mère n'avait pas appris à lire.
   (D) parce que le piano faisait beaucoup de bruit.

2. La grand-mère se fâchait

   (A)   jusqu'à ce que Jacques trouve les mots qui décrivaient le moment important.

   (B)   parce qu'elle comprenait la moitié de ce qu'on lui disait.

   (C)   parce que « le vilain veut lui enlever la jeune fille ».

   (D)   parce que Jacques restait coi.

3. La mère de Jacques

   (A)   n'allait que très rarement au cinéma.

   (B)   A, C, D.

   (C)   était illettrée.

   (D)   ne se divertissait pas.

4. Pour se montrer aimable

   (A)   elle mettait une belle robe.

   (B)   elle allait au cinéma.

   (C)   elle disait que l'acteur n'avait pas l'air méchant.

   (D)   elle ne disait pas grand chose.

5. Quand elle regardait les journaux

   (A)   on lui expliquait que la reine d'Angleterre était triste.

   (B)   elle regardait les illustrations.

   (C)   elle écoutait la radio.

   (D)   elle appréciait les illustrations de ses fils et de ses petites-filles.

6. D'après vous, les personnages de cette histoire ont une vie

   (A)   agréable.

   (B)   de contemplation.

   (C)   difficile.

   (D)   de dilettante.

22. LES ORDINATEURS

Les ordinateurs font partie de notre vie quotidienne quel que soit notre âge. Même si on n'en a pas ou si on ne veut pas en avoir à la maison, on peut y avoir accès que ce soit au lycée, à la bibliothèque municipale ou dans un « internet café ». En voyage, vous pouvez brancher votre ordinateur portable dans les aéroports et nous savons que, dans quelques années, toutes les compagnies aériennes offriront des connexions qui permettront aux passagers qui le désireront de rester en contact avec leurs bureaux, leurs familles et leurs amis. Cela sera possible grâce à un système de satellites des plus sophistiqués. N'oubliez pas que, si vous êtes en France, n'importe quel bureau de poste vous offre gratuitement les services de son minitel.

Pourquoi l'ordinateur est-il aujourd'hui un appareil indispensable ? Certes, il ne joue pas le même rôle pour chacun d'entre nous. C'est pour beaucoup une machine qui satisfait notre besoin, notre désir d'informations. Notre temps de recherche est en fait raccourci. À quoi bon consulter des livres, des documents, des spécialistes si l'ordinateur —quand il marche – peut nous faire gagner du temps ? Cette machine est d'autant plus acceptable qu'elle ne nous pose pas de questions. Elle débite patiemment les chiffres, les dates, les faits qu'on lui a fait emmagasiner et dont nous avons besoin à un moment donné.

On peut même imaginer une machine programmée de telle sorte qu'elle pourrait donner les mêmes renseignements sur un sujet préalablement choisi à des milliers de personnes au même moment. C'est ce qui fait que certains pensent que l'enseignement pourrait être réorganisé de manière à être distribué par des ordinateurs sans contribution humaine directe. Mais alors, qui répondrait aux questions, qui assurerait l'évolution de la pensée, le dialogue, la discussion, la connaissance et la tolérance des autres ? Voici un problème qui n'est pas prêt d'être résolu. On avait imaginé que l'instruction télévisée serait d'un grand secours, elle ne l'a pas été. C'est maintenant le tour des ordinateurs de subir l'examen; y réussiront-ils ?

L'ordinateur est imbattable en tant que source de renseignements; il nous fournit en quelques secondes des faits qu'il nous faudrait des heures, des jours à accumuler et à vérifier. Vous voulez partir en vacances, assister aux festivals qui se déroulent l'été dans telle ou telle région, c'est très simple. Vous faites: www.festivals.com pour la musique, ou bien www.festival.avignon.com pour le théâtre. C'est le rock qui vous passionne : www.eurockéennes.fr vous donnera les détails que vous cherchez. Si vous hésitez un peu, tapez www.tourisme.fr et vous n'aurez qu'à choisir et vous reporter, si besoin est, aux adresses précédentes.

Tout serait trop simple si on pouvait ainsi s'en donner à cœur joie et tout obtenir sans risques ni précaution. Les virus nous guettent à chaque fois que nous mettons notre ordinateur en marche, et ils risquent de mettre bien des obstacles entre notre ordinateur et nous. Ces virus, ces « vers de messagerie » comment sont-ils arrivés dans notre ordinateur et sur notre écran ? Qui imagine, qui crée ce genre d'opérations et dans quels buts ? Souvent, on ne peut faire que des hypothèses. C'est parfois l'œuvre d'un illuminé féru de technologie qui veut se prouver à lui-même qu'il est plus fort que tout le monde et qu'il peut faire dérailler le travail de milliers d'internautes sans être découvert.

On peut aussi imaginer des groupes, des professionnels qui s'acharnent à créer des systèmes destinés à anihiler le travail des autres ou encore à pénétrer dans un autre système pour lui en extirper des renseignements par ailleurs introuvables. De telles manipulations peuvent entraîner des opérations de chantage et même d'espionnage. Les dégâts peuvent alors être considérables allant du vol d'identité de citoyens innocents à celui de secrets financiers, scientifiques, statégiques et à leur dissémination entre les mains ou – devrait-on dire – les machines d'individus qui sauront les faire passer aux intéressés. On peut imaginer le blocage temporaire des comptes d'une banque, d'une entreprise ou encore d'un marché financier provoquant ainsi l'effondrement d'un système vital. Ces virus, qui constituent un nouveau type de criminalité, sont à l'origine des campagnes anti-virus et de la création d'une nouvelle législation où on se spécialise dans la poursuite, le jugement et la punition de ces nouveaux criminels qui sont souvent très jeunes.

Tous à nos ordinateurs, mais attention aux dangers qui nous guettent !

Questions

1. On ne peut pas avoir accès à un ordinateur

   (A) quand on est malade.

   (B) si on est jeune.

   (C) en voyage en Patagonie.

   (D) quand on a ni piles ni prise de courant.

2. Un ordinateur sert à

   (A) réfléchir.

   (B) distribuer efficacement des renseignements.

   (C) prodiguer un bon enseignement.

   (D) faire perdre du temps.

3. Quand on part en vacances

   (A) on fait du rock.

   (B) on va au théâtre.

   (C) on se renseigne sur les activités touristiques.

   (D) on danse sur le pont d'Avignon.

4. Quand on se sert d'un ordinateur,

   (A) les précautions sont inutiles.

   (B) on obtient tout sans risques.

   (C) on voit des vers sur l'écran.

   (D) la vigilance est de rigueur.

5. Certains criminels

   (A) ne comprennent rien à la technologie.

   (B) font des hypothèses.

   (C) volent n'importe quoi.

   (D) agissent comme des espions.

6. Les virus arrivent

   (A) sans prévenir.

   (B) après le blocage des comptes d'une banque.

   (C) avant d'être poursuivis.

   (D) et restent 24 heures.

23. LASCAUX

Bien que fermée au public depuis 1963, la grotte de Lascaux est une grande malade, menacée par des bactéries et des champignons d'origine inconnue. Lascaux est situé sur la Vézère, près de Montignac, dans le département de la Corrèze, dans le sud-ouest de la France. On y accède facilement par la route. La région vaut la peine d'être visitée. On y est accueillant et on y mange très bien ! La grotte de Lascaux est la plus célèbre des grottes ornées ; ses peintures rupestres[1] qui représentent des animaux familiers – rennes, taureaux, mammouths, bisons, chevaux – décorent ses parois depuis plus de 15 000 ans. Elle fut découverte en 1940 par trois jeunes garçons à la recherche de leur chien.

Ouverte au public en 1948, elle recevait des centaines de visiteurs par jour. On y installa donc un système d'aération qui est peut-être le premier fautif puisqu'il introduisit dans la grotte de nombreux micro-organismes qui provoquèrent sans doute l'apparition des algues vertes et d'une « maladie blanche ». À ce moment-là, on fait subir à la grotte un traitement de choc à base de formol auquel elle réagit bien. On la croyait guérie, mais on s'était trompé. Aujourd'hui, rien ne semble réglé définitivement.

Après la fermeture de la grotte au public en 1963, la température de la grotte avait baissé et le taux de gaz carbonique restait constant. Les quatre visiteurs quotidiens, chercheurs, spécialistes de la préhistoire, artistes ou personnalités, devaient passer les semelles de leurs chaussures dans une solution à base de formol avant de pénétrer dans ce lieu sacro-saint. Lascaux était très surveillé, « la grotte la plus surveillée de France », mais il fallait la protéger et moderniser les installations climatiques. Pour installer un système informatisé, les travaux furent menés avec d'extrêmes précautions de 1999 à mars 2001. Dès le mois de juin, on constate l'apparition d'un petit champignon associé à une bactérie qui se nourrit du fongicide[2]. On continue le traitement qu'on renforce d'antibiotiques. Le mal persiste. Les recherches continuent. On espère pouvoir espacer les traitements, mais il n'est pas question de les arrêter.

Il faut se rendre à l'évidence : « à force de traiter et de retraiter la grotte pour la mettre à l'abri de tous les dangers avec des produits puissants, on a gravement déséquilibré l'écosystème de la grotte ... Il faut donc recréer un équilibre biologique dans la grotte. » affirme Isabelle Pallot-Froissard, la directrice d'un laboratoire qui surveille et traite la grotte[3]

Le Ministère de la culture a donc mis en place une commission scientifique internationale pour réfléchir à la question et suivre de très près l'évolution des problèmes de la grotte. Toutes les grottes ornées souffrent de problèmes semblables. Dans celles qui sont encore ouvertes au public, on a diminué de beaucoup le nombre des entrées.

Est-on donc condamné à regarder des reproductions des peintures rupestres dans les livres d'hisoire de l'art ? Mais non ! On a créé une réplique extraordinaire de la grotte. Tout est reproduit au millimètre près grâce aux services de l'Institut Géographique National (IGN). Vous ne serez peut-être pas aussi ému que si vous visitiez l'original ; c'est, malgré tout, une expérience extraordinaire. N'oubliez pas que les vraies spécialités de la région vous attendent et qu'elles ne pourront qu'enrichir cette visite mémorable.

---

[1]*rupestre* : qui est exécuté sur une paroi rocheuse.
[2]*fongicide* : se dit d'une substance propre à détruire les champignons parasites.
[3]cité dans *Le Monde*, 29 mars 2003

Questions

1. Lascaux est une grande malade
    (A)   parce que c'est une grotte.
    (B)   parce qu'elle est fermée au public.
    (C)   parce qu'on y cueille des champignons.
    (D)   parce qu'on y trouve des bactéries.

2. À Montignac
    (A)   on mange du bison.
    (B)   on est sur la Vézère.
    (C)   trois jeunes garçons ont perdu leur chien.
    (D)   on peint des animaux.

3. « La maladie blanche » est sans doute causée par
    (A)   les visiteurs.
    (B)   le système d'aération.
    (C)   les multiples traitements.
    (D)   les algues vertes.

4. Lascaux est très surveillée
    (A)   parce qu'on a peur des voleurs.
    (B)   parce qu'elle a besoin d'un système climatique informatisé.
    (C)   parce qu'on lui donne des antibiotiques.
    (D)   parce qu'elle est en danger.

5. Les fongicides tuent les champignons, les insecticides tuent
    (A)   les hiboux.
    (B)   les glaïeuls.
    (C)   les moustiques.
    (D)   les recherches qui continuent.

6. Il est impératif qu'on établisse
    (A)   un laboratoire pour Isabelle Pallot-Froissard.
    (B)   un équilibre biologique
    (C)   un abri de tous les dangers.
    (D)   une commission scientifique.

7. La commission va mettre en place
    (A)   des questions à suivre.
    (B)   des groupes qui étudieront l'évolution des problèmes de la grotte.
    (C)   l'homme de Cro-Magnon.
    (D)   un système qui diminuera le nombre des entrées.

8. On vous invite à examiner
    (A)   des livres d'art.
    (B)   les services de l'IGN.
    (C)   les specialités de la région.
    (D)   une copie conforme de Lascaux.

24. Montréal

Montréal est une grande ville de presque 3 millions d'habitants dont les différents quartiers reflètent la longue histoire. Celui qui attire le plus de monde aujourd'hui, c'est le Vieux-Montréal situé naturellement au bord du Saint-Laurent. Il est en effet en pleine cure de rajeunissement.

Les changements dont on est témoin depuis une dizaine d'années redonnent envie aux promeneurs d'y flâner ; bien des terrains vagues sont devenus des jardins, et des bâtiments condamnés ont repris du service. On a refait les toitures, on a rénové les façades et on a remplacé les fenêtres sans en changer le style et l'allure. Dans ces vieux immeubles dont beaucoup sont d'anciens entrepôts[1] sont venus s'installer les bureaux de grandes et moyennes entreprises, des boutiques «branchées»[2] qui font la joie des jeunes Montréalais qu'ils soient étudiants à l'Université McGill ou qu'ils soient déjà entrés dans le monde du travail. Le quartier du Vieux-Montréal n'est pas qu'un lieu de travail. On y réside aussi, parfois dans des « lofts » qui n'ont rien à envier à ceux de Soho à New York. Leurs résidents, souvent propriétaires, sont de jeunes professionnels ou des Canadiens plus âgés qui ont décidé de revenir pour profiter de la renaissance d'un quartier qu'ils avaient quitté quand il se détériorait.

On construit aussi des immeubles neufs dont la silhouette s'harmonise avec celles de leurs aînés. Les lois de la province du Québec sont là pour protéger le patrimoine, et on les respecte. Vous ne trouverez pas de gratte-ciel dans le Vieux-Montréal. Le succès du premier groupe d'appartements (135 unités en copropriété) a été tel que 1000 autres les ont suivis. La population du quartier a augmenté de 30% en cinq ans. On est en train de terminer une « cité du multimedia » qui devrait fournir du travail à plus de 10.000 personnes.

On travaille dans ce quartier, on y habite et on y mange aussi. On peut manger dans plus de 200 restaurants dont les menus vont d'un extrême à l'autre : petits cafés, bistros où on peut manger debout et en vitesse, boulangeries qui préparent d'excellents sandwichs, salons de thé, restaurants attachés à la cuisine d'autrefois et à ses traditions, et aussi des restaurants grandioses auxquels le guide Michelin[3] n'hésiterait pas à donner deux ou trois étoiles. Vous pouvez acheter vos provisions au marché Lachine ou au marché Saint-Jacques quand vous voulez cuisiner des poissons et des légumes frais pour vos invités. On aime bien manger à Montréal !

Cet influx de population entraîne inévitablement l'installation de commerces qui répondent à tous les besoins : épiceries de luxe, magasins de vêtements et d'objets pour la maison qui joignent l'utile à l'agréable à la grande satisfaction des résidents de ce « vieux quartier neuf ».

Les musées aussi font peau neuve et s'acharnent à proposer de nombreuses expositions temporaires qui ne font que rehausser leurs collections permanentes puisqu'on les visite beaucoup plus qu'autrefois. Il faut mentionner *le centre canadien d'architecture*, un des rares musées consacré exclusivement à l'architecture ouvert en 1989 et très acclamé depuis. Montréal et le Vieux-Montréal en particulier attirent beaucoup de touristes canadiens et étrangers. Que vous soyez artiste, sportif (vive le hockey sur glace !), gourmet ou tout simplement curieux, vous trouverez ce que vous cherchez.

(1)*entrepôt* : bâtiment servant de lieu de dépôt pour les marchandises.

(2)*branché* : mot familier signifiant: au courant, à la mode.

(3)*Michelin* : société française connue pour ses pneus, ses cartes et ses guides dont le Guide rouge qu'elle publie annuellement où ses inspecteurs font la critique de nombreux restaurants leur accordant des étoiles en guise de notes : ★, ★★, ★★★.

Questions

1. Le Vieux-Montréal
   - (A) a près de 3.000.000 d'habitants.
   - (B) fait une cure dans une station thermale.
   - (C) a rajeuni.
   - (D) a différents quartiers.

2. Les changements qu'on remarque ne comprennent pas
   - (A) la réfection des fenêtres.
   - (B) le changement de style.
   - (C) le retour des jeunes.
   - (D) des lofts comme à Soho.

3. La législation au Québec
   - (A) encourage la construction de gratte-ciel.
   - (B) exige qu'on fasse très attention au passé.
   - (C) ne s'inquiète pas de la silhouette des immeubles.
   - (D) construit des appartements à louer.

4. Les habitants du vieux quartier
   - (A) ne déjeunent pas.
   - (B) ne vont jamais au marché.
   - (C) peuvent choisir où déjeuner.
   - (D) sont de gros mangeurs.

5. La population
   - (A) ne diminue pas.
   - (B) porte des vêtements de luxe.
   - (C) ne fait pas de courses.
   - (D) est friande d'épices.

6. À Montréal,
   - (A) il n'y a pas de nouveaux musées.
   - (B) les artistes sont sportifs.
   - (C) dans les musées, le nombre de visiteurs augmente.
   - (D) les musées sont consacrés à l'architecture.

25. LE CONCOURS LÉPINE

Depuis un siècle, plus d'une centaine d'inventeurs sont sélectionnés chaque année par le jury du célèbre concours Lépine. Les Parisiens et les provinciaux découvrent ces inventions surprenantes quand ils se rendent à la Foire de Paris qui a lieu au printemps au parc des Expositions à la porte de Versailles.

Le concours Lépine est une institution créée en 1901 par le préfet[1] de police de Paris Louis Lépine. Pourquoi cette innovation ? C'était afin de permettre aux petits fabricants de jouets et d'articles divers de la capitale de faire face à la concurrence étrangère qui existait déjà ! Au départ, c'était « l'Association des petits fabricants et inventeurs français », aujourd'hui c'est le concours Lépine. C'est un véritable « salon »[2], comme le salon de l'Auto ou celui des Arts ménagers, où les inventeurs indépendants peuvent présenter le produit de leurs recherches à des centaines de milliers de visiteurs. Les quatre ou cinq cents participants viennent du monde entier: la Russie, les États-Unis, la Suisse, le Kazakhstan et la République Populaire de Chine y ont récemment été représentés. Le jury remet chaque année cent cinquante distinctions. Le prix du Président de la République, qui est très convoité, est accompagné d'un vase de la Manufacture Nationale de Porcelaine de Sèvres[3].

Qui sont les participants ? Ce sont en priorité des jeunes qui viennnent de terminer leurs études ou des ingénieurs en chômage ; parmi eux il y a 10% de femmes. En 2002, c'est une femme de 51 ans qui a remporté le premier prix avec son « chariot électrique de supermarché, destiné aux handicapés, femmes enceintes et personnes à mobilité réduite ». Elle a vendu son invention à un des grands supermarchés français qui a plusieurs succursales à l'étranger. Bravo Martine Losego !

Qu'est-ce que les génies de l'invention ont en commun ? Aujourd'hui, ils veulent, tous ou presque tous, commercialiser leurs appareils, leurs machines ou leurs gadgets. Mais, tous croient en ce qu'ils font. Ce sont, si l'on peut dire, des « passionnés raisonnables » qui ont décidé de surmonter un obstacle rencontré dans leur vie. Celui qui a conçu un sèche-linge très économique raconte que ses notes d'électricité étaient si exorbitantes que, chez lui, on ne se servait plus du sèche-linge et qu'il y avait du linge mouillé dans toute la maison ! Le vélo anti-mal au dos a été mis au point par quelqu'un qui souffre du dos. Le briquet solaire est la création d'un ex-fumeur qui ne voulait plus acheter d'allumettes. Pour la cuisine et le jardinage, nous devons remercier les inventeurs du concours Lépine pour ces gadgets devenus indispensables et auxquels vous et moi, nous n'aurions jamais pensé.

Avant qu'elles ne puissent figurer parmi les entrées du concours Lépine, ces inventions ont dû être brevetées[4], ce qui est une opération coûteuse mais nécessaire. C'est ce qui explique pourquoi beaucoup de ces « trésors » ne sont jamais présentés au public. Parmi les inventions primées au concours Lépine qui font aujourd'hui partie des objets de tous les jours, nous noterons le stylo à bille, devenu Bic, primé en 1919 ; en 1931 la moulinette presse-purée conçue par le fondateur de la grande compagnie Moulinex, en 1948 les verres de contact, en 1983 l'aspivenin qui permet d'aspirer le venin en cas d'urgence. C'est une maison en forme d'éventail qui a gagné récemment : sa forme originale lui permet de profiter des rayons du soleil en hiver et de s'en protéger en été. Quand la verrons-nous surgir dans nos villages ?

Certains se moquent de cette « grande foire à l'invention » qui attirent les amateurs de bricolage ; ils ont tort. Vous y rencontrerez peut-être l'inventeur d'une machine qui vous sauvera la vie ou, plus prosaïquement, qui vous la simplifiera. L'année prochaine, allez-y, sinon en candidat, du moins en observateur, et vous ne le regretterez pas.

(1)*préfet de police* : représentant du gouvernement responsable de la police.

(2)*Salon* : au XVIIIème siècle, la vie mondaine se concentrait dans les salons. Aujourd'hui, on va au Salon du Livre, au Salon du Cuir … ,etc. qui sont de grandes expositions consacrées aux livres, au Cuir …,etc.

(3)*Sèvres* : La Manufacture Royale (aujourd'hui nationale) de Porcelaine de Sèvres a été établie en 1756 sous le règne de Louis XV. L'emplacement n'a pas changé, mais les bâtiments actuels datent de 1876.

(4)*Breveter* : opération qui consiste à faire protéger une invention par un brevet qui est, ici, un droit exclusif d'exploitation.

Questions:

1. Le concours Lépine
   (A) fait découvrir les Parisiens aux provinciaux.
   (B) présente à la Foire de Paris des inventions sélectionnées.
   (C) a lieu au parc de Versailles.
   (D) est une invention surprenante.

2. Le salon
   (A) est une innovation.
   (B) remonte au siècle dernier.
   (C) est reservé aux étrangers.
   (D) est convoité par le Président de la République.

3. Qui est Martine Losego ?
   (A) Un jeune ingénieur en chômage.
   (B) Un vendeur de brevets.
   (C) Un fabricant de chariots de supermarché.
   (D) Une gagnante du concours Lépine.

4. Les appareils qu'on admire au concours Lépine sont souvent produits
   (A) par des fumeurs.
   (B) par des inventeurs qui ont mal au dos.
   (C) par des gens soucieux de résoudre un problème.
   (D) en série.

5. Les verres de contact
   (A) sont pratiques pour l'apéritif.
   (B) peuvent remplacer les lunettes.
   (C) sont employés depuis des siècles.
   (D) sont fabriqués par Moulinex.

6. Il est regrettable
   (A) que vous ne soyez pas bricoleur.
   (B) qu'une machine vous sauve la vie.
   (C) qu'on tourne parfois les participants en ridicule.
   (D) qu'on aille au concours Lépine en observateur.

26. LES SECRETS DE LA JOCONDE ET DE SON SOURIRE

La Joconde[1], peinte par Leonardo da Vinci[2] entre 1503 et 1506, est le plus célèbre des tableaux exposés au musée du Louvre à Paris et aussi l'œuvre d'art la plus célèbre du monde. Pourquoi la Joconde est-elle au Louvre ? C'est grâce à da Vinci, son créateur, qui vint en France en 1516 pour travailler à la cour de François 1er, et l'apporta avec lui . La peinture est donc en France depuis près de 500 ans, si ce n'est pour une interruption de 1911 à 1913. Cette absence est due au vol du tableau qu'on retrouva dans un hôtel de Florence après deux années de recherches intenses.

On s'inquiète aujourd'hui de l'état du tableau. On a constitué une commission d'experts qui doit examiner les changements visibles sur le chef-d'œuvre et essayer d'en déterminer les causes.

Est-il susceptible aux changements atmosphériques ? On ne le pensait pas puisque le tableau est littéralement encaissé dans un bloc de verre dans une salle dont la température et le degré d'humidité sont maintenus constants. Il est possible que les millions de visiteurs qui dévisagent chaque année La Joconde provoquent une détérioration extrêmement lente du tableau. On a constaté que la toile gondolait[3] très légèrement par endroits. On a peut-être à faire à un phénomène comparable à celui de la grotte de Lascaux où on a été obligé de fermer la grotte au public pour préserver les fresques préhistoriques. Va-t-on devoir mettre La Joconde en quarantaine sans espoir qu'elle n'en sorte ? C'est le Centre de Recherches et de Restorations des Musées qui offrira un diagnostic dans les mois qui viennent.

Quelle que soit la conclusion de ces spécialistes, on ne nous l'enlèvera pas et on continuera à se poser des questions sur le sourire énigmatique et parfois invisible de la jeune beauté. C'est un fait, le fameux sourire n'apparaît que si on regarde fixement les yeux ou des éléments du visage autres que celui qui esquisse le sourire. Le sourire disparaît quand on le fixe. Ce phénomène s'explique par la façon dont l'œil enregistre les informations visuelles. Nous avons à notre disposition deux sortes de vision, celle qui nous permet de regarder droit devant nous, et la vision périphérique. Plus on regarde fixement devant soi, moins on fait appel à la vision périphérique. Si on fixe une lettre sur une page imprimée, on a du mal à lire les autres lettres même de près. Il en est de même pour le sourire de la Joconde : regardez-la dans les yeux et elle vous sourira.

Sinon, vous ne verrez que l'image d'une jeune femme sérieuse et patiente qui attend celui ou celle qui la fera sourire. C'est ainsi que son créateur l'a conçue.

[1]*La Joconde* : c'est ce nom que les Français donnent à Mona Lisa. Cela vient du nom du mari de la jeune femme, le riche florentin del Giocondo.

[2]*Leonardo da Vinci* : les Français ont « francisé » le nom du peintre italien et l'appellent souvent Léonard de Vinci.

[3]*gondoler* : ce qui est gondolé n'est pas plat, mais courbé anormalement (papier, carton).

Questions

1. La Joconde est en France
   (A) depuis l'époque de la Renaissance.
   (B) au Louvre depuis 1516.
   (C) parce que François 1er l'a exigé.
   (D) parce que Léonard de Vinci aimait beaucoup les Français.

2. La Joconde
   (A) est une œuvre d'art en bon état.
   (B) ne donne aucun souci aux experts du musée du Louvre.
   (C) est une peinture à l'huile qui représente une riche Florentine.
   (D) est un tableau qui n'a pas changé depuis qu'il a été peint.

3. Avec son sourire proverbial, la Joconde
   (A) va être envoyée à Lascaux.
   (B) risque d'être mise en quarantaine.
   (C) attend impatiemment le diagnostic des experts qui l'ont examinée.
   (D) dévisage des millions de visiteurs.

4. Le sourire de la Joconde
   (A) ne sourit qu'aux privilégiés.
   (B) n'échappe à personne.
   (C) est un mythe.
   (D) est visible pour ceux qui savent.

27. PARIS VILLE LUMIÈRE

Les Parisiens se vantent d'habiter la ville lumière par excellence. Certains trouvent même que Paris en fait trop et consomme trop d'électricité pour éclairer ses monuments. Il faut croire qu'ils ne se sont jamais promenés à pied dans Paris un beau soir d'été quand la ville déborde de calme, de luxe et de lumière. Nous avons beaucoup de chance de pouvoir profiter de ces flots de lumière si bien distribués dans la capitale. On ne sait jamais ce qui nous attend car les techniciens, les artistes et les ingénieurs ont plus d'un tour dans leur sac et, selon les saisons et les occasions, ils offrent des spectacles qui nous enchantent.

Avez-vous entendu parler de « la nuit blanche »[1] ? C'est une opération qui se déroule chaque année à Paris et à Rome. Les deux capitales étant jumelées[2], Rome se joint maintenant à Paris pour organiser cet événement sans précédent. C'est une fête de la lumière et de la culture. Pendant cette nuit-là, les musées restent ouverts et on présente des spectacles dans les plus beaux sites des deux villes.

Quand on parle des plus beaux sites de Paris, on pense tout de suite à Notre-Dame et à l'île de la Cité où elle préside depuis le XIIIème siècle. Notre-Dame bénéficie depuis peu d'un nouvel habit de lumière. Vous me direz : « N'en avait-elle pas déjà un ? À quoi bon le remplacer ? » Comme nous tous, les monuments ont besoin de changer de tenue[3], il nous faut des vêtements neufs de temps à autre. Le maire de Paris et le cardinal archevêque de Paris se sont mis d'accord pour offrir à leur cathédrale un nouveau manteau de lumière fait sur mesure[4] qui remplace celui qu'elle portait depuis 1954. Cet éclairage, qui combine projecteurs classiques et fibres optiques, est l'œuvre de Roger Narboni, ancien élève de l'École des Beaux-Arts, ingénieur électronicien et artiste. On a disposé dix-sept projecteurs sur les toitures de l'Hôtel-Dieu[5], tout proche de Notre-Dame ; on a installé pour les statues, les gargouilles et les recoins des tours des petites touches de lumière. Voilà l'arrière-plan lumineux. Des centaines de mètres de fibres optiques de 8mm de diamètre (et par le fait invisibles) ont été déroulées sur la façade, donnant une lumière d'un « blanc chaud qui met en valeur le calcaire de Notre-Dame », a dit Roger Narboni. Le coût, 460.000 euros, a été couvert par la mairie de Paris. La cathédrale est éclairée du soleil couchant à minuit en semaine, et jusqu'à une heure du matin le samedi et le dimanche.

La tour Eiffel semble être plus coquette puisqu'elle change de tenue plusieurs fois par an. Elle peut se vêtir de milliers de petites lumières rouges ou de petites lumières blanches. On peut aussi lui faire porter des messages comme on l'a vu pour son centième anniversaire. Peu importe le manteau qu'elle ne porte que le soir, les Parisiens la vénèrent même s'ils ne l'avouent pas toujours. Que feraient-ils sans « leur » tour Eiffel ?

Vous aussi, vous serez émerveillés. Ces monuments vous attendent dans toute leur splendeur, baignés dans la lumière qui leur va si bien.

---

[1]*nuit blanche* : on dit « j'ai passé une nuit blanche » quand on a passé une nuit sans dormir.

[2]*jumeler* : attacher ensemble (*jumeaux/jumelles*: enfants nés d'une même mère, en même temps ou presque). On dit que deux villes sont jumelées quand chacune contribue à une meilleure connaissance et appréciation de l'autre en organisant des échanges culturels et artistiques.

(3)*tenue (f)* : manière dont une personne est habillée (*Dictionnaire du français primordial*)

(4)*fait sur mesure* : qui n'est pas fait en confection, qui est fait aux mesures d'une personne donnée.

(5)*l'Hôtel-Dieu* : le plus vieil hôpital de Paris, fondé au VIIème siècle, complètement transformé à plusieurs reprises, se trouve à gauche quand on regarde Notre-Dame.

Questions

1. À Paris, l'illumination des monuments
   (A) a lieu au printemps.
   (B) rencontre des critiques.
   (C) ne coûte pas cher du tout.
   (D) est unanimement appréciée.

2. « La nuit blanche »
   (A) est une description de Paris quand il neige.
   (B) vous permet de passer la nuit au musée.
   (C) a lieu dans les pays nordiques.
   (D) existe depuis toujours.

3. Notre-Dame de Paris
   (A) change souvent de tenue.
   (B) est dirigée par le maire de Paris.
   (C) a coûté 460.000 euros.
   (D) est éclairée de deux façons.

4. Roger Narboni
   (A) s'occupe de l'Hôtel-Dieu.
   (B) travaille près de la tour Eiffel.
   (C) est d'accord avec le Cardinal.
   (D) éclaire les nuits parisiennes.

5. Les lumières rouges de la tour Eiffel
   (A) importent peu aux Parisiens.
   (B) sont plus brillantes que les blanches.
   (C) célèbrent son 100ème anniversaire.
   (D) alternent avec les blanches.

See also page 279 for more comments on the Eiffel Tower.

28. LA POLLUTION

Dans un article du Journal Français de mars 2003, la journaliste Diane de Sainte Foy examine les origines du mot « pollution » et aussi, bien sûr, la progression dramatique de la pollution – devrait-on dire des pollutions – dans le monde entier.

Le verbe latin « *polluere* » signifie souiller, salir au propre et au figuré, donc aussi profaner et corrompre. Le verbe « polluer » et le nom « pollution » ont aujourd'hui un sens concret où ne figure, semble-t-il, aucune connotation morale ou religieuse. Jusqu'aux années 60, le terme s'appliquait aux eaux (eau douce, eau salée, rivières, fleuves, lacs, océans) et à l'air que nous respirons. Depuis, ce mot est devenu tragiquement à la mode avec la croissance de l'économie et de la recherche scientifique. Il convient, en même temps, de noter l'apparition du mot « écologie » qui est « l'étude des milieux où vivent les êtres vivants, ainsi que des rapports de ces êtres avec le milieu » (*Petit Robert, Dictionnaire de la langue française*).

La pollution, c'est en fait le revers de la médaille, c'est le fléau que l'industrialisation impose à une société que seul le gain de l'instant intéresse. Un exemple : on consomme de plus en plus d'énergie. Il n'y en a pas assez sur place. Il faut importer de grandes quantités de pétrole qu'on doit transporter de la raffinerie au lieu de consommation. On construit, à cet effet, d'énormes pétroliers, et d'immenses camions-citernes pour la distribution domestique. Le moindre accident provoque une catastrophe dont les media nous font vite connaître l'ampleur : Torrey Canion (1968), Amoco Cadiz (1978), Erika (1999), Prestige (2002), Deepwater Horizon (2010). Les dégâts causés par ces catastrophes sont infinis et incurables quelles que soient les mesures mises en œuvre pour y rémédier. Quand elles arrivent, le mal est fait. La nature est atteinte et se remettra mal. Si les pétroliers et les camions citernes ont des accidents « de la route » qui touchent l'homme après la nature, les usines de produits chimiques et autres ont parfois des accidents qui touchent l'homme d'abord. L'explosion d'une usine de produits chimiques à Bhopal, Inde, en 1984 fit des milliers de victimes, celle de Chernobyl, Ukraine, en 1986 exigea l'évacuation et la réimplantation de plus de 350.000 personnes. Il y eut, on le sait, des milliers de victimes. Cette explosion eut des répercussions, pas toujours officiellement déclarées dans toute l'Europe de l'Ouest : sols, arbres fruitiers, légumes, bétail contaminés par les retombées atomiques.

Si ces catastrophes ne s'étaient pas produites, le mot « pollution » n'aurait-il aucune raison d'être ? Limitons-nous à notre époque pour répondre à la question. Tous, nous avons entendu parler de l'effet de serre, du réchauffement de la planète, des pluies acides qui entraînent des changements imprévus et imprévisibles dans le milieu dans lequel nous vivons. Ajoutons ici que le déboisement systématique des forêts tropicales dû, lui aussi, à l'appât du gain, provoque des changements de climat irréversibles.

Si nous prenons le temps de réfléchir au problème de la pollution, nous en viendrons à une conclusion affolante : elle touche tous nos sens. La vue : nous avons souvent mal aux yeux quand l'air est trop pollué ; l'odorat : les odeurs chimiques nous dérangent ; le toucher : puisque les fumées et la poussière altèrent les surfaces qui nous entourent ; le goût des produits que nous mangeons est parfois changé par des produits chimiques ; l'ouïe, bien sûr, car nous vivons dans la cacophonie. Si nous sommes en ville, le bruit de la circulation, de la musique toujours diffusée trop bruyamment, celui des voix qui, pour se faire entendre, doivent couvrir les bruits ambiants. Sans bruit, certains sont perdus; si leur portable ne sonne pas, ils s'affolent; les écouteurs viennent à la rescousse et les voilà isolés du reste du monde, dans leur bruit à eux.

Le monde s'éveille peu à peu devant l'omniprésence de la pollution. On discute, on se réunit, on organise des rencontres aux niveaux local, régional, national, international et on s'engage plus ou moins. Il y a toujours des dissidents. Chacun veut que l'autre prenne les décisions et fasse les sacrifices qui sont indispensables si l'on veut protéger et sauver notre planète.

La France a son Ministère de l'Environnement qui existe depuis 1971 et s'engage de plus en plus fermement à prendre des mesures pour protéger son environnement et à ralentir la dégradation dont nous sommes témoins et victimes depuis des années. C'est à nous tous d'être vigilants et de prendre ensemble des décisions énergiques pour que les pollutions ne continuent pas à nous étouffer. La Commission mondiale de l'environnement a créé la notion de « développement durable », défini comme celui « qui permet la satisfaction des besoins présents, sans compromettre la capacité des générations futures à satisfaire les leurs. » On apprend de source sûre que le Maire de Paris vient d'annoncer qu'à partir de 2020 tout véhicule roulant au diesel serait interdit.

Questions

1. Le sens courant du verbe polluer est
   (A) approprier.
   (B) dégrader.
   (C) profaner.
   (D) un sens religieux.

2. La pollution, c'est un mot
   (A) de tous les jours.
   (B) synonyme d'écologie.
   (C) que nos ancêtres connaissaient bien.
   (D) qui vient du grec.

3. Les dégâts à l'environnement sont causés
   (A) à la raffinerie.
   (B) C et D.
   (C) entre la raffinerie et le terminus.
   (D) par le développement incontrôlé.

4. Après un accident, la nature
   (A) reprend le dessus.
   (B) fait le mal.
   (C) attend que ça passe.
   (D) guérit difficilement.

5. Quand on parle de réimplantation, cela signifie
   (A) qu'on veut déménager.
   (B) qu'on va avoir un jardin.
   (C) qu'on est forcé de partir.
   (D) qu'on va s'installer sur une plantation.

6. Parmi les causes de la pollution, l'auteur cite
    (A) la pluie.
    (B) les changements imprévus.
    (C) les accidents en mer.
    (D) les arbres fruitiers.

7. Le réchauffement de la planète vient
    (A) des forêts tropicales.
    (B) des changements de climat.
    (C) d'un problème inconnu.
    (D) de l'effet de serre.

8. La cacophonie, c'est un bruit
    (A) discordant.
    (B) bien orchestré.
    (C) harmonieux.
    (D) naturel.

9. On essaie de rémédier à la pollution
    (A) en voyageant.
    (B) en faisant des sacrifices.
    (C) en étant dissident.
    (D) en se sauvant.

10. L'auteur fait confiance
    (A) à l'environnement.
    (B) à la dégradation.
    (C) à ses concitoyens.
    (D) aux témoins.

29. Environnement : Les sacs plastique en voie de disparition

Parfois, ils flottent comme des étendards à la cime des arbres ; parfois ils jonchent[1] le caniveau ; parfois, ils se font passer pour des méduses et effraient, l'espace de quelques secondes, le baigneur ou asphyxient les tortues de haute mer... Les sacs plastique sont partout. Mais ces images pourraient bientôt appartenir au passé. Mieux, au rythme où vont les choses, les jours des sacs plastique sont comptés, du moins dans la grande distribution[2].

C'est en 1999 que l'association « Les Amis du vent » lance en Corse un appel baptisé « Halte aux sacs plastique ». Avec un argumentaire choc[3] : il faut une seconde pour fabriquer un sac plastique, qui est utilisé en moyenne vingt minutes, et il faut 100 à 400 ans pour qu'il disparaisse s'il est abandonné dans la nature ! « *L'adhésion est allée très vite* », s'étonne encore Serge Orru, son initiateur. À commencer par les patrons de supermarchés qui, une fois convaincus, jouent parfaitement le jeu.

Le 1er août 2003, la distribution des sacs aux caisses des grandes surfaces[2] de l'île de Beauté[4] est supprimée. Sur le continent, les centres Leclerc avaient donné le « la »[5] dès 1996. Mais c'est la Corse qui fait basculer les mentalités et déclenche le processus, de Lille à Marseille.

Fin 2003, la Fédération des entreprises du commerce et de la distribution s'engage sur une diminution de 25% du nombre de sacs distribués. Un an plus tard, la campagne est plus qu'un succès. La baisse enregistrée oscille entre 15 et 20 %. « *Et cela devrait continuer sur un rythme équivalent en 2005* ». assure Jérôme Bédier, le président de la fédération. En 2003, 15 milliards de sacs ont été distribués, soit l'équivalent de 85 000 tonnes de matières plastiques. En 2004, les chiffres sont respectivement de 12 milliards et de 66 000 tonnes. Un succès facilité dans la plupart des hypermarchés par la vente de sacs réutilisables, échangeables à vie lorsqu'ils sont abîmés. Il est vrai que la suppression des sacs plastique a du succès chez les consommateurs, heureux de se débarasser de cette pollution visuelle. La majorité des consommateurs sont favorables à l'élimination des emballages jetables. Dans un sondage effectué [...] récemment, 83% des Français approuvent la décision de certains supermarchés de ne plus donner de sacs jetables « afin de réduire les pollutions ».

Quant à la grande distribution, elle peut s'investir dans une action environnementale visible à l'heure où le développement durable[6] devient une valeur d'entreprise, tout en faisant des économies.

Le groupe Carrefour a diminué de 17% le nombre de sacs distribués entre 2003 et 2004. Auchan s'est lancé en proposant d'abord des « casettes » réutilisables, puis des cartons et enfin, des sacs réutilisables. Et là encore, le mouvement est amorcé. « *Depuis début 2005, le nombre de sacs de caisse a diminué de 21,3%* », précise le responsable du développement durable chez Auchan. Et ce, alors que dans la plupart des magasins de la marque, les consommateurs ont le choix entre les caisses dites « vertes » (sans distribution de sacs) et les autres. « *Il faut expliquer tranquillement pourquoi nous voulons diminuer le nombre de sacs,* dit-il. *Pour nous, c'est un formidable outil pour le développement durable.* » Même Monoprix et ses magasins de centre ville, avec beaucoup de consommateurs qui viennent y faire leurs courses quasi quotidiennement, à pied plutôt qu'en voiture, se sont joints au mouvement.

Finalement, les seuls à bouder l'opération sont les fabricants de sacs plastique. Pour la Haute-Loire, qui représente 40% de la production nationale du sac de caisse, la filière représente quelque 3 000 emplois. Pour tenter une réconciliation, l'ex-ministre de l'Écologie avait mis en place en avril un groupe de travail réunissant les partenaires intéressés de près ou de loin au sujet : asssociations, fabricants, représentants de la grande distribution, élus locaux ... Mais « *il n'est pas certain qu'il en sorte grand-chose,* assure l'un des participants, *les intérêts sont vraiment trop contradictoires* ».

« *On sait bien que le mouvement est amorcé,* [...], *mais on ne peut pas prendre le virage du jour au lendemain* ». Espérant contrecarrer la tendance, certains industriels de Haute-Loire ont mis au point un sac baptisé Néosac qui se désagrège à la lumière en quelques semaines. Mais il ne présente qu'un intérêt limité car il n'est pas, pour l'heure, estampillé « *biodégradable* » selon les normes européennes.

« COPYRIGHT LE FIGARO / MARIELLE COURT / JUILLET 2005 »

(1)*joncher :* recouvrir
(2)*grande distribution / grande surface :* supermarchés et hypermarchés
(3)*un argumentaire choc :* des arguments très convaincants
(4)*l'île de Beauté :* la Corse
(5)*le la :* (litt. *to give an A*) = to show the way
(6)*développement durable :* objectif de la Commission mondiale de l'environnement, voir Lecture # 21

Questions

1. À quoi est-ce que l'auteur compare les sacs plastique ?
   (A) à des assassins.
   (B) à des animaux marins.
   (C) (A) et (B)
   (D) à des baigneurs.

2. Qu'est-ce que la Corse a déclenché ?
   (A) une véritable révolution.
   (B) la fabrication des sacs plastique en une seconde.
   (C) la distribution des sacs aux caisses des grandes surfaces.
   (D) la décision des centres Leclerc.

3. Depuis 2003, la Fédération des entreprises du commerce et de la distribution
   (A) a distribué 90 000 tonnes de matières plastiques.
   (B) mène une campagne efficace.
   (C) a distribué 12 milliards de sacs réutilisables.
   (D) continue sur le même rythme.

4. Qui cette opération dérange-t-elle ?
    (A) ceux qui font leurs courses à pied
    (B) ceux qui font leurs courses quotidiennement
    (C) ceux qui dirigent les usines fabriquant les articles en question
    (D) l'ex-ministre de l'Écologie.

5. Les fabricants d'emballage ont réagi à la crise
    (A) en fermant leurs portes.
    (B) en renvoyant leur personnel.
    (C) en proposant des sacs réutilisables.
    (D) en proposant un produit de remplacement biodégradable.

6. **À vous de réfléchir** : Étant donné que 50% des sacs plastique finissent dans la nature, en mer et dans les cours d'eau, où ils créent beaucoup de problèmes, cette détermination à les supprimer vous paraît-elle une bonne idée ?

Section 1
Multiple Choice

1. INTERPRETIVE COMMUNICATION: PRINT TEXT

Suggestions for success

1. Read the "Introduction" to each selection carefully, recalling anything you may have learned or studied about the topic, theme, context or author, or anything else that will allow you to make connections with the text. Then, make predictions about what you will read.

2. Identify the genre or type of text.

   A. An expository text

   a. This type of reading is usually clearly organized to present a main idea with supporting statements and / or details and a conclusion that sums up the main ideas.

   b. As you read, identify the main idea, and then look for supporting details.

   c. Find the concluding statement that finalizes the selection.

   d. Identify the tone of the text if possible. Is it academic, humorous, sarcastic?

   e. Circle vocabulary you don't recognize to help you get a feel for the difficulty of the text.

   f. Read the passage attentively the first time. Then, read the questions. Scan the text for answers. You may encounter different vocabulary in the text, and you may need to make inferences.

   g. If there are unfamiliar vocabulary terms in the response choices, think of possible cognates or related words. Try to eliminate at least two of the four choices. There is no penalty for guessing on the exam, so it is to your advantage to answer all the questions.

   B. A Literary text

   a. This type of text may be organized very differently from an expository text due to its creative nature.

   b. Identify the theme: love / death / conflict / power / fate / illusion or disillusion / revenge / nostalgia.

   c. Is the text narrative and or descriptive? Can you identify a movement that that develops the theme?

   d. Identify the main characters and look for evidence of how each is developed in the selection. Identify any revelation, conflict or resolution experienced by these characters.

   e. Try to identify the tone of the text. Is there sarcasm, humor, anger or bitterness?

3. Time yourself

   A. The suggested time for this section is 40 minutes. Count how many reading selections there are an determine how long you should spend on each by dividing that number by the 40 minutes allotted. You may want to adjust the time due to passage length.

   B. If you find that you need to spend more than the average time on a particular passage, go on to the next readings and come back to the more difficult one when you finish the other readings. Since every answer has the same value, it is to your advantage to answer as many as possible, and save the more difficult ones for last.

DIRECTIONS

Interpretive Communication: Print Text

You will read several selections. Each selection is accompanied by a number of questions. For each question, choose the response that is best according to the selection and mark you answer on your answer sheet.	Vous allez lire plusieurs sélections. Chaque sélection est accompagnée de plusieurs questions. Pour chaque question, choisissez la meilleure réponse selon la sélection et indiquez votre réponse sur votre feuille de réponse.

Sélection 1

Thème: La Vie Quotidienne

Introduction: Dans cet article, il s'agit d'un nouveau phénomène dans l'alimentation à Paris, les «food trucks». Cet article a été publié en ligne le 9 avril 2015 par *Le Figaro*.

Anne Hidalgo l'avait annoncé en janvier dernier. Bruno Julliard l'a confirmé ce matin lors d'une conférence de presse sur le Conseil de Paris: les food trucks sont enfin les bienvenus à Paris. 40 emplacements, dans différents arrondissements de la capitale, leur seront attribués, pour une durée d'un an, dès le mois de juillet. Un appel à projet pour choisir les camions autorisés sera mis en place du 15 avril au 15 mai.

Une attitude qui tranche avec l'accueil réservé jusqu'ici aux food trucks, pourtant très implantés outre-Atlantique. Débarqués dans la capitale en novembre 2011, avec *le Camion qui fume* de Kristin Frederick, ces points de restauration mobiles à suivre sur les réseaux sociaux ont connu depuis, bien des difficultés à obtenir des autorisations de stationnement sur le territoire parisien. La raison? Avec des charges beaucoup plus faibles, la crainte d'une forme de concurrence déloyale par rapport aux restaurants "sédentaires".

Devant la prolifération et la bonne qualité générale de ces camions, la mairie de Paris change donc son fusil d'épaule avec la création de ces emplacements pérennes. Dans une communication qu'elle livrera lundi prochain au Conseil de Paris, la maire de Paris reconnaît que «les food trucks représentent une nouvelle tendance culinaire et acquièrent une vraie reconnaissance dans la gastronomie française. Toutes les formes de cuisine sont concernées, de la cuisine étoilée au sandwich réinventé (...). Paris, capitale de la gastronomie, se doit d'encourager l'innovation et de trouver une place pour cette nouvelle forme de restauration.»

Les emplacements seront occupés, alternativement, par plusieurs camions dans la semaine, au déjeuner ou en soirée, afin de "proposer aux Parisiennes et Parisiens une offre variée". Pour être retenus, les projets seront évalués sur la qualité et la diversité de l'offre culinaire et des produits utilisés (priorité aux circuits court ou au bio), sur des critères environnementaux (lutte contre la pollution atmosphérique, esthétique du camion, respect de la propreté, utilisation de matériaux durables et réutilisables), et sur les prix doux.

Enfin, après la première année d'exploitation, un bilan "tant sur la pertinence des emplacements que sur la qualité des projets qui auront été retenus" sera effectué. Une affaire qui roule.

1. Qu'est-ce qui caractérise la réaction aux food trucks dans cet article?
   (A) Les Français s'intéressent à cette initiative.
   (B) Les restaurants ne s'inquiètent pas de leur présence.
   (C) Le Conseil de Paris les accueille avec réserve.
   (D) La maire de Paris les rejette comme une nouvelle innovation de restauration.

2. Qu'est-ce que cet article nous apprend des food trucks?
   (A) Les food trucks offriront toute une variété de cuisine.
   (B) Les food trucks feront leur première apparition à Paris en été 2015
   (C) Les food trucks contribuent déjà à la gastronomie française.
   (D) Les food trucks coûtent plus cher que les restaurants traditionnels.

3. Dans quelle manière les food trucks seront-ils limités?
   (A) Les food trucks doivent servir des aliments biologiques.
   (B) Les emplacements auront une durée d'un an.
   (C) Les aliments doivent être locaux.
   (D) Les camions doivent être écologiques.

4. Comment les clients peuvent-ils suivre les camions à Paris?
   (A) Ils les suivent sur Facebook ou Twitter.
   (B) Ils les cherchent dans les arrondissements.
   (C) Ils les accueillent à la mairie.
   (D) Ils consultent le Guide Michelin.

5. Quelle est l'attitude de la maire de Paris à propos des food trucks?
   (A) Sceptique
   (B) Réservée
   (C) Optimiste
   (D) Caustique

Sélection 2

Thème: Science & technologie

Introduction: Dans cet article, il s'agit du clonage de la viande. L'article a été publié dans le journal français *L'Express*, le 20 février 2012.

Plus chimique que le fast-food, le hamburger à base de cellules souches bovines. Pour l'instant conservée dans les éprouvettes d'un laboratoire néerlandais, cette découverte pourrait bouleverser l'élevage, l'alimentation mondiale et bénéficier à l'environnement. En marge de la conférence annuelle de la Société américaine pour l'avancement de la science (AAAS) réunie ce week-end à Vancouver, le docteur Mark Post, médecin de formation et patron du département de physiologie de l'Université de Maastricht (Pays Bas), a annoncé qu'il prévoyait de le dévoiler en octobre.

Le coût pour produire ce premier hamburger «expérimental» se monte à 250000 euros, a précisé ce chercheur, ajoutant aussitôt que le second devrait être plus abordable à 200000 euros. Ce projet a été financé par un riche donateur qui souhaite rester anonyme, a-t-il dit, expliquant que ce dernier voulait «voir diminuer le nombre d'animaux de ferme abattus pour leur viande et réduire ainsi les émissions de gaz à effet de serre résultant de l'élevage».

«La production de viande devrait doubler d'ici 2050 pour répondre à la demande et mobilise déjà 70% de nos terres agricoles», a estimé le docteur Mark Post. L'élevage contribue au réchauffement climatique avec les émissions de méthane, un gaz à effet de serre vingt fois plus puissant que le dioxyde de carbone (CO_2) et compte pour 18% du total.

«Mon projet vise à créer de la viande à partir de n'importe quelles cellules souches en utilisant une technologie développée dans le champ médical depuis plus de vingt ans et qui arrive à maturité», a souligné Mark Post. Pour ce premier hamburger, il a utilisé des cellules des muscles du squelette de bovins cultivés dans du sérum fœtal de veau. «Les tissus produits ont exactement la même structure que les originaux», a assuré ce scientifique soulignant que la technologie était bien maîtrisée.

«Nous allons présenter la preuve que cela est possible, ce qui pourrait ouvrir la voie au début du développement de ce produit et à tous les processus pour en rendre la production plus efficace, ce qui est essentiel», a-t-il poursuivi. «La viande produite à partir des cellules souches doit ressembler exactement à celle que nous avons l'habitude de consommer; autrement il sera impossible de convaincre les gens de renoncer à ce qu'ils connaissent», a relevé Mark Post tout en disant «espérer réussir cela d'ici l'automne».

La viande produite en laboratoire pourra être contrôlée pour présenter certaines qualités comme par exemple contenir des niveaux élevés d'acides gras polyinsaturés (Oméga 3) bons pour la santé. Cette technique peut aussi permettre de produire de la viande de tout animal, a précisé le chercheur qui a lancé ce projet il y a six ans et espère voir cette viande produite à grande échelle dans les dix à vingt prochaines années.

6. Quel problème pourrait se résoudre par la production de viande en laboratoire?
   (A) La production des émissions de gaz à effet serre.
   (B) Les animaux de ferme abattus pour leur viande.
   (C) Le niveau élevé de gras dans la viande.
   (D) L'utilisation de cellules souches dans la recherche.

7. Qui fournit les fonds pour ce projet?

   (A)   L'université de Maastricht.

   (B)   Le gouvernement néerlandais.

   (C)   Un individu anonyme.

   (D)   Le scientifique Mark Post.

8. Selon cet article, pourquoi cette recherche est-elle urgente?

   (A)   La population bovine est en train de baisser.

   (B)   Les émissions des animaux de ferme deviennent trop difficiles à contrôler.

   (C)   Les émissions de méthane sont plus nocives que celles de dioxyde de carbone.

   (D)   La population des êtres humains continue de croître.

9. Qu'est-ce que cet article nous apprend de la viande produite en laboratoire?

   (A)   La viande produite en laboratoire contient plus de produits chimiques que la viande naturelle.

   (B)   La production de la viande en laboratoire aura moins de conséquences néfastes que l'élevage traditionnel des animaux.

   (C)   Cette production est basée sur une nouvelle technologie.

   (D)   La production de cette viande augmentera d'ici 2050.

10. Quel problème est-ce que le chercheur doit surmonter?

    (A)   Convaincre le public de consommer le produit.

    (B)   Réduire le coût du produit.

    (C)   Contrôler les niveaux d'Oméga 3 dans le produit.

    (D)   Maitriser la technologie de recherche.

11. Quel est le ton général de cet article?

    (A)   Académique

    (B)   Encourageant

    (C)   Sceptique

    (D)   Idéaliste

Sélection 3

Thème: La quête de soi

Introduction: Cette sélection est tirée de *Tout compte fait,* un récit autobiographique de Simone de Beauvoir qui était écrivain, philosophe, féministe et activiste. Ce texte a été publié en 1972.

Enfant, adolescente, la lecture était non seulement mon divertissement favori mais la clé qui m'ouvrait le monde. Elle m'annonçait mon avenir: m'identifiant à des héroïnes de roman, je pressentais à travers elles mon destin. Dans les moments ingrats de ma jeunesse elle m'a sauvée de la solitude. Plus tard, elle m'a servi à étendre mes connaissances, à multiplier mes expériences, à mieux comprendre ma condition d'être humain et le sens de mon travail d'écrivain.

La joie de lire: elle ne s'est pas émoussée. Je suis toujours émerveillée par la métamorphose des petits signes noirs en un mot qui me jette dans le monde, qui précipite le monde entre mes quatre murs. Le texte le plus ingrat suffit à provoquer ce miracle. «J.F. 30 ans, sténo-dactylo exp. ch. Travail trois jours par semaine.» Je suis des yeux cette petite annonce et la France se peuple de machines à écrire et de jeunes chômeuses. Je sais: le thaumaturge', c'est moi. Si devant les lignes imprimées je demeure inerte, elles se taisent ; pour qu'elles s'animent, il faut que je leur donne un sens et que ma liberté leur prête sa propre temporalité retenant le passé et le dépassant vers l'avenir. Mais comme au cours de cette opération je m'escamote, elle me semble magique. Par moments, j'ai conscience que je collabore avec l'auteur pour faire exister la page que je déchiffre: il me plaît de contribuer à créer l'objet dont j'ai la jouissance. Celle-ci se refuse à l'écrivain: même quand il se relit, la phrase née de sa plume se dérobe à lui. Le lecteur est plus favorisé: il est actif et cependant le livre le comble de ses richesses imprévues. La peinture, la musique suscitent en moi, pour la même raison, des joies analogues ; mais les données sensibles y jouent un rôle immédiat plus important. En ces domaines, je n'ai pas à effectuer le surprenant passage du signe au sens qui déconcerte l'enfant quand il commence à épeler des mots et qui n'a pas cessé de m'enchanter.

[...] Cependant, je ne lis pas n'importe quoi. À moins de me situer dans une perspective sociologique ou linguistique, la page des petites annonces ne me retiendra pas. Quelles conditions faut-il pour qu'aujourd'hui un texte me prenne?

Il y en a de bien des espèces et les bénéfices que j'en retire sont très divers. En certains cas, je parcours l'ouvrage sans abandonner ma place au centre de mon propre univers dont je me borne à combler les lacunes. Lorsque je referme le volume, je me trouve avoir acquis certaines connaissances. À cette lecture informative s'oppose la lecture communication. L'auteur ne prétend pas alors me livrer un savoir mais transmettre à travers son œuvre le sens vécu de son être dans le monde. Son expérience existentielle est irréductible à ces concepts ou à des notions: elle ne m'instruit pas. Mais le temps d'une lecture, je vis dans la peau d'un autre. Ma vision de la condition humaine, du monde, de la situation que j'y occupe peut en être profondément modifiée. Il y a un critère assez net qui distingue ces deux catégories de livres. Le document informatif, je peux le résumer dans mon propre langage, livrant ainsi à un tiers un savoir universel ; dans une œuvre littéraire, le langage est un jeu, car c'est par lui que l'expérience vécue est donnée dans sa singularité: on ne saurait la communiquer avec d'autres mots.

12. Dans cette sélection, quel est le thème principal?
    (A) Son indifférence devant un texte informatif.
    (B) L'influence de la lecture pendant sa jeunesse.
    (C) La collaboration entre le lecteur et l'auteur.
    (D) Sa joie dans son travail d'écrivain.

13. Qu'est-ce que les "petits signes noirs" représentent?
    (A) Des lettres
    (B) Des chiffres
    (C) Une jeune fille qui cherche du travail
    (D) Des lignes imprimées

14. Selon cette sélection, il est clair que l'auteur _____.
    (A) lit tous les livres et documents qu'elle peut.
    (B) abandonne les textes informatifs.
    (C) préfère la littérature
    (D) sélectionne avec soin les textes qu'elle lit.

15. Comment peut-on décrire le ton de cette sélection?

    (A) Sérieux

    (B) Curieux

    (C) Intellectuel

    (D) Frustré

16. Selon Simone de Beauvoir, la lecture communication égale _____.

    (A) les connaissances

    (B) le texte informatif

    (C) la littérature

    (D) l'existentialisme

17. Pour Simone de Beauvoir, à quoi sert la littérature?

    (A) Faire comprendre la condition humaine

    (B) A nous instruire

    (C) Nous illustrer la magie des mots

    (D) Communiquer certaines connaissances

Sélection 4

Thème: La vie quotidienne

Introduction: Cet article a été publié en ligne en septembre 2011 par *Psychomédia*, et fait partie de l'initiative *Tout le monde à table*. L'article résume une enquête du groupe Extenso à l'Université de Montréal.

Près de la moitié (44%) des parents ne savent pas, à 17 h, ce qu'ils mangeront pour le souper et cela, 3 fois et plus par semaine, selon une étude du groupe *Tout le monde à table*, une initiative d'Extenso (Université de Montréal), qui a recueilli 32 000 réponses dans 79 villes du Québec. Près de 35% des parents interrogés identifient le manque de temps comme principal obstacle à manger sainement et pour 21% d'entre eux, le manque de temps fait partie de leur scénario de préparation du repas.

Mais seulement 8% des parents voient la planification ou l'organisation comme obstacle à manger sainement. "Or, une meilleure planification viendrait certainement changer la routine des foyers québécois en leur donnant, entre autres... du temps!", prétend Nathalie Jobin, nutritionniste et chargée du projet *Tout le monde à table*.

Plus de la moitié des enfants (56%) disent ne pas cuisiner régulièrement avec leurs parents et, quand ils le font, les recettes sucrées sont à l'honneur. La perte d'art culinaire décelée par les chercheurs serait plus importante que prévue, rapporte *Le Devoir*. Selon l'instigatrice du projet, Marie Marquis, professeure de nutrition à l'Université de Montréal, plusieurs étudiants atteignent d'ailleurs l'université sans savoir faire une omelette.

Lors d'un soir typique de semaine, seulement une famille québécoise sur deux (51 %) dit manger en famille, sans la télévision, avec tous les membres de la famille. Un tiers des familles (34 %) prennent leur repas en regardant la télévision. Avec la présence de la télévision, on peut déduire que le souper n'est plus une occasion d'échange ni un moment d'éducation alimentaire pour une famille québécoise sur trois, estime *Tout le monde à table*.

Cette enquête devrait, selon ses organisateurs, servir de base à un plan d'action et de communication concernant l'alimentation au Québec. Ils proposent quatre voies d'actions prioritaires:

- Assurer le développement des compétences culinaires des enfants (par le retour des cours d'économie familiale);
- Faire reconnaître les bienfaits et le plaisir à manger en famille dans le but de modifier la norme sociale;
- Aider les familles à intégrer une meilleure planification dans leur routine de repas;
- Faire connaître les pratiques alimentaires à privilégier pour rendre la planification, la préparation et le partage de repas agréable et sain malgré tous les obstacles identifiés;
- Diminuer la présence de la télévision à table.

18. Quel problème familial est signalé par cet article?
    - (A) Les enfants ne mangent pas sainement.
    - (B) Les parents ne savent pas faire la cuisine.
    - (C) Les familles sont trop occupées.
    - (D) Les parents ne planifient pas les repas.

19. Quel obstacle empêche les familles de manger sainement?
    - (A) La télévision
    - (B) La perte de l'art culinaire
    - (C) Le temps
    - (D) Le budget alimentaire

20. Quel conseil Nathalie Jobin donne-t-elle?
    - (A) En planifiant les repas, les parents auraient plus de temps.
    - (B) Il vaut mieux changer la routine des foyers québécois.
    - (C) Tout le monde pourrait manger à table.
    - (D) Les parents devraient préparer les repas avec leurs enfants.

21. Qu'est-ce que cette étude prévoit?
    - (A) Les étudiants universitaires n'auront pas le goût des omelettes.
    - (B) La perte de compétences culinaires aura des conséquences.
    - (C) Les familles mangeront sainement.
    - (D) La présence de la télévision pendant les repas accélérera le taux d'obésité parmi les enfants.

22. Quel est le but de cet article?
    - (A) Proposer des solutions au problème de l'alimentation.
    - (B) Convaincre le public qu'il faut éteindre la télévision pendant les repas.
    - (C) Présenter les dernières statistiques sur l'alimentation.
    - (D) Familiariser le public avec les problèmes de la planification.

Sélection 5

Thème: Défis Mondiaux

Introduction: Cet article décrit la situation des migrants clandestins qui vivent à Calais, une ville dans le nord de la France. L'article a été publié en ligne en juin 2015 par Radio France Internationale (RFI).

Afghans, Syriens, Erythréens ou encore Nigérians, ils sont près de 3000 à vivre dans des conditions sanitaires déplorables sur le site d'une ancienne décharge rebaptisée «new jungle» à Calais, dans le nord de la France. Une situation qui dure depuis des années et que les ONG condamnent régulièrement. Quatre d'entre elles ont donc décidé d'agir.

Médecins du monde, Solidarités International, le Secours catholique et le Secours islamique lancent une grande opération humanitaire ce mardi 30 juin. L'objectif est de répondre aux besoins de ces migrants, mais aussi d'attirer l'attention de l'Etat. Cette action était devenue urgente en raison des conditions de vie sur ce terrain baptisé «la nouvelle jungle».

Car même si la présence des migrants est tolérée sur cette ancienne décharge, cela reste une lande hostile, marécageuse, pleine de ronces. Les hébergements se résument à des abris de fortune. Les quatre associations ont surtout constaté qu'avec cette jungle, la France ne respectait pas les recommandations liées au Commissariat des Nations unies pour les réfugiés (HCR).

Par exemple, dans un camp de réfugiés justement, le HCR préconise la présence d'une latrine pour vingt personnes. Or, dans la jungle de Calais, il y a seulement 20 toilettes pour 3 000 migrants. En ce qui concerne les points d'eau, le HCR en recommande un pour 100 personnes. Ici, le ratio est plutôt d'un robinet pour 230 personnes. C'est déjà plus qu'il y a quelques semaines ; au mois de mai, les migrants ne disposaient que de trois robinets et quatre toilettes. Mais c'est encore loin d'être suffisant, estiment les ONG.

Ces dernières ont donc décidé d'intervenir ce mardi 30 juin sur place, à Calais, de la même manière que sur les zones de catastrophes naturelles ou de guerre en fournissant des moyens logistiques tels que des cliniques mobiles avec consultations médicales, distribution de kits d'hygiène ou de colis alimentaires, constructions de blocs sanitaires.

23. Médecins du monde, Solidarités International, le Secours catholique et le Secours islamique sont des exemples _____.

    (A) Du HCR

    (B) Des OGN

    (C) Des associations gouvernementaux

    (D) Des zones d'urgences humanitaires

24. Quel problème provoque les OGN à intervenir?

    (A) Le manque de nourriture pour les enfants.

    (B) La population des refugiés en état de santé fragile.

    (C) Les conditions sanitaires insuffisantes.

    (D) La perte de l'eau potable

25. Qu'est-ce que cet article nous apprend de la vie des migrants à Calais?

    (A) Les migrants n'ont pas accès à l'eau.

    (B) Le gouvernement français offre une situation supportable aux migrants.

    (C) Les migrants vivent dans une atmosphère hostile.

    (D) Il n'y a pas assez de toilettes pour la population de migrants.

26. Qu'est-ce que les OGN offrent aux migrants?

    (A) Du logement plus sûr.

    (B) De la nourriture.

    (C) Du travail.

    (D) De la protection militaire.

27. Qu'est-ce qui caractérise la réaction des OGN?

    (A) Elles réagissent comme s'il s'agissait d'une catastrophe naturelle.

    (B) Elles lancent une série de traitements médicaux.

    (C) Elles fournissent les migrants pour une expédition à la jungle.

    (D) Elles préconisent plus de latrines et de points d'eau.

Sélection 6

Thème: La quête de soi

Introduction: Cet essai, écrit par l'écrivain Tahar Ben Jelloun, est une réflexion sur son travail et la langue dans laquelle il choisit d'écrire. Cet essai se trouve au site web de l'auteur, www.taharbenjelloun.org.

Suis-je un écrivain arabe? Cette question, ce n'est pas moi qui me la pose. Ceux qui me demandent si je suis un écrivain arabe ne sont pas toujours malintentionnés. Ils ont raison de vouloir savoir où me classer, où me ranger. En général, ceux qui vous posent des questions à propos de votre identité sont de la police ou de la gendarmerie. L'identité n'est pas simple à établir. Etablir une identité c'est établir une adéquation entre le nom, le prénom et celui qui les porte. Mais en littérature, l'identité peut être trompeuse surtout quand on définit un écrivain par la langue qu'il parle et dans laquelle il écrit, la langue de la mère et du pays natal. La littérature arabe n'est faite que par des Arabes. La littérature allemande n'est faite que par des Allemands. Alors Kafka, ce tchèque qui travaillait à Prague, était allemand, puisqu'il n'a écrit qu'en allemand ! Et que dire de Samuel Beckett qui écrivait aussi bien en anglais qu'en français, de Nabokov qui écrivait en russe, en anglais et s'exprimait dans plusieurs langues dont le français? Et que dire du grand poète Georges Chéhadé, né au Liban, qui a écrit les plus beaux poèmes de la langue française? Et de Kateb Yacine, immense écrivain qui, dès le massacre de Sétif en 1945 dont il a été témoin, avait décidé d'entrer dans la gueule du loup pour exprimer sa haine de la colonisation et ses injustices cruelles? Et Mohamed Khaïr Eddine qui a laissé une œuvre importante et qui a marqué au moins deux générations de Marocains. Lui trouvait avec humour et provocation une parade: je ne suis pas Arabe, je suis berbère, Marocain mais berbère.

La liste des écrivains qui sont nés dans une langue et qui ont choisi d'écrire dans une autre est longue. On connaît surtout les francophones. Mais il faut parler aussi des écrivains indiens, pakistanais et même japonais qui écrivent directement en anglais et qui sont considérés comme des écrivains à part entière. La différence entre les francophones et les anglophones c'est que les Anglais ou Américains ne passent pas leur temps à se demander si Arhundaty Roy, Salman Rushdie, Hanif Kureichi, Naipaul, Anita Nair sont des écrivains anglais ou indiens. Pour eux la question ne se pose pas. Ce sont des écrivains britanniques. Personne n'en fait un drame. On sait d'où ils viennent, l'univers dans lequel ils créent, sur ce quoi ils écrivent. Ils ne parlent presque que sur leur pays d'origine, mais le fait qu'ils écrivent en anglais, ils sont assimilés aux auteurs anglais de souche. Et que dire de l'historien d'origine japonaise Francis Fukuyama, l'auteur de «la fin de l'Histoire»? Son lieu de naissance n'a jamais été évoqué pour déterminer l'identité de son essai.

Dans notre cas, celui des écrivains maghrébins d'expression française, le politique s'immisce dans la question et crée la polémique. Je me souviens que dans les années 60, au moment où Abdelatif Laabi publiait la revue *Souffles*, les attaques fusaient de partout. Les poètes autour de Laabi étaient assimilés à des "traîtres", à des rejetons du colonialisme. On cherchait à les culpabiliser, à les empêcher d'écrire. Pour certains, plutôt une page blanche, plutôt le silence que d'écrire en français dans un pays qui venait d'accéder à l'indépendance.

Nous avons souffert de ces réactions souvent acerbes, injustes et qui traduisaient un malaise certain dans la culture marocaine, culture vouée au multilinguisme. Il a fallu résister, continuer et surtout il a fallu lutter contre le doute, contre la fragilité qui minait notre être.

Certains comme Khaïr Eddine ont émigré en France. D'autres comme Nissaboury ou Laabi ont refusé l'exil. Malheureusement Laabi passera 8 ans de sa vie en prison, pas parce qu'il écrivait en français, mais pour ce qu'il pensait et écrivait. 8 ans de prison pour délit d'opinion, c'est une barbarie qui ne se reproduira plus dans ce pays en voie de démocratisation.

28. Quel est le but de l'auteur de cet essai?
    (A) Décrire les écrivains mondiaux.
    (B) Défendre son choix d'écrire en français.
    (C) Raconter l'histoire des écrivains marocains.
    (D) Lutter contre les stéréotypes des écrivains d'origine arabe.

29. Qu'est-ce que l'auteur nous dit à propos de l'identité?
    (A) L'origine de l'identité est la langue qu'on parle.
    (B) Il est difficile de définir l'identité des écrivains qui sont bilingues ou multilingues.
    (C) Les écrivains qui écrivent dans une langue autre que la langue maternelle sont des traitres.
    (D) Il n'y a que les militaires et la police qui s'intéressent à votre identité.

30. Selon Ben Jelloun, dans quelle mesure est-il ironique de critiquer les Marocains d'écrire en français?
    (A) Le Maroc est un pays multilingue.
    (B) Il y a plus de gens qui lisent en français qu'en arabe dans le monde.
    (C) Les Marocains ne sont pas tous arabes.
    (D) Le français est la langue de la diplomatie.

31. Selon cet essai, pourquoi a-t-on critiqué les écrivains magrébins qui écrivaient en français?
    (A) Les écrivains ont souffert beaucoup de réactions injustes.
    (B) Leurs œuvres ne se traduisaient pas bien en arabe.
    (C) Les intellectuels voulaient culpabiliser le colonialisme.
    (D) Les critiques voulaient valoriser la langue arabe dans cette période révolutionnaire.

32. Dans la dernière phrase, qu'est-ce que l'emploi du futur simple, «ne se reproduira plus» suggère?
    (A) Ben Jelloun s'attend à des changements dans son pays.
    (B) Les écrivains marocains s'exileront en France.
    (C) Les écrivains marocains se sentiront plus libre à s'exprimer.
    (D) Ben Jelloun écrira désormais en arabe.

Sélection 7

Thème: Science & Technologie / La vie quotidienne

Introduction: Cet texte est tiré de l'article «Facebook tisse sa toile», publié dans le journal français *Le Monde* le 2 février 2011.

Mark Zuckerberg, 26 ans, veut faire de Facebook le lien ultime entre les habitants de la planète. Le réseau social que ce surdoué de l'informatique a créé en 2004 rassemble déjà les donnée d'un demi-milliard d'individus partout dans le monde. Le plus souvent à visage découvert, les membres y exposent leur vie: désirs, obsessions, goûts, activités du moment, en général photographies à l'appui.

Mais surtout, ils détaillent le type de relations sociales qu'ils entretiennent. Leur vie privée devient transparente. A travers ce réseau planétaire, est-ce le rêve d'un monde interconnecté de 500 millions d'«amis» qui se dessine? Ou assiste-t-on au contraire à la naissance d'une hyper-surveillance plus inquiétante encore que celle imaginée par George Orwell dans son livre célèbre, 1984? Car, grâce à Facebook, c'est chaque membre qui est désormais en mesure d'épier les faits et gestes de tous les autres.

Faites le test. Prenez une carte de visite vieille de dix ans, le nom d'un ami d'enfance, d'un ou d'une «ex». Entrez-le sur le site www.facebook.com. A tous les coups ou presque, vous retrouvez la personne perdue de vue. Homonymies, mariages, déménagements ne posent pas de problèmes insurmontables. Par recoupements, on parvient toujours à tracer la personne perdue de vue. Car, sur Facebook, on voit qui connaît qui, qui aime quoi, on retrouve toujours un fil...

Rien n'échappe au réseau social. Il traque tout sur tout le monde, en temps réel, sans jamais rien oublier, ni effacer. Il répertorie aujourd'hui 500 millions d'individus dans 207 pays. En enregistrant ses liens avec ses «amis» sur Facebook, chaque utilisateur a dessiné ce que les spécialistes appellent le *«social graph»*, la cartographie de ses relations, qui est en passe de devenir la carte d'identité ultime, bien plus efficace qu'un passeport biométrique.

33.   Selon le titre de cet article, Facebook est comparé à quel être vivant?
   (A)   Un chien
   (B)   Un oiseau
   (C)   Un serpent
   (D)   Une araignée

34.   Pourquoi l'article fait-il une comparaison avec le texte «1984» de George Orwell & le réseau Facebook?
   (A)   La vie devient transparente.
   (B)   Nous pouvons surveiller les actions de nos amis et les amis de nos amis.
   (C)   Le monde est interconnecté.
   (D)   Facebook est le lien ultime entre les habitants de la planète.

35.   Selon ce texte, pourquoi est-il facile de retrouver un ami perdu avec Facebook?
   (A)   On peut toujours trouver un lien à quelqu'un.
   (B)   Les gens épient leurs amis.
   (C)   Les déménagements ne posent pas de problèmes.
   (D)   Rien n'échappe à Facebook.

36. Dans le 3ᵉ paragraphe, une explication pour «homonymie» serait _____.

(A) un vrai nom

(B) le nom de votre père

(C) un nom de plume

(D) un nom qui ressemble beaucoup à un autre nom

37. Selon cet article, un membre de Facebook _____.

(A) dessine une cartographie de ses relations

(B) a besoin d'un passeport biométrique

(C) devient un spécialiste

(D) a un répertoire de 500 millions d'amis

38. Selon ce texte, la cartographie de relations pourrait _____.

(A) poser des risques de sécurité

(B) devenir la carte d'identité ultime

(C) devenir un passeport biométrique

(D) traquer vos mouvements dans le monde

Sélection 8

Thème: L'Esthétique

Introduction: Ce texte vient du roman *L'Etranger*, d'Albert Camus, écrivain du 20ᵉ siècle et existentialiste. Dans ce passage, à l'annonce de la mort de sa mère, Meursault, le protagoniste, va à l'asile où sa mère a fini ses jours. Un vieil homme, concierge à l'asile, parle à Meursault.

«A Paris, on reste avec les morts trois, quatre jours quelquefois. Ici, on n'a pas le temps, on ne s'est pas fait l'idée que déjà il faut courir derrière le corbillard.» Sa femme lui avait dit alors «Tais-toi, ce ne sont pas des choses à raconter à monsieur.» Le vieux avait rougi et s'était excusé. J'étais intervenu pour dire «Mais non, mais non.» Je trouvais ce qu'il racontait juste et intéressant.

Dans la petite morgue il m'a appris qu'il était entré à l'asile comme indigent. Comme il se sentait valide, il s'était proposé pour cette place de concierge. Je lui ai fait remarquer qu'en somme, il était un pensionnaire. Il m'a dit que non. J'avais déjà été frappé par la façon qu'il avait de dire «ils», «les autres», et plus rarement, «les vieux», en parlant des pensionnaires dont certains n'étaient pas plus âgés que lui. Mais naturellement, ce n'était pas la même chose. Lui, était concierge, et dans une certaine mesure, il avait des droits sur eux.

39. Qu'est-ce que le concierge n'aime pas dans cet asile?

(A) On n'a pas le droit d'y parler.

(B) Les morts y sont enterrés trop vite.

(C) Les activités y sont très fatigantes.

(D) Les pensionnaires y travaillent trop.

40. Dans le premier paragraphe, quelle est l'attitude du narrateur envers le concierge?

(A) Il le trouve ennuyeux.

(B) Il le méprise tout à fait.

(C) Il est d'accord avec lui.

(D) Il est gêné par ses histoires.

41. Dans quelle condition le concierge est-il entré dans l'asile?

    (A) Malade

    (B) Fou

    (C) Pauvre

    (D) Handicapé

42. En quoi le concierge est-il différent des aux pensionnaires?

    (A) Il a un emploi.

    (B) Il est plus jeune qu'eux.

    (C) Il paie un loyer.

    (D) Il est parisien.

43. Quels adjectifs pourraient décrire le concierge?

    (A) Timide et peureux

    (B) Bavard et fier

    (C) Agé et infirme

    (D) Autoritaire et agressif

44. Quelle phrase ou expression du passage montre que le concierge se sent supérieur aux autres personnes dans l'asile?

    (A) «A Paris on reste avec le mort trois, quatre jours quelquefois.»

    (B) «Il était entré à l'asile comme indigent.»

    (C) «…dans une certaine mesure, il avait des droits sur eux.»

    (D) «…en somme il était pensionnaire.»

Sélection 9

Thème: La vie contemporaine

Introduction: Ce texte vient d'un article du journal *Le Monde*, mis en ligne le 18 juin 2015 et écrit par Julia Pascual. Il s'agit de la tradition musulmane du ramadan et les pratiques actuelles.

«L'idée, c'est de me couper de ma vie de tous les jours et de me concentrer sur moi-même, sur des considérations beaucoup moins matérielles. Spirituellement, c'est un moment où j'essaye de travailler sur moi», explique Atef, un fidèle musulman, à la veille de débuter le ramadan. «Parfois, je dis que je ne comprends pas quand les gens prennent des nouveaux départs le 1er janvier. Je me moque un peu, mais en fait, c'est exactement ce que je fais à l'occasion du ramadan. Je fais le point, je me recharge et je pars sur de nouvelles bases», poursuit le jeune homme de 27 ans, installé en Seine-et-Marne.

Jeudi 18 juin, démarre le mois de jeûne annuel des musulmans, l'un des cinq piliers de l'islam et «peut-être le rite le plus important chez les musulmans», selon l'islamologue Rachid Benzine. Selon la tradition, il marque le début de la révélation du Coran au prophète Mahomet par l'archange Gabriel et se traduit par un mois de privation, d'épreuve, mais aussi de partage et de convivialité. «Il y a une ambiance particulière pendant cette période, une sorte de complicité, indique Fateh Kimouche, 39 ans, fondateur d'Al-Kanz.org, un site d'informations pour les consommateurs musulmans. Tous les soirs, on se retrouve en famille, entre amis…»

Soufiane Torkmani vit dans le Val-de-Marne. Il a 29 ans et pratique le ramadan depuis l'âge de 11 ans. «C'est un temps de retrouvailles. Après avoir rompu le jeûne, on se met devant une table très garnie. Et puis on regarde des émissions du pays d'origine. Chaque année, pendant cette période, des feuilletons ou des programmes humoristiques comme des caméras cachées sont diffusés." Le ramadan reste, «avant d'être religieux, un rite social qui permet la cohésion d'un groupe», reprend M. Benzine.

Preuve de l'engouement qu'il suscite, 71 % des musulmans le pratiqueraient de façon rigoureuse d'après une étude de l'Ifop réalisée en 2011, soit beaucoup plus que ceux qui déclaraient faire les prières quotidiennes (39 %). Et la pratique du jeûne a progressé ces dernières années, en particulier chez les jeunes: ils étaient 73 % des 18-25 ans à le suivre en 2011, contre 59 % en 1989. Pour Atef, cela tiendrait au fait qu'il est «plus difficile d'aller rencontrer seul l'invisible plutôt que de faire un effort vers Dieu en groupe». Soufiane Torkmani y décèle aussi l'effet d'une «convention sociale.» Peut-être que les gens sont plus observants vis-à-vis du jeûne que de la prière parce que c'est plus visible.

Pour M. Benzine, «depuis le milieu des années 2000, un nombre croissant de jeunes musulmans français se démarquent de la pratique intime et discrète de leurs parents et développent un mode de vie «halal ostensible». L'islamologue y voit le marqueur d'une «pratique identitaire de la religion, dans un contexte de mondialisation» et de «rupture avec la tradition orale des parents. La population musulmane en France est jeune et sa pratique n'est pas assise sur une véritable tradition. Elle va donc se tourner vers une pratique identitaire et affective».

Fateh Kimouche ne veut pas croire à un «retour du religieux», même s'il reconnaît que la génération de ses parents s'est montrée moins «expressive». Ils étaient plus pauvres que nous en science islamique et ils ne se sentaient pas chez eux. Nous, nous sommes des musulmans du terroir.» Atef ne dit pas autre chose: «Quand il était jeune musulman à Paris, mon père se sentait comme un étranger, un invité. Moi, je me sens chez moi donc j'ose plus facilement faire des actes de foi extérieurs.»

45. Selon cet article, qu'est-ce qu'on peut constater?
- (A) Les prières quotidiennes sont devenues plus importantes que le ramadan.
- (B) Plus de jeunes musulmans pratiquent le ramadan aujourd'hui qu'il y a 10 ans.
- (C) Les jeunes musulmans se sentent à l'aise en France actuellement.
- (D) La mondialisation décourage les pratiques religieuses.

46. Pourquoi Atef fait-il le ramadan?
- (A) Parce que ses parents l'obligent.
- (B) Parce que c'est une tradition religieuse.
- (C) Parce qu'il veut travailler sur soi-même.
- (D) Parce que le ramadan a lieu en juin.

47. Quels aspects positifs du ramadan se voient dans cet article?
- (A) C'est une expérience intime et invisible.
- (B) C'est une période de jeûne et de privation.
- (C) C'est un événement ostensible et effectif.
- (D) C'est une expérience sociale et spirituelle.

48. Selon le texte, les parents de Fateh et Atef ne se sentaient pas chez eux. On peut déduire…

    (A)   que leurs parents parlaient arabe.

    (B)   que leurs parents étaient immigrés.

    (C)   que la France est un pays laïc

    (D)   qu'il n'y avait pas de mosquée en France.

49. Selon cet article, qu'est-ce qui est une partie importante du ramadan?

    (A)   La cohésion du groupe

    (B)   La spiritualité

    (C)   L'engouement qu'il suscite

    (D)   La pratique intime

Sélection 10

Thème: La science & la technologie / La vie quotidienne

Introduction: Ce texte est tiré d'un article du site web *1 Jour 1 Actu*, un site web pour les jeunes adolescents en France. L'article a été mis en ligne le 12 juin 2012.

Le téléphone portable est-il devenu un outil indispensable, ou est-ce juste un gadget qui rend la vie plus facile? Tes parents, tes frères et sœurs ou tes amis se sont peut-être posé cette question, ce week-end, s'ils sont abonnés chez l'opérateur de téléphone Orange. Pendant douze heures, le plus important réseau téléphonique français, a connu une panne importante empêchant les clients d'utiliser leurs portables.

«Réseau indisponible»: voilà le message qu'ont pu lire les 26 millions d'abonnés à Orange de vendredi après-midi à samedi matin, tôt. Pendant douze heures, ils n'ont pas pu utiliser leur téléphone. Pas facile pour tout le monde, et pourtant, cela ne fait que vingt ans que les portables existent.

Quand tes parents avaient ton âge, les téléphones portables n'existaient pas. Demande-leur, comment ils faisaient. Ils te répondront sûrement qu'ils s'organisaient différemment. Impossible de dire à leur copain "on s'appelle pour se retrouver !». Ils prévoyaient leurs rendez-vous et ils savaient précisément où ils devaient se rendre. Pour communiquer avec leurs amis ou leur famille, ils utilisaient les téléphones fixes ou les lettres écrites à la main ! Cela paraît impensable aujourd'hui!

Et, encore avant, lorsque le téléphone fixe n'existait pas? Sais-tu qu'au début du 20e siècle, pour s'échanger des messages, les gens utilisaient les pigeons voyageurs? Cette espèce d'oiseaux était spécialement dressée pour transporter des messages d'un point à un autre!

Aujourd'hui, plus de 9 Français sur 10 ont un téléphone portable. Pour certaines personnes, cet outil est devenu indispensable. C'est le cas par exemple des médecins. Ceux qui travaillaient pendant la panne n'étaient plus joignables entre deux visites chez leurs patients. C'est le cas aussi des livreurs de pizzas, certains se sont retrouvés bloqués sans pouvoir livrer leurs commandes.

Lors de la panne de ce week-end, de nombreux lycéens n'ont pas pu envoyer les résultats du bac à leur famille ; des copains n'ont pas pu se retrouver pour faire la fête ; d'autres n'ont pas pu prévenir leurs parents qu'ils seraient en retard…Nous sommes tellement habitués à être joignables partout et tout le temps, que, parfois, nous sommes devenus dépendants de nos portables! Il existe même un terme pour désigner cette addiction: la nomophobie, la peur d'être sans téléphone.

50. Qu'est-ce qui s'est passé en France ce weekend-là?
    (A) Un réseau de téléphone est tombé en panne
    (B) Les parents ont fixé des rendez-vous.
    (C) 26 millions d'abonnés à Orange ont téléphoné le réseau.
    (D) On n'a pas pu manger de pizza.

51. «Réseau indisponible» signifie que le réseau _____.
    (A) n'est pas éteint
    (B) ne fonctionne pas en ce moment
    (C) est allumé
    (D) est joignable

52. Dans le 5ᵉ paragraphe, qu'est-ce qui est «l'outil indispensable»?
    (A) Le portable
    (B) La panne
    (C) La commande
    (D) Le médecin

53. Un synonyme pour «indispensable» serait _____.
    (A) important
    (B) intéressant
    (C) essentiel
    (D) heureux

54. Dans le titre, le mot «accros» pourrait être remplacé par _____.
    (A) indispensables
    (B) trop dépendants
    (C) habitués
    (D) sans téléphone

55. Qui est le public ciblé par cet article?
    (A) Les jeunes
    (B) Tous ceux qui ont des téléphones portables
    (C) Les parents
    (D) Les abonnés à Orange

2. INTERPRETIVE COMMUNICATION: PRINT AND AUDIO TEXTS (COMBINED)

Strategies

A. See the reading strategies in this book for Part A of the examination, which may also be applied to the readings in this section.

B. Readings and audios are paired in this section. Decide how they are connected.

C. The audio texts may be interviews, conversations, announcements, podcasts or brief presentations. Consider the context when deciding on your answers.

1. Read the introduction carefully, since it will identify the type of text, the topic, and the speaker(s) and situate it in place and time so that you can begin to predict what you will be hearing and connect it to the text you have just read on the same or a related topic.

2. Then read the questions and choices so you will know what to listen for.

3. Listen very carefully both the first and second times and take brief notes that relate to the questions you read.

4. You will have only 1 minute between the first and second time you hear the audio, but you can use that time to read the questions again and answer those that are easiest for you.

5. After the second time you hear the audio, you will have only 15 seconds for each multiple choice question which may refer to the text, the audio, or both. Eliminate distractors (obviously wrong answers). Finish the easier questions quickly, if you are sure of the answers.

6. Do not spend too much time on questions that are too difficult for you. Finish the easier ones first and go back to the more challenging questions as soon as you can.

DIRECTIONS:

Interpretive Communication: Print and Audio Texts (combined)

You will listen to several audio selections. The first three are accompanied by reading selections. When there is a reading selection, you will have a designated time to read it.	Vous allez écouter plusieurs sélections audio. Les trois premières sélections audio sont accompagnées chacune d'une lecture. Quand il y a une lecture, vous aurez un temps déterminé pour la lire.
For each audio selection, first you will have a designated amount of time to read a preview of the selection as well as to skim the questions that you will be asked. Each selection will be played twice. As you listen to each selection, you may take notes. Your notes will not be scored.	Pour chaque sélection audio, vous aurez d'abord un temps déterminé pour lire une introduction et pour parcourir les questions qui vous seront posées. Chaque sélection sera jouée deux fois. Vous pouvez prendre des notes pendant que vous écoutez chaque sélection, mais elles ne seront pas comptées.
After listening to each selection the first time, you will have 1 minute to begin answering the questions ; after listening to each selection the second time, you will have 15 seconds per question to finish answering the questions. For each question, choose the response that is best according to the audio and/or reading selection and mark the answer on your answer sheet.	Après avoir écouté chaque sélection une première fois, vous aurez 1 minute pour commencer à répondre aux questions ; après avoir écouté chaque sélection une deuxième fois, vous aurez 15 secondes par question pour finir de répondre aux questions. Pour chaque question, choisissez la meilleure réponse selon la sélection audio ou lecture et indiquez votre réponse sur votre feuille de réponse.

Sélection 1

Thème: La science et la technologie / La vie contemporaine

Source 1

> **Introduction:** Dans ce texte il s'agit des tendances des Français à l'égard des voitures. L'article original a été publié en ligne le 17 septembre 2014 par France Info.

La voiture électrique est à la fois boudée et aimée ! Il ne s'en est vendu que 5415 depuis le début de l'année en France soit 0,43% du marché automobile. Selon une dernière enquête Ipsos, les Français sont pourtant favorables à la voiture électrique. Mais ça bloque !

Les Français et la voiture électrique? Une histoire d'amour qui n'est même pas houleuse, ou passionnelle mais qui tout simplement n'a pas commencé. Une enquête réalisée par Ipsos révèle avec beaucoup d'optimisme que les Français dans l'ensemble sont pourtant prêts pour la voiture électrique, mais qu'en majorité, ils «ne le savent pas».

C'est une manière très optimiste de voir les choses. Parce qu'en France, les voitures électriques ne représentent même pas 1/200e des ventes de voitures depuis le début de l'année.

Ces ventes de voitures électriques ne décollent pas. Ça bute toujours sur les mêmes obstacles car la voiture dans l'idée est un moyen de locomotion souple, polyvalent, qui se plie à vos besoins. Quand elle devient électrique, elle a une très faible autonomie, soulignée dans l'enquête par deux tiers des Français, et elle impose un temps de recharge très long.

Du coup, il faut planifier tous les trajets. Même si vous faites des trajets courts, le manque d'autonomie impose des limites qui ne sont absolument pas «élastiques». Comme le révèle l'enquête, le déplacement moyen quotidien des Français est de 31 km. Toutes les voitures électriques peuvent couvrir cette distance mais le jour où vous avez envie de faire un détour par l'autre bout de la ville, si vos batteries sont presque vides, c'est impossible!

C'est ce manque de souplesse, ce manque de polyvalence qui font stagner la voiture électrique à des niveaux de vente très, très bas. Quand vous voyez que sur un mois, la Nissan Leaf arrive en tête des ventes aux Pays-Bas ou que la Renault Zoé arrive en tête des ventes en Norvège, c'est dû à des aides gouvernementales très importantes et à des avantages incroyables (parking gratuit, droit de rouler dans les couloirs de bus, etc...). Cela masque les freins réels qu'il y a à utiliser une voiture électrique au quotidien.

Neuf Français sur dix estiment que la voiture électrique est respectueuse de l'environnement. C'est sans compter la pollution «cachée» liée à la fabrication des batteries et à la production d'électricité. Huit Français sur dix considèrent que la voiture électrique est économique et agréable à conduire.

Là, c'est exact mais tant que cette satanée histoire de faible autonomie et surtout de temps de recharge très long ne sera pas résolue, la voiture électrique restera une réponse très imparfaite, très partielle aux besoins de déplacements individuels.

Source 2

> **Introduction:** Cet extrait audio vient de Radio Canada. Dans ce reportage, on parle des voitures électriques. Ce reportage a été mis en ligne en avril 2015.

(Audio script is played here.)

56. Quel est le but de l'article?
    (A) Décrire un changement dans le comportement des Français.
    (B) Expliquer comment les Français achètent des voitures en général.
    (C) Reconnaitre que les Français hésitent à profiter de la nouvelle technologie.
    (D) Illustrer le développement des voitures depuis dix ans.

57. Pourquoi les Français embrassent-ils l'idée des voitures électriques?
    (A) A cause des bénéfices pour l'environnement.
    (B) Le prix de l'essence reste très cher en France.
    (C) Les voitures modernes sont faciles à recharger.
    (D) Le prix de ces voitures continue à baisser.

58. Selon l'article, pourquoi les Français ne se précipitent pas à acheter des voitures électriques?
    (A) Les réparations coutent trop cher.
    (B) Les voitures électriques sont polyvalentes.
    (C) Il faut planifier les trajets.
    (D) Les voitures électriques ne sont pas autonomes.

59. D'après l'article qu'est-ce qui contribue à la popularité des voitures électriques dans d'autres pays en Europe?
    (A) Les bornes de recharges se trouvent partout.
    (B) Les prix sont plus favorables aux Pays-Bas et en Norvège.
    (C) Les gouvernements hollandais et norvégiens offrent des avantages.
    (D) La compagnie Nissan fait beaucoup de publicité aux Pays-Bas et en Norvège.

60. Selon les deux sources, qu'est-ce qui gêne les conducteurs de voitures électriques?
    (A) Il faut trop de temps pour recharger ces véhicules
    (B) Le prix de ces voitures est trop élevé.
    (C) Le réseau de borne est trop bien développé dans les villes.
    (D) On ne peut pas le décrire.

61. Qu'est-ce que le reportage audio nous apprend des voitures électriques au Canada?
    (A) On a du mal à revenir sur les voitures conventionnelles.
    (B) Les bornes de recharge rapide permettent de recharger dans une demi-heure.
    (C) Les voitures Tesla se voient partout.
    (D) Le nombre de voitures électriques a doublé dans un an.

62. Quel problème est identifié au Canada mais qui ne se voit pas en France?
    (A) Il y a trop de bornes de recharge au bord de l'autoroute.
    (B) Il y a trois modèles différents de bornes de recharge.
    (C) Le gouvernement ne fait pas assez pour encourager l'achat des voitures électriques.
    (D) Le Canada est beaucoup plus grand que la France.

63. Quel problème avec les voitures électriques se voient dans les deux sources?

    (A) Le temps de recharge est trop long.

    (B) Il y a un manque de souplesse.

    (C) Les niveaux de vente sont très bas.

    (D) Les stations de recharge sont limitées.

64. Qu'est-ce qui pourrait encourager les Français et les Canadiens d'acheter plus de voitures électriques?

    (A) Le parking gratuit.

    (B) L'installation de nombreuses stations de recharge rapide sur les autoroutes.

    (C) Une augmentation de polyvalence dans les voitures électriques.

    (D) Une réduction dans le numéro de bornes de recharge.

65. Qu'est-ce que les deux sélections ont en commun?

    (A) Elles citent les mêmes enquêtes.

    (B) Elles démontrent l'enthousiasme pour les voitures électriques.

    (C) Elles parlent de l'impact des voitures électriques sur l'environnement.

    (D) Elles parlent de la facilité de charger les voitures électriques.

Sélection 2

Thème: Les défis mondiaux

Source 1

Introduction: Cet article, Fin des abeilles = fin du monde, décrit la situation actuelle des abeilles dans le monde. L'article vient du site web *Consoglobe*, une organisation qui fournit des conseils aux consommateurs, et a été publié en janvier 2012.

«Si nos abeilles sont condamnées, notre planète l'est également» affirme Jacques Rémiller faisant écho à la fameuse prédiction d'Einstein. Le député-maire UMP d'Isère est à l'origine d'une commission d'enquête à l'Assemblée nationale sur «les causes de la surmortalité des abeilles dans les ruchers français», initiative soutenue par 40 députés.

En effet, les abeilles ont un rôle essentiel pour la survie des végétaux depuis 50 millions d'années. Ce sont quelques 20 000 végétaux, dont 40% de plantes cultivées comme les fruits, légumes ou oléagineux, qui ne vivent que s'ils sont pollinisés par les abeilles. Or, depuis plus de 10 ans, c'est l'hécatombe chez les abeilles du monde entier. Selon l'INRA (Institut national de la recherche agronomique), la production de 84% des espèces cultivées en Europe dépend directement des pollinisateurs, qui sont à plus de 90% des abeilles domestiques et sauvages! Depuis 10 ans, l'apiculture traverse l'une des crises les plus graves de son histoire. En France, un tiers des colonies disparait chaque année depuis 1995 et 1.500 apiculteurs, amateurs et professionnels, cessent leur activité, ce qui menacerait au total 5.000 emplois.

On a découvert que les abeilles sont toxico-sensibles et donc plus vulnérables que la plupart des autres insectes aux pesticides. C'est confirmé par le séquençage complet de leur génome réalisé par une équipe de chercheurs internationaux au Texas. Contrairement à la mouche drosophile qui, par exemple, avec 20 gènes de détoxification résiste plutôt bien aux insecticides, l'abeille, avec son unique gène de détoxification, est très sensible aux polluants chimiques.

L'Agence française de sécurité sanitaire des aliments (Afssa) qui étudie la mortalité des insectes a mené une enquête qui souligne les causes multifactorielles de la surmortalité des abeilles (parasites Varroa, problème de biodiversité lié au manque de pollen, produits chimiques).

En France, le Gaucho de Bayer et le Régent de BASF, deux insecticides accusés de ravager les abeilles, ont été interdits en 2006, mais malgré tout l'hécatombe se poursuit dans les ruches. On ne sait pas bien pourquoi et cela est très préoccupant. Certains apiculteurs soupçonnent que les pesticides toujours utilisés par l'agriculture sont à l'origine de ce qu'on appelle désormais le «syndrome d'effondrement des colonies», maladie dont on ne sait pas encore grand-chose.

Source 2

Introduction: Cet extrait audio est un reportage sur la situation des abeilles dans le monde. Ce reportage vient de l'Agence France Presse (AFP), et a été mis en ligne en mars 2012.

(Audio script is played here.)

66. Selon cet article, qu'est-ce qui est vrai à propos de l'apiculture?
    (A) Toute la profession est menacée par la crise.
    (B) La crise chez les apiculteurs s'est résolue récemment.
    (C) Les problèmes se voient uniquement parmi les abeilles sauvages.
    (D) Les apiculteurs amateur n'ont rien à craindre.

67. Dans le deuxième paragraphe, qu'est-ce que le mot "hécatombe" décrit dans les ruches?
    (A) Un mystère
    (B) Un virus
    (C) Un désastre
    (D) Une renaissance

68. Qu'est-ce que l'article nous apprend à propos des abeilles?
    (A) Les abeilles sont des victimes des virus.
    (B) Les abeilles sont plus sensibles aux pesticides que d'autres insectes.
    (C) Les abeilles causent le syndrome d'effondrement des colonies.
    (D) Les abeilles sauvages sont plus touchées par le syndrome d'effondrement des colonies.

69. Qu'est-ce que les deux sources nous apprennent des insecticides Gaucho et Régent?
    (A) Ils ont été interdits en France.
    (B) Ils sont responsables de la baisse de biodiversité dans le monde.
    (C) Ils sont impliqués dans la disparition des abeilles sauvages.
    (D) Les deux produits s'utilisent toujours aux États-Unis.

70. D'après la deuxième source, qu'est-ce qui est inquiétant à propos de ce phénomène?
    (A) Les scientifiques soupçonnent les herbivores de la disparition des abeilles.
    (B) Les abeilles sont une sentinelle qui sonne l'alarme de la santé de la terre.
    (C) Les abeilles peuvent disparaitre rapidement et sans indication d'un problème.
    (D) La disparition des abeilles ne pose un problème qu'un Europe.

71. Selon le reportage, pourquoi les abeilles sont-elles représentées comme une sentinelle?
    (A) Elles sont comme une branche militaire qui nous protège.
    (B) Elles indiquent la santé de notre environnement.
    (C) Elles fournissent ce qui est nécessaire pour la survie de la planète.
    (D) Elles résistent de plus en plus contre les insecticides et pesticides.

72. Quelle idée se voit dans la source écrite mais pas dans la source audio?
    (A) La disparition dans une nuit de toute une ruche.
    (B) Les champignons infectés d'un virus.
    (C) Un réseau de surveillance au niveau national.
    (D) L'abeille avec son unique gène détoxification.

73. Quel facteur est nommé dans la source audio qui n'est pas mentionné dans la source écrite?
    (A) L'impact humain
    (B) Le réchauffement de la planète
    (C) La pollution
    (D) Les OGM

74. Le syndrome d'effondrement des colonies est caractérisé par quel symptôme?
    (A) Une infection de la reine.
    (B) Une maladie dont on ne comprend pas grand-chose.
    (C) Des disparations massives des abeilles.
    (D) Des réseaux de surveillance.

75. D'après les deux sources, qu'est-ce qui est évident?
    (A) Les causes de la disparition des abeilles sont multifactorielles.
    (B) Il existe une seule cause de la disparition des abeilles.
    (C) Les scientifiques ont déterminé la cause de la disparition des abeilles.
    (D) Les scientifique blâment les insecticides de Bayer et BASF pour ce problème.

Sélection 3

Thème: La vie contemporaine

Source 1

Introduction: Cet extrait est un blog de Raymond Barbry, consultant, formateur et ancien enseignant dans des écoles publiques et privées en France. Ce blog a été publié en mai 2015.

Comme tous les ans à la même époque quand approchent les dates du BAC, la pression gagne les lycées français. Ce sont plus particulièrement les élèves des classes terminales et leurs enseignants qui soit subissent, soit participent à cet état !

Certes, si un peu de "stress" (le bon stress) est nécessaire et indispensable pour exploiter au mieux ses ressources et donner le meilleur de soi, trop de stress, ce que j'appelle le "surstress", a l'effet inverse et conduit à la fatigue, voire l'épuisement, voire à la procrastination et donc à l'impossibilité d'exploiter tout son potentiel au moment où il le faudrait. C'est ainsi que se met en place la spirale de la démotivation associée à une perte de confiance en soi.

[...]

Le BAC, un des derniers rituels de passage. Le BAC peut être considéré comme l'un, si ce n'est le dernier rituel de passage pour les jeunes français. Cela peut expliquer sa symbolique et l'importance qu'il prend dans la société française. Il marque un passage important dans la vie d'un jeune français. Ce n'est pas sans poser question pour ceux et celles qui ne peuvent y accéder

[...]

Une pensée dominante et erronée en matière de motivation: mettre la pression. Dans notre culture française à l'école comme dans le monde du travail, l'idée dominante est qu'il faut mettre la pression, qu'il faut agir sur les peurs pour qu'une personne mobilise son énergie, se motive. Or, toutes les expériences, toutes les recherches, notre vécu quotidien montrent que c'est justement ce qu'il ne faut pas faire. Agir sur les peurs ne fait que bloquer le processus d'engagement et la pensée. Les sujets sous pression et dans la peur de l'échec ne sont pas dans des conditions favorables pour apprendre et réussir. Une certitude, ce n'est sous la peur que l'on donne le meilleur de soi et que l'on révèle son potentiel, sauf dans certaines situations de danger où il s'agit de se sauver ou de se protéger. Ce qui nous arrive très rarement dans une vie.

Pour dépasser ce constat, comment faire quand la peur et l'angoisse de l'échec dominent? Dans la dernière ligne droite avant les épreuves écrites voici ce qu'il importe de faire pour mettre l'énergie là où il le faut et être à même de donner le meilleur de soi au moment des épreuves:

- Etre au clair sur son intention d'obtenir cet examen. C'est basique, mais c'est fondamental. Se poser la question: Est-ce que j'ai la ferme intention de l'avoir ce BAC?
- Si le travail a été régulier toute l'année: Il importe de se dire et de savoir que ce qui est acquis et intégré ne va pas disparaître du jour au lendemain.
- Si le travail minimum n'a pas été fourni tout au long de l'année: Il ne sert à rien de se lamenter, le passé est derrière et il est impossible de revenir en arrière. Il est temps de s'y mettre sans angoisse et d'être concentré sur ce qu'il y a à faire. Il s'agit de traiter les priorités et non de se mettre en état d'urgence.
- Il importe d'arriver en état de bien être physique et émotionnel au moment des épreuves. Il ne sert à rien d'enchaîner les heures de révision surtout en faisant des prolongations la nuit ! Comme un sportif de haut niveau, il importe d'avoir une hygiène de vie qui favorise l'état de bien être (alimentation, sommeil, activité, temps de calme, révision etc…).
- Il importe de ne pas écouter tous les discours qui activent la peur, qui mettent la pression. La peur est communicative, en conséquence essayer d'être le moins possible avec des personnes qui véhiculent cette peur, que ce soit des amis, des enseignants, des parents etc…Si la mise à distance n'est pas possible, demander à ces personnes de ne pas parler de cet examen et de profiter des bons moments passés ensemble.

[...]

Source 2

Introduction: Hugo Billard, professeur au lycée militaire de St Cyr, donne des conseils à pour gérer son stress avant et pendant les épreuves du baccalauréat. Cet entretien vient du site web du journal *Le Monde*.

(Audio script is played here.)

76. De quel rite de passage est-il question dans la source écrite?
    (A) Obtenir son permis de conduire.
    (B) Terminer ses études au lycée.
    (C) Partir à l'université.
    (D) Passer les examens de fin de lycée.

77. Selon la source écrite, pourquoi faut-il essayer d'éviter les situations qui provoquent la peur?
    (A) La peur est communicative.
    (B) La peur empêche le pouvoir de penser et engager.
    (C) La pression de la peur bloque.
    (D) Il s'agit de se sauver ou de se protéger.

78. Comment l'auteur de l'article critique-t-il la culture française?
    (A) Au travail il y a beaucoup de pression.
    (B) Le système scolaire crée le «surstress».
    (C) La société est fondée sur la pression et la peur.
    (D) On ne peut pas se motiver et agir sans mettre de pression.

79. Quel conseil les deux sources donnent-elles aux élèves qui ne se sont pas bien préparés pendant toute l'année?
    (A) Il faut accepter que les révisions de dernière minute ne vaillent pas grande chose.
    (B) Le repos est essentiel pour bien travailler pendant les épreuves écrites.
    (C) Il ne faut pas se lamenter de ce que vous n'avez pas fait.
    (D) Vous devez identifier les priorités et élaborer des stratégies.

80. D'après la source audio, qu'est-ce qui peut calmer une panique en plein nuit?
    (A) Un bon coup de respiration
    (B) Un verre de lait chaud.
    (C) Une sieste après l'école.
    (D) Un bon petit déjeuner.

81. D'après la source audio, qu'est-ce qui est suggéré aux élèves qui ont passé une nuit blanche?

    (A) Un bon coup de respiration
    (B) Un verre de lait chaud.
    (C) Une sieste après l'école.
    (D) Un bon petit déjeuner.

82. Quel conseil donnent les deux sources pour la semaine des épreuves?

    (A) Vous devez vous lever un peu plus tôt que d'habitude.
    (B) Il faudra éviter les discussions angoissantes cette semaine.
    (C) Il vaut mieux bien dormir et bien manger pendant cette semaine.
    (D) Vous devez passer des bons moments en famille pendant cette semaine.

83. Quel est la dernière suggestion donnée dans la source audio?

    (A) Les parents ne devraient pas faire râler leurs enfants.
    (B) Les parents pourraient conforter leurs enfants après les épreuves.
    (C) Les parents ne doivent pas poser de questions à propos des épreuves.
    (D) Les parents doivent aider leurs enfants à réviser.

84. Quel aspect se trouve dans la source audio qui ne se trouve pas dans la source écrite?

    (A) Une bonne organisation à la maison.
    (B) Des techniques précises.
    (C) Des conseils aux parents.
    (D) Un plan d'exercices physiques pour l'élève.

85. Quel thème général se manifeste dans les deux sources?

    (A) Le stress n'est pas forcément une force négative dans la vie.
    (B) Il est possible de gérer son stress.
    (C) Les rites de passage sont une affaire de famille.
    (D) L'école est une bonne préparation pour la vie au travail.

INTERPRETIVE COMMUNICATION: AUDIO TEXTS

Strategies

You will have 1 minute to read the introduction and preview the questions. During that time, identify the theme and decide what information and details you will need in order to answer the questions.

You will hear each audio selection twice. Take notes as you listen to each time. Consider the following as you listen:

1. Refer to the introduction. What evidence do you hear that supports the topic or subject of the selection? Try to connect your previous knowledge of the topic, but be careful to base your choices on what you actually hear in the selection.

2. What type of selection are you listening to? Is this a news report, an interview, a lecture, or public service announcement? The introduction should provide you with enough information to help you make connections with what you hear. However, listen carefully to the beginning of the selection as the first phrase or sentence will usually establish the genre.

3. What is the motive or purpose of the speaker? Is the speaker a reporter, a professor, or a journalist? Understanding the speaker's purpose will help you understand the passage.

4. What is the tone of the selection? Is the tone academic, critical, sarcastic, humorous, or laudatory? Understanding the tone can help you make inferences about the selection.

DIRECTIONS

You will have 1 minute to read the introduction and preview the questions. Afterwards, you will hear the audio selection; you may take notes while you listen. Then you will have 1 minute to start to answer the questions. After 1 minute you will hear the audio again. Then you will have 15 seconds per question to answer the questions.	Vous aurez 1 minute pour lire l'introduction et parcourir les questions. Après, vous entendrez les sélections audio ; vous pourrez prendre des notes pendant l'écoute. Puis vous aurez 1 minute pour commencer les questions. Après 1 minute, vous aurez 15 secondes par question pour répondre aux questions.

Sélection 1

Thème: La famille et la communauté

Introduction: Dr. Stéphane Clerget, pédopsychiatre dans un hôpital dans les environs de Paris, explique l'important pour les enfants de jouer.

(Audio script is played here.)

86. Selon cet extrait audio, pourquoi est-il important pour les enfants de jouer?
    (A) L'enfant apprend progressivement à intégrer la vie réelle.
    (B) L'enfant apprend à maitriser son univers personnel.
    (C) L'enfant s'amuse spontanément.
    (D) L'enfant exprime ses ressentis émotionnels.

87. Selon ce psychologue, qu'est-ce que la présence d'un parent offre?
    (A) C'est quelqu'un avec qui l'enfant peut jouer.
    (B) C'est quelque chose qui favorisé le développement de l'enfant.
    (C) C'est une opposition à la vie personnelle de l'enfant.
    (D) C'est une force de sécurité qui rassure l'enfant.

88. Selon ce psychologue, quand est-il nécessaire que les parents jouent avec leurs enfants?
    (A) Si le parent a envie de jouer avec son enfant.
    (B) Quand l'enfant n'a pas d'autres possibilités.
    (C) Si l'enfant est tout seul dans sa chambre.
    (D) Quand l'enfant exprime ses émotions sans inquiétude.

89. D'après cet extrait audio, comment le jeu influence la vie de l'individu plus tard?
    (A) C'est une façon de stimuler la créativité dans l'enfant.
    (B) Le jeu prépare l'individu pour la compétition plus tard dans la vie.
    (C) En expérimentant, l'enfant pourrait découvrir et développer ses intérêts.
    (D) Le jeu offre la possibilité de développer l'amitié avec d'autres individus.

90. Qu'est-ce que cet extrait audio nous apprend sur le jeu de l'enfant?
    (A) Si on est compétent dans le jeu, on sera plus compétent comme adulte.
    (B) Le jeu d'enfant est universel.
    (C) Les parents hésitent à jouer avec leurs enfants.
    (D) Les enfants jouent spontanément avec d'autres enfants.

Sélection 2

Thème: Les défis mondiaux

Introduction: Cette source audio décrit un événement historique en France et l'établissement éventuel d'un musée.

(Audio script is played here.)

91. Selon cet extrait audio, pourquoi a-t-on arrêté 44 enfants?
    (A) Ils avaient commis un crime.
    (B) Pour qu'ils soient présents au procès de Klaus Barbie.
    (C) Ils étaient juifs.
    (D) Ils avaient trouvé refuge dans la maison.

92. Qu'est-ce que cette source audio nous apprend sur les enfants?

(A) Il n'y a eu qu'une survivante.

(B) La plupart sont mortes en Estonie.

(C) Ils étaient tous envoyés au camp de concentration.

(D) Leurs professeurs se sont échappés en Suisse.

93. Selon l'extrait audio, comment la maison à Izieu est-elle devenue un musée?

(A) Le président Mitterrand l'avait commissionnée dans les Grands Travaux.

(B) Jacques Chirac l'a inaugurée après le procès de Klaus Barbie.

(C) Un groupe indépendant a acheté la maison dans le but de fonder un musée.

(D) Un survivant désirait commémorer l'événement.

94. Pourquoi Klaus Barbie a-t-il été jugé au tribunal en 1987?

(A) Il était responsable de la mort tragique des enfants.

(B) Il a inauguré le musée avec François Mitterrand.

(C) Il était le chef de la Gestapo.

(D) Il a voulu susciter la réflexion sur son crime.

95. Pourquoi le Musée mémorial propose-t-il de nombreuses activités telles que les conférences et les visites?

(A) Pour raconter le passé difficile de la France.

(B) Pour encourager les gens de réfléchir sur le crime contre l'humanité.

(C) Pour offrir des sorties scolaires pour les enfants à l'école.

(D) Pour engendrer le débat sur les enfants soldats.

Sélection 3

Thème: Les défis mondiaux

Introduction: Cette vidéo vient d'un discours de l'écrivain Erik Orsenna qui préside le Forum Idées neuves sur l'eau ; celle-ci est une organisation qui promeut un discours public sur tous les aspects de l'eau.

(Audio script is played here.)

96. Quel est le but de ce discours?

(A) Inviter le public à participer dans la discussion sur l'eau.

(B) Examiner les voyages d'Erik Orsenna.

(C) Trouver des solutions au problème de la distribution de l'eau.

(D) Débattre le partage des responsabilités dans les questions de l'eau.

97. Qu'est-ce que nous apprenons à propos d'Erik Orsenna?

(A) Il adore voyager.

(B) Il est passionné par l'eau.

(C) Il travaille pour La Lyonnaise des eaux.

(D) Il s'intéresse aux problèmes de la société.

98. Quel est le but du Forum Idées neuves sur l'eau?

    (A) Echanger des idées sur l'eau.

    (B) Rendre potable l'eau des océans.

    (C) Dialoguer avec des économistes et des philosophes.

    (D) Trouver des solutions aux problèmes de l'eau.

99. Comment le public est-il invité à participer dans la discussion sur l'eau?

    (A) Des réunions publiques.

    (B) Des enquêtes sur Internet.

    (C) Des interviews via Skype.

    (D) Des tchats en ligne.

100. Quel est le ton de ce discours?

    (A) Familier

    (B) Académique

    (C) Scientifique

    (D) Idéaliste

Section 2

Free Response

The second section of the AP French Language and Culture Examination consists of:

1. Interpersonal Writing: Email Reply   12.5%
2. Presentational Writing: Persuasive Essay   12.5%
3. Interpersonal Speaking: Simulated Conversation   12.5%
4. Presentational Speaking: Cultural Comparison   12.5%

1. **Interpersonal Writing: Email Reply**

The Interpersonal Writing Task is a response to an e-mail prompt. You will have 15 minutes to read the e-mail prompt and compose your response. A typical response will be from a representative of a company, organization, school or group offering you an opportunity for study, an internship, work, or a perhaps a scholarship. It might be a response to a complaint or a request for information. The Interpersonal Writing prompt will always require you to respond <u>formally</u>.

Strategies

1. Read the introduction and the prompt carefully so that you understand all of the elements and any questions in the writing task.
2. Identify who sent the e-mail, his/her position, and what part of the francophone world they represent. Note that your response *should always* reflect the formal register (vous).
3. As you read the e-mail, underline the questions you must answer in your response.
4. Use an appropriate opening for your email response. For a formal response, a simple *Monsieur/Madame,* is sufficient.
5. Be sure to identify and address the general topic, and answer ALL questions posed in the prompt.
6. In order to fully complete this writing task, you must solicit additional information. Ask a question related to the general theme or connected to the content of the e-mail prompt.
7. Your response should be organized and supported with clear details and/or examples.
8. Practice several formal endings for letters/e-mails. Here are some examples:

    Cordialement,
    Sincèrement,
    Avec mes sincères salutations,
    Dans l'attente de votre réponse,

You will write a reply to an e-mail message. You have 15 minutes to read the message and write your reply.	Vous allez écrire une réponse à un message électronique. Vous aurez 15 minutes pour lire le message et écrire votre réponse.

Your reply should include a greeting and a closing, and should respond to all of the questions and requests in the message. In your reply, you should also ask for more details about something mentioned in the message. In addition, you should use a formal form of address.	Votre réponse devrait débuter par une salutation et terminer avec une formule de politesse. Vous devriez répondre à toutes les questions et demandes du message. Dans votre réponse, vous devriez demander des détails à propos de quelque chose mentionné dans le texte. Vous devriez également utiliser un registre de langue soutenu.

Sélection 1

Thème: La vie contemporaine

Introduction

Ce message électronique est de Madame Tremblay, directeur d'un programme de langue et culture à Montréal. Vous avez reçu ce message parce qu'elle a reçu votre application pour ce programme pour l'été.

De: Tremblay
Objet: Programme d'été

Monsieur/Madame,

Nous vous contactons au sujet de votre application pour notre programme d'été. Nous sommes ravis de vous informer que nous vous avons sélectionné comme participant. Si vous voulez toujours y participer, il faudra certains documents et renseignements.

D'abord, vous avez indiqué votre préférence d'hébergement dans une famille d'accueil. Pour assurer que vous vous trouviez dans une famille convenable, veuillez répondre aux questions suivantes:

1) Quels sont vos intérêts en général?
2) Avez-vous des allergies aux animaux?
3) Avez-vous des restrictions alimentaires (allergies, religieux) ou physiques?

Dès que nous aurons reçu ces renseignements, aussi bien qu'une copie de votre relevé de notes le plus récent, nous pourrons confirmer votre famille d'accueil. Ainsi, nous vous serions très reconnaissants de bien vouloir nous répondre aussitôt que possible.

Dans l'attente de votre réponse,

Fabienne Tremblay
Directrice

Sélection 2

Thème: La vie quotidienne

Introduction

Ce message électronique est de Monsieur Christian Dufour, directeur des écoles d'immersion à Ottawa. Vous vous intéressez à faire un stage comme assistant de langue dans une école l'année prochaine, et il répond à un courriel électronique que vous lui avez écrit à propos de cette possibilité.

De: Letour
Objet: Stage

Monsieur/Madame,

Nous avons bien reçu votre candidature pour un stage en tant qu'assistant de langue dans une de nos écoles d'immersion et nous vous remercions de l'intérêt que vous portez dans nos écoles et notre mission linguistique.

Afin de pouvoir considérer votre dossier, il nous faudra plus de renseignements. D'abord, pourriez-vous expliquer votre situation académique? Est-ce que vous avez déjà reçu votre diplôme universitaire? Si non, quand est-ce que vous prévoyez l'obtenir? Dans quel domaine vous spécialisez-vous? Finalement, préférez-vous travailler dans une école élémentaire ou secondaire?

Lorsque nous aurons reçu vos réponses, nous pourrons évaluer votre dossier et prendre une décision. Si nous décidons de vous offrir un stage, il vous faudra nous fournir avec une copie de votre diplôme universitaire ou de votre relevé de notes officiel.

En attendant votre réponse, je vous prie d'agréer mes sentiments dévoués.

Christian Dufour
Proviseur, Ecole d'Immersion d'Ottawa

Sélection 3

Thème: La quête de soi

Introduction

Ce message électronique vient de Madame Fabienne Tissant, rédactrice d'une revue écologique, *Vivre Vert*. Elle vous invite d'écrire un article pour leur site web à propos de votre séjour vert en Suisse l'été passé.

De: F. Tissant
Objet: Invitation à écrire

Mademoiselle,

Nous vous félicitons de votre séjour en Suisse l'été dernier. Notre e-revue, *Vivre Vert*, a pour but d'encourager un mode de vie écologiquement et socialement durable. Nous cherchons actuellement des contributions à notre blogue sur les vacances vertes, et nous souhaitons vous inviter à partager vos expériences afin d'encourager d'autres à considérer des vacances vertes.

Nous vous invitons à nous présenter un blogue d'environs mille mots, dans lequel vous décrirez vos expériences avec le programme «Séjour Vert». Afin d'encourager les jeunes comme vous de participer dans un tel programme, pourriez-vous expliquer pourquoi vous avez choisi ce genre de programme? Comment est-ce que les excursions et projets de nature bénévole se sont distingués des activités traditionnelles des vacanciers? Dans quelle mesure est-ce que votre logement se montre particulièrement vert? Surtout, nous aimerions bien que vous partagiez les changements personnels dans votre façon de considérer le monde et nos responsabilités envers notre planète.

Si cette invitation vous intéresse, nous vous demandons des renseignements suivants:

- Est-ce que vous avez de l'expérience à écrire pour un blogue, e-revue, ou journal scolaire? Expliquez.
- Est-ce que vous comptez vous consacrer à une vie verte?
- Auriez-vous des photos de votre séjour que vous pourriez nous partager?

N'hésitez pas à nous contacter si vous avez des questions quelconques.

Dans l'attente de votre réponse, nous vous prions d'agréer l'expression de nos meilleurs sentiments.

Fabienne Tissant
Rédactrice, *Vivre Vert*

Sélection 4

Thème: La science et la technologie

Introduction

C'est message électronique est de Docteur Sylvain Bertrand, directeur du programme de la neurobiologie à l'Université de Montréal. Il répond à votre demande de travailler dans son cabinet cet été comme assistant.

De: Dr. S. Bertrand
Objet: Stage Professionnel

Monsieur,

Nous vous remercions de l'intérêt que vous portez à notre laboratoire. Il nous faudra plusieurs détails supplémentaires afin de pouvoir nous décider sur votre candidature.

- Décrivez votre intérêt et préparation dans l'imagerie par résonance magnétique.
- Combien d'heures voudriez-vous travailler chaque semaine?
- Seriez-vous aussi inscrit à l'université de Montréal?
- Pourriez-vous fournir avec le nom et adresse électronique d'un(e) professeur qui puisse soutenir votre candidature?

Nous entreprendrons une série d'expériences cet été sur les jeunes et le temps passé devant l'écran, soit les portables, soit les ordinateurs. Nous avons hâte de commencer ce travail, et cherchons des assistants qui puissent ajouter à ce projet.

Je vous prie d'agréer l'expression de mes sentiments distingués.

Dr. Sylvain Bertrand
Directeur de la neurobiologie

Sélection 5

Thème: La famille et la communauté

Introduction

Ce message électronique est de Madame Sophie Ruelle, une femme professionnelle qui cherche un(e) jeune fille/homme au pair pour s'occuper de ses enfants cet été. Vous avez posé votre candidature, et elle vous demande plus de renseignements.

De: Sophie Ruelle
Objet: au pair

Mademoiselle / Monsieur,

Je vous remercie de votre demande concernant le poste de jeune fille/homme au pair pour cet été. Je suis impressionnée par votre dossier aussi bien que vous expériences personnelle et professionnelles. En ce moment, il me faudra un peu plus de renseignements.

Est-ce que vous avez passé le Diplôme d'études en langue française, le DELF? Si oui, sauriez-vous le niveau de votre français oral et écrit (A2, B1, par exemple)?

Pourriez-vous obtenir un permis de conduire international avant votre arrivée éventuelle en juin? Avez-vous un dossier de conduite irréprochable?

Seriez-vous disponible tout l'été? J'aurai besoin de quelqu'un à partir du 15 juin, et jusqu'à la fin d'août.

De mon part, je pourrais vous offrir une semaine de vacances en juillet, aussi bien que l'assurance maladie et automobile pendant votre séjour.

Je voudrais prendre ma décision avant la fin du mois, donc je vous encourage une réponse sans délai.

Dans l'attente de vous lire,
Sophie Ruelle

Sélection 6

Thème: L'esthétique

Introduction

Ce message électronique est de Monsieur Hassen Bokobsa, directeur des visites guidé au Musée National du Bardo. Toute votre famille fera un séjour en Tunisie pendant les vacances de printemps, et c'est à vous d'organiser les excursions. M. Medhi répond à votre premier courriel.

De: H. Bokobsa
Objet: Visite guidée

Madame,

Je vous remercie de votre demande d'une visite guidée du Musée National du Bardo à Tunis. Nous serons heureux de vous accueillir et vous faire voir tout ce que notre musée peut offrir.

Puisque votre visite tombe pendant la haute saison de tourisme pour nous, j'aurai besoin de savoir plusieurs détails pour que je puisse satisfaire les besoins et désirs de vous et de tout membre de votre famille. Auriez-vous l'amabilité de répondre aux questions suivantes:

- Combien de personnes feront partie de votre groupe?
- Préféreriez-vous une visite le matin ou l'après-midi?
- Y aura-t-il un membre de groupe quelconque avec des besoins spéciaux (handicapé, par exemple)?
- Préféreriez-vous une visite de 60 ou de 90 minutes?

Aussitôt que nous aurons reçu vos réponses, nous pourrons préciser les détails et fixer la date et l'heure précises de votre visite.

Dans l'attente de vous lire,

Hassen Bokobsa
Directeur des visites guidées

2. **Presentational Writing Persuasive Essay**

In this part of the examination, you will be prompted to write a persuasive essay based on three sources, two of which are print and one audio source. You will have 6 minutes to read the printed material. Then you will hear the audio source played 2 times. You should take notes while you listen. After you have heard the audio source, you will have 40 minutes to write your essay.

Strategies

To prepare for this part of the examination, be sure to review the listening, reading, and writing strategies in this book.

1. Begin by reading the prompt carefully and recalling any previous connections to this topic or theme.

2. Use separate graphic organizers or columns to identify and compare the main ideas or concepts, supporting details and key vocabulary from the two written sources and the audio source.

3. Prepare a brief outline or graphic organizer to plan your essay carefully. Make sure to introduce the position you are supporting at the beginning of the essay so that your argument is obvious. Make sure to address all three sources and their points of view. Clearly defend your own position with supporting details. Restate your position at the end of the essay, expressing the inevitable conclusion based on your previous statements or arguments.

4. Edit your essay for grammatical accuracy.

5. Use varied vocabulary and idiomatic expressions appropriate for the topic.

6. Familiarize yourself with the scoring guidelines for this essay so that you can evaluate your own writing and improve it.

7. Write practice essays under the same time constraints as the actual exam. This will help you divide your time appropriately and build speed so that you will make the most of your allotted time.

You will write a persuasive essay to submit to a French writing contest. The essay topic is based on three accompanying sources that present various perspectives on a topic and include both print and audio material. First, you will have 6 minutes to read the essay topic and the printed material. Then, you will hear the audio material twice; you should take notes while you listen. Finally, you will have 40 minutes to prepare and write your essay.	Vous allez écrire un essai persuasif pour un concours d'écriture de langue française. Le sujet de l'essai est basé sur trois sources ci-joints, qui présentent des points de vue différents sur le sujet et qui comprennent à la fois du matériel audio et imprimé. Vous aurez d'abord 6 minutes pour lire le sujet et le matériel imprimé. Ensuite, vous écouterez l'audio deux fois ; vous devez prendre des notes pendant que vous écoutez. Enfin, vous aurez 40 minutes pour préparer et écrire votre essai.
In your persuasive essay, you should present the sources' different viewpoints on the topic and also clearly indicate your own viewpoint and defend it thoroughly. Use the information from all the sources to support your essay. As you refer to the sources, identify them appropriately. Also, organize your essay into clear paragraphs.	Dans votre essai, vous devriez présenter les points de vue différents des sources sur le sujet et aussi indiquer clairement votre propre point de vue que vous défendrez à fond. Utilisez les renseignements fournis par toutes les sources pour soutenir votre essai. Quand vous ferez référence aux sources, identifies-les de façon appropriée. Organisez aussi votre essai en paragraphes bien distincts.

Sélection 1

Thème: Les défis mondiaux

Sujet: Les sacs en plastique disparaitront-ils?

Source 1

Prolifération des sacs plastiques en Afrique de l'Ouest: faut-il les interdire?

(Source: *http://www.jeuneafrique.com/230245/politique/prolif-ration-des-sacs-plastiques-en-afrique-de-l-ouest-faut-il-les-interdire/*)

Le Sénégal vient d'interdire les sacs plastiques fins sur son territoire. Le pays suit la voie de plusieurs de ses voisins en Afrique de l'Ouest qui ont déjà choisi, depuis quelques années, de faire la guerre aux sachets.

Le Sénégal a adopté le 21 avril une loi bannissant les sacs plastiques minces. D'ici à six mois, la production, l'importation, la vente ou la distribution de ces sachets sera interdite. Toutefois, le sac plastique ne disparaît pas totalement du paysage. Les sacs plus épais seront toujours disponibles… mais devront désormais être payants. Avec cette nouvelle loi, le Sénégal rejoint ainsi plusieurs autres pays africains ont déjà commencé la lutte à ces sachets, qui s'échouent trop souvent dans leur décor.

L'Afrique du Sud et le Rwanda ont été les pionniers. Ensuite, de nombreux pays ont suivi cette tendance devenue une véritable vague de fond sur le continent: Tanzanie, Gabon, Somalie, Botswana, Algérie, Tchad, Maroc, Cameroun, RD Congo… La liste est longue. En Afrique de l'Ouest, le Mali, la Mauritanie, le Togo, la Côte-d'Ivoire, le Burkina Faso, la Guinée-Bissau, le Niger et maintenant le Sénégal interdisent les sachets… avec plus ou moins de succès.

Dans la plupart des pays, l'interdiction vise les sachets non dégradables. Dans d'autres pays, au Tchad ou au Cameroun par exemple, tous les types de sacs plastiques sont interdits. La législation de chaque pays comporte ses spécificités.

Pourquoi faut-il lutter contre les sacs plastiques?

Parce qu'ils sont très nocifs pour l'environnement. Jetés dans la nature, les sachets prennent plusieurs centaines d'années à se dégrader. Ils représentent une menace pour la santé des humains, mais sont aussi sont souvent ingérés par les animaux. Un danger mortel. De plus, dans les villes, les sachets bloquent les systèmes d'évacuation et causent des inondations.

En Afrique de l'Ouest, le phénomène est tellement répandu qu'on surnomme ces sachets «les fleurs du Sahel».

Le succès d'une telle mesure dépend des outils de contrôle mis en place par le gouvernement. Au Cameroun, «c'est un échec», commente Philippe Michon, représentant Afrique de l'entreprise Symphony Plastics. De nombreux sachets de contrebande, provenant du Nigeria, circulent dans le pays. «Politiquement, c'est un geste fort d'interdire les sacs plastiques, nous sommes tous d'accord. Cependant, l'État doit mettre en place un système de contrôle efficace et surtout, des alternatives», croit-il.

De plus, la législation doit s'accompagner de mesures de répression afin d'être efficace. Par exemple, au Sénégal, les récalcitrants s'exposent à une amende de 20 millions de francs CFA (30.000 euros) et une peine de six mois de prison. Reste à savoir si la menace sera mise à exécution.

Source 2

(Source: *http://a402.idata.over-blog.com/319x500/0/39/55/67/Images-10/conso_sac_plastique-europe.png*)

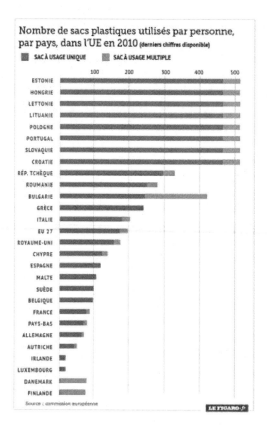

Source 3

(Source: *http://www.la-croix.com/Actualite/France/Est-ce-si-difficile-d-interdire-les-sachets-plastiques-2014-10-02-1215109*)

(*Audio script is played here.*)

Sélection 2

Thème: La vie contemporaine

Sujet: Est-ce que l'accès à l'internet rend la société plus juste?

Source 1

(Source: *http://www.cnnumerique.fr/wp-content/uploads/2013/12/Rapport-CNNum-10.12-1.pdf*)

Reportage: *Citoyens d'une société numérique*

Ce document est avant tout un cadre de pensée pour l'action. Nous devons d'abord nous affranchir du concept de fracture numérique. Il pousse à croire que le problème serait résolu dès lors que des mesures, forcément temporaires, parviendraient à faire "rentrer dans le numérique ceux qui en sont exclus ». Quand plus de 80% d'une population est équipée et connectée ; quand tous les jours surgissent de nouvelles générations d'outils qui appellent autant d'apprentissages ; quand nos manières de travailler, d'étudier, de nous relier, de nous déplacer, de créer, de partager se transforment à l'aide et du fait du numérique, cette vision binaire du dedans et du dehors ne tient plus. Nous sommes entrés dans une phase permanente d'apprentissage collectif et de remise en cause personnelle.

Nous devons ensuite composer avec 3 constats, qui pourraient apparaître contradictoires au premier regard, alors qu'ils découlent tous de l'omniprésence du numérique. En premier lieu, les enjeux d'inclusion numérique concernent désormais l'ensemble de la population et nous sommes face à une cible mouvante: une personne à l'aise avec le numérique aujourd'hui dans son univers familial et amical pourra se trouver perdue demain quand il lui faudra réinventer son métier numérisé ou soigner une pathologie via un dispositif dématérialisé.

Les non-connectés, devenus minoritaires, sont également ceux qui sont par ailleurs victimes de marginalisation sociale, culturelle et économique, qui appellent d'autant plus des actions spécifiques en faveur de ces publics. Penser l'inclusion dans une société numérique impose de construire des politiques pour tous sans perdre de vue ceux qui sont les plus fragiles et qui doivent demeurer la priorité.

Mais, troisième constat, le numérique, lorsqu'il est convoqué dans des projets porteurs de sens, peut également constituer un formidable levier ou accélérateur de changement. Mobilisé dans la redécouverte de l'estime de soi, il participe de parcours de reconstruction personnelle. Utilisé dans des projets d'innovation sociale, il apporte des réponses créatives à des besoins sociaux collectifs et nourrit une reconfiguration démocratique.

Ce document ouvre également un certain nombre de pistes d'actions, pour donner corps à notre vision. Nous aurions pu en avancer de nombreuses autres. Comme vous le verrez dans les annexes du rapport, les idées, les initiatives, les expériences réussies ne manquent pas. Elles doivent aujourd'hui trouver auprès des pouvoirs publics, européens, nationaux et territoriaux, un appui en phase avec l'époque que nous vivons: la puissance publique peut se penser comme une plate-forme dont le rôle premier est de soutenir et d'accompagner cette innovation sociale ascendante, d'organiser la mise en réseau et la mutualisation de ces initiatives, parfois d'en accélérer la montée à l'échelle par des dispositifs législatifs.

L'inclusion est bien entendu une affaire de redistribution. Dans une société immatérielle, elle est également une question de "pouvoir d'agir". Si nous pensons que le numérique n'est pas qu'un enjeu technique et économique mais participe de la construction d'un projet de société, nous devons faire en sorte que chacun dispose des conditions matérielles et culturelles pour en être non pas un simple utilisateur ou consommateur, mais un citoyen à part entière.

Source 2

(Source: *http://www.inegalites.fr/spip.php?page=article&id_article=467*)

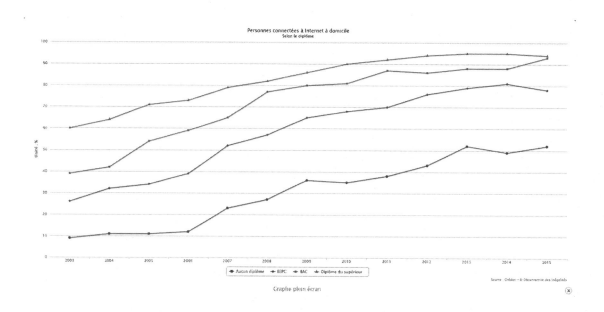

Source 3

http://www.franceculture.fr/emission-ce-qui-nous-arrive-sur-la-toile-vivre-sans-internet-2014-01-31

(*Audio script is played here.*)

Sélection 3

Thème: La vie contemporaine / La famille et la communauté

Source 1

Sujet: Peut-on arrêter le déclin de la lecture?

Pourquoi les Français lisent de moins en moins de livres

(Source: *http://www.lsa-conso.fr/pourquoi-les-francais-lisent-de-moins-en-moins-de-livres,204625*)

La France, championne du monde des Nobel de littérature avec 15 lauréats, pays des intellectuels engagés, lit «de moins en moins», selon une étude dévoilée alors que s'ouvre ce vendredi 21 mars 2015 le Salon du livre. «Il y a une dynamique de lecture en baisse», dit Vincent Monadé, président du Centre national du livre (CNL), en présentant cette étude Ipsos-CNL, publiée lundi, «Les Français et la lecture».

Un Français sur trois (33 %) déclare «lire de moins en moins de livres» et ce pourcentage atteint 45 % dans la tranche 15-24 ans. Seulement 18 % des Français déclarent lire «de plus en plus de livres». «C'est inquiétant, on ne peut pas s'en satisfaire», souligne Vincent Monadé. Les hommes adultes lisent surtout de l'histoire, les femmes adultes des romans, alors que les jeunes préfèrent la science-fiction et la fantaisie.

«C'est la première fois qu'une étude met en valeur la rupture de genre entre les adultes et les jeunes», dit le président du CNL, qui appelle à «développer une offre plus en adéquation avec les attentes des jeunes». Pire encore, «39 % des gens dont les familles n'étaient pas lectrices ne sont pas lecteurs», dit Vincent Monadé. «Un constat terrible, quasiment un schéma bourdieusien», ajoute-t-il en référence à l'œuvre du sociologue Pierre Bourdieu sur la reproduction sociale.

Cette étude, réalisée au téléphone du 3 au 11 février sur un échantillon représentatif de 1.000 personnes âgées de 15 ans et plus, est publiée alors que s'ouvre vendredi à Paris le Salon du livre, avec le Brésil à l'honneur, 200 000 visiteurs et 50 pays attendus. La France reste, certes, une nation de lecteurs: 90 % des Français disent avoir lu au moins un livre par an (tous supports confondus, papier ou numérique), contre 76 % aux États-Unis, selon une étude de 2014 du Pew Research Center.

C'est aussi un pays qui a remporté en octobre son quinzième prix Nobel de littérature avec Patrick Modiano, six ans à peine après le Nobel de Jean-Marie Le Clézio, confortant son statut de champion mondial devant les États-Unis (12 Nobel de littérature). Paris a rendu célèbre la figure de l'intellectuel engagé, de l'affaire Dreyfus à la guerre d'Algérie, et tout homme politique français se doit encore aujourd'hui de publier un livre.

Mais, alors qu'aux États-Unis l'étude du Pew Research Center avait constaté, en 2014, une hausse de la lecture de livres après une légère chute en 2012, en France, la dynamique à la baisse ne fait que s'accentuer. Une forte majorité de Français (72 %) affirme n'avoir «pas le temps» de lire davantage de livres et 61 % déclarent ne pas pouvoir en lire plus parce qu'ils lisent «autre chose» (presse, blogs, contenus multimédias).

Les Français écoutent de la musique (87 %), regardent la télévision (84 %), écoutent la radio (74 %), surfent sur Internet (68 %), regardent des vidéos (66 %), vont sur les réseaux sociaux (37 %), jouent aux jeux vidéo (27 %). Face à ces activités multiples, «un livre reste un livre et c'est long à lire: on n'achète pas un chapitre!» s'est exclamé Vincent Montagne, président du Salon du livre de Paris.

Il avait présenté jeudi une autre étude, réalisée pour le Syndicat national de l'édition (SNE) qu'il préside, confirmant la "dynamique à la baisse" du sondage Ipsos-CNL. Les revenus tirés des ventes de livres au détail «ne cessent de baisser» depuis 2007 (1,2 % par an en moyenne), selon cette étude, qui constate «un moindre investissement des Français dans la lecture: de moins en moins de temps y est consacré, budget de plus en plus réduit, moins d'acheteurs achetant moins de livres». Que faire? Pour le président du CNL, «il faut déclarer la lecture grande cause nationale». «Une grande campagne sur la lecture, dit Vincent Monadé, serait une campagne de santé publique.»

Source 2

(Source: *http://www.lefigaro.fr/medias/2011/09/09/bbfc424c-db32-11e0-b726-c45ce30061fc.jpg*)

Source 3

http://www.canalacademie.com/apprendre/fiche.php?id=103

(*Audio script is played here.*)

Sélection 4

Thème: La science et la technologie

Sujet: L'internet et l'usage public

Source 1

Introduction

Accès à Internet: plus qu'un privilège, un droit humain, dit l'ONU

(Source: *http://www.ledevoir.com/opinion/blogues/les-mutations-tranquilles/324886/acces-a-internet-plus-qu-un-privilege-un-droit-humain-dit-l-onu*)

Au même titre que l'eau potable, l'éducation ou encore un environnement sécuritaire, l'accès au réseau Internet, loin d'être un luxe, entrerait aujourd'hui dans la catégorie des «droits humains» dont personne sur la planète ne devrait être obligé de se passer. C'est en tout cas ce qu'indique un rapport de l'Organisation des Nations Unies (ONU) dévoilé il y a quelques jours.

«L'Internet est devenu un outil indispensable [...] pour combattre les inégalités, pour accélérer le développement, pour permettre à l'homme de s'accomplir, explique l'organisation internationale dans ce document signé par le Rapporteur spécial de l'ONU sur la promotion et la protection de la liberté d'opinion en d'expression, Frank La Rue. Assurer un accès universel à l'Internet devrait donc devenir une priorité pour tous les États»

«Révolutionnaire», «force sans précédent», La Rue estime que la Toile, et ses nombreuses applications, sont devenues un des instruments les plus puissants du 21e siècle afin «d'accroître la transparence, faciliter l'accès à l'information, mais aussi permettre la participation active des citoyens dans la construction de sociétés démocratiques», comme l'ont démontré, souligne-t-il, les nombreux soulèvements dans le monde arabe, le printemps dernier.

En absorbant plusieurs aspects de la vie humaine moderne, et ce, dans toutes les strates de la société, le réseau des réseaux, comme on l'appelait à son origine dans les années 60, est devenu en un demi-siècle un média interactif à la portée phénoménale qui devrait inciter aujourd'hui les dirigeants à mettre leurs craintes au rancart pour prendre les dispositions légales nécessaires afin d'assurer la croissance de ce média et encourager la liberté d'expression qui vient avec. En gros.

Selon l'Union internationale des communications, à l'heure actuelle, 2 milliards d'humains, sur une planète qui en compte 7 milliards, sont branchés à Internet. De ce nombre, 600 millions ont même ouvert un compte dans un célèbre réseau social à la propagation épidémique. C'est 450 millions de plus qu'en 2009.

Tout en reconnaissant que dans plusieurs pays en voie de développement, ce nouveau droit numérique d'accès à Internet, n'est pas une sinécure, La Rue recommande toutefois aux hommes et femmes en situation de pouvoir à faire de ce branchement universel un objectif vers lequel tendre en adoptant des politiques concrètes, en déployant des stratégies développées en concertation avec les citoyens, le secteur privé et les organismes étatiques, «afin d'offrir à tous une porte d'entrée sur le cyberespace, à un prix abordable».

Source 2

(Source: *http://frenchweb.fr/wp-content/uploads/2011/10/infographie-internet.png*)

Source 3

(Source: *http://www.internetactu.net/2012/01/16/l%E2%80%99acces-a-l%E2%80%99internet-n%E2%80%99est-pas-un-droit-de-l%E2%80%99homme/*)

(*Audio script is played here.*)

Sélection 5

Thème: Les défis mondiaux

Sujet: Quel est le rôle du gouvernement dans la lutte contre le gaspillage alimentaire?

Source 1

Introduction:

La France fait la chasse au gaspillage alimentaire

(Source: *http://www.lemonde.fr/planete/article/2015/08/27/gaspillage-alimentaire-segolene-royal-revient-a-la-charge_4737820_3244.html*)

De gré ou de force, la grande distribution va devoir s'engager davantage dans la lutte contre le gaspillage alimentaire. La ministre de l'écologie, Ségolène Royal, a décidé de «mettre la pression» sur cette filière, dont elle a convoqué les représentants jeudi 27 août dans l'aprèsmidi. Il s'agit, explique-t-elle, de mettre fin à un «fléau insupportable». D'ores et déjà, les groupes Auchan, Carrefour et Casino (enseignes Géant, Franprix, Monoprix, Leader Price…) ont annoncé, à la veille de cette réunion, qu'ils signeraient la «convention d'engagements» proposée par la ministre.

L'ampleur du gâchis alimentaire appelle à réagir. Selon le rapport de Guillaume Garot, député PS de la Mayenne et ancien ministre délégué à l'agroalimentaire, remis en avril au gouvernement, entre 90 et 140 kg de nourriture par habitant sont perdus chaque année sur l'ensemble de la chaîne (de la production à la consommation), chaque Français jetant luimême à la poubelle entre 20 et 30 kg de denrées, dont 7 encore emballées. Soit une perte économique évaluée entre 12 et 20 milliards d'euros par an.

C'est ce qui motivait l'article 103 de la loi de transition énergétique adoptée le 22 juillet. Celui-ci imposait aux commerces de plus de 400m² de signer, avant le 1ᵉʳ juillet 2016, une convention avec des associations de collecte des invendus précisant «les modalités selon lesquelles les denrées alimentaires leur sont cédées à titre gratuit». Il interdisait aussi aux distributeurs de «délibérément rendre leurs invendus alimentaires encore consommables impropres à la consommation», sous peine d'une amende de 3.750 euros, avec «affichage ou diffusion de la décision». Ces dispositions avaient recueilli l'approbation unanime des députés et des sénateurs. Mais le Conseil constitutionnel les a censurées le 13 août, jugeant qu'elles résultaient d'amendements introduits au cours de la deuxième lecture de la loi, sans lien direct avec celle-ci.

Mme Royal revient donc à la charge. Les enseignes, annonce-t-elle, devront s'engager «de façon volontaire», par contrat, à respecter les mesures qui figuraient dans la loi. «Cela veut dire l'interdiction de détruire des stocks alimentaires, par exemple en les javellisant, et l'obligation de donner les stocks alimentaires aux associations caritatives», précise-t-elle. Et d'avertir: «Les grandes marques qui ne voudront pas s'engager dans ce contrat, je le ferai savoir. Je pense que ça ne leur fera pas une bonne publicité, parce que les Français sont conscients du scandale du gaspillage alimentaire.» La ministre a prévenu: faute d'engagement volontaire des distributeurs, elle en reviendra à un texte législatif coercitif.

Source 2

(Source: *http://www.banquemondiale.org/themes/crise-alimentaire/rapport/images/2014/2014-02-Figure2-c.jpg*)

Source 3

(Source: *http://www.franceculture.fr/emission-les-idees-claires-de-thierry-pech-gaspillage-alimentaire-2013-10-21*)

Gaspillage alimentaire !

(*Audio script is played here.*)

Sélection 6

Thème: Les défis mondiaux / La vie contemporaine

Sujet: Faut-il interdire la privatisation de l'eau?

Source 1

Introduction:

L'accès à l'eau est un droit, pas un privilège

(Source: *http://ptb.be/articles/l-acces-l-eau-est-un-droit-pas-un-privilege*)

Le 17 février 2014, l'initiative citoyenne Right2Water (Droit à l'eau) a remis à la Commission européenne sa pétition, qui a recueilli plus d'un million et demi de signatures. Cette pétition est un signal clair aux institutions européennes qui, après la poste, l'énergie et les sociétés de transport public, tentent également d'imposer une libéralisation des sociétés d'eau.

L'Union européenne a une dent contre les entreprises publiques. Depuis plusieurs décennies, les secteurs publics comme l'énergie, les transports publics, la communication, etc., ont été libéralisés sur insistance de l'UE. Le traité de Lisbonne, c'est-à-dire l'officieuse constitution européenne, interdit les monopoles d'État, les subventions des autorités et les subsides croisés, afin de «mettre le marché intérieur sur la bonne voie».

Les retombées sociales sont énormes. L'exemple de l'eau est particulièrement éloquent. En Grèce, les sociétés d'eau d'Athènes et de Thessalonique ont été privatisées de force et, au Portugal, l'entreprise d'État a dû être mise en vente, avec comme conséquence dans certaines villes un quadruplement du prix de l'eau. Il s'agit d'un projet test absurde, ce dont témoigne le fait que les villes qui avaient réalisé de telles privatisations, comme Paris, les ont nationalisées à nouveau peu de temps après.

S'il était encore impensable, il n'y a pas si longtemps, de vendre comme une marchandise un besoin de base élémentaire comme l'eau, aujourd'hui, la situation a tout à fait changé. Quelques représentants syndicaux ont réagi et, à l'initiative de la fédération européenne des syndicats des services publics (EPSU), ont créé un comité citoyen, préambule à la procédure de l'initiative citoyenne Right2Water. Depuis février dernier, ils ont collecté des signatures dans toute l'Europe pour exiger que l'eau soit reconnue comme droit de l'homme dans toute l'Union. Avec le soutien de 1,5 million de signataires, ils peuvent désormais forcer les politiques européens à discuter de leur proposition.

C'est la toute première fois qu'un mouvement de protestation parvient à satisfaire aux conditions d'une Initiative citoyenne européenne. Ce n'est pas évident. Ainsi, rien qu'en Allemagne, la pétition avait déjà rassemblé plus d'un million de signataires, mais l'initiative devait également trouver un minimum de signataires dans au moins six autres États membres, et ce, uniquement pour pouvoir introduire la pétition !

Source 2

(Source: *http://referentiel.nouvelobs.com/file/7305645.jpg*)

Source 3

(*Audio script is played here.*)

3. **Interpersonal Speaking: Simulated Conversation**

In this section of the exam, you will be asked to participate in a simulated conversation. Your responses will be recorded. First, you will have one minute to read the introduction to the conversation task and an outline of each exchange in the conversation. During the recording, you will have 20 seconds to respond when it is your turn. You will be expected to provide appropriate and complete responses. Note that you only hear each conversation exchange one time.

Strategies:

1. Be sure to listen carefully to the message so that you understand the setting and the circumstances of the conversation.

2. Review the outline carefully, noting the tone and direction of the conversation.

3. Imagine yourself in this situation. Think about and note vocabulary and expressions that are appropriate for this context.

4. Make sure you use the appropriate register. For this task, you will ALWAYS be talking to a peer. Thus, your choice of pronouns (**tu**) and word choice should reflect a casual conversation.

5. Listen carefully to each prompt. Your answers should be logical responses to the situation.

6. Listen carefully for the verb tenses and mood.

7. Speak in loud, clear voice so that your recording is clear and comprehensible.

8. Make the most of each 20 second response. Your answer should be thorough and logical. Make an effort to use as much of the 20 seconds as is appropriate.

9. Do not remain silent when you hear a cue to speak. If you are unsure about what the prompt or a particular word means, answer in a way that would be appropriate within the context of the conversation as a whole.

10. Do correct yourself if you hear yourself making an error. Accurate grammar and vocabulary improve your overall response.

11. Make sure to review the scoring guidelines so that you understand how you will be evaluated.

12. Learn and/or review expressions that are appropriate for specific functions. Several useful expressions follow:

    Expressing agreement
    Je suis d'accord (avec toi).
    Je crois que oui.
    Bien sûr que oui !
    Tu as raison.
    C'est vrai.

    Expressing disagreement or disbelief
    Je ne suis pas d'accord.
    Je crois que non.
    C'est pas possible !
    Impossible !
    Bien sûr que non !
    C'est pas vrai.

Expression surprise

Sans blague?

Vraiment?

Tu plaisantes?

Je n'y crois pas !

Pas possible !

Expressing opinion

A mon avis

Selon moi

Je crois que…

Je pense que…

Asking for someone else's opinion

Qu'en penses-tu?

Quel est ton avis?

Qu'est-ce que tu en penses….?

Accepting / declining an invitation

Avec plaisir !

Volontiers !

Je veux bien.

Je suis désolé (je regrette), mais je ne peux pas…

Pas question !

J'ai d'autres choses à faire…

You will participate in a conversation. First, you will have 1 minute to read a preview of the conversation, including an outline of each turn in the conversation. Afterward the conversation will begin, following the outline. Each time it is your turn to speak, you will have 20 seconds to record your response. You will hear each prompt only one time.	Vous allez participer à une conversation. D'abord, vous aurez une minute pour lire une introduction à cette conversation qui comprend le schéma des échanges. Ensuite, la conversation commencera, suivant le schéma. Quand ce sera à vous de parler, vous aurez 20 secondes pour enregistrer votre réponse. Vous n'entendrez chaque énoncée qu'une fois.
You should try to participate in the conversation as fully and appropriately as possible.	Vous devriez participer à la conversation de façon aussi complète et appropriée que possible.

Sélection 1

Thème du cours: La vie contemporaine

Introduction

C'est une conversation avec Marc, un élève français qui passe une année dans votre lycée dans le cadre d'un échange scolaire. Il joue bien au football, et vous essayez de le convaincre de se joindre à l'équipe.

Marc	*Il vous salue et vous partage sa passion pour le football.*
Vous	Réagissez et décrivez l'équipe de votre lycée.
Marc	*Il vous demande des détails à propos de l'entrainement après l'école.*
Vous	Répondez, et expliquez les exigences de l'équipe.
Marc	*Il vous pose une question.*
Vous	Répondez, et encouragez-le d'assister à une session d'entrainement.
Marc	*Il hésite et fait des excuses.*
Vous	Rassurez-le en rejetant ses excuses.
Marc	*Il fait une remarque et termine la conversation.*
Vous	Terminez la conversation.

Sélection 2

Thème du cours: La famille et la communauté

Introduction

Vous passez un semestre en France et votre famille d'accueil se prépare pour un repas traditionnel dimanche après-midi où les grands-parents, oncles et tantes seront présents. Vous voulez savoir plus sur le repas et les traditions culinaires. Vous en discutez avec votre sœur d'accueil, Charlotte.

Charlotte:	*Elle vous salue et vous pose une question.*
Vous:	Répondez à la question, et puis demandez la raison de ce repas.
Charlotte:	*Elle vous demande quelque chose à propos de votre famille.*
Vous:	Répondez en décrivant votre famille.
Charlotte:	*Elle fait une remarque sur le repas.*
Vous:	Réagissez et puis posez une question.
Charlotte:	*Elle vous propose une idée.*
Vous:	Réagissez, et faites une suggestion.
Charlotte:	*Elle fait une remarque et termine la conversation.*
Vous:	Acceptez et montrez votre enthousiasme.

Sélection 3

Thème du cours: La vie contemporaine

Introduction

Un élève québécois, Vincent, passe une année dans votre lycée. Il vous téléphone pour vous inviter à voir un film qui vient de sortir.

Vincent:	*Il vous salue et vous pose une question.*
Vous:	Répondez à la question.
Vincent:	*Il vous demande quelque chose.*
Vous:	Réagissez en donnant des excuses.
Vincent:	*Il vous pose une question.*
Vous:	Acceptez et faites une proposition.
Vincent:	*Il vous propose une idée.*
Vous:	Acceptez et dites pourquoi c'est une bonne idée.
Vincent:	*Il fait une remarque et termine la conversation.*
Vous:	Terminez la conversation.

Sélection 4

Thème du cours: L'esthétique

Introduction

Vous passez une année à Avignon. Une élève, Léa, vous invite à faire partie du club de théâtre du lycée.

Léa:	*Elle vous salue et vous pose une question.*
Vous:	Réagissez, et posez une question.
Léa:	*Elle vous demande quelque chose.*
Vous:	Réagissez en donnant des excuses.
Léa:	*Elle vous faites une proposition.*
Vous:	Acceptez et faites une autre proposition.
Léa:	*Elle vous propose une idée.*
Vous:	Acceptez et dites pourquoi c'est une bonne idée.
Léa:	*Elle fait une remarque et termine la conversation.*
Vous:	Terminez la conversation.

Sélection 5

Thème du cours: Les défis mondiaux

Introduction

Une élève d'Haïti, Nathalie, passe l'année dans votre lycée. Elle s'intéresse au club humanitaire dont vous êtes président. Elle vous téléphone pour en savoir plus.

Nathalie:	*Elle vous salue et vous pose une question.*
Vous:	Répondez à la question.
Nathalie:	*Elle vous demande quelque chose.*
Vous:	Répondez en donnant des exemples.
Nathalie:	*Elle vous pose une question.*
Vous:	Répondez et faites une proposition.
Nathalie:	*Elle vous pose une autre question.*
Vous:	Acceptez et dites pourquoi c'est une bonne idée.
Nathalie:	*Elle fait une remarque et termine la conversation.*
Vous:	Terminez la conversation.

Sélection 6

Thème du cours: La quête de soi

Introduction

Oumar est un élève sénégalais dans votre lycée. Sa famille a immigré aux Etats-Unis et s'est installée dans votre communauté. Il vous téléphone pour vous demander des conseils à propos des vêtements nécessaires pour l'hiver qui s'approche.

Oumar:	*Il vous salue et vous pose une question.*
Vous:	Répondez à la question.
Oumar:	*Il vous demande quelque chose.*
Vous:	Répondez aux questions et rassurez Oumar.
Oumar:	*Il vous pose une question.*
Vous:	Réagissez en donnant des suggestions.
Oumar:	*Il vous propose une idée.*
Vous:	Acceptez et proposez une date.
Oumar:	*Il fait une remarque et termine la conversation.*
Vous:	Terminez la conversation.

Sélection 7

Thème du cours: La quête de soi

Introduction

Vous étudiez en Belgique cette année. Une camarade de classe, Anne, vous téléphone pour vous demander vos conseils à propos de quelque chose qui s'est passé dans son cours d'anglais.

Anne:	*Elle vous salue et vous pose une question.*
Vous:	Répondez à la question.
Anne:	*Elle vous demande quelque chose.*
Vous:	Réagissez et faites une proposition.
Anne:	*Elle vous pose une question.*
Vous:	Acceptez et donnez des détails spécifiques.
Anne:	*Elle vous propose une idée.*
Vous:	Acceptez et dites pourquoi c'est une bonne idée.
Anne:	*Elle fait une remarque et termine la conversation.*
Vous:	Terminez la conversation.

Sélection 8

Thème du cours:

Introduction

Vous vous intéressez à faire un séjour culturel l'été. Une élève française, Olivia, vous décrit sa visite au Maroc.

Olivia:	*Elle vous salue et vous pose une question.*
Vous:	Répondez et posez une question.
Olivia:	*Elle fait des commentaires sur son voyage.*
Vous:	Réagissez, et puis demandez qui a organisé son voyage.
Olivia:	*Elle vous pose une question.*
Vous:	Posez une question sur son séjour en famille.
Olivia:	*Elle fait des remarques sur son voyage.*
Vous:	Posez une question sur son choix du Maroc.
Olivia:	*Elle répond en expliquant son choix.*
Vous:	Remerciez Olivia, et terminez la conversation.

Sélection 9

Thème du cours: La science et la technologie

Introduction

Un élève martiniquais, Hugo, passe le semestre dans votre lycée. Il vous téléphone parce qu'il a du mal à s'habituer à la technologie dans l'école. Il vous demande des conseils.

Hugo:	*Il vous salue et vous pose une question.*
Vous:	Répondez à la question, et puis posez une question.
Hugo:	*Il vous demande quelque chose.*
Vous:	Réagissez, et donnez une ou des suggestions.
Hugo:	*Il vous pose une question.*
Vous:	Répondez, et faites une suggestion.
Hugo:	*Il vous propose une idée.*
Vous:	Acceptez et dites pourquoi c'est une bonne idée.
Hugo:	*Il fait une remarque et termine la conversation.*
Vous:	Terminez la conversation.

Sélection 10

Thème du cours: La vie contemporaine

Introduction

Vous passez l'année en France, et vous venez d'arriver à Paris. Malheureusement, vous avez raté le train pour Bordeaux, où vous allez étudier. Vous téléphonez à votre sœur d'accueil, Manon, pour l'avertir et pour demander des conseils.

Manon:	*Elle vous salue et vous rassure.*
Vous:	Réagissez et puis posez une question.
Manon:	*Elle vous demande quelque chose.*
Vous:	Répondez à la question.
Manon:	*Elle vous pose une question.*
Vous:	Affirmez, et faites une proposition.
Manon:	*Elle vous propose une idée.*
Vous:	Affirmez, et acceptez l'idée de Manon.
Manon:	*Elle fait une remarque et termine la conversation.*
Vous:	Terminez la conversation.

4.   **Presentational Speaking: Cultural Comparison**

For this part of the exam, you will be asked to prepare and record a 2-minute oral presentation for your class based on a cultural topic. You will have to compare an identified cultural aspect of your community to a community in the French speaking world that you may have visited or studied. As you begin, clearly identify your community (this could be your school, your town, your state, for example) as well as the specific community in the French-speaking world. In your response, be sure to address the prompt, and give clear examples of the cultural phenomenon in both your culture and the French-speaking part of the world. Organize your presentation, using appropriate transition words and expressions.

Strategies:

1.   You will have only four minutes to read the speaking prompt and prepare your presentation. Be sure to read the question carefully so that you can successfully accomplish the task of the presentation.

2.   Choose a French-speaking community you know well enough so that you can provide clear examples to support your ideas.

3.   Use a graphic organizer such as a Venn diagram to help you establish a clear comparison

4.   You may also choose to write a brief outline. Make sure to introduce your comparison and point of view about the theme in the beginning. Next, develop your comparison with appropriate details about each community and how there are similar or different from your community. Finish with a logical conclusion base on your previous ideas and statements.

5.   It is to your advantage to correct yourself if you hear yourself make an error.

6.   Use varied and appropriate vocabulary and idiomatic expressions.

7.   Time yourself preparing the presentation for four minutes and speaking for two minutes.

8.   Speak in a loud, clear voice.

9.   Become familiar with the AP scoring guidelines for this task so that you can assess your practice efforts.

You will make an oral presentation on a specific topic to your class. You will have 4 minutes to read the presentation topic and prepare your presentation. Then you will have 2 minutes to record your presentation.	Vous allez faire un exposé oral à votre classe sur un sujet spécifique. Vous aurez 4 minutes pour lire le sujet de présentation et préparer votre exposé. Vous aurez alors 2 minutes pour l'enregistrer.
In your presentation, compare your own community with an area of the French-speaking world with which you are familiar. You should demonstrate your understanding of the cultural features of the French-speaking world. You should also organize your presentation clearly.	Dans votre exposé, comparez votre propre communauté à une région du monde francophone que vous connaissez. Vous devriez montrer votre compréhension des facettes culturelles du monde francophone. Vous devriez aussi organiser clairement votre exposé.

Présentation 1

Thème: Défis mondiaux

Sujet de présentation:

Quels sont les problèmes environnementaux dont les gens dans votre communauté s'inquiètent? Qu'est-ce qu'on fait dans votre communauté pour adresser ces problèmes? Comparez vos observations des communautés où vous avez vécu avec vos observations d'une région du monde francophone que vous connaissez. Dans votre exposé, vous pouvez faire référence à ce que vous avez étudié vécu, observé, etc.

(N)   Vous avez une minute pour lire les instructions pour cet exercice. (1 minute)

(N)   Vous allez maintenant commencer cet exercice.

(N)   Vous aurez quatre minutes pour lire le sujet de présentation et pour préparer votre exposé.

(4 minutes)

(N)   Vous aurez deux minutes pour enregistrer votre réponse. Appuyez sur «Record» ou relâchez la touche «Pause» maintenant. Commencez à parler après la tonalité.

TONE

(2 minutes)

TONE

Présentation 2

Thème: La famille et la communauté

Sujet de présentation:

Comment la structure familiale évolue-t-elle dans votre communauté? Comparez vos observations d'une communauté où vous avez vécu avec vos observations d'une région du monde francophone que vous connaissez. Dans votre exposé, vous pouvez faire référence à ce que vous avez étudié, vécu, observé, etc.

(N)   Vous avez une minute pour lire les instructions pour cet exercice. (1 minute)

(N)   Vous allez maintenant commencer cet exercice.

(N)   Vous aurez quatre minutes pour lire le sujet de présentation et pour préparer votre exposé.

(4 minutes)

(N)   Vous aurez deux minutes pour enregistrer votre réponse. Appuyez sur «Record» ou relâchez la touche «Pause» maintenant. Commencez à parler après la tonalité.

TONE

(2 minutes)

TONE

Présentation 3

Thème: La vie quotidienne

Sujet de présentation:

Quelle est l'importance du sport et de l'exercice dans votre communauté? Comparez vos observations des communautés où vous avez vécu avec vos observations d'une région du monde francophone que vous connaissez. Dans votre exposé, vous pouvez faire référence à ce que vous avez étudié vécu, observé, etc.

(N)   Vous avez une minute pour lire les instructions pour cet exercice.

(1 minute)

(N)   Vous allez maintenant commencer cet exercice.

(N)   Vous aurez quatre minutes pour lire le sujet de présentation et pour préparer votre exposé.

(4 minutes)

(N)   Vous aurez deux minutes pour enregistrer votre réponse. Appuyez sur «Record» ou relâchez la touche "Pause" maintenant. Commencez à parler après la tonalité.

TONE

(2 minutes)

TONE

Présentation 4

Thème: La science et la technologie

Sujet de présentation:

Quelle est l'influence des réseaux sociaux sur la vie des jeunes dans votre communauté? Comparez vos observations des communautés où vous avez vécu avec vos observations d'une région du monde francophone que vous connaissez. Dans votre exposé, vous pouvez faire référence à ce que vous avez étudié vécu, observé, etc.

(N)   Vous avez une minute pour lire les instructions pour cet exercice.

(1 minute)

(N)   Vous allez maintenant commencer cet exercice.

(N)   Vous aurez quatre minutes pour lire le sujet de présentation et pour préparer votre exposé.

(4 minutes)

(N)   Vous aurez deux minutes pour enregistrer votre réponse. Appuyez sur «Record» ou relâchez la touche «Pause» maintenant. Commencez à parler après la tonalité.

TONE

(2 minutes)

TONE

Présentation 5

Thème: L'esthétique

Sujet de présentation:

Les œuvres d'art peuvent refléter la culture d'une communauté aussi bien que les thèmes universaux. Comparez une œuvre d'art de votre communauté avec une œuvre d'art d'une région du monde francophone que vous connaissez. Dans votre exposé, vous pouvez faire référence à ce que vous avez étudié vécu, observé, etc.

(N)   Vous avez une minute pour lire les instructions pour cet exercice.

(1 minute)

(N)   Vous allez maintenant commencer cet exercice.

(N)   Vous aurez quatre minutes pour lire le sujet de présentation et pour préparer votre exposé.

(4 minutes)

(N)   Vous aurez deux minutes pour enregistrer votre réponse. Appuyez sur «Record» ou relâchez la touche «Pause» maintenant. Commencez à parler après la tonalité.

TONE

(2 minutes)

TONE

Présentation 6

Thème: La quête de soi

Sujet de présentation:

Quelle est l'attitude des gens dans votre communauté en ce qui concerne la réussite dans la vie? Comment définir le succès personnel? Comparez vos observations des communautés où vous avez vécu avec vos observations d'une région du monde francophone que vous connaissez. Dans votre exposé, vous pouvez faire référence à ce que vous avez étudié vécu, observé, etc.

(N)   Vous avez une minute pour lire les instructions pour cet exercice.

(1 minute)

(N)   Vous allez maintenant commencer cet exercice.

(N)   Vous aurez quatre minutes pour lire le sujet de présentation et pour préparer votre exposé.

(4 minutes)

(N)   Vous aurez deux minutes pour enregistrer votre réponse. Appuyez sur «Record» ou relâchez la touche «Pause» maintenant. Commencez à parler après la tonalité.

TONE

(2 minutes)

TONE

Présentation 7

Thème: La famille et la communauté

Sujet de présentation:

Quelle est l'attitude des gens dans votre communauté concernant les personnes âgées? Comparez vos observations des communautés où vous avez vécu avec vos observations d'une région du monde francophone que vous connaissez. Dans votre exposé, vous pouvez faire référence à ce que vous avez étudié vécu, observé, etc.

(N)   Vous avez une minute pour lire les instructions pour cet exercice.

(1 minute)

(N)   Vous allez maintenant commencer cet exercice.

(N)   Vous aurez quatre minutes pour lire le sujet de présentation et pour préparer votre exposé.

(4 minutes)

(N)   Vous aurez deux minutes pour enregistrer votre réponse. Appuyez sur «Record» ou relâchez la touche «Pause» maintenant. Commencez à parler après la tonalité.

TONE

(2 minutes)

TONE

Présentation 8

Thème: La vie contemporaine

Sujet de présentation:

Quelle est l'importance de la religion et des pratiques religieux dans votre communauté? Comparez vos observations des communautés où vous avez vécu avec vos observations d'une région du monde francophone que vous connaissez. Dans votre exposé, vous pouvez faire référence à ce que vous avez étudié vécu, observé, etc.

(N)   Vous avez une minute pour lire les instructions pour cet exercice.

(1 minute)

(N)   Vous allez maintenant commencer cet exercice.

(N)   Vous aurez quatre minutes pour lire le sujet de présentation et pour préparer votre exposé.

(4 minutes)

(N)   Vous aurez deux minutes pour enregistrer votre réponse. Appuyez sur «Record» ou relâchez la touche «Pause» maintenant. Commencez à parler après la tonalité.

TONE

(2 minutes)

TONE

Présentation 9

Thème: La famille et la communauté

Sujet de présentation:

Y a-t-il des rites de passage dans votre communauté? Comparez vos observations des communautés où vous avez vécu avec vos observations d'une région du monde francophone que vous connaissez. Dans votre exposé, vous pouvez faire référence à ce que vous avez étudié vécu, observé, etc.

(N)   Vous avez une minute pour lire les instructions pour cet exercice.

(1 minute)

(N)   Vous allez maintenant commencer cet exercice.

(N)   Vous aurez quatre minutes pour lire le sujet de présentation et pour préparer votre exposé.

(4 minutes)

(N)   Vous aurez deux minutes pour enregistrer votre réponse. Appuyez sur «Record» ou relâchez la touche «Pause» maintenant. Commencez à parler après la tonalité.

TONE

(2 minutes)

TONE

Présentation 10

Thème: La famille et la communauté

Sujet de présentation:

Comment est-ce que la société prépare les jeunes pour la vie professionnelle? Comparez vos observations des communautés où vous avez vécu avec vos observations d'une région du monde francophone que vous connaissez. Dans votre exposé, vous pouvez faire référence à ce que vous avez étudié vécu, observé, etc.

(N)   Vous avez une minute pour lire les instructions pour cet exercice.

(1 minute)

(N)   Vous allez maintenant commencer cet exercice.

(N)   Vous aurez quatre minutes pour lire le sujet de présentation et pour préparer votre exposé.

(4 minutes)

(N)   Vous aurez deux minutes pour enregistrer votre réponse. Appuyez sur «Record» ou relâchez la touche «Pause» maintenant. Commencez à parler après la tonalité.

TONE

(2 minutes)

TONE

I. RUBRICS FOR ASSESSMENT

What is the most important part of the Advanced Placement Examination?

Rest assured, each part is equally important and carries the same percentage of points. Section I (Multiple Choice questions /answers) is worth 50% of the total grade and Section II (Free-Response) is worth 50% of the total grade.

Students need to know what is expected of them in terms of performance. The AP goals and guidelines must be explained to them, so they can evaluate and improve their own work. On a scale from 1 to 10, this is generally how you will be graded on your assignments.

10–9 SUPERIOR

The overall quality of the work is superior. It shows a strong command of the language all around. Ideas are clearly outlined AND developed in an idiomatic language, with very few, if any, grammatical errors. The presentation is original and lively. Examples are well chosen.

8–7 GOOD CONTROL

The work shows control of the language, reads with ease. The response to the question is interestingly and logically presented. There are some idiomatic expressions and well chosen vocabulary; there are some grammatical errors.

6–5 FAIR CONTROL

The question is answered with some competence and fairly well organised. Correct use of simple grammatical constructions, attempt at more elaborate language. Minor errors.

4–3 LIMITED CONTROL

Ideas are poorly developed and expressed. The meaning is not always clear, though the student shows awareness of purpose. The spoken or written language shows poor handling, little variety with repetitions likely, errors in grammar, and misuse of certain words.

2–1 POOR CONTROL

Little or no accuracy in either structure or vocabulary. Ideas and purpose are unclear. Simplistic language contains many errors. The topic may not have been understood.

0 UNACCEPTABLE

Blank paper or irrelevant content. The topic has not been understood and the expression is very poor.

II.   VERB FORMS

[1] VERBS WITH REGULAR FORMS

a. Simple Tenses

INFINITIVE			
parler	finir	vendre	s'amuser

PAST PARTICIPLE			
parlé	fini	vendu	amusé

PRESENT PARTICIPLE			
parlant	finissant	vendant	s'amusant

PRESENT			
parle	finis	vends	m'amuse
parles	finis	vends	t'amuses
parle	finit	vend	s'amuse
parlons	finissons	vendons	nous amusons
parlez	finissez	vendez	vous amusez
parlent	finissent	vendent	s'amusent

IMPERATIVE			
parle	finis	vends	amuse-toi
parlons	finissons	vendons	amusons-nous
parlez	finissez	vendez	amusez-vous

IMPERFECT			
parlais	finissais	vendais	m'amusais
parlais	finissais	vendais	t'amusais
parlait	finissait	vendait	s'amusait
parlions	finissions	vendions	nous amusions
parliez	finissiez	vendiez	vous amusiez
parlaient	finissaient	vendaient	s'amusaient

PASSÉ SIMPLE			
parlai	finis	vendis	m'amusai
parlas	finis	vendis	t'amusas
parla	finit	vendit	s'amusa

PASSÉ SIMPLE (*continued*)

parlâmes	finîmes	vendîmes	**nous** amusâmes
parlâtes	finîtes	vendîtes	**vous** amusâtes
parlèrent	finirent	vendirent	s'amusèrent

FUTURE

parlerai	finirai	vendrai	m'amuserai
parleras	finiras	vendras	t'amuseras
parlera	finira	vendra	s'amusera
parlerons	finirons	vendrons	**nous** amuserons
parlerez	finirez	vendrez	**vous** amuserez
parleront	finiront	vendront	s'amuseront

CONDITIONAL

parlerais	finirais	vendrais	m'amuserais
parlerais	finirais	vendrais	t'amusereais
parlerait	finirait	vendrait	s'amuserait
parlerions	finirions	vendrions	**nous** amuserions
parleriez	finiriez	vendriez	**vous** amuseriez
parleraient	finiraient	vendraient	s'amuseraient

PRESENT SUBJUNCTIVE

parle	finisse	vende	m'amuse
parles	finisses	vendes	t'amuses
parle	finisse	vende	s'amuse
parlions	finissions	vendions	**nous** amusions
parliez	finissiez	vendiez	**vous** amusiez
parlent	finissent	vendent	s'amusent

b. Compound Tenses

PERFECT PARTICIPLE

ayant parlé	ayant fini	ayant vendu	s'étant amusé(e)(s)

PASSÉ COMPOSÉ

ai parlé	ai fini	ai vendu	me suis amusé(e)
as parlé	as fini	as vendu	t'es amusé(e)
a parlé	a fini	a vendu	s'est amusé(e)

PASSÉ COMPOSÉ (*continued*)

avons parlé	avons fini	avons vendu	nous sommes amusé(e)s
avez parlé	avez fini	avez vendu	vous êtes amusé(e)(s)
ont parlé	ont fini	ont vendu	se sont amusé(e)s

PLUPERFECT

avais parlé	avais fini	avais vendu	m'étais amusé(e)
avais parlé	avais fini	avais vendu	t'étais amusé(e)
avait parlé	avait fini	avait vendu	s'était amusé(e)
avions parlé	avions fini	avions vendu	nous étions amusé(e)s
aviez parlé	aviez fini	aviez vendu	vous étiez amusé(e)(s)
avaient parlé	avaient fini	avaient vendu	s'étaient amusé(e)s

FUTURE PERFECT

aurai parlé	aurai fini	aurai vendu	me serai amusé(e)
auras parlé	auras fini	auras vendu	te seras amusé(e)
aura parlé	aura fini	aura vendu	se sera amusé(e)
aurons parlé	aurons fini	aurons vendu	nous serons amusé(e)s
aurez parlé	aurez fini	aurez vendu	vous serez amusé(e)(s)
auront parlé	auront fini	auront vendu	se seront amusé(e)s

PAST CONDITIONAL

aurais parlé	aurais fini	aurais vendu	me serais amusé(e)
aurais parlé	aurais fini	aurais vendu	te serais amusé(e)
aurait parlé	aurait fini	aurait vendu	se serait amusé(e)
aurions parlé	aurions fini	aurions vendu	nous serions amusé(e)s
auriez parlé	auriez fini	auriez vendu	vous seriez amusé(e)(s)
auraient parlé	auraient fini	auraient vendu	se seraient amusé(e)s

PAST SUBJUNCTIVE

aie parlé	aie fini	aie vendu	me sois amusé(e)
aies parlé	aies fini	aies vendu	te sois amusé(e)
ait parlé	ait fini	ait vendu	se soit amusé(e)
ayons parlé	ayons fini	ayons vendu	nous soyons amusé(e)s
ayez parlé	ayez fini	ayez vendu	vous soyez amusé(e)(s)
aient parlé	aient fini	aient vendu	se soient amusé(e)s

[2] -er Verbs With Spelling Changes

	-cer VERBS	-ger VERBS	-yer VERBS*	-eler / -eter VERBS		e + CONSONANT + er VERBS	é + CONSONANT(S) + er VERBS
INFINITIVE	placer	manger	employer	appeler	jeter	mener	espérer
PRESENT	place	mange	emploie	appelle	jette	mène	espère
	places	manges	emploies	appelles	jettes	mènes	espères
	place	mange	emploie	appelle	jette	mène	espère
	plaçons	mangeons	employons	appelons	jetons	menons	espérons
	placez	mangez	employez	appelez	jetez	menez	espérez
	placent	mangent	emploient	appellent	jettent	mènent	espèrent
IMPERATIVE	place	mange	emploie	appelle	jette	mène	espère
	plaçons	mangeons	employons	appelons	jetons	menons	espérons
	placez	mangez	employez	appelez	jetez	menez	espérez
IMPERFECT	plaçais	mangeais					
	plaçais	mangeais					
	plaçait	mangeait					
	placions	mangions					
	placiez	mangiez					
	plaçaient	mangeaient					
PASSÉ SIMPLE	plaçai	mangeai					
	plaças	mangeas					
	plaça	mangea					
	plaçâmes	mangeâmes					
	plaçâtes	mangeâtes					
	placèrent	mangèrent					
FUTURE			emploierai	appellerai	jetterai	mènerai	
			emploieras	appelleras	jetteras	mèneras	
			emploiera	appellera	jettera	mènera	
			emploierons	appellerons	jetterons	mènerons	
			emploierez	appellerez	jetterez	mènerez	
			emploieront	appelleront	jetteront	mèneront	

	-*cer* VERBS	-*ger* VERBS	-*yer* VERBS*	-*eler* / -*eter* VERBS			e + CONSONANT + *er* VERBS	é + CONSONANT(S) + *er* VERBS
CONDITIONAL			emploierais	appellerais	jetterais		mènerais	
			emploierais	appellerais	jetterais		mènerais	
			emploierait	appellerait	jetterait		mènerait	
			emploierions	appellerions	jetterions		mènerions	
			emploieriez	appelleriez	jetteriez		mèneriez	
			emploieraient	appelleraient	jetteraient		mèneraient	
PRESENT SUBJUNCTIVE			emploie	appelle	jette		mène	espère
			emploies	appelles	jettes		mènes	espères
			emploie	appelle	jette		mène	espère
			employions	appelions	jetions		menions	espérions
			employiez	appeliez	jetiez		meniez	espériez
			emploient	appellent	jettent		mènent	espèrent
PRESENT PARTICIPLE	plaçant	mangeant						

*Verbs ending in **-ayer**, like **payer** and **balayer**, may be conjugated like **employer** or retain the **y** in all conjugations: je **paye** or je **paie**.

[3] VERBS WITH IRREGULAR FORMS

NOTE: 1. Verbs conjugated with *être* in compound tenses are indicated with an asterisk (*).

2. See p. 378 for irregular verbs with similar conjugations.

INFINITIVE, PARTICIPLES	PRESENT	IMPERATIVE	IMPARFAIT	PASSÉ SIMPLE
aller* *to go* allant allé	vais vas va allons allez vont	va allons allez	allais allais allait allions alliez allaient	allai allas alla allâmes allâtes allèrent
s'asseoir* *to sit* s'asseyant assis	m'assieds t'assieds s'assied nous asseyons vous asseyez s'asseyent *or* m'assois s'assoit nous assoyons s'assoient	assieds-toi asseyons-nous asseyez-vous *or* assois-toi assoyons-nous assoyez-vous	m'asseyais t'asseyais s'asseyait nous asseyions vous asseyiez s'asseyaient *or* m'assoyais s'assoyait nous assoyions s'assoyaient nous assoyions	m'assis t'assis s'assit nous assîmes vous assîtes s'assirent
avoir *to have* ayant eu	ai as a avons avez ont	aie ayons ayez	avais avais avait avions aviez avaient	eus eus eut eûmes eûtes eurent
battre *to beat* battant battu	bats bats bat battons battez battent	bats battons battez	battais battais battait battions battiez battaient	battis battis battit battîmes battîtes battirent

FUTURE	CONDITIONAL	SUBJUNCTIVE	COMPOUND TENSES
irai	irais	aille	PASSÉ COMPOSÉ: je suis allé(e)
iras	irais	ailles	PLUPERFECT: j'étais allé(e)
ira	irait	aille	FUTURE PERFECT: je serai allé(e)
irons	irions	allions	PAST CONDITIONAL: je serais allé(e)
irez	iriez	alliez	PAST SUBJUNCTIVE: je sois allé(e)
iront	iraient	aillent	
m'assiérai	m'assiérais	m'asseye	PASSÉ COMPOSÉ: je me suis assis(e)
t'assiéras	t'assiérais	t'asseyes	PLUPERFECT: je m'étais assis(e)
s'assiéra	s'assiérait	s'asseyea	FUTURE PERFECT: je me serai assis(e)
nous assiérons	nous assiérions	nous asseyions	PAST CONDITIONAL: je me serais assis(e)
vous assiérez	vous assiériez	vous asseyiez	PAST SUBJUNCTIVE: je me sois assis(e)
s'assiéront	s'assiéraient	s'asseyent	
or	*or*	*or*	
m'assoirai	m'assoirais	m'assoie	
t'assoiras	t'assoirais	t'assoies	
s'assoira *etc.*			
aurai	aurais	aie	PASSÉ COMPOSÉ: j'ai eu
auras	aurais	aies	PLUPERFECT: j'avais eu
aura	aurait	ait	FUTURE PERFECT: j'aurai eu
aurons	aurions	ayons	PAST CONDITIONAL: j'aurais eu
aurez	auriez	ayez	PAST SUBJUNCTIVE: j'aie eu
auront	auraient	aient	
battrai	battrais	batte	PASSÉ COMPOSÉ: j'ai battu
battras	battrais	battes	PLUPERFECT: j'avais battu
battra	battrait	battes	FUTURE PERFECT: j'aurai battu
battrons	battrions	battions	PAST CONDITIONAL: j'aurais battu
battrez	battriez	battiez	PAST SUBJUNCTIVE: j'aie battu
battront	battraient	battent	

INFINITIVE, PARTICIPLES	PRESENT	IMPERATIVE	IMPARFAIT	PASSÉ SIMPLE
boire *to drink* buvant bu	bois bois boit buvons buvez boivent	bois buvons buvez	buvais buvais buvait buvions buviez buvaient	bus bus but bûmes bûtes burent
conduire *to drive* conduisant conduit	conduis conduis conduit conduisons conduisez conduisent	conduis conduisons conduisez	conduisais conduisais conduisait conduisions conduisiez conduisaient	conduisis conduisis conduisit conduisîmes conduisîtes conduisirent
connaître *to know* connaissant connu	connais connais connaît connaissons connaissez connaissent	connais connaissons connaissez	connaissais connaissais connaissait connaissions connaissiez connaissaient	connus connus connut connûmes connûtes connurent
courir *to run* courant couru	cours cours court courons courez courent	cours courons courez	courais courais courait courions couriez couraient	courus courus courut courûmes courûtes coururent
craindre *to fear* craignant craint	crains crains craint craignons craignez craignent	crains craignons craignez	craignais craignais craignait craignions craigniez craignaient	craignis craignis craignit craignîmes craignîtes craignirent

FUTURE	CONDITIONAL	SUBJUNCTIVE	COMPOUND TENSES
boirai	boirais	boive	PASSÉ COMPOSÉ: j'ai bu
boiras	boirais	boives	PLUPERFECT: j'avais bu
boira	boirait	boive	FUTURE PERFECT: j'aurai bu
boirons	boirions	buvions	PAST CONDITIONAL: j'aurais bu
boirez	boiriez	buviez	PAST SUBJUNCTIVE: j'aie bu
boiront	boiraient	boivent	
conduirai	conduirais	conduise	PASSÉ COMPOSÉ: j'ai conduit
conduiras	conduirais	conduises	PLUPERFECT: j'avais conduit
conduira	conduirait	conduise	FUTURE PERFECT: j'aurai conduit
conduirons	conduirions	conduisions	PAST CONDITIONAL: j'aurais conduit
conduirez	conduiriez	conduisiez	
conduiront	conduiraient	conduisent	PAST SUBJUNCTIVE: j'aie conduit
connaîtrai	connaîtrais	connaisse	PASSÉ COMPOSÉ: j'ai connu
connaîtras	connaîtrais	connaisses	PLUPERFECT: j'avais connu
connaîtra	connaîtrait	connaisse	FUTURE PERFECT: j'aurai connu
connaîtrons	connaîtrions	connaissions	PAST CONDITIONAL: j'aurais connu
connaîtrez	connaîtriez	connaissiez	PAST SUBJUNCTIVE: j'aie connu
connaîtront	connaîtraient	connaissent	
courrai	courrais	coure	PASSÉ COMPOSÉ: j'ai couru
courras	courrais	coures	PLUPERFECT: j'avais couru
courra	courrait	coure	FUTURE PERFECT: j'aurai couru
courrons	courrions	courions	PAST CONDITIONAL: j'aurais couru
courrez	courriez	couriez	PAST SUBJUNCTIVE: j'aie couru
courront	courraient	courent	
craindrai	craindrais	craigne	PASSÉ COMPOSÉ: j'ai craint
craindras	craindrais	craignes	PLUPERFECT: j'avais craint
craindra	craindrait	craigne	FUTURE PERFECT: j'aurai craint
craindrons	craindrions	craignions	PAST CONDITIONAL: j'aurais craint
craindrez	craindriez	craigniez	PAST SUBJUNCTIVE: j'aie craint
craindront	craindraient	craignent	

INFINITIVE, PARTICIPLES	PRESENT	IMPERATIVE	IMPARFAIT	PASSÉ SIMPLE
croire *to believe* croyant cru	crois crois croit croyons croyez croient	crois croyons croyez	croyais croyais croyait croyions croyiez croyaient	crus crus crut crûmes crûtes crurent
cueillir *to pick* cueillant cueilli	cueille cueilles cueille cueillons cueillez cueillent	cueille cueillons cueillez	cueillais cueillais cueillait cueillions cueilliez cueillaient	cueillis cueillis cueillit cueillîmes cueillîtes cueillirent
devoir *to have to, to owe* devant dû, due, dus, dues	dois dois doit devons devez doivent	dois devons devez	devais devais devait devions deviez devaient	dus dus dut dûmes dûtes durent
dire *to say, tell* disant dit	dis dis dit disons dites disent	dis disons dites	disais disais disait disions disiez disaient	dis dis dit dîmes dîtes dirent
dormir *to sleep* dormant dormi	dors dors dort dormons dormez dorment	dors dormons dormez	dormais dormais dormait dormions dormiez dormaient	dormis dormis dormit dormîmes dormîtes dormirent

FUTURE	CONDITIONAL	SUBJUNCTIVE	COMPOUND TENSES
croirai	croirais	croie	PASSÉ COMPOSÉ: j'ai cru
croiras	croirais	croies	PLUPERFECT: j'avais cru
croira	croirait	croie	FUTURE PERFECT: j'aurai cru
croirons	croirions	croyions	PAST CONDITIONAL: j'aurais cru
croirez	croiriez	croyiez	PAST SUBJUNCTIVE: j'aie cru
croiront	croiraient	croient	
cueillerai	cueillerais	cueille	PASSÉ COMPOSÉ: j'ai cueilli
cueilleras	cueillerais	cueilles	PLUPERFECT: j'avais cueilli
cueillera	cueillerait	cueille	FUTURE PERFECT: j'aurai cueilli
cueillerons	cueillerions	cueillions	PAST CONDITIONAL: j'aurais cueilli
cueillerez	cueilleriez	cueilliez	PAST SUBJUNCTIVE: j'aie cueilli
cueilleront	cueilleraient	cueillent	
devrai	devrais	doive	PASSÉ COMPOSÉ: j'ai dû
devras	devrais	doives	PLUPERFECT: j'avais dû
devra	devrait	doive	FUTURE PERFECT: j'aurai dû
devrons	devrions	devions	PAST CONDITIONAL: j'aurais dû
devrez	devriez	deviez	PAST SUBJUNCTIVE: j'aie dû
devront	devraient	doivent	
dirai	dirais	dise	PASSÉ COMPOSÉ: j'ai dit
diras	dirais	dises	PLUPERFECT: j'avais dit
dira	dirait	dise	FUTURE PERFECT: j'aurai dit
dirons	dirions	disions	PAST CONDITIONAL: j'aurais dit
direz	diriez	disiez	PAST SUBJUNCTIVE: j'aie dit
diront	diraient	disent	
dormirai	dormirais	dorme	PASSÉ COMPOSÉ: j'ai dormi
dormiras	dormirais	dormes	PLUPERFECT: j'avais dormi
dormira	dormirait	dorme	FUTURE PERFECT: j'aurai dormi
dormirons	dormirions	dormions	PAST CONDITIONAL: j'aurais dormi
dormirez	dormiriez	dormiez	PAST SUBJUNCTIVE: j'aie dormi
dormiront	dormiraient	dorment	

INFINITIVE, PARTICIPLES	PRESENT	IMPERATIVE	IMPARFAIT	PASSÉ SIMPLE
écrire *to write*	écris	écris	écrivais	écrivis
	écris	écrivons	écrivais	écrivis
	écrit	écrivez	écrivait	écrivit
écrivant	écrivons		écrivions	écrivîmes
écrit	écrivez		écriviez	écrivîtes
	écrivent		écrivaient	écrivirent
envoyer *to send*	envoie	envoie	envoyais	envoyai
	envoies	envoyons	envoyais	envoyas
	envoie	envoyez	envoyait	envoya
envoyant	envoyons		envoyions	envoyâmes
envoyé	envoyez		envoyiez	envoyâtes
	envoient		envoyaient	envoyèrent
être *to be*	suis	sois	étais	fus
	es	soyons	étais	fus
	est	soyez	était	fut
étant	sommes		étions	fûmes
été	êtes		étiez	fûtes
	sont		étaient	furent
faire *to do, make*	fais	fais	faisais	fis
	fais	faisons	faisais	fis
	fait	faites	faisait	fit
faisant	faisons		faisions	fîmes
fait	faites		faisiez	fîtes
	font		faisaient	firent
falloir *to be necessary* fallu	il faut		il fallait	il fallut

FUTURE	CONDITIONAL	SUBJUNCTIVE	COMPOUND TENSES
écrirai	écrirais	écrive	PASSÉ COMPOSÉ: j'ai écrit
écriras	écrirais	écrives	PLUPERFECT: j'avais écrit
écrira	écrirait	écrive	FUTURE PERFECT: j'aurai écrit
écrirons	écririons	écrivions	PAST CONDITIONAL: j'aurais écrit
écrirez	écririez	écriviez	PAST SUBJUNCTIVE: j'aie écrit
écriront	écriraient	écrivent	
enverrai	enverrais	envoie	PASSÉ COMPOSÉ: j'ai envoyé
enverras	enverrais	envoies	PLUPERFECT: j'avais envoyé
enverra	enverrait	envoie	FUTURE PERFECT: j'aurai envoyé
enverrons	enverrions	envoyions	PAST CONDITIONAL: j'aurais envoyé
enverrez	enverriez	envoyiez	PAST SUBJUNCTIVE: j'aie envoyé
enverront	enverraient	envoyaient	
serai	serais	sois	PASSÉ COMPOSÉ: j'ai été
seras	serais	sois	PLUPERFECT: j'avais été
sera	serait	soit	FUTURE PERFECT: j'aurai été
serons	serions	soyons	PAST CONDITIONAL: j'aurais été
serez	seriez	soyez	PAST SUBJUNCTIVE: j'aie été
seront	seraient	soient	
ferai	ferais	fasse	PASSÉ COMPOSÉ: j'ai fait
feras	ferais	fasses	PLUPERFECT: j'avais fait
fera	ferait	fasse	FUTURE PERFECT: j'aurai fait
ferons	ferions	fassions	PAST CONDITIONAL: j'aurais fait
ferez	feriez	fassiez	PAST SUBJUNCTIVE: j'aie fait
feront	feraient	fassent	
il faudra	il faudrait	qu'il faille	PASSÉ COMPOSÉ: il a fallu
			PLUPERFECT: il avait fallu
			FUTURE PERFECT: il aura fallu
			PAST CONDITIONAL: il aurait fallu
			PAST SUBJUNCTIVE: il ait fallu

INFINITIVE, PARTICIPLES	PRESENT	IMPERATIVE	IMPARFAIT	PASSÉ SIMPLE
lire *to read*	lis	lis	lisais	lus
	lis	lisons	lisais	lus
	lit	lisez	lisait	lut
lisant	lisons		lisions	lûmes
lu	lisez		lisiez	lûtes
	lisent		lisaient	lurent
mettre *to put*	mets	mets	mettais	mis
	mets	mettons	mettais	mis
	met	mettez	mettait	mit
mettant	mettons		mettions	mîmes
mis	mettez		mettiez	mîtes
	mettent		mettaient	mirent
mourir★ *to die*	meurs	meurs	mourais	mourus
	meurs	mourons	mourais	mourus
	meurt	mourez	mourait	mourut
mourant	mourons		mourions	mourûmes
mort	mourez		mouriez	mourûtes
	meurent		mouraient	moururent
naître★ *to be born*	nais	nais	naissais	naquis
	nais	naissons	naissais	naquis
	naît	naissez	naissait	naquit
naissant	naissons		naissions	naquîmes
né	naissez		naissiez	naquîtes
	naissent		naissaient	naquirent
ouvrir *to open*	ouvre	ouvre	ouvrais	ouvris
	ouvres	ouvrons	ouvrais	ouvris
	ouvre	ouvrez	ouvrait	ouvrit
ouvrant	ouvrons		ouvrions	ouvrîmes
ouvert	ouvrez		ouvriez	ouvrîtes
	ouvrent		ouvraient	ouvrirent

FUTURE	CONDITIONAL	SUBJUNCTIVE	COMPOUND TENSES
lirai	lirais	lise	PASSÉ COMPOSÉ: j'ai lu
liras	lirais	lises	PLUPERFECT: j'avais lu
lira	lirait	lise	FUTURE PERFECT: j'aurai lu
lirons	lirions	lisions	PAST CONDITIONAL: j'aurais lu
lirez	liriez	lisiez	PAST SUBJUNCTIVE: j'aie lu
liront	liraient	lisent	
mettrai	mettrais	mette	PASSÉ COMPOSÉ: j'ai mis
mettras	mettrais	mettes	PLUPERFECT: j'avais mis
mettra	mettrait	mette	FUTURE PERFECT: j'aurai mis
mettrons	mettrions	mettions	PAST CONDITIONAL: j'aurais mis
mettrez	mettriez	mettiez	PAST SUBJUNCTIVE: j'aie mis
mettront	mettraient	mettent	
mourrai	mourrais	meure	PASSÉ COMPOSÉ: je suis mort(e)
mourras	mourrais	meures	PLUPERFECT: j'étais mort(e)
mourra	mourrait	meure	FUTURE PERFECT: je serai mort(e)
mourrons	mourrions	mourions	PAST CONDITIONAL: je serais mort(e)
mourrez	mourriez	mouriez	PAST SUBJUNCTIVE: je sois mort(e)
mourront	mourraient	meurent	
naîtrai	naîtrais	naisse	PASSÉ COMPOSÉ: je suis né(e)
naîtras	naîtrais	naisses	PLUPERFECT: j'étais né(e)
naîtra	naîtrait	naisse	FUTURE PERFECT: je serai né(e)
naîtrons	naîtrions	naissions	PAST CONDITIONAL: je serais né(e)
naîtrez	naîtriez	naissiez	PAST SUBJUNCTIVE: je sois né(e)
naîtront	naîtraient	naissent	
ouvrirai	ouvrirais	ouvre	PASSÉ COMPOSÉ: j'ai ouvert
ouvriras	ouvrirais	ouvres	PLUPERFECT: j'avais ouvert
ouvrira	ouvrirait	ouvre	FUTURE PERFECT: j'aurai ouvert
ouvrirons	ouvririons	ouvrions	PAST CONDITIONAL: j'aurais ouvert
ouvrirez	ouvririez	ouvriez	PAST SUBJUNCTIVE: j'aie ouvert
ouvriront	ouvriraient	ouvrent	

INFINITIVE, PARTICIPLES	PRESENT	IMPERATIVE	IMPARFAIT	PASSÉ SIMPLE
plaire *to please*	plais	plais	plaisais	plus
	plais	plaisons	plaisais	plus
	plaît	plaisez	plaisait	plut
plaisant	plaisons		plaisions	plûmes
plu	plaisez		plaisiez	plûtes
	plaisent		plaisaient	plurent
pleuvoir *to rain*				
	il pleut		il pleuvait	il plut
plu				
pouvoir *to be able*	peux (puis)		pouvais	pus
	peux		pouvais	pus
	peut		pouvait	put
pouvant	pouvons		pouvions	pûmes
pu	pouvez		pouviez	pûtes
	peuvent		pouvaient	purent
prendre *to take*	prends	prends	prenais	pris
	prends	prenons	prenais	pris
	prend	prenez	prenait	prit
prenant	prenons		prenions	prîmes
pris	prenez		preniez	prîtes
	prennent		prenaient	prirent
recevoir *to receive*	reçois	reçois	recevais	reçus
	reçois	recevons	recevais	reçus
	reçoit	recevez	recevait	reçut
recevant	recevons		recevions	reçûmes
reçu	recevez		receviez	reçûtes
	reçoivent		recevaient	reçurent

FUTURE	CONDITIONAL	SUBJUNCTIVE	COMPOUND TENSES
plairai	plairais	plaise	PASSÉ COMPOSÉ: j'ai plu
plairas	plairais	plaises	PLUPERFECT: j'avais plu
plaira	plairait	plaise	FUTURE PERFECT: j'aurai plu
plairons	plairions	plaisions	PAST CONDITIONAL: j'aurais plu
plairez	plairiez	plaisiez	PAST SUBJUNCTIVE: j'aie plu
plairont	plairaient	plaisent	
il pleuvra	il pleuvrait	qu'il pleuve	PASSÉ COMPOSÉ: il a plu
			PLUPERFECT: il avait plu
			FUTURE PERFECT: il aura plu
			PAST CONDITIONAL: il aurait plu
			PAST SUBJUNCTIVE: il ait plu
pourrai	pourrais	puisse	PASSÉ COMPOSÉ: j'ai pu
pourras	pourrais	puisses	PLUPERFECT: j'avais pu
pourra	pourrait	puisse	FUTURE PERFECT: j'aurai pu
pourrons	pourrions	puissions	PAST CONDITIONAL: j'aurais pu
pourrez	pourriez	puissiez	PAST SUBJUNCTIVE: j'aie pu
pourront	pourraient	puissent	
prendrai	prendrais	prenne	PASSÉ COMPOSÉ: j'ai pris
prendras	prendrais	prennes	PLUPERFECT: j'avais pris
prendra	prendrait	prenne	FUTURE PERFECT: j'aurai pris
prendrons	prendrions	prenions	PAST CONDITIONAL: j'aurais pris
prendrez	prendriez	preniez	PAST SUBJUNCTIVE: j'aie pris
prendront	prendraient	prennent	
recevrai	recevrais	reçoive	PASSÉ COMPOSÉ: j'ai reçu
recevras	recevrais	reçoives	PLUPERFECT: j'avais reçu
recevra	recevrait	reçoive	FUTURE PERFECT: j'aurai reçu
recevrons	recevrions	recevions	PAST CONDITIONAL: j'aurais reçu
recevrez	recevriez	receviez	PAST SUBJUNCTIVE: j'aie reçu
recevront	recevraient	reçoivent	

INFINITIVE, PARTICIPLES	PRESENT	IMPERATIVE	IMPARFAIT	PASSÉ SIMPLE
rire to laugh	ris	ris	riais	ris
	ris	rions	riais	ris
	rit	riez	riait	rit
riant	rions		riions	rîmes
ri	riez		riiez	rîtes
	rient		riaient	rirent

savoir
   to know,
   know how to
	sais	sache	savais	sus

	sais	sachons	savais	sus
	sait	sachez	savait	sut
sachant	savons		savions	sûmes
su	savez		saviez	sûtes
	savent		savaient	surent
sortir★ to go out	sors	sors	sortais	sortis
	sors	sortons	sortais	sortis
	sort	sortez	sortait	sortit
sortant	sortons		sortions	sortîmes
sorti	sortez		sortiez	sortîtes
	sortent		sortaient	sortirent
suivre to follow	suis	suis	suivais	suivis
	suis	suivons	suivais	suivis
	suit	suivez	suivait	suivit
suivant	suivons		suivions	suivîmes
suivi	suivez		suiviez	suivîtes
	suivent		suivaient	suivirent
tenir to hold	tiens	tiens	tenais	tins
	tiens	tenons	tenais	tins
	tient	tenez	tenait	tint
tenant	tenons		tenions	tînmes
tenu	tenez		teniez	tîntes
	tiennent		tenaient	tinrent

FUTURE	CONDITIONAL	SUBJUNCTIVE	COMPOUND TENSES
rirai	rirais	rie	PASSÉ COMPOSÉ: j'ai ri
riras	rirais	ries	PLUPERFECT: j'avais ri
rira	rirait	rie	FUTURE PERFECT: j'aurai ri
rirons	ririons	riions	PAST CONDITIONAL: j'aurais ri
rirez	ririez	riiez	PAST SUBJUNCTIVE: j'aie ri
riront	riraient	rient	
saurai	saurais	sache	PASSÉ COMPOSÉ: j'ai su
sauras	saurais	saches	PLUPERFECT: j'avais su
saura	saurait	sache	FUTURE PERFECT: j'aurai su
saurons	saurions	sachions	PAST CONDITIONAL: j'aurais su
saurez	sauriez	sachiez	PAST SUBJUNCTIVE: j'aie su
sauront	sauraient	sachent	
sortirai	sortirais	sorte	PASSÉ COMPOSÉ: je suis sorti(e)
sortiras	sortirais	sortes	PLUPERFECT: j'étais sorti(e)
sortira	sortirait	sorte	FUTURE PERFECT: je serai sorti(e)
sortirons	sortirions	sortions	PAST CONDITIONAL: je serais sorti(e)
sortirez	sortiriez	sortiez	PAST SUBJUNCTIVE: je sois sorti(e)
sortiront	sortiraient	sortent	
suivrai	suivrais	suive	PASSÉ COMPOSÉ: j'ai suivi
suivras	suivrais	suives	PLUPERFECT: j'avais suivi
suivra	suivrait	suive	FUTURE PERFECT: j'aurai suivi
suivrons	suivrions	suivions	PAST CONDITIONAL: j'aurais suivi
suivrez	suivriez	suiviez	PAST SUBJUNCTIVE: j'aie suivi
suivront	suivraient	suivent	
tiendrai	tiendrais	tienne	PASSÉ COMPOSÉ: j'ai tenu
tiendras	tiendrais	tiennes	PLUPERFECT: j'avais tenu
tiendra	tiendrait	tienne	FUTURE PERFECT: j'aurai tenu
tiendrons	tiendrions	tenions	PAST CONDITIONAL: j'aurais tenu
tiendrez	tiendriez	teniez	PAST SUBJUNCTIVE: j'aie tenu
tiendront	tiendraient	tiennent	

INFINITIVE, PARTICIPLES	PRESENT	IMPERATIVE	IMPARFAIT	PASSÉ SIMPLE
valoir *to be worth*	vaux	vaux	valais	valus
	vaux	valons	valais	valus
	vaut	valez	valait	valut
valant	valons		valions	valûmes
valu	valez		valiez	valûtes
	valent		valaient	valurent
venir★ *to come*	viens	viens	venais	vins
	viens	venons	venais	vins
	vient	venez	venait	vint
venant	venons		venions	vînmes
venu	venez		veniez	vîntes
	viennent		venaient	vinrent
vivre *to live*	vis	vis	vivais	vécus
	vis	vivons	vivais	vécus
	vit	vivez	vivait	vécut
vivant	vivons		vivions	vécûmes
vécu	vivez		viviez	vécûtes
	vivent		vivaient	vécurent
voir *to see*	vois	vois	voyais	vis
	vois	voyons	voyais	vis
	voit	voyez	voyait	vit
voyant	voyons		voyions	vîmes
vu	voyez		voyiez	vîtes
	voient		voyaient	virent
vouloir *to want*	veux	veuille	voulais	voulus
	veux	veuillons	voulais	voulus
	veut	veuillez	voulait	voulut
voulant	voulons		voulions	voulûmes
voulu	voulez		vouliez	voulûtes
	veulent		voulaient	voulurent

FUTURE	CONDITIONAL	SUBJUNCTIVE	COMPOUND TENSES
vaudrai	vaudrais	vaille	PASSÉ COMPOSÉ: j'ai valu
vaudras	vaudrais	vailles	PLUPERFECT: j'avais valu
vaudra	vaudrait	vaille	FUTURE PERFECT: j'aurai valu
vaudrons	vaudrions	valions	PAST CONDITIONAL: j'aurais valu
vaudrez	vaudriez	valiez	PAST SUBJUNCTIVE: j'aie valu
vaudront	vaudraient	vaillent	
viendrai	viendrais	vienne	PASSÉ COMPOSÉ: je suis venu(e)
viendras	viendrais	viennes	PLUPERFECT: j'étais venu(e)
viendra	viendrait	vienne	FUTURE PERFECT: je serai venu(e)
viendrons	viendrions	venions	PAST CONDITIONAL: je serais venu(e)
viendrez	viendriez	veniez	PAST SUBJUNCTIVE: je sois venu(e)
viendront	viendraient	viennent	
vivrai	vivrais	vive	PASSÉ COMPOSÉ: j'ai vécu
vivras	vivrais	vives	PLUPERFECT: j'avais vécu
vivra	vivra	vive	FUTURE PERFECT: j'aurai vécu
vivrons	vivrons	vivions	PAST CONDITIONAL: j'aurais vécu
vivrez	vivrez	viviez	PAST SUBJUNCTIVE: j'aie vécu
vivront	vivraient	vivent	
verrai	verrais	voie	PASSÉ COMPOSÉ: j'ai vu
verras	verrais	voies	PLUPERFECT: j'avais vu
verra	verrait	voie	FUTURE PERFECT: j'aurai vu
verrons	verrions	voyions	PAST CONDITIONAL: j'aurais vu
verrez	verriez	voyiez	PAST SUBJUNCTIVE: j'aie vu
verront	verraient	voient	
voudrai	voudrais	veuille	PASSÉ COMPOSÉ: j'ai voulu
voudras	voudrais	veuilles	PLUPERFECT: j'avais voulu
voudra	voudrait	veuille	FUTURE PERFECT: j'aurai voulu
voudrons	voudrions	voulions	PAST CONDITIONAL: j'aurais voulu
voudrez	voudriez	vouliez	PAST SUBJUNCTIVE: j'aie voulu
voudront	voudraient	veuillent	

[4] OTHER IRREGULAR VERBS

accueillir *to welcome* (like cueillir)

admettre *to admit* (like mettre)

apercevoir *to notice* (like recevoir)

apparaître *to appear* (like connaître)

appartenir *to belong* (like tenir)

apprendre *to learn* (like prendre)

atteindre *to reach* (like peindre)

combattre *to fight* (like battre)

comprendre *to understand* (like prendre)

construire *to build* (like conduire)

contenir *to contain* (like tenir)

couvrir *to cover* (like ouvrir)

décevoir *to disappoint* (like recevoir)

découvrir *to discover* (like ouvrir)

décrire *to describe* (like écrire)

défaire *to undo* (like faire)

détruire *to destroy* (like conduire)

devenir* *to become* (like venir)

disparaître *to disappear* (like connaître)

éteindre *to turn off* (like craindre)

inscrire *to register, enroll* (like écrire)

instruire *to instruct* (like conduire)

interdire *to forbid* (like dire)

joindre *to join* (like craindre)

maintenir *to maintain* (like tenir)

mentir *to lie* (like sentir)

obtenir *to obtain* (like tenir)

offrir *to offer* (like ouvrir)

paraître *to seem, appear* (like connaître)

partir* *to leave* (like sortir)

peindre *to paint* (like craindre)

permettre *to allow* (like mettre)

plaindre *to pity* (like craindre)

poursuivre *to pursue* (like suivre)

prévoir *to foresee* (like voir)

produire *to produce* (like conduire)

promettre *to promise* (like mettre)

reconnaître *to recognize* (like connaître)

redire *to repeat* (like dire)

réduire *to reduce* (like conduire)

relire *to reread* (like lire)

remettre *to put/give back* (like mettre)

ressentir *to feel* (like sortir)

retenir *to hold back* (like tenir)

revenir* *to come back* (like venir)

sentir *to feel* (like sortir)

servir *to serve* (like sortir)

souffrir *to suffer* (like ouvrir)

sourire *to smile* (like rire)

surprendre *to surprise* (like prendre)

(se) taire* *to keep quiet* (like plaire)

traduire *to translate* (like conduire)

III. PUNCTUATION

French punctuation, though similar to English, has the following major differences:

(a) The comma is not used before **et** or **ou** in a series.

Elle a laissé tomber le livre, le stylo et le crayon.   *She dropped the book, the pen, and the pencil.*

(b) In numbers, French uses a comma where English uses a period and a period where English uses a comma.

7.100 (sept mille cent)   *7,100 (seven thousand one hundred)*

7,25 (sept virgule vingt-cinq)   *7.25 (seven point twenty five)*

(c) French final quotation marks, contrary to English, precede the comma or period; however, the quotation mark follows a period if the quotation mark closes a completed statement.

Elle demande : « **Est-ce que tu m'aimes ?** » *She asks: "Do you love me?"*

— « **Oui** », répond-il. — *"Yes," he answers.*

(d) A <u>small</u> space usually precedes the colon, semi-colon, quotation mark, question mark, and exclamation mark in printed or typed material.

C'est vrai : que peut-on faire ? *It's true: what can be done?*

(e) The ellipsis in French is : **Je pense… donc** (3 close dots followed by a space) while in English it is : **I think . . . therefore** (3 dots separated by spaces).

IV. SYLLABICATION

French words are generally divided at the end of a line according to units of sound or syllables. A French syllable generally begins with a consonant and ends with a vowel.

(a) If a single consonant comes between two vowels, the division is made before the consonant.

ba-la-der   pré-**c**is   cou-**t**eau

NOTE: A division cannot be made either before or after **x** or **y** when they come between two vowels: **tuyau**, **exact** cannot be divided.

(b) If two consonants are combined between two vowels, the division is made between the two consonants.

e**s-p**oir   a**l-l**er   chan-**t**er

NOTE: If the second consonant is **r** or **l**, the division is made before the two consonants.

sa-**bl**e   pro-**pr**e

(c) If three or more consonants are combined between two vowels, the division is made after the second consonant.

o**bs**-tiné   com**p**-ter   in**s**-truit

(d) Two vowels may not be divided:

oa-sis   thé**â**-tre   es-p**io**n

nor can there be a division immediately after l' or j', t', m' : ⁻

l'avion   **j'en**-voie   etc.

V. WEB SITES : UNE SÉLECTION D'ADRESSES SUR INTERNET

French Search Engines include:

http://www.msn.fr

http://www.google.fr

http://www.yahoo.fr

http://www.nomade.fiscali.fr

http://wanadoo.fr/

http://excite.fr/

http://lycos.fr

http://actu.voila.fr

http://francite.com

French Web sites include:

French online magazines and newspapers:

http://www.lemonde.fr

http://www.lefigaro.fr

http://www.francenet.fr

http://www.liberation.fr

http://www.calvacom.fr

http://www.parismatch.com.fr

http://www.lexpress.fr

http://www.worldnet.fr

http://www.france2.fr (news)

http://www.france3.fr

    (game *Questions pour un champion*)

French learning programs and exercises:

http://francealacarte.org.uk

http://www.institut-francais.org.uk

http://www.francais.com

http://linguanet.org.uk/websites/

    Frenwww.htm

http://www.realfrench.net

French arts, culture, sports, travel, and leisure:

http://pariscope.fr

http://www.paris.org

http://globegate.utm.edu/french/globegate

http://www.culture.fr

http://www.francophonie.fr

http://www.arts-culinaires.com

http://www.baguette.com/ h

http://www.pratique.fr

French tourism

http://www.francetourism.com

http://www.travlang.com

http://www.paris.org/

VI. LIST OF AUTHORS

Adiaffi, Jean-Marie   chapter 17

Almeida, Fernando d'   chapter 4

Anouilh, Jean   chapter 7

Bâ, Mariama   chapters 5, 6, 10

Badian, Seydou   chapter 10

Balzac, Honoré de   chapters 5, 13, 20

Baudelaire, Charles   chapters 2, 3, 15

Bazin, Hervé   chapter 9

Beti, Mongo   chapter 18

Beaumarchais, Pierre Auguste Caron de   chapters 8, 17

Beauvoir, Simone de   chapters 8, 15

Camus, Albert   chapters 5, 6, lecture 12

César, Jules   chapter 5

Chanson de Roland   chapter 13

Chateaubriand, François-René   chapter 6, lecture 13

Claudel, Paul   chapter 20

Clavel, Bernard   chapter 6

Cocteau, Jean   chapter 3

Colette, Gabrielle   chapter 14

Corneille, Pierre   chapters 2, 3, 5, 10, 13, 14